バズ・ドライシンガー＝著
梶山あゆみ＝訳

囚われし者たちの国

世界の刑務所に正義を訪ねて

Incarceration Nations:
A Journey to Justice in Prisons Around the World
by Baz Dreisinger

紀伊國屋書店

Incarceration Nations

by Baz Dreisinger

Japanese translation published by arrangement with
Other Press LLC through The English Agency (Japan) Ltd.

「刑務所から大学へのパイプライン」を通った教え子たちへ
——みな私の師であり、私の意欲の源であり、私の家族である

アンソニー、カール・B、カール・L、クレイグ、デール、デヴォン、ドミンゴ、ジェラード、ジョニー、ジョゼフ・C、ジョゼフ・L、ジョゼフ・T、フアン、ジャスティン、ケネス、ケヴィン、コリー、レニー、ルマンバ、マーカス、マシュー、メルヴィン、ラシーン、リチャード、ロバート、ロバート・T、ロリー、ローランド、ショーン、ショーノン、セロン、トマス、ヴィニシオ、ウィル

ときどき思う
この世界全体がひとつの大きな刑務所だと
俺たちのなかに囚人もいれば
俺たちのなかに看守もいる

――ボブ・ディラン

目次

＊プライバシー保護のため、本書に登場する人物の多くは仮名である。
＊本文中の（　）は著者による註、〔　〕は訳者による註を指す。引用等の出典には番号をふり、邦訳のあるものには＊印をつけ、巻末にまとめた。

囚われし者たちの国

——世界の刑務所に正義を訪ねて

はじめに

ここはほかの何物ともかけ離れた別世界であり、独自の法律と、独自の服装と、独自の生活様式や習慣をもっている。ここは生ける屍《しかばね》の家だ。どこの地域とも、どこの民族とも隔てられた暮らしがある。[1*]

――フョードル・ドストエフスキー

「ムズング！」武装警備兵が険しい顔をして、こっちへ来いと合図する。「ムズング」とはスワヒリ語で「白人」の意味だ。

ちっ。

溶け込む努力をしてきたつもりではある。でも、白人の若い女がスラムにいて、そんなことを望むのはどだい無理だったのだ。ここはカンパラにある「ルジラ重警備刑務所」の通用門前。有刺鉄線の向こうは、広大な敷地にいくつもの建物が不規則に並ぶ。当初は六〇〇人を収容するために建てられたものだが、現在は約五〇〇〇人の男女と子ども、それから死刑囚がここで暮らす。私は服の下に着込んだ防弾ベストの紐《ひも》を締めながら、ウージー〔短機関銃〕のほうに近づく。

「何の用だ？」まただみ声が飛んでくる。

私は貼りついたような笑顔を浮かべたまま、「ボランティア」「お願いします」「ありがとうございます」といった単語をつないで文章にする。警備兵は聞くか聞かないかのうちに、うるさい蚊でも見つけたような手つきで私を追い払う。

五分後、仲間の女性ボランティアと一緒に通用門に戻る。女性はすでにここで四か月間働いており、私と違って申請書類が刑務所の上層部に通っている。だから大手を振ってルジラに出入りできる。私はといえば、たいていは人目をかすめて忍び込んでいる。先週、勤務中の刑務官長から、「入ってもいいし教えてもいい」という非公式な許可を得てはいた。ただし、それを裏打ちする書類は何ひとつもらっていない。

ご機嫌をとるならひとりよりふたりのほうが効き目がある。さんざんこびへつらい、「お願いします」と「すみません」を繰り返したあと、私たちは頭を下げながらウージーを越え、刑務所の敷地に足を踏み入れる。刑務官の住む粗末な居住区を過ぎ、軍隊の兵舎脇を通る。別の警備兵に手招きされるまま正門をくぐると、まばゆい黄色の囚人服姿の男たちが大勢動きまわっている。コンクリートのドアを入った先は――小さな図書館だ。

「こんにちは、バズ教授！」

これほど素敵な挨拶は、この日、いやこの一週間のあいだついぞ耳にしたことがない。この地に来てウガンダに色々な顔のあることを知ったが、人を歓迎するという顔はもち合せていないようだ。サービスのプロであるはずのホテル・コンシェルジュでさえしかめっ面で、一度でも丁重に頷《うなず》いてもらえたら御の字なほどである。挨拶の主は囚人のバファキ・ウィルソン。

「ウィルソン校長」または「ボマの牧師」の異名をとる。そのことからもわかるように、仲間内から選ばれて刑務所内の公的な仕事をしている。ルジラ刑務所の「ボマ」区画の牧師であり、この図書館をとりしきってもいる。図書館を建てたのは、ロンドンとカンパラに拠点を置くＮＧＯ（非政府組織）の「アフリカ刑務所プロジェクト」だ。

「今日はご機嫌いかがですか？」いつものように歯を見せて笑いながら、ウィルソンは尋ねる。ひたと見つめてくるその眼差しは、間違いなくウガンダ一優しい眼差しだ。ウィルソンは三〇歳でありながら、ひ弱な老人と元気な少年を掛け合わせたような不思議な風貌をしている。小柄で痩せた体つきも、屈託のない笑顔も、きらきらと輝く瞳も、もちろんくたりとしたサンキャップも（囚人服と同じ生地でつくられているが、その細い顔には大きすぎる）、すべてが自分は「少年」だと叫んでいる。そのくせ、傷ついた足でゆっくりと歩くさまからは、しなびた老人が顔を覗かせる。それをとくに強く感じさせるのがウィルソンの話し方だ。文章のひとつひとつが時間をかけて吐き出され、入念に吟味された言葉には何かを宣言するかのような力強い響きがある。まるで、マーティン・ルーサー・キング・ジュニア牧師の説教原稿から抜粋して読み上げているかのようだ。

「元気よ、ウィルソン」。私は本日二度目の、ただし今度は心からの笑顔を浮かべてウィルソンの手を握る。それからひとまわりし、くだけた調子でハローをいい合ったり握手をしたりしながら、十数人の生徒たちと挨拶をかわす。図書館はブロックのような四角い形をしていて、中央に木のテーブルがひとつ。生徒たちはそのまわりを囲んでいる。ルーズリーフに何かを書き散らしている者もいれば、適当に抜き出した本を読むでもなくめくっている者もいる。『ノルウェー語会話』『ハムレット』[*2]『イングランド田園地方への旅行ガイド』

文章創作講座の始まりだ。ウィルソンは私の左に座り、昨日配っておいたマヤ・アンジェロウの詩を殊更に明瞭な発音で朗読する。

悪意に歪《ゆが》んだ嘘を連ねて
あなたが私を歴史に記そうとも、
まぎれもない泥の中で私を踏みつけようとも
それでも、土ぼこりのように、私は立ち上がる。

一回目の授業のとき、自分の人生についてエッセイを書くという課題を出した。ウィルソンの語った話はこうだ。ウガンダの農村に生まれ、一夫多妻の父には六〇人あまりの子どもがいた。まだ幼い頃に実母は亡くなり、継母たちにいじめられて育った末にウィルソンは家を飛び出した。いくつかの犯罪に手を染めたが、貧しさゆえに罰金も賄賂も払えない。それさえあれば自由の身になれたのに。こうしてウィルソンは鉄格子の中の人となった。同じような囚人はウガンダ全体に約三万五〇〇〇人おり、各地の刑務所を合わせると収容人数は定員の六倍に達する。いずれの刑務所も、ここが植民地だった一世紀近く前にかつての宗主国が建てたもので、社会を統制して民衆を脅すのがその目的だった。収監されて一年以上が過ぎて、ウィルソンはやっと裁判にかけられた。これは少しも珍しいことではなく、ウガンダでは囚人の半数あまりが未決勾留だ。ウィルソンは取り乱すことなく自分の状況を受け入れた。やがて鉄格子の中で信仰を見出し、ボマの牧師へと変貌を遂げたのである。

私が打ちひしがれるのを見たかったのか？
うなだれ、目を伏せ
涙が落ちるようにして肩を落とし
魂の嘆きに泣き疲れるの[3]を？

拍手。「バズ、どうしてもお伝えしたい」。ボマの牧師は口を開く。「これは本当に美しい詩です。ここで、この刑務所で、こういう経験をしている私たちの胸にじかに響くのです」。ほかの生徒も真面目な面持ちで頷く。

それからさらに二時間のあいだ、小ぎれいな言葉の世界に浸る。生徒たちは笑い合いながら詩をつくり、それを発表する。ウィルソンの作品「解放者」では、東アフリカを支配してきた独裁者たちへの嘆きが綴られたあと、ウガンダの輝かしき未来を信じる思いが高らかに謳い上げられている。別の生徒の詩はこんなふうに始まる。「エイズ、ああエイズ、なぜお前は私の家族を奪ったのか」

帰る時間になり、散らばった資料をまとめる。それからウィルソンの手をもう一度強く握り、よく眠れるといいわね、と言葉を添える。

「バズ、ここではよく眠れる夜などありませんよ。寝られる隙間がありませんからね」。ウィルソンは晴れやかな笑みを向ける。

図書館から外の世界に一歩踏み出すなり、心のなかで油断なく武器を構える。カンパラでは犯罪が日常茶飯事だ。だが何より神経に堪えるのは、どこへ足を向けても厳戒態勢がとられていることである。東アフリカではテロ組織の存在が絶えざる脅威となっている。たとえば二〇一〇年にはここカンパラで自爆テロが起き、七六人が犠牲になった。このためウガンダは武装警備兵と軍の検問所にあふれ、まるで時を刻む時限爆弾のようである。日々の暮らしでさえ、大掛かりな障害物レースのように感じられることが多い。何人かの警備兵（このとき通ったのはみなから恐れられているムズングだった）がスラムの中を歩いていく。今日のタクシー運転手がちゃんとやって来て、私をここに置き去りにしたりしないといいのだが。仮に現われたとしても、今朝すでに二回交渉した料金を再度交渉しないといけないだろう。カンパラの車の波、カンパラの汗、カンパラのしかめっ面、自動車に爆弾が仕掛けられていないかのチェック、金属探知機。さらなる警備兵が唸《うな》り、さらなるウージーが光り、さらなる手荷物検査が行なわれる。ようやくホテルに戻り、息をつく。

もっとも、世界をめぐるこの旅が順風満帆にいくなど、はなから思ってはいなかった。

＊

私は少し前に、二年がかりで世界の刑務所をまわる旅に出た〔二〇一二年秋〜一四年秋〕。周囲にこの計画を打ち明けたとき、ほとんどの人が物好きだといった。私は物好き呼ばわりされるのに慣れている。というのも、我ながらなんとも種々雑多な顔をもっているからだ。私は白人の英語教授であり、アフリカ系アメリカ人の文化を専門に研究している。そのかたわら、カリブ海地域のカーニバルを愛し、囚人を教え、刑事司法制度の改革を目指して活動し、ナショナル・パブリック・ラジオの番組向けにフリーのプロデューサーを務め、熱狂的なレゲエ・マニアであり、ニューヨークで暮らす不可知論者のユダヤ人でもある。ジャーナリスト、音楽評論家、学者として仕事をしてきたほか、ヒップホップと司法制度をテーマにした二本のドキュメンタリーを制作したこともある。

人から好奇の目を向けられるのは、私自身が際限のないほどに好奇心旺盛だからだ。だからこれほど多様な世界に没頭することになった。何かに強く興味をかき立てられると、夢中で頭から飛び込む。それが私だ。ジャマイカのレゲエに恋をしたときなど、ただファンになるだけでは飽き足らなかった。学者の域といえるほどにレゲエに関する造詣を深め、ジャマイカにも頻繁に足を運ばずにいられなかった。そして、この猛烈な好奇心につき動かされた結果、私はアンジェロウの詩で武装しつつウガンダの地に降り立ったのである。

幼い頃、刑務所は夢の世界でもなければ日々の現実でもなかった。私はニューヨーク市のブロンクスに生まれ、一九八〇〜九〇年代のニューヨーカーの例に漏れずヒップホップとレゲエを聞いて育った。ニューヨーク市立大学（ＣＵＮＹ）に入学したとき、そこが巨大な公立大学であるだけでなく多様性もまた巨大だと知った。傘下のとあるカレッジなどは、一六〇の国から一二七か国語を話す学生が集まっていると謳う。ニューヨーク自体だけでなく、ＣＵＮＹという文化のるつぼの中に身を置くことで、世界市民としてのアイデンティティが形づくられ、育まれていった。

　英語の博士号取得に挑むとき、私はアフリカ系アメリカ人に関する研究を選んだ。とくに焦点を当てたのが、アメリカ文化における人種の境界線である。いかにしてこの境界線がつくられるのか、誰がそれを引くのか、どんな人があえてその境界を越えるのか、といったテーマだ。どうしてこの問題に絞ったかといえば、人種というくくりそのものに納得がいかなかったからである。人種は生物学的な事実に根差したものではなく、人がこしらえた概念にすぎない。にもかかわらず、それが社会や政治のこれほど様々な側面を支配している。それがどうにも腑に落ちなかったのだ。いわゆる人種というものを遺伝子の面から見ると、違いよりも類似点のほうが多い。なのに、こんな人為的な分類をなぜみなは不自然に思わないのか。この謎を探ることが、私の最初の著書となって実を結んだ。[4]これは社会史の書であり、白人でありながら黒人として通した実在およびフィクション内の人々を取り上げている。

　この本では、人種の交差、ヒップホップ文化、特定の文化がどの集団に帰属するかの問題、あるいはアイデンティティを「主張する」ことの意味、といった話題を扱っている。そのアイデアの多くは学問以外の世界から得たものだ。とくに、人種を意識した音楽の流行《はや》った二〇〇〇年代（エミネム時代）の時代精神と、ポップカルチャーを組み合わせている。その後、カリフォルニア大学ロサンゼルス校（ＵＣＬＡ）で博士研究員として一年間働いていたとき、『ニューヨークタイムズ・マガジン』誌向けの特集記事を執筆することになった。私は、会いたいと思っていたラッパーたちにほとんど片端からインタビューをし、スヌープ・ドッグのツアーにも同行した。また、『ロサンゼルス・タイムズ』紙の編集者が、レゲエはボブ・マーリーとともに死んだといい張るのを説き伏せて、現代ジャマイカのアーティストについて記事を書かせてもらってもいる。

　そのアーティストのひとりがジャー・キュアだ。キュアはラスタファリアニズムを信奉するレゲエ・スターであり、強姦などの罪で八年間服役するあいだに有名になった。私はジャマイカの首都キングストンに飛び、獄中のキュアにインタビューさせてもらえないかと掛け合った。結局、許可が下りることはなかったものの、やがて私の文章は掲載された。記事をボツにする気にはどうしてもなれなかったからである。私はキュアの裁判の模様を夢中で追った。キュアは無罪を主張し、自分がラスタファリアニズムを信じているせいで差別されていると訴える。ラスタファリアニズムは、カリブ海地域の一部の上流階級から今もなお恥ずべきものとみなされている。だが、あれほど美しく魂に響く稀有なラブソングを歌う男が、強姦のような見下げはてた罪を犯すだろうか。どうしてもそこに合点がいかなかった。仮に事実なら、鉄格子の向こうから音楽を発表する権利を与えていいものなのか。キュアの曲を何度も何度もかけながら、私は人間性の複雑さと刑務所の目的という大きな問題と格闘した。刑務所は矯正《きょうせい》を目指しているのか、それとも懲罰のための施設なのか。人が投獄されるとき、拘束されない権利だけが失われるのであって、音楽は自由に漂い出てもいいということなのだろうか。もしもキュアが犯人なら、あの息を呑むようなラブソングは社会に向けての一種の謝罪、いや償《つぐな》いですらあるのではないか。

私は取り憑かれたようにこの問題を考えた。それがのちにさらにふたつの記事につながる。ひとつは、ニューヨーク市警察の通称「ヒップホップ警官《コップ》」の横顔を紹介したもの。ラッパーたちのコミュニティを監視する部署をつくった人物だ。もうひとつはやはり『ロサンゼルス・タイムズ』紙向けの特集記事で、獄中からアルバムを発表するラッパーが増えていることについて書いている。私はロサンゼルス滞在中にある映画監督と組んで、これらの記事をベースに二本のドキュメンタリーをつくった。[5] どちらも大衆向けの作品であり、様々なケーブル・ネットワークで放映された。それでも、収監制度の公正さという問題が脳裏を去ることはなかった。そこで、二本のドキュメンタリーのうちとくに『韻と罰』（いわば刑務所学入門とヒップホップ学入門を足し合わせたような内容）のためのリサーチをする際に、この分野を本格的に深く学んでみることにする。

調べ始めるとすぐに、恐ろしいデータが苦もなく見つかった。アメリカは世界で最も大勢の人を投獄している国であり、およそ二三〇万人が鉄格子の中に暮らす。これは、成人一〇〇人につきひとりの割合だ。アメリカが世界人口に占める比率は五パーセント弱にすぎないのに、囚人の人口では世界の二五パーセントに達する。何らかの矯正プログラムの監督下にある人数は約七〇〇万人。成人の三一人にひとりだ。さらには、成人の囚人の二五パーセントもが精神疾患を抱えている。また囚人のかなりの割合は、薬物犯罪で長くつらい刑期を務めている。連邦刑務所ではそれが全体の五一パーセントにものぼる一方で、強盗犯は約四パーセント、殺人犯は約一パーセントしかいない。州立刑務所では薬物犯罪者の比率が二割ほどではあるが、どの犯罪区分よりも人数が多い。暴力犯罪を犯したわけでもないのに、二五年以上の服役か終身刑に服しているアメリカ人もいる。カリフォルニア州だけでもその数は三七〇〇人ほどだ。この国は、少年が投票したり酒を買ったりするのは早すぎると考えているくせに、成人と同じ刑務所で寝起きさせてもかまわないと思っている。結果、少年受刑者の一〇人にひとりが性的暴行を受けている。一四の州では、一四歳未満を成人として裁判にかけることを禁じる規定がない。

さらには、唖然とするような人種間の不平等も突きつけられた。現在、刑法に基づいて監視対象となっているアフリカ系アメリカ人の数は、一八五〇年当時の奴隷の数よりも多い。また、黒人のほうが白人より六倍も刑務所に入れられやすくなっている。二〇〇一年の時点では、黒人男性の六人にひとりに服役経験があった。黒人の子どもの四人にひとりは、一八歳になるまでに親の投獄を経験する。アメリカの家庭裁判所で扱われる少年事件のうち、九四パーセントが黒人かラテンアメリカ系だ。複数の研究によれば、司法プロセスのあらゆる段階で白人より黒人のほうが不当な扱いを受けやすい。それは、未決勾留を認めるか否かの判断に始まり、実刑判決ではなく社会内制裁を選ぶかどうかに関する検察官の決定にまで及ぶ。二〇一五年の『ニューヨーク・タイムズ』紙は、アメリカの「黒人男性一五〇万人が行方不明になっている」と報じた。[6] なぜ「行方不明」かといえば、二四〜五四歳の黒人男性の六人にひとりあまりが市民生活から姿を消しているためである。その理由は、若くして死亡したか、刑務所に送られたかだ。

　刑期の長さでもアメリカは特殊である。仮釈放なしの終身刑を採用している国は世界全体の二割しかない。なのにアメリカでは、暴力的でない犯罪を一回犯しただけでも、その刑が適用されることがある。現在、アメリカで終身刑に服しているのはおよそ一六万人。同じ数字がオーストラリアでは五九人、イギリスでは四一人、オランダでは二七人だ。二〇〇五年に人権ＮＧＯのヒューマン・ライツ・ウォッチが報告したところによれば、仮釈放なしの終身刑をいい渡されているアメリカ人のうち、未成年のときに犯した罪で服役している者が二〇〇〇人を超える。アメリカ以外の全世界を合わせても、釈放の可能性のないまま閉じ込められた子どもはこれまでに一二人しかいない。終身刑制度と死刑制度をともに有する国は、アメリカを含めて九か国だけである。

　私はこうした数字を頭から締め出すことができなかった。やがて、ニューヨークに戻ってジョン・ジェイ・カレッジ・オブ・クリミナル・ジャスティスの英語教授に就任することが決まる。このカレッジはＣＵＮＹ傘下のカレッジのひとつであり、刑事司法に関する教育を専門としている。学生の大半は法律や社会福祉関係のほか、司法の様々な分野で働くのを目指している。私はこのカレッジで、学部の垣根を越えた一般教養の授業を受けもち、人種、犯罪、そして文化について教えることになった。当然ながら、脳裏を離れなかった様々な哲学的な疑問が教室の中にも入り込んできた。

それと同時に、刑務所からの手紙も私のオフィスに舞い込むようになる。私の記事やドキュメンタリーを見た人たちからで、手書きの文字が長々と綴られていた。紙にしたためられた様々な人生。誰に求められたわけでもない告白。凝った手づくりのカード。手紙のひとつは、「ラティーノ・エン・プログレソ」というグループの代表からだった。このグループは、ニューヨーク州にある「シャーンガム矯正施設」という重警備刑務所内で、服役者自身が運営しているものである。代表からの手紙には、年に一度の彼らの昼食会に来て講演をしてほしいとの依頼が記されていた。私は応じる。

刑務所の面会室になら以前にも足を運んだことがある。だが、ボランティアとして刑務所を訪ね、鉄格子の中の人を相手に知的な内容を本格的に語った経験はなかった。私は、人種が社会によってつくられたものだという話をしながら、ジェームズ・ボールドウィンやラルフ・エリソンといった黒人作家たちの文章を抜粋して読み上げた。それからメモを下に置き、自由な質疑応答の場を設ける。たちまち凄まじい勢いで質問が飛んできた。文学や芸術への深い造詣をうかがわせる、数々の思慮深い論評が矢継ぎ早に放たれてくるのだ。またたくまに時が過ぎ、まだまだ話し足りないうちに時間が終わる。男たちは監房へ戻り、私は刑務所をあとにして自由の世界へと帰った。

ニューヨーク州南東部の凍てつく空気の中に足を踏み出したとき、私の心は重かった。アメリカでも選りすぐりの優れた知性が鉄格子の中にある。そのこと自体に驚いたわけではない。しかしこのとき初めて、その現実に対して消しがたい痛みを感じた。私だっておめでたい人間じゃない。緑の囚人服を着たあの男たちの多くは、恐ろしい犯罪行為に及んだのだ。それでも、彼らのなかに途方もない可能性を見て、社会に多大な貢献のできる集団だとの思いを抱かずにいられなかった。これほど素晴らしい人的資源が、これほど聡明な市民が同じ社会にいるのに、私たちはなぜ彼らが牢獄で苦しみ続けるにまかせているのか。

　ちょうどその頃、私は別の施設を定期的に訪れていた。二〇代のすべてを鉄格子の中で送っている友人と面会するためである。その友人は刑務所にあっても、ユダヤ教の教えを守り、実践していた。私は職員に何時間も掛け合って、祈禱の際の肩衣《タリス》が「許可品目」に含まれることを認めさせたものである。刑務所に関しては不可解なことがいくつもあったが、面会室もそのひとつに加わっていた。絵に描いたようなのどかな風景の中に無慈悲にも投げ込まれた、有刺鉄線とブロックの醜悪な建造物。父親や夫とスクラブルをする時間をもらうために、誰にいわれるでもなく黙々と列をつくって身分証を見せる家族たち。面会室の匂い（自動販売機で買って旧式の電子レンジで温めたハムサンドイッチやナチョス）。面会室の音（自動販売機に小銭を入れる音や、炭酸飲料の蓋《ふた》をあける音のくぐもった反響）。とても現実とは思えない光景。それが刑務所の面会室だ。人間の様々な感情が弁当箱の中身のように詰め込まれている。痛々しいほど人の目にさらされた環境の中に、徹底的に内密な空間が点在する。その取り合わせの異様さ。あの場所で過ごす奇妙な時間に、どうしても慣れることができなかった。

私はこうしたすべてに興味をかき立てられると同時に、何かがひどく間違っているという思いを拭えずにいた。やがてそれは、肚《はら》の底で感じる確信へと変わる。そして、刑務所という制度そのものについて猛然と考え始めた。

学生のほとんどは何の疑問も抱いていなかった。「罪を犯せば服役する」のが当然だと思っている。わめきすぎたら声が出なくなるように、悪いことをすれば刑務所に行くのが普通なのだ、と。だが、じつは刑務所が生まれたのは比較的最近のことだ。もちろん、監獄自体は何世紀も前から存在してきた。しかし一九世紀に入るまでは、裁判を待つ人や、軽微な罪に問われた人を短期的に収容するための施設だった。つまり、投獄は司法への道であって、司法そのものではなかったわけである。

私はジョン・ジェイ・カレッジの図書館に何か月も通い、ドキュメンタリー制作時代に取り組みはじめた研究を続けた。新しいことにひとつ気づくたびに、ますます激しく首を振った。これほど重要な社会制度がどう変遷してきたのかについても、刑務所が誕生する前の時代に犯罪者がどう扱われていたかについても、なぜこれほど自分が無知だったのか。それが情けなくてたまらなかったのである。

古代イスラエルには「ベト・ハ・アスリーム（囚われし者の家の意）」があり、裁判を待つ者や債務者をそこに収容していた。古代ギリシャと古代ローマには同様の目的に用いられる私的な監獄があり、ラテン語で「カルケル・プリヴァトゥス」と呼ばれた。中世に入ると「カルケル」という言葉は、不品行な聖職者を入れる修道院内の部屋を指すようになった。ヨーロッパでは、アムステルダムやローマの矯正院、パリのバスティーユ、ロンドンのブライドウェルといった、代表的な監獄が建設される。しかしいずれも短期的な収容を主な目的としていて、いわゆる刑務所に特徴的な建築構造を備えていたわけではない。懲罰は別のかたちをとり、ときにはそれが旧約聖書的な「目には目を」の精神で実施された。アテネの例でいうと、財産を没収する、石で打つ、杭《くい》に縛りつける、儀式で呪文を唱えて犯罪人を神々に引き渡す、人との接触を禁じる、などである。サハラ砂漠以南の地域で倫理にもとる行為をした者は、鞭打《むちう》ち、追放、毒物の投与、損害賠償といった刑に処せられた。とはいえ、主眼はあくまで被害者が償いを受けることにあり、犯罪人を罰することではなかった。たとえば東アフリカのキクユ族のあいだでは、姦通や強姦の罪に対する代償はヒツジまたはヤギ九頭で払わせ、男性を殺した場合はヒツジかヤギ一〇〇頭またはウシ一〇頭だった。追放や流刑は犯罪者への対処法として長い歴史をもつ。アフリカではいくつもの地域で、地域社会の安寧を脅《おびや》かす者（魔女と名指しされた人間や犯罪の常習者）を追放する習慣があった。ヨーロッパの国々では、海外の流刑植民地を利用した。植民地時代のアメリカでは「さらし台」と呼ばれる板を使って、罪人の足首、手首、あるいは首などを固定して人前にさらす刑が広く行なわれた。また、水責め椅子や公開鞭打ちなどの刑もしばしば適用された。いずれも、罪人を公衆の面前で辱《はずかし》めることに刑の狙いがあったことを物語る。その有名な例を描いたのが、ナサニエル・ホーソーンの小説『緋文字《ひもんじ》』[7*]だ。女主人公のヘスター・プリンが、不義（Adultery）を犯した見せしめとして、赤い「A」の文字を服につけさせられるのである。フランスは一九七〇年代後半になるまでギロチンによる処刑を続けた。大勢の犯罪者が断頭台に送られたおかげで、死はなめらかに動く機械へと、そして処刑は派手な見世物へと姿を変えた。

劇的な変化が訪れたのは一八世紀後半のことである。この頃、資本主義が成立した。工業化は都市化につながり、都市化は貧困を生んで犯罪を増やした。アメリカで独立革命が起きたために、イギリスは流刑に利用してきた植民地を失う。法律家や作家、それから自由思想家は、変革を生み出す力が人類にあることを信じて疑わず、これまでとはまったく違った形態の懲罰を考案した。それは従前の刑罰より見苦しくなく、抑制がきいていて、もっと合理的なものである。つまり、いわゆる「理性の時代」になされるにふさわしいというわけだ。当時広がりを見せていた病院改革を語るようにして彼らは犯罪を語り、科学的手法で組織的に対処すれば犯罪という伝染病は治療可能だと考えた。一七五〇年代には、イギリスの治安判事で小説家でもあったヘンリー・フィールディングが、身体ではなく「精神を矯正」すべしと提言する。孤独と絶食は「このうえなく恥知らずな不品行者にも理性と秩序」をもたらすというのがその主張だ。[8]一七九〇年にはイギリスの哲学者ジェレミー・ベンサムが、「パノプティコン（一望監視施設）」と呼ばれる効率的な刑務所の構想を議会に提出した。どういうものかというと、建物を円形にして中央に看守塔を置き、円周に沿ってハチの巣のように監房を配置するというものだ。囚人からは看守塔が見えない仕掛けがなされているのに対し、看守塔からはすべての監房が見渡せるようになっている。そのため、囚人たちを絶えざる監視状態に置くことができた。刑務所を運営する側にとってはじつに都合のいいつくりである。フランスの哲学者ミシェル・

フーコーは、名著『監獄の誕生――監視と処罰』[9*]のなかでいみじくもこう述べている。肉体的な苦痛ではなく、時間と隔離をもって罪を償わせるという「文明的な」方策に突如気づいたとき、世界は目覚ましい変化を遂げた、と。

　現在の私たちが刑務所と呼ぶものは、多分に時代の産物だった。資本主義の殿堂ともいうべき工場と同様、刑務所は特徴的な外観を必要とした。そのふたつのつながりを裏づけるように、ベンサムの構想したパノプティコンは、じつはロシア皇帝エカテリーナ二世のために自分の弟が設計した工場を参考にしたものである。資本主義もそうだが刑務所という制度においても、身体と時間を厳密に管理することが肝心だ。その時間は金銭のように少しずつ増えていく仕組みになっていて、犯した罪に見合うように割り当てられていった。

　独立まもないアメリカは資本主義を熱烈に擁護するとともに、かつての宗主国より革新志向であることを是が非でも証明したいと願っていた。だから、ヨーロッパ発のこうした過激な思想を貪欲に取り入れた。大いなる皮肉の幕あけである。なにしろ、民主主義の誕生と刑務所の誕生が、複雑に絡み合いながら結びついたのだから。生まれたばかりのアメリカ合衆国で、「自由」と「自由の欠如」という相反するふたつの概念が手を組んだ。第三代大統領のトマス・ジェファーソンも、自らいち早く刑務所の設計図を描いている。

　アメリカに伝わるや、理論はたちまち実践へと移し替えられた。一八二〇年前後には、近代的な刑務所が本格的に始動する。ふたつのアメリカ式モデルが、競うようにその門戸を開いたのだ。ひとつは、ペンシルベニア州フィラデルフィアの「イースタン州立刑務所」。この刑務所は、ベンサムによるパノプティコンの発想をもとにしたものであり、「分離制」を用いていた。これは、囚人を終始独房に閉じ込め、作業や娯楽を許さないシステムである。もうひとつがニューヨーク州立「オーバーン刑務所」であり、こちらでは「沈黙制」が採用された。具体的には、日中は雑居を認め、工場のような環境で労働もさせるが、少しでも口をきいたら奴隷のように鞭打つというものである。これもまた、忌むべき皮肉というほかない。北部が南部の奴隷制度に反対していたまさにそのときに、刑務所という奴隷制度が花開いていたのだから。だが考えてみれば、一八六五年に成立した合衆国憲法修正第一三条にしても、奴隷制度を全面的に禁止したわけではないのだ。「犯罪に対する刑罰の場合を除き」という但《ただ》し書きがちゃんと添えられている。

　自らの刑務所モデルを完成させると、アメリカはそれを海外にも伝えた。一九世紀のヨーロッパの学者が大西洋の向こうを訪ねる際には、かならず刑務所を視察するようになる。視察者には、プロイセン王フリードリヒ・ヴィルヘルム四世をはじめ、ザクセン王国、ロシア、オランダの指導者たち、さらにはフランス、オーストリア、オランダのホラント地方、デンマーク、スウェーデンからの使節もいた。なかでも、アメリカの刑務所についてとりわけ多くの発言を残し、目にした恐怖を声高に広めたのが、フランスの政治家・歴史家・法律家のアレクシ・ド・トクヴィルと、イギリスの作家チャールズ・ディケンズである。ディケンズはアメリカの囚人を次のように描写している。「人間が生きながらにして埋葬されている。やがてゆっくりと年月がめぐってくれば掘り起こされるが、それまでは拷問のような不安と恐ろしいまでの絶望に苛《さいな》まれる以外、あらゆる感覚を失っている」[*10]

こうして、世界の文化という布地のなかに刑務所というものが織り込まれていった。まずヨーロッパ全体に普及し、その植民地を経由して世界中に広まる。スペインからコロンビアへ、中国や日本へ、そしてインドへ。すべてがアメリカ方式に倣《なら》い、それが現在まで続いている。その特徴は簡単にひと言でまとめられる。大量投獄だ。一九九〇年から二〇〇五年のあいだに、アメリカでは一〇日に一か所のペースで新しい刑務所が開設された。なぜここまで大々的な変化が起きたのか。その理由は謎でも何でもない。社会学者によれば、発端は一九七〇年代に始まった「麻薬戦争」である。一九八〇年には、麻薬関連で逮捕されると一〇〇〇人中一九人が刑務所に送られていた。一九九二年の時点では、それが一〇四人に増えている。犯罪学者のトッド・クリアは、一九八〇年代に刑務所数が増加した背景に三つの大きな流れがあると指摘する。ひとつは、投獄以外の刑が選択されるケースが減ったこと。もうひとつは、刑期が長くなったこと。そして、保護観察や仮釈放で監視下にあった者が刑務所に戻る割合が増したことである。刑務所数の増加は三つの段階を経て進んだ。第一段階では、拘禁刑に処せられる人の数が多くなった。第二段階では、投獄される期間が延びた。第三段階では、囚人にできるだけ刑期を全うさせるために、いわゆる「量刑の真実性法」が制定された。これは、重大な犯罪を犯した囚人に対し、最低でも刑期の何パーセントを務めなければならないかを定めた法律で、ほとんどの州が刑期の八五パーセント以上としている。ここで重要な鍵を握るのが、年齢、性別、人種、地域だとクリアは説明する。「麻薬戦争」が標的にしたのは、マイノリティの暮らす貧しいコミュニティとつながりの深い薬物が中心だった。とくに、荒廃した地区に住む若い黒人男性が手を出すような薬物が主で、コカインのような「白い」麻薬よりも圧倒的に狙われやすい。つまり、この「戦争」は違法薬物との戦いというよりも、公民権運動時代に進展した少数人種の地位に対する手荒な攻撃の色合いが濃かった。またそれは、収入格差が広がりつつある現状から市民の目をそらすための、恰好の手段でもあったわけである。なにしろ一九七九年から九六年までのあいだに、富全体の九五パーセントが上位五パーセントの最富裕層に流れたのだ。

　私は刑務所の歴史をたどる過程で恐ろしい現実を突きつけられ、じつに狡猾で金のかかった世界規模の陰謀を目撃した気分になった。アメリカが犯罪者の矯正に支出する額は五〇〇億ドルを超える。過去二〇年のあいだに刑務所につぎ込まれた費用は、高等教育費の六倍もの上昇率を見せた。若者ひとりを投獄するには年間約八万八〇〇〇ドルかかる。同じ人物を教育するのに必要な一万六五三ドルの八倍あまりだ。各州は特定の街区を「一〇〇万ドル地区」と名づけ、そこに住む者を刑務所に放り込むのに毎年一〇〇万ドル以上を使っている。その結果、矯正制度全体にかけられる金額は、一四〇の国々のGDP（国内総生産）を上回るまでになった。いくつかの州ではそれが徐々に財政を圧迫しているため、現在は刑務所の人口を減らすよう政府の命令を受けている。

　こうしたすべてに気づいてしまった以上、手をこまぬいているわけにはいかない。たとえ微々たる力にしかなれないにせよ、指をくわえて見ているなどどうしてできる？　そこで、初めて講演をした刑務所から招待状が届くたび、私はイエスと返事をし続けた。やがてそれが発展し、私はそこで非公式な教育プログラムを実施することになる。時間を見つけて単発の講義を行ない、興味をもった同僚も誘って授業をしてもらうようになったのだ。例のラテンアメリカ系の囚人組織の代表を務めるラモンのことも、よく知るようになる。ラモンはドミニカ共和国出身で、品位と落ち着きのある聡明な人物だ。あるときの昼食会で、自分は一六歳で刑務所に入ったとき英語をまったく話せなかった、と教えてくれた。これには驚いた。というのも、ラモンは今しがた、チェ・ゲバラのポスターの飾られた演壇に立って、変化と成長と革命について見事に流暢な英語で二〇分間の演説をしたところだったからである。ラモンはまた、三年間は独房に監禁されていたとも打ち明けてくれた。私には想像すら及ばない世界である。

ラモンを見ていると、またしても残念で残念でならなかった。これだけ素晴らしい才能に恵まれた人物に対し、社会は自ら背を向けているのである。ある日、ラモンとおしゃべりをしていたとき、同じニューヨーク州にある「オーティスヴィル矯正施設」の矯正長のひとりが私に近づいてきた。

「なぜジョン・ジェイ・カレッジはどこの刑務所でも講座を設けていないんですか？」

私はこの問いをもち帰り、カレッジの学長ジェレミー・トラヴィスにぶつけた。

「始めてみたいんです」。そう伝えると、学長は許可をくれた。こうして二〇一一年、ジョン・ジェイ・カレッジの「刑務所から大学へのパイプライン（Ｐ２ＣＰ）」が始動する。これは、釈放まで五年を切った男性受刑者を対象に、大学教育と社会復帰支援のサービスを提供するものだ。受刑者は刑務所内にいるうちから大学への道をスタートする。出所したらニューヨーク市立大学に籍が確保されており、学位を取得しながら新しいコミュニティになじんでいく。このプログラムの趣旨は、彼らの新しい生活の中心に大学を据えることによって、キャンパスで利用できるあらゆる恩恵を彼らも受けられるようにすることだ。具体的には教育はもちろんのこと、人脈の構築、無料の医療、カウンセリング、個別指導サービスなどである。

私はP2CPプログラムで英語の講座を受けもつとともに、プログラムの学術面における責任者を務めている。この制度がスタートしたばかりの頃は、自分がどんなことに飛び込もうとしているのかがあまりよくわかっていなかった。刑務所内で授業をすること自体は、色々な意味で造作のないことである。教え子たちは知識に飢えているので、彼らを教えるのは教師冥利に尽きるとしかいいようがない。しかし、この仕事がどれだけの精神的な浮き沈みを伴うかについては心の準備ができていなかった。アップダウンのあまりの激しさに、打ちのめされることも少なくなかった。彼らが仮釈放を認められなかったり、社会に戻っても住む家がなかったり、再逮捕されたり、果ては銃で撃たれたりといった事件が起きるたびに、身を切られるようなつらさを噛みしめねばならなかった。それでも、教え子がキャンパスを小走りで教室に向かう姿を目にし、少し前まではまったく違う環境で学んでいたのだと思うとき、これに勝る喜びはないという気持ちになる。

私の日々は、知的活動の面でも感情の面でも刑務所を中心にまわるようになった。一方、私の周囲ではまだ、刑務所という制度に効果があると思っている人が多いようである。実態はどうかといえば、アメリカでは一九七三年以降、囚人の数が増加の一途をたどっているのに、そのことと犯罪発生率とのあいだに相関関係はいっさい見られない。そもそもうまくいくはずなどないのだ。確率論と心理学に関する研究からは、刑務所がもつ抑止効果など幻想にすぎないことが浮き彫りにされている。刑務所行きを恐れて犯罪を思いとどまる者などほとんどいない。犯罪行為がなされようとしているまさにそのときに、刑務所が存在するという現実が犯罪者の思考回路をよぎることなどまずないのだ。確かに、犯罪者を隔離するという役目は果たす反面、刑務所が犯罪を学ぶ場と化しているのも事実である。閉じ込められて一般市民から遠ざけられているにせよ、彼らもいずれ地域社会に戻ってくる。犯罪者の烙印を押され、社会的にも経済的にも徹底的に孤立した状態で。これではかえって犯罪の増加を手助けしているようなものだ。だとすれば、二〇一四年にナショナル・パブリック・ラジオが報じたニュースにも納得がいく。そのニュースの見出しは、「アメリカで投獄される人の数が減るにつれて犯罪率も低下――ホルダー司法長官談」というものだ。[11] 直感的な印象とあまりに正反対で、いっそ痛快なほどである。だが事実、二〇〇七年から一二年にかけて投獄率がとりわけ大きく低下した州では、犯罪件数が平均一二パーセント減少した。なぜかといえば、都市のコミュニティで人を投獄すると「付随的な結果」が生じるからだと、トッド・クリアをはじめとする専門家は指摘する。クリアはこう書いている。刑務所は「家庭を破壊し、社会規範を教えるうえでの親の役割を弱め、経済力を削ぎ、社会に反感を抱かせ、政治を歪めてきた[12]」。囚人の子どもは、自らも刑務所に入る確率が高いことがわかっている。また、服役している時間は、社会におけるその人の信頼関係や人間関係を著しく損う。投獄を通じてこのような市民を生み出しておいて、地域社会がより安全になるなど期待できるはずがない。

しかし、刑務所にはもうひとつ存在意義があるじゃないか、との反論もあるだろう。みなが褒めそやす「更生」だ。一九五四年、「アメリカ刑務所協会」は「アメリカ矯正協会」へと名前を変え、「刑務所」は「矯正施設」と呼ばれるようになった。だが、「矯正」のためのプログラムはほんの少ししか実施されていない。刑務所内の各種プログラムにあてられる予算は、全体のわずか六パーセントだ。囚人全体の六〜八割に薬物依存の経験があるにもかかわらず、それを治療するための独房の数は一九九三年当時の半分以下にまで減少している。二〇一二年の時点では、全国の刑務所内で薬物依存治療を待つ人の数が五万一〇〇〇人に達していた。二〇〇四年から〇五年のあいだに州立刑務所に収容されていた者のうち、教育プログラムに参加していたのはわずか四分の一程度。職業訓練を受けていたのは三分の一にも満たず、何らかの作業が割り当てられているのは約三分の二だった。私が実施しているような高等教育プログラムは、再犯率の低下と明白な相関関係をもっている。にもかかわらず、一九九四年には大打撃をこうむって瀕死の状態に追い込まれた。服役中の学生には、国や州からの資金援助を得る資格がないとの判断が下されたのである。刑務所内の大学教育プログラムは、かつては三五〇件ほどが実施されていたのに、わずか一年のあいだに七件にまで落ち込んだ。

私はこうした動向をすべて把握していた。それが残念でならなかった。とはいえ、好奇心というものは、その対象について長く考えすぎると当初の勢いを失う場合がある。私は自分にそれが起きつつあるのを感じた。最初はあれほど刑務所の何もかもが奇異に映っていたのに、いくつかの点についてはそれが薄らいできたのだ。当たり前のようにあの場に出入りし、刑務所の諸問題を分析するのにしじゅう没頭している。そのせいで自分の発想がマンネリ化し、大局的な視点をなくしてきているのではないか。しだいにそのことが心配になっていった。このプログラムへの出資者のひとりと話していたときなど、オーティスヴィル刑務所で授業をしているときの気持ちを説明しようとして、つい「くつろげる」と表現した自分に驚いた。こんな異質な場所にいて、本当に「くつろげる」と思っているのだろうか。

　現状を揺さぶる必要がある。基本的な真実だと思っているものを放り出し、かつては人から絶えず浴びせられていた質問を自分に問い直さなくてはいけない。私はそう決めた。今でこそ私の世界は、同じ情熱を抱いて同じ前提に共感してくれる人たちであふれている。だが昔はそうではなかった。あの頃はよくこう訊かれたではないか。

「世間で悪いことをした人のことをどうしてそこまで気にかけるのか」と。

　心のなかでひとつの計画が形をとり始めた。様々な国の刑務所を訪ね、その問いへの新しい答えを世界的な視点に立って見つけたい。刑務所というものを新たな目で見つめ直してみたい。そして、刑務所を通して世界を眺めるのだ。かつてドストエフスキーは著書『死の家の記録』のなかで、「社会における文化の程度は、その刑務所に入ってみればわかる」と述べた。かのネルソン・マンデラはこれを念頭に置き、次の有名な言葉を残している。「刑務所に入らずして、その国家を本当に理解することはできない［という言葉がある］」。国家を判断する際は、最も上にいる市民ではなく、一番下にいる者たちがどう扱われるかに注目すべきである」[*13]
刑務所は、アメリカの国家的な実験としても、またアメリカ発で世界に広まった制度としても、際立った影響力をもっている。世界各地を旅することは、その輸出品について考え直す機会となるに違いない。二〇〇八年から一一年にかけて、世界の約七八パーセントにあたる国々で刑務所の被収容者数が増加した。現在、全世界でおよそ一〇三〇万人が鉄格子の向こうで暮らす。なかには有罪の宣告を受けておらず、適切な法的支援もないままにただ裁判を待っている者も少なくない。しかし、話題になるのはアメリカの刑務所危機のことばかりで、世界的な刑務所の問題についてはほとんど目が向けられていないようだ。だがそれもアメリカが生み出し、世界に押しつけたものであることに変わりはない。

司法は後ろ暗いものであってはならず、すべての市民から支持される透明な制度でなければならない。ところが、国際的な司法制度の目玉であるはずの刑務所は、透明とはほど遠いのが現状だ。秘密のベールに包まれ、ほとんどの市民はそれを目にしたことがないにもかかわらず、実在する正しい存在だとなんとはなしに受け入れている。しかし、見えないものにどうして賛同できるだろう？　だから、世界のどの国にも存在する隠された場所と、そこにいる忘れられた人々のことを、どうしても明るみに出したい。それが私の思いの根底にあった。世界の現状を目の当たりにしたいし、読者にもそこに立ち会ってもらいたい。そうした旅は、私自身にとっても読者にとっても、避けてとおれない道義的な責務であるような気がした。

はなから私の頭にあったのは、人間の物語をめぐり歩くことである。繰り返すが、人間の物語だ。矯正という視点で語るようになって以来、刑務所はあたかも病院のように無菌で論理的な場所であるかの印象を与えている。「矯正施設」や「行動管理ユニット」などと呼ばれる場所で、大勢の「被収容者」と「違反者」が「監督者」のもとで「務め」に服す。こうした言い回しを用いると、その施設がけっして安楽な場所ではないことをつい忘れがちになる。だが、刑務所の内側には生身の人間がいて、何日も、何年も、何十年も、ことによると一生のあいだそこで暮らしているのだ。私自身もほかの人たちも彼らに目をとめなくてはいけないし、その目を絶対にそらしてはならない。アブグレイブ刑務所での捕虜虐待事件や、グアンタナモ収容所での拷問事件が明るみに出たとき、私たちは囚人の叫びに耳をふさぐことができなかった。それと同じだ。あれは、私たちの国にいる「忘れられた人々」が、力づくでその存在に世間の目を向けさせた稀有な出来事だった。司法制度の陰で人間性が破壊されている現実を、私たちに否応なく突きつけたのである。

とかくこうした視察は、「学者が物珍しげに眺めまわす」構図に陥りやすい。それを極力避けるため、私は可能なかぎり刑務所内でボランティアをしようと決める。見たり書いたりではなく、働いたり活動したりにしたい。私には一二か月間のサバティカル休暇が与えられているので、旅のほとんどはその期間を利用して行なう。資金は学術系の助成金のほか、ジャーナリストとして記事を執筆する報酬をあてる。文化や旅について記事を書くのは金銭面で助けになるだけでなく、塀の外に広がるその国の文化を探る手掛かりにもなるはずだ。ひいてはそれが、全体像を深く理解するうえで役に立つに違いない。なぜなら、司法制度と、その制度を運用している社会とは、密に絡み合っているからである。刑務所は影を写す鏡であり、社会の分身であり、深遠な小宇宙だ。凝縮され、誇張され、激化された生がそこにある。

私たちは得てして、司法制度や刑務所のありようを当然のものとして受け止めがちだ。だが私は、そのふたつの概念の根幹部分を新たな視点から見つめ直してみたかった。そこで、それにふさわしいと思われる国を結果的に九つ選んだ。これまでも、パネルディスカッションや野外集会で、あるいは新聞の社説や暴露記事で、司法や刑務所の改革が盛んに叫ばれてきた。それらは主に、財政や市民の安全の観点からの議論である。もちろんそれも非常に重要だ。しかし、もっと根本的なレベルに目を向けた道義的な視点についてはどうだろうか。倫理的な概念としての刑務所をめぐる議論はどこでなされているのだろう。今こそ刑務所という発想の原点に立ち戻るときである。刑罰、贖罪《しょくざい》、許し、そして第二《セカンド》のチャンス（そもそも私が刑務所問題の活動を始めるきっかけ）はどうあるべきなのか。そうした大きな疑問をあらためて問い直したいのだ。また、ほかの人たちにも働きかけてこの問題に関心をもってもらいたいし、投票権と思考力のある民主社会の市民として、変革を起こす力になってもらえるかどうかも確かめたいと思っている。

もしかしたら私の熱烈な物好き精神を人にも感染させて、より大きな善をなすことができるかもしれないではないか。

まず最初に立ち寄るのは、ルワンダである。

第1章　復讐と和解――ルワンダ

それは無理だ。あの殺人犯の味方をしておいて、私たちの友だちにもなれると思うなんて虫がよすぎる。

――映画『デッドマン・ウォーキング』（一九九五年）で、被害者の遺族がシスター・プレイジョーンにいう台詞

見るがいい、お前たちの憎しみ合いにいかなる天罰が下ったか
天は愛をもってお前たちの喜びを奪う手立てを見つけたのだ[1*]

――シェイクスピア

ブリュッセル航空一〇二七便が、夜のキガリ国際空港にそっと降り立つ。入国審査の列は短く、あっけないほど簡単に終わる。アメリカ人はビザなしでルワンダに入れるのだ。税関を出たすぐのところに、私のスーツケースが静かにたたずんでいる。「ゴルフヒルズ・レジデンスホテル」のサインを掲げた男性が、たちまち私を見つける。一九九一年式日産サニーのトランクに一緒に鞄を詰め込み、私たちは町なかに向けて車を走らせる。驚くほど空いた道路だ。

ホテルは「七つの丘の地」と呼ばれる高台に建っている。ここはニャルタラマ。首都キガリに隣接するお洒落な地区だ。ホテルはどこか郊外の団地を思わせる雰囲気があり、建物はすべ

て茶色と黄褐色《おうかっしょく》で統一されている。全体としての面白味のなさを補うかのように、いかにも「アフリカ的な」装飾がちりばめられている。廊下を彩るのはキリンの絵と部族風の模様。革製のキーチェーンはアフリカ大陸の形。その鍵であけた部屋が、この先六週間の私の住みかだ。

　刑務所をめぐる旅をルワンダから始めるのは、アフリカの刑務所が悲惨な状況にあるからだと思うかもしれない。確かに刑務所は二七の国で平均一四一パーセントの定員超過状態にある。大陸全体で見ると、刑務所人口の三分の一あまり（少なくとも一〇〇万人）が未決勾留だ。国によっては、無実かもしれない人の九割もが塀の中に閉じ込められている。アフリカではほとんどの政府が司法に金をかけていないため、刑務所では賄賂や違法薬物、売春や強姦が横行している。一九九六年、世界各国の代表がウガンダの首都カンパラに集まり、アフリカの刑務所についての報告書を起草した。刑務所が犯罪に及ぼす影響力があまりに小さいとみなされたためである。結果として誕生したのが「アフリカの刑務所の現状に関するカンパラ宣言」だ。このなかには刑務所の状況について、囚人にとっては「非人間的」で職員にとっては「耐えがたい」と記されている。刑務所の過剰使用は「司法の利益にかなうものではなく、市民を守る役目も果たしておらず、潤沢とはいえない公的資源の使い道として望ましいものでもない」というのが報告書の結論だった。

　しかし私は、そうした衝撃的な事実をあれこれ思い悩むためにここにいるのではない。ひび割れからどうやって光が差し込むかを学びに来た。司法制度はアフリカ全体で破綻している。

だとすればそれは、思いきった改革への道が開けているのと同じ。ピンチはチャンスの裏返しでもある。

とくになぜルワンダを選んだのかといえば、「ルワンダ」と聞くとどうしても思い浮かぶひとつの言葉があるためだ。そう、「集団虐殺《ジェノサイド》」である。

ルワンダは東アフリカの小国である。その国で、一九九四年のおよそ一〇〇日のあいだに、フツ族が一〇〇万人近いツチ族を惨殺した。そのほとんどが山刀《マチェーテ》で叩き切ったか、棍棒《こんぼう》による撲殺である。このおぞましい事件がいまだにルワンダの代名詞のようになっている。しかしその暗いイメージの陰で、近年この国は政治・社会・経済の繁栄と平和でその名を新たに知られるようになってきた。さらにいえば、ジェノサイドからほぼ二〇年経った現代のルワンダは、いわゆる「新しいアフリカ」のモデル国家のひとつとみなされている。ポール・カガメ大統領のリーダーシップのもと、今やビジネスの競争力ではアフリカ第三位にランクされるまでになった。また、世界銀行が毎年発行する報告書「ビジネス環境の現状」では、改革実施件数において六度にわたり世界第二位の座に輝いている。二〇〇一年以降、ＧＤＰは年約七パーセントで成長を続けている。識字率は急上昇し、国の健康保険制度への加入率も高い。

国が喧伝する物語によれば、ルワンダがこれだけのことを成し遂げられたのは、大々的に和解を推し進めてきたことがひと役買っているという。ジェノサイド後に開かれた「ガチャチャ裁判」については私も記事を読んだことがある。この裁判は、地域の住民が集まって、近隣住民のあいだでどのような殺戮《さつりく》が行なわれたかをあぶり出すものだ。そして、懲罰ではなく、損害賠償の方法を定めることを目的としている。司法に対する国家の姿勢も、原点に立ち戻ろうとしているという話を耳にする。つまり、罰を求めるのではなく、許しと償いを説くのだ。ジェノサイドによって、ルワンダは国家を支える根本的な柱を見直さざるを得なくなった。その柱のひとつが刑務所制度であり、司法そのものだったのである。

　この国では何十万人もの加害者と被害者が、つまり自分の家族を殺した者と殺された者が、ある種の和解状態のもとに隣り合って暮らしている。犯罪が行なわれたとき、私たちは決まって犯罪者に注目する。話題になるのは、誰がやったのか、どういうふうに罰すればいいのかということばかりだ。だがそうではなく、まずは罪もない被害者に徹底的に寄り添うことがあるべき姿ではないか。そう思うからこそ、私は旅の初めにこの地を選んだ。悪事を働いた者に目を向けるあまり、被害を受けた者に対する関心が薄らぐようなことがあってはならない。そこで、刑務所という加害者の世界に飛び込む前に、被害の極致ともいうべき地域に身を浸したいと考えた。だからルワンダなのである。

　行き先を決めてからは、ルワンダのＮＧＯについて調べ始めた。目を引くプログラムを実施していて、できれば私を刑務所に入れさせてくれそうなところがないかを探すためである。そういったＮＧＯは山ほど見つかった。平和、和解、再建はこの国のスローガンであり、非営利的なセールスポイントでもある。各組織の理念表明の文章を次から次へと読んでいたとき、とあるひとつに目がとまった。そのＮＧＯは、ジェノサイドを生き延びた若者と一緒に活動をしている。彼らはいずれも大学生くらいの年齢で、全員が二五歳未満であり、両親を亡くした者も多い。そのＮＧＯの創立者たちとスカイプや電子メールでやりとりをするうち、一部の若者が刑務所を訪ねたがっていることを知った。囚人の約八割はジェノサイドの加害者である。その若者たちは、刑務所訪問プログラムのようなものを立ち上げたいと話しているらしい。だが、まだ具体的なことは何も決まっていなかった。ここになら私の出番があるかもしれない。

　こうして私はキガリの地を踏んだ。若者と一緒に活動するために。虐殺者のひしめく刑務所を訪ねたがっている生き残りたちと一緒に。いったいどんな訪問になるのか、それを手助けする権限が私にあるのか、言葉の壁をどう乗り越えるのか。すべては不透明である。でも、すでに私はここにいる。くだんのＮＧＯの名称に一目で釘づけになり、それに駆り立てられるようにして。その名は「ネバー・アゲイン・ルワンダ（ＮＡＲ）」。私の子ども時代を影のように覆ったふたつの単語があるとすれば、そしてホロコースト後を生きるアメリカのユダヤ人が呪文のように唱えてきたふたつの単語があるとすれば、それは「二度と繰り返さない《ネバー・アゲイン》」にほかならない。私の先祖の家系はホロコーストによってほぼ根絶やしにされた。ひょっとしたらこのつながりが、ひとつの突破口になってくれるかもしれない。

＊

「カチル地区までお願い。アメリカ大使館前のロータリーに来たら、最初を右に行って」。
ジェームズにそう告げる。ジェームズは恰幅のいいルワンダ人で、ルワンダ語と同じくらい上手に英語を操る。おかげで、キガリでも一、二を争うほど人気のタクシー運転手となっている。ホテルを出るとき、女性支配人が手に傘を押しつけてきた。空は明るく晴れ渡っている。いぶかしんで支配人を見ると、「大丈夫、信じて」と頷いた。

ジェームズがＣＤをかける。コンシェンスだ。言葉遣いの荒い、ジャマイカのダンスホール・アーティストである。

「愛にはうんざりなんですよ」。ジェームズは笑う。「ルワンダ人はラブソングが好きすぎる。ラジオなんて、とても聴けたもんじゃありません」

目的地はたやすく見つかる。どぎつい赤の「ワン・ラブ・サルーン」という酒場の向かいだ。もっとも、「愛がひとつ《ワン・ラブ》」というよりは「座席がひとつ《ワン・シート》」の酒場とでも呼んだほうがいいかもしれない。なにしろ、要はただのコンクリートの箱にすぎず、扉の代わりにレースのナプキンが垂れ下がり、正面の壁いっぱいに「オール・スター・ゾーン」という文字がペンキでスプレーされているだけなのだ。タクシーを降り、「ネバー・アゲイン・ルワンダ」の標識の脇を通ってトタンの門扉を抜ける。事務所はじつに殺風景だ。褪せたベージュ色の壁に囲まれて、木の机が一、二個と旧式のパソコンが数台。人の気配はなく、コンシェンスの曲がかすかに響いているだけだ。ただし今度はワン・ラブ・サルーンから流れてくる。あてもなく奥の部屋に向かってみると、そこに事務局長のエリック・マホロがいる。糊《のり》のきいた白のワイシャツにネクタイを締め、机に向かって背中を丸めている。私に気づいて立ち上がると、はにかみながら握手をして、つかえながら「ようこそ」という。

「担当のプロジェクトリーダーにお会いになりますか？」エリックが先ほどの事務室に私を連れて戻ると、そこにドゥクズムレミ・アルバート、通称サントスが立っている。身の丈一八〇センチをゆうに超える痩せた若者で、年齢は二五歳。いかにも用心深げな鋭い目つきとは裏腹に、気だるそうな足取りだ。

私たちは空いた机の前に陣どり、すぐさま本題に入る。会話には骨が折れる。サントスの片言の英語と、私の片言のフランス語を足し合わせて、ようやくどうにか話が通じるといったありさまだ。ルワンダでは一九九四年から学校で、従来のフランス語に加えて英語を教え始めた。だから、ジェノサイド後の世代は程度の差はあれ英語がしゃべれる。皮肉にも、ルワンダはアフリカでは珍しく言語の統一された国家である。近隣のケニアなどでは民族ごとに数十の言語が乱立しているのに、ルワンダではフツ族もツチ族も公用語のひとつルワンダ語（正式な呼称は「キニアルワンダ語」）を話すのだ。

サントスと私は、ルワンダの刑務所の負の遺産について話をする。まず、ドイツ領だった時代に、植民地政府によって拘禁刑が導入された。一九一六年にベルギーの占領下に入ると、「カショ」と呼ばれる土牢《つちろう》がいくつも築かれ、非公式な拘置所として利用されるようになる。カショは個人の住宅のような趣をもち、客間や奥の間に加えて台所まで備えつけられていた。一九六二年にルワンダが独立してからは、フツ系政府がカショを利用してツチの大量投獄を始める。当時のツチは、「ならず者」や「不良」といった罪でいつ何時逮捕されてもおかしくない状況に置かれていた。

ようするに、ジェノサイド後のルワンダには、大量の殺人犯を投獄できるようなまともな施設がなかったわけである。そこで、刑務所として使えそうな場所にならどこでもかまわず虐殺者たちを押し込め、一九九五年の時点では定員の五倍もの人数が収容されるまでになった。これが身の毛のよだつ環境を生む。結核や赤痢で何千人もが死亡した。囚人は文字通り何層にも積み重ねられ、飢えと渇きに苦しみながら朽ち果てていく。ブタレ刑務所では一九九四年最後の六週間で一六六人が死に、キガリ中央刑務所では一九九五年に毎日七人ずつのペースで命が失われた。ギタラマ刑務所では、死者が八か月間で九〇〇人にのぼる。交替しながら便所で眠る囚人もいた。寝る場所のない者は「コメザ」と呼ばれ（文字通りには「続ける」という意味）、自動人形のように夜通し歩き続けることを余儀なくされた。

この危機を受け、カガメ大統領は尋常ならざる対応をとる。彼らを解き放て、と命じたのだ。一九九八年には手始めに高齢の囚人が、次いで二〇〇三年には約二万四〇〇〇人が大量釈放される。このなかには、病気の末期患者や、ジェノサイド時に一四歳未満だった者、あるいは政府の告白プログラムに参加した者などが含まれていた。二〇〇五年には二度目の大量釈放として、さらに約二万二〇〇〇人が自由の身になる。もちろん、無罪放免というわけではない。一九九六年の法律で、ジェノサイドに加担した程度に応じていくつかの犯罪区分が定められており、それに応じた裁きを受けなくてはならなかった。

しかし、これほどの恐ろしい事件を前にして、裁くといってもいったいどこから手をつければいいのか。国連が設置した「ルワンダ国際戦犯法廷」は、最も責任の重い虐殺者たちを訴追していった。二〇一四年の時点で、被告七五人のうち六五人が有罪となっている。ルワンダ国内でもさらに一万人ほどの容疑者が起訴され、二〇〇七年より前に二二人が処刑された。そしてその年、死刑制度が廃止された。

残る容疑者、つまり容疑者の大多数は、ルワンダの大いなる実験の場に立つこととなった。これは、植民地時代より前のルワンダにあった司法への回帰にほかならない。先ほども触れた「ガチャチャ裁判」だ。「ガチャチャ」とはもともと「草」の意味である。そのことからもわかるように、この裁判では地域住民に選ばれた判事の監督のもと、屋外で審理が繰り広げられ、真実が語られる。サントスからどれだけ説明されても、その光景を思い浮かべるのは難しい。ジェノサイド後のガチャチャ裁判は二〇〇一年に始まった。二〇〇六年から一二年までのあいだだけでも一万二〇〇〇回の審理が開かれ、一二〇万件あまりの事件に判決が下されている。悔い改めた者や、地域住民との和解を望む者については刑が減じられた。

植民地時代前のガチャチャ裁判は、損害を償うための方法を定めることが目的とされていた。そのため、物質的な対価の支払いや、鞭打ちの刑、死刑などが執行されていた。ジェノサイド後のルワンダでは、約四〇ある「公益労働（ＴＩＧ）キャンプ」のどれかで一定期間の労働を行なわせる判決が最も多い。これは二〇〇五年に設置された移動キャンプだ。ＴＩＧキャンプで労働する判決を受けた者は「ティギステ（TIGiste）」と呼ばれ、およそ五万三〇〇〇人にのぼる。彼らは公益にかなう労働をとおして償いをしている。たとえば道路や学校を建設したり、住む場所のない者（ジェノサイド犠牲者の遺族を含む）のために家を建てたりするのだ。

ティギステたちは週に三日働き、自宅から通う者もいる。また、建設に必要な技能のほか、公民教育や読み書き、ルワンダの歴史や政府の施策などについての教育も受ける。ＴＩＧキャンプによってルワンダの支出は大幅に削減された。刑務所人口も約五三パーセント減少し、五万八〇〇〇人ほどになった。けっして大きな数字ではないものの、人口ひとりあたりの囚人数で見ると依然として世界七位の多さである。しかし、囚人の教育や更生などを担当する政府機関「ルワンダ矯正局」は、それを変えるための取り組みを続けている。そして、現在一四ある刑務所を九か所にするという大胆な目標を掲げている。

　私は何時間も息を詰めるようにしてサントスと話をするあいだに、こうしたすべてを学ぶ。サントスがいうには、一年ほど前に一度だけ、ＮＡＲの若者が何人かでＴＩＧキャンプを訪問した。ただしそれが本格的なプログラムに発展することはなかった。だが、これからサントスと私の企画する刑務所訪問は、単発に終わらせずに継続的なプログラムにしたい。強い決意を秘めたサントスの顔をしげしげと見つめる。

「サントス、どうしてこれをやりたいと思うの？」つい、そんな問いが口をつく。

「なぜなら《パルス・ク》――」サントスは物柔らかなフランス語で答え始めてから英語に切り替え、つかえながらこう言葉を継ぐ。「私はあの――何ていえばいいんでしょう――平和の土台になりたいんです。ルワンダで」

　思わず胸を揺さぶられる。これほどまでにひしひしと真心が伝わってこなければ、用意してあった台詞を読んだと勘違いするところだ。

その日、ゴルフヒルズ・ホテルにタクシーで戻る途中、「キガリ虐殺記念館」に連れていってほしいとジェームズに頼む。記念館に着くと、ジェームズは私を降ろしながら笑顔を向ける。「気を強くもって」。それから、半ば笑いながらこういい添える。「泣いちゃだめですよ」

無理だ、泣かずにいられない。一枚目の展示パネルにはこう記されている。「ルワンダは、丘と山と、森と湖と、笑う子どもたちと、人々が忙しく働く市場と、太鼓奏者と踊り手と、手工芸職人の国です」。そこから、一九九四年という理解不能な悪夢についての拷問のような詳細へと飛び込んでいく。スティーヴン・スピルバーグ的な感動はどこにもない。ただひたすら、恐ろしいまでの正確さがそこにある。実際には、ジェノサイドの前にも何度か小規模な虐殺があったらしい。一九五九年にもツチ殺戮の連鎖が起きており、結果として何千人もが隣国のブルンジやコンゴ、あるいはウガンダに亡命している。その三五年後には女性と乳飲み子が狙われ、大勢の母親が強姦されたあげくに自分の子を殺すよう強要された。女性の性器は山刀《マチェーテ》で切り刻まれたり、熱湯や酸をかけられたりした。わざとＨＩＶをうつされる女性もいた。ある一二歳の少年は、父親の目の前で無理やり自分の母親をレイプさせられた。ふたりの人間が鎖につながれ、生きたまま埋められている。私はその鎖をじっと見つめる。「私たちの未来となるはずだった」子どもたちの犠牲者を偲ぶコーナーもある。そこを歩きながら、目にする数々の死因に吐き気がこみ上げてくる。「母親の腕に抱かれたまま山刀《マチェーテ》でめった切りにされた」

外に出る。ホテル支配人のいったとおりだ。日差しが一転、どしゃぶりの雨である。「墓を踏まないでください」という標識が見える。涙があふれ出し、止まらない。共同墓所のひとつに、青い厚手の防水用タールシートが掛けられている。その上に溜まった水を一〇代の少年がひとり笑顔で掃いている。

「ハロー！　あなたは結婚してるの？」

　面食らいながら首を横に振る。

「どこから来たの？」気もそぞろに腕だけ動かしながら、朗らかな声でまた尋ねる。

　ニューヨーク。くぐもった声で返す。

「アメリカ！　お金持ちだね！」少年がタールシートの角をめくり上げる。「ほら見て、墓だよ！」ありったけの気力を振り絞って吐き気をこらえる。巨大な墓穴は、縁まで頭骸骨でいっぱいだ。何万個もの頭蓋骨。まるで野球のボールのよう。前は人間の頭だったのだ。人間の命だったのだ。

　茫然としたままふらふらとその場を離れる。ようやく頭が追いついてくる。さっきの少年はフツだろうか、それともツチ？　会う人会う人についてこんなことを考えてはいけない？　サントスはどっちと一緒に暮らしているんだろう。

　こんなことをした男たちの顔をどうやって見ろっていうの？

　みんな、ルワンダの刑務所で朽ち果てるのが当然なんじゃないんだろうか。

　ギフトショップで、英語・ルワンダ語・スワヒリ語の対訳用語集と、『私たちはルワンダ虐殺を生き延びた――二八人の証言』[2]という本を買う。「あんた、黒を着てるね！」レジの男が笑顔を向ける。「変だよ！　女はピンクが好きなんだ」

表に出ると、ジェームズが私の本に目をやって大きな声を上げる。「素晴らしい！」それから自分のことを語り始める。親はふたりとも一九九四年に殺されたが、自分は南アフリカに逃げたこと。それからケニアで医学校に通い、銀行で働き始めたこと。だが、会社生活が窮屈だったので、ルワンダに戻ってタクシー運転手になったこと。この陽気な男がジェノサイドの生き残りだなんて、どうしても想像がつかない。そうだ、こんな本を買う必要などなかったのだ。いたるところに証言が転がっているのだから。

＊

その週末、友人づくりを始める。ニューヨークの知り合いのつてで、エディという人物に会うことになる。エディは俳優であり、活動家でもある。細い黒のジーンズに革のジャケットを羽織り、サングラスをかけた姿でホテルに現われる。

「ようこそ！」腕が伸びてきて手を握る。「僕のこと、すぐにわかったでしょ？」

「すぐにわかった？」

「ほら、映画に出てたじゃない！」エディはポーズをとってみせる。腕を組んで、しかめっ面をして。それから吹き出して笑う。

そうだった。私の友人が制作した『キニアルワンダ』（二〇一一年）という映画に看守役で出演していたのだ。これは、ジェノサイドを題材にした作品としては初めてルワンダで撮影されたものである。

車を飛ばして町なかに向かう。鮮やかなオレンジ色の大地と、エメラルドグリーンの丘、そしてクリーム色の家々が織り成すトリコロールの風景を抜けていく。ひんやりした空気に霧雨がそぼ降る。まだ真新しく見える道路には車の姿がなく、何台かモトが走っているだけだ。モトというのはバイクタクシーのことで、ルワンダではおなじみの交通手段である。どこに足を向けても、モトが危なっかしげに猛スピードで行きかっている。

私はエディの日課についていく。まず、とある平和活動組織を訪ねる。この組織は若者が運営していて、「平和、慈善、愛国」というロゴが見える。それから学校に向かい、寄付された本をそこで下ろす。

「バズ、お給料は出てるの？」ホテルに戻る車の中でエディが尋ねる。エディは感情の起伏が激しく、相手を戸惑わせるところがある。にこやかだったかと思うと、次の瞬間には真顔になって目に攻撃的な光を宿す。私は、もらっている、と返事をする。

「僕にはない。寄付で暮らしを立てている。施しで。物書きもしてるんだけど、演技が大好きなんだ。奥さんの次にね。一番好きなのは奥さん」。エディの書いた本（詩として自ら朗読も行なっている）のタイトルは、『彼らの罪は私の恥』。そう、エディはフツなのだ。

「ジェノサイドを生き延びた人が書いた本や、その人たちについての本はたくさんある。でも、加害者側の僕らの声を代弁してくれるものは何もない。自分自身は誰も殺していないのに、同じ民族がしたことのせいで汚名を着せられている。その恥にまみれている。それが僕らの人生だ」

深いところをついた言葉だ。ふと、ジョン・ジェイ・カレッジのことを思い出す。私はよく授業で学生に、『有罪判決の向こう側』[3]（二〇〇六年）と題したドキュメンタリー映画を観せる。この映画には犯罪の被害者が三人登場し、いずれも加害者と会って話をする道を選ぶ。そのうちひとりは女性で、幻覚剤でハイになった兄にレイプされた。ふたりが対面するシーンは、胸をかきむしられるほどに切ない。妹は心に途方もない傷を負っていることをありありとうかがわせ、兄はすすり泣きながら体を震わせている。恥ずかしさと自己嫌悪に押し潰されて、妹のほうに目を向けることすらできない。最後には、妹の願いに応えてその目を見る。すると、妹は兄を抱きしめる。そして涙に暮れながら、あなたを許す、と告げる。そうすれば自分の心の傷を癒し、歩き出せるようになるから、と。その代わり、あなたにも自分のことを許せるようになってほしい。これまでに観たどんな和解のシーンよりも、強く重い説得力がある。

授業では学生たちに、絶対に答えようのない恐ろしい質問を投げかけている——このシーンの被害者側と加害者側、どちらかを選ぶとしたらどちらになりたいか。もちろん加害者だと全員が口を揃える。誰がわざわざ被害者になるのを望むだろう？　だが私はさらに迫る。本当に？　へどの出そうな忌まわしい罪を自分が犯したことを知りながら、その十字架を一生背負っていきたいの？

自分の犯した罪を認識し、その見下げはてた行為の重荷を永遠に背負う。それはいわば自然な裁きだ。強制としての刑務所ではなく、より真実の重みのある牢獄につながれるのである。

被害者になるのは悪夢以外の何物でもない。しかしその悪夢のなかには、少なくとも自分は何も悪いことをしていないという一片の誇りがある。加害者になれば、死ぬまで加害者であることの恥辱を噛みしめながら生きるしかないのだ。

私は『有罪判決の向こう側』のコピーと、被害者と加害者が和解するための対話プログラムに関する本も何冊かもってきている。刑務所訪問の打ち合わせをするときに役に立つかもしれないと思ったからだ。ホテルに着いて車から降りるとき、それを全部エディに渡す。

＊

「ジェノサイドについて話すのは嫌ではないですか？」

これは、刑務所訪問グループとの今日の打ち合わせで、最初に訊こうと思っている項目だ。ほかには、「どうしてこのプログラムに参加したのですか？」や「刑罰についてどんな思いを抱いていますか？」などがある。私は神経質になっている。それはそうだ、しょせんはムズングなのだから。確かに刑務所内で働いた経験はあるし、若者を中に連れていったこともある。でもそれはアメリカの話だ。ここはルワンダだし、相手はジェノサイドなのである。

「ネバー・アゲイン・ルワンダ（ＮＡＲ）」の事務所に顔を出す。学生たちの姿はまだないが、秘書の女性がひとり、受付に座っている。二〇歳のグレースだ。週に三日、ＮＡＲで働いている。少しおしゃべりをしようと話しかけるものの、向こうはＹｏｕＴｕｂｅに夢中だ。ようやく目を上げてもらえるような言葉を放つことができる。

「作家さんなんですか？　それ、私の夢なんです！」

すぐに私たちは約束をかわし、英語の練習のためにグレースが何度か作文を書いてくることになる。第一回目のテーマは、自分たちの世代がもつ特徴について、だ。

「私の世代？」一瞬、怪訝《けげん》そうな顔をしてから、「ああ、ジェノサイドのことですか？」ごく平然と、ぞんざいな調子で。「私、親をふたりとも亡くしました」

そうした言葉は、どれだけ淡々と口に出されたものであっても、たちまち凄まじい音を立てて床に砕け散る（同じような話を、のちに一五人のメンバーから繰り返し聞かされることになる）。やがて、メンバーがひとりまたひとりと事務所に入ってきて、恥ずかしそうに握手をする。

私は自己紹介をし、スタッフのひとりが通訳をする。どうやら英単語をひとつ訳すのにルワンダ語の単語が五ついるようだ。話の半分は通じていないんじゃないかと不安になる。私はジョン・ジェイ・カレッジのことや、「刑務所から大学へのパイプライン」プログラムの話をする。そのプログラムの一環として、月に一回学部生を連れて刑務所を訪問し、投獄されている教え子と一緒に授業を受けさせている、とも説明する。これは「学習交流会」と呼ばれ、どちら側の生徒にも非常に大きな影響を与えるイベントだ。刑務所にいる側は、自分たちも「正常な」大学のクラスに出てみたいという刺激を受けるし、外から来た学生たちは、「中の」人たちが想像以上に自分たちと変わらないことを知って驚くものだ。この話を聞いてルワンダの学生たちの目が輝く。中の人たちに会いたいんです。早速フェイスブックのアカウントを立ち上げましょう。

　刑務所を訪問したら何がしたいのかを尋ねてみる。みな、押し黙って私を見る。サントスが助け船を出し、塀の中ではジェノサイドの話をしたくないのだと説明する。もうその話には飽き飽きしているのだ。犯罪自体をどうこうしたいという思いはなく、平和と和解の意を示すために刑務所に行きたいのだ、と。しだいにそれが全員の気持ちであることがわかる。だとすれば、なおさら刑務所で何をしたいのか。さらに長い沈黙。じゃあ、紙に書いてみて、何語でもいいから。

　これが功を奏し、メンバーたちはやってみたいことを紙に綴っていく。サッカーをする。歌を歌う。ダンスをする。ディベートをする。映画を観る。中身はコメディだ。次のミーティングでは、月一回の訪問にふさわしいアクティビティを多数決で決めることにする。このプログラムの名前も選ぶ。「ネバー・アゲイン・ルワンダの刑務所訪問プロジェクト」、略してＮＡＲのＰＶＰだ。ここは若者のグループが平和活動の組織に参加する国であり、どの団体もそうした略称をもっている。

＊

　サントスは日曜の礼拝を終えてきたばかりで、教会用の晴れ着に身を包んでいる。私はジーンズにスニーカーだ。これからＰＶＰグループと打ち合わせをする前に、どの囚人と会うかをどうやって決めるかふたりで話し合う。私は紙に「リエントリー（reentry）」と書く。これは刑務所問題の分野で近年話題になっている言葉であり、刑期を終えた者の社会復帰を支援するプロセスの総称だ。サントスはしきりに頷く。

「そうですね、バズ、もうすぐ戻ってくる人を選ぶのがいい」。それから、はにかみながら私の目を見る。「バズ、ひとつ訊いてもいいですか？」

「もちろん」

「バズの名前は――『バズ』？」それはニックネームなのだと説明する。まだ赤ん坊のときに姉たちがつけたものだ。本名は、誰も一度も使ったことはないが、バスシーバ。聖書に出てくるバト・シェバの英語読みだ。

「それは女王様だ！」サントスが声を上げる。

ダビデ王ばかりが脚光を浴びちゃってね。私は冗談まじりに返す。ダビデの名は誰もが知っているのに、その妻であるバト・シェバはそうではない。ソロモンの母でもあるのに。「ヘブライ語では『七の娘』とか『幸運な娘』という意味なのよ」

サントスはそれが気に入ったらしい。私のノートを取り上げると、そこにブロック体でゆっくりと「ＵＭＵＮＹＡＭＡＨＩＲＷＥ」と記す。

「これがルワンダ語のあなたの名前。幸運な娘」

少しずつメンバーが集まってくる。みな、教会用の晴れ着姿だ。ユージーンはメンバーのなかで一番英語がうまく、一番物怖じをしない。この日は、自分の母親が「シャローム・ビレッジ」という大きな孤児院で働いていることを教えてくれる。キガリから二時間の距離だという。隅のほうにはジャンとナタリーが固まっていて、ふたりしてくすくす笑っている。ナタリーも、ほかの大勢のメンバーも、キガリ大学で経営学と経済学を学んでいる。

学生たちはやはり口が重く、サントスとユージーンの通訳もつかえつかえだ。前回に続いて刑務所訪問時のアクティビティについて話し合うが、じきに私は完全に蚊帳の外に置かれる。民主的なプロセスが場を支配し、誰もが積極的に討議に加わっている。何が決まっているのかをときおりサントスが教えてくれる。結局、訪問中の活動のひとつとして、時事問題に関するディスカッションを行なうことになる。その際は、私の提案をいれて、囚人とそうでない者のまざった小グループに分かれることにする。アメリカのプログラムで私が採用しているやり方だ。

すると、グループがにわかに騒然となる。ディスカッションのテーマをみなで挙げていき、サントスが「国の平和を守るにはどうすればいいか」という案を出したときのこと。昨年のTIGキャンプ訪問時にリーダーを務めたマシューが、目を細めてサントスをにらみつける。マシューが会合に参加したのは今日が初めてで、今の今までほとんど口を開いていなかった。それが、ついに英語で疑問を吐き出す。私に向けて。「この犯罪者たちに、この虐殺者《ジェノシデール》どもに、どうすれば国の平和を守る方法が訊けるんだよ！」

誰もがあえて口にしてこなかった問題が、巨大な象のようにどさりと部屋の真ん中に降り立つ。

犯罪者。ジェノシデール。もっと小ぎれいな平和や許しの陰で、今までかき消されていた言葉だ。

ありがたいことにサントスが割って入り、ルワンダ語で何事かを口にする。そしてまた、流れるように話し合いが進んでいく。私たちはスケジュール表を作成する。あとでサントスが、嵐を静めるためにマシューに何といったのかを教えてくれる。

「バズ、僕があいつにいったのはこういうことです。『僕らが訪問するのは、過去に起きたことを乗り越えて進んでいきたいから。彼らに第二《セカンド》のチャンスをあげたいからだ』って。いつかあの人たちも刑務所から出てくる。そのとき、怒りと憎しみでいっぱいになっていてほしいのか、っていうこと。みんな、私たちと一緒に同じ村で暮らすんだ。あなたが教えてくれたとおり、リエントリーです」

ひょっとしてサントスは私の空想の産物なんじゃないだろうか。またしてもそう思わずにはいられない。

＊

日々が過ぎ、キガリでの暮らしにパターンができてくる。ゴルフヒルズ・ホテルから町へ向かう途中にはハイネケンの広告看板があり、「世界がキガリにやって来る」と書かれている。確かにそのとおりだ。それも、主にボランティアとしてやって来る。ホテルでも、たまり場になっている地元の店でも、そういう人たちと何人も出会う。ニューヨークの医師は、超音波検査装置の使用法を教えに来ている。新しく友だちになったオランダ人は、地域の女性向けに小規模金融《マイクロ・ファイナンス》プロジェクトを進めている。カナダとソマリアの国籍をもつ医師は、投資できそうな不動産物件を物色している。

　私は午後にはＮＡＲに行き、夜はたいてい友人たちと過ごす。午前中はゴルフヒルズ・ホテルのバルコニーだ。バルコニーではノートパソコンを開き、舌を刺すようなルワンダコーヒーをすすりながら地元紙に目を通すのが日課になる。新聞には、毎日かならずひとつはジェノサイド関連の記事が載る。それは、虐殺につながる思想を禁じる法律の修正案についてであったり、ジャン・ウウィンキンジの裁判についてであったりする。ウウィンキンジは元牧師で、数千人に死をもたらした罪に問われている。まるで、一九九四年が昨日のことのようだ。

　ＮＡＲに顔を出す合間を縫って、この国の文化についても理解を深めようとしている。ミュージシャンを探したり、会う人会う人と音楽の話をしたりもする。これは、ナショナル・パブリック・ラジオ向けの記事を書くためだ。やがて、音楽もまた、平和と和解を語るひとつの手段であることを知る。二〇代のミュージシャンたちから繰り返し語られるのは、自分たちの音楽が徹底的に前向きなものであること、そして、政治やジェノサイドといった深刻な話題には触れたくないということだ。

「愛です。私たちは愛を歌います」。カミチはそう話す。優しげで整った顔立ちをし、口調の柔らかなアフロビートのスターだ。「私はそこにいた、私は生き残った——私はすべてを見た。

そんな歌、歌いたいと思いますか？　頭がおかしくなりますよ。それに、しょっちゅうそんなことを思い出させられて、喜ぶ人がどこにいます？」

ラッパーたちも同じだ。人の話したがらないことをあえてオープンにするのがラップというジャンルであるはずなのに、政治に関する話題を歌にはしたくないのだと語る。ルワンダほど沈黙の価値を知る国はない。この国では、民族について間違った発言をすると罪に問われる。なぜかといえば、さほど遠からぬ昔に民族について間違った発言をしたために、口にするのも憚《はばか》られる出来事が起きたからだ。

「言論の自由は大事にされすぎている」とまでカミチはいい切る。「ジェノサイドの前までは、みんな好き勝手なことを話していました。そして、そのせいで一〇〇万人近くがむごたらしく殺されたんです。つまり、何でもかんでも口にする必要はないっていうことですよ」。確かにかつては著名なミュージシャンたちが、ツチへの憎悪を剝き出しにした歌詞のせいで訴追されたことがあった。今なお市民は、虐殺思想を禁じる法律をおろそかにしないよう気をつけている。ジェノサイドのあと、国家統一和解委員会は「インガンド」をつくった。これは、国民の団結を高めるための再教育キャンプである。釈放された囚人はガチャチャ裁判の前にここで数か月を過ごし、ルワンダの理想とする平和、統一、和解、反報復の思想を叩き込まれる。最近では、様々な職業の市民（学生、政治家、教会指導者、娼婦、元兵士、元戦闘員、虐殺者《ジェノシデール》、ガチャチャ裁判の判事）もインガンドに参加することを政府が奨励したり要請したりしており、その期間は数日から数か月に及ぶ。

これを洗脳と見る向きもある。あるいは政府によるプロパガンダだと。私は疑いの目を閉ざさないことを心掛け、すべてを批判的な視点から眺めようと努めている。言論の自由を重んじるアメリカ的な自己を奮い立たせるのだ。だから、ルワンダ人と話をするたびに、語られていないことは何か、植えつけられた思想はどれかを徹底的に見極めようとしている。けれど、ジェノサイドという文脈のなかでは、「洗脳」という言葉の否定的なニュアンスはいくらか薄れる。教育と洗脳は紙一重ともいえるのだ。検閲の真似事をし、言論の自由にほんの少し干渉することで、ルワンダは平和を愛する国家として自らを語れるようになった。あれだけの惨事が起きたことを思えば、それが不和につながらなかったのは奇跡としかいいようがない。だとしたら、多少の譲歩をするのがそれほどひどいことだろうか？

やがて、ネバー・アゲイン・ルワンダのエリックからついに大きなニュースがもたらされる。明日、サントスと一緒にルワンダ矯正局に行って打ち合わせをし、私が草稿を書いた提案書と手紙も持参するという。

「でも、あなたは来ないほうがいい。役人があなたを見たら――」エリックは言葉を切る。「心配するかもしれません。このアメリカ人の教授は誰だ、何の用だ、って」。私は頷き、結果を知らせてほしいと頼む。それからしばらくは、気をもみながら連絡を待つことになる。

ある日、ルワンダ版スターバックスともいうべきブルボンコーヒーで、イシュマエルとおしゃべりをする。イシュマエルはエディの親友だが、好対照な人物だ。やはり芸術家という点ではエディと同じで、今は『分裂』と題した映画の制作に取り組んでいる。自分の世代と親の世代の断絶をテーマにした作品らしい。エディと違うのは、イシュマエルはイスラム教徒で、ジェノサイドの生き残りだということだ。

「本当に刑務所の中に行くの？」私がなぜここに来たかを説明すると、イシュマエルはそう尋ねる。

「いい考えだとは思う」。優しげな目が長いまつ毛に縁どられている。「でも僕は入りたくない。刑務所に行って、腹を立てた不幸な人たちを見てしまったら……。彼らもいつかは帰ってくる。そして、今度は僕らのコミュニティのなかで腹を立てて不幸になるんだ」

イシュマエルが映画をつくろうと思ったのは、自分たちの世代は古い世代のようにジェノサイドのことを考えすぎないほうがいいと感じたからだという。

イシュマエルが子ども時代を振り返るのを聞くうち、私自身にもふと幼い日の記憶が甦ってくる。私は一一歳。「ヨム・ハショア」と呼ばれるホロコースト記念日の前の晩だ。ユダヤ系の学校では、翌日一大行事が行なわれることになっている。みな、黒づくめの服を着る。通常の授業はなく、ホロコーストをテーマにしたワークショップや映画の上映が予定されているのみだ。毎時ちょうどになるとアクティビティは中断する。校長がスピーカーを通して、生徒の家族のうちホロコーストで殺害された者の名前と、どこの強制収容所で亡くなったかを読み上げるためだ。我が家のリストを作成するにあたって、両親は誰がどこで虐殺されたかをめぐって口論を始める。

「違う、違う、レイチェル・スラーはブーヘンヴァルトじゃなくてアウシュヴィッツよ」。母は譲らない。

「学校休む」。私はそう宣言する。

父が振り向いてにらみつける。

「だって、黒い服なんかないもん」

「着るものがないから、だって？」父が怒鳴る。「お前の家系の血がどれだけ流れて、どれだけの人が惨殺されたか。なのにお前は着る服がないっていうのか!?」

どれだけの人かは重々承知していた。私の家には六〇〇万人の亡霊がすみついていたのだ。アウシュヴィッツの悪夢を見るのも日常茶飯事である。母はよく『シンドラーのリスト』のサウンドトラックを居間で流していた。そんな家で私は育ったのだ。一緒に暮らしていた祖父《ゼイダ》は自分の家族全員をホロコーストで亡くしており、その居間でよく私たちにこう説教をしたものである。けっしてハンガリーに足を踏み入れてはならない。なぜなら、ハンガリー人はナチより邪悪だからだ。あの国の大地にはお前たちの血がしみ込んでいるのだ。祖父《ゼイダ》は数えるほどしか笑ったことがなく、数えるほどしか私を抱きしめてくれたことがない。その代わり、安息日前のディナーのテーブル越しに、父とイディッシュ語で罵《ののし》り合っていた思い出なら数えきれない。あの家にいるかぎり、絶対に祖父《ゼイダ》から逃れられないように思えた。ハンガリーにいたナチのシンパによって、祖父《ゼイダ》の父親が神学校から引きずり出され、道で文字通り殴り殺された話も何度聞かされたことか。一族のうちで収容所から生還したのは祖父《ゼイダ》の従姉妹だけだった。この従姉妹は私の父の家に引き取られた。従姉妹の双子の兄は生きて帰ることができなかったが、この従姉妹は幸運と狡猾さをうまく組み合わせることで生き延びたのだ。そのことも私は知っていた。ヨーロッパを旅行したとき、私は両親に嘘をついてドイツに行った。列車で国境を越えたとき、罪の意識が背骨をゆっくりと下りていったあの感覚を今も忘れることができない。私はホロコーストの話に飽き飽きしていた。

いや、そんな生易しいものではすまない。ほとほと疲れはてていた。つきまとわれていた。がんじがらめにされていた。ホロコーストが不気味な雲のように私たち家族の上に垂れ込めて、じきに心の病という雨を降らせそうだった。

今甦った記憶のことをイシュマエルに話す。その目は、そういう気持ちを私以上に知り抜いていることを物語っている。

「生き残るより殺されるほうがましだって、よく話しているんだ」。イシュマエルはそう打ち明ける。「僕は生き残った。それはわかっているけど、この先もずっと生き残りのままでいたくはない。生き残りなのは過去であって、一生じゃない。だから、自分の人生を謳歌させてほしい。自分の人生を自分の手でつかませてほしい」。ゆっくりと吐き出される声が震えている。「家族は二度と戻ってこない。お母さんの代わりはけっして見つからないし、お父さんの代わりも見つからない。永遠に。でも、いない以上、今の僕の母親は誰だろう。父親は誰だろう。祖国だ。だから、この国に生きることを楽しませてほしい。ここにあるものに喜びを感じさせてほしい。犯人を忘れたくはない。でも、部屋にこもって泣いてばかりいるのはごめんだ。僕には生きることが必要なんだ」

次の日の午前中、日課をこなすためにｉＰｏｄのイヤホンをつけてホテルを出発する。信じがたいほど濃いオレンジ色の大地。道端で陶器を売る女性。ストリート彫刻。スコール・ビールの目を引く派手な広告。道々目にする風景のあまりの素晴らしさに感嘆しつつも、イシュマエルの顔が頭から離れてくれない。

イシュマエルと私の祖父《ゼイダ》。生き残り、犠牲者。私は駆け出す。涙が頬を伝う。生まれて初めて、肚の底から祖父《ゼイダ》を気の毒に思う。祖父《ゼイダ》の——そして私たちの——失ったものが悲しくてたまらない。イシュマエルと祖父《ゼイダ》。どちらも生き残りだ。それでいて、なんと違った精神の持ち主だろうか。

「男同士はまるでフェアじゃない」[4]。耳の中でボブ・マーリーが歌っている。

そのときまた別の記憶が甦ってくる。プリム祭の日だ。その昔、ペルシア王アハシュエロスの宰相だった邪悪なハマンが、ユダヤ人を殲滅《せんめつ》しようとした。ところが、その企てが露見してユダヤ人は難を逃れた。プリムはその日を祝う祭である。家の中は、地域の人たちから届けられたシャラーハ・マノス（贈り物のバスケット）であふれている。バスケットには食べ物やワインや、葡萄《ぶどう》ジュースなどがいっぱい詰まっている。居間で父が聖書の「エステル記」を朗読する。「ハマン」の名が出てくるたびに、呪いをかけるかのように子どもたちはグラーガ（ガラガラ）を鳴らす。それがユダヤ教の伝統なのだ。最後にハマンが捕らえられ、一〇人の息子と一緒に絞首刑に処されるくだりに差しかかると、父はひときわ声を張ってひと息で読む。これもまたユダヤ教の伝統であり、復讐の勝利を強調する意味合いをもつ。

だが、今の私はためらいを覚える。復讐は勝利だろうか。自分を傷つけた者を傷つける。それは正しいことであるかに見せかけて、そのじつ、悪事の不幸な連鎖を断たせないようにしているだけではないのか。私たちは合法的な暴力を「抑止」という言葉で正当化している。だが、それが効果を上げていると断言できる人がどれだけいるだろう？　二三〇万人を鉄格子の向こうに閉じ込めても、犯罪を撲滅するまでにはとうていいっていないのだ。犯罪者の命を道具にして、市民の安全という目的を達成しようとする。そうした功利主義的な姿勢で人を裁くのは、法哲学者ディアドラ・ゴラッシュの言葉を借りるなら、とてつもなく倫理に反する行為だ。ゴラッシュはこう書いている。「被害者に与えた損害を償えと犯罪者に求めるのならいい。しかし、本人とは直接関係のない未来の損害を防ぐために、犯罪者を傷つけるのは間違っている[5]」

刑罰につきまとうジレンマをどうすれば解決できるのか。そのことを考え続けていて、このところゴラッシュの著作を夢中で読んでいる。ｉＰｏｄのスイッチを切って道端に座り込み、頭の中の図書館を探し始める。この図書館には、いわゆる「刑罰という厄介事」に取り組む人々の言葉が詰まっている。なぜ厄介なのかについて、哲学者のデヴィッド・ブーニンがいみじくもこう語っている。「ひとりの人間が公正で合理的な法律を破ったからといって、普通なら許されない方法で国家がその人物を扱うことが道義的に許されていいのだろうか[6]」。ようするに、刑務所とは大掛かりな復讐なのだ。「矯正」するのならまだしも、報復のための懲罰は正当な目的といえるだろうか。私の「刑罰」図書館にすむもうひとりの思想家、セネカは次のように述べている。「『刑罰』は非人間的な言葉でありながら、正しいものと認められている。しかし、これは悪事を働くのと大きくは違わない。物事の順序が違うだけだ。痛みを痛みで返す者は悪事を働いている。言い訳が立ちやすいというだけにすぎない」[7]。最後に登場するのは、精神医学者のジェームズ・ギリガンだ。ギリガンはこう表現している。「犯罪とは、私たちが違法と定める個人の暴力をいう。同様に、刑罰とは、社会が合法と定める集団の暴力のことである」。ギリガンはこうも続ける。「刑罰がさらなる暴力を防止ないし抑制することはない。犯罪者を刺激して、よりいっそうの暴力へ走らせるだけだ」[8]

結局、復讐しても、起きたことをなかったことにはできない。単に繰り返すだけだ。復讐は無力感から生まれる。つらい状況を、役割を逆転させて再現したいという思いから生じる。復讐は私たちの日常に犯罪者を招き入れ、私たちの魂と精神を牛耳る途方もない力を渡してやるのと同じだ。刑罰は後ろ向きである。一方、許しは前向きだ。暴力の連鎖から私たちを解き放ち、私たちに害を与えた人間からも自由にしてくれる。ことわざにもあるではないか、許す者は争いを終わらせる、と。

私は立ち上がり、向きを変え、丘を駆け戻っていく。

イシュマエルと祖父《ゼイダ》。一方は怒りを手放すことで、自由と落ち着きをにじみ出させている。もう一方は恨みつらみにしがみついた結果、周囲にも害毒をまき散らす。許すことが人間の健康にとっていかにプラスに働くか、また、復讐心に燃えて許さないことがいかに健康を損なうかについては、いくつもの研究を読んだことがあった。このふたりは生きたケーススタディである。

＊

その週の後半、刑務所訪問の許可についてネバー・アゲイン・ルワンダからの知らせをまだ待っている。私にはもうひとつ気になることがある。アメリカ大統領選挙の結果だ。洗車場に併設されたレストランで友だちのノリーンと落ち合い、ふたりで夜通しの選挙パーティーに参加することにする。ノリーンに出会ったのは、ここに着いて二日目の夜だ。私は在留外国人のグループと一緒にいた。みな、この国の国営航空を軌道に乗せるためにこの地にやって来て、ゴルフヒルズ・ホテルで暮らしている。そのときだ。地元出身のこの二四歳の女性が、ヒールの高い靴とシックなサンドレスを身につけて、まるで蜃気楼のように夜気の中を現われたのである。

今夜のノリーンはずいぶんとグラスを空け、身の上話を始める。ノリーンの家族はペンテコステ派のキリスト教徒で、娘が聖書以外の本を読むのを許さなかった。家で世俗的な音楽を聴くのも禁じた。ツチでもあったので、一家は一九九四年より前の虐殺のときにウガンダに逃れていた。同じような避難民はほかにも大勢いた。フツとして通るような名前に変えて、ほかの約五〇万人と一緒に数年後にルワンダに戻ってみると、自分たち以外の一族すべてが根絶やしにされていた。

ノリーンは幼い時分のことを、まるで刑期を務めていたかのように語る。部屋に閉じ込められて泣きながら、普通の一〇代らしい暮らしに恋焦がれたのだという。やがて、カナダの地方大学から奨学金をもらえることになる。やっと国を出られると狂喜したのもつかのま、カナダに着いてみれば一帯で黒人は自分ただひとり。疎外感と孤独に苛まれ、深い抑鬱状態に陥る。それを癒そうと、ドラッグと酒という薬にすがった。最終的には音を上げて帰国することを決めるが、実家に戻るのを拒み、今は地元の大学で学位取得を目前にしている。

ノリーンが昔語りをしているあいだ、私は「被害者」という言葉について思いめぐらせる。あまりにも誤解を与え、実情をあまりにも矮小化する言葉だ。まるで、犯罪が及ぼす影響はたったひとつであるかのような印象を与える。実際には、被害は外に向かって放射状に広がっていき、複数の個人を、複数の家族を、複数のコミュニティを、そして傷ついた者たちの織り成すネットワーク全体を、様々なかたちで蝕《むしば》んでいくのだ。まさに、心の傷のトリクルダウン効果である。

「ずっと前から、フツを皆殺しにしたいって思ってきたの」。ノリーンはそう打ち明ける。今でも怒りが湧き上がってくることがよくあるという。自分でもなぜそう感じたのかを説明できないときもある。ある晩など、飲みすぎたために人につき添われてクラブを出ようとしていたとき、誰かに爪先を踏まれて思わずこんな言葉が口をついた。「クソフツ！」傷が癒えるまでの道は間違いなく遠い。

目覚めるとよいニュースと悪いニュースが待っている。ＣＮＮによれば、オバマはまだ私の大統領のようだ。だが、エリックからははるかに望み薄な知らせが届く。「ルワンダ矯正局はだめだといいました。不可能だと。私たちのプロジェクトは」。手順がまずかったのだ。矯正局の役人は、私たちのやり方をお上《かみ》を軽んじるものと受け止めた。どうすべきかをお前たちに指図される筋合いはない、物事を決めるのは自分たちだ、というわけである。こうしてほしいではなく、こうしてくださいといえばよかったのだ。私は立ち上がれないほどのショックを受ける。ルワンダに来る前に、エリックは請け合っていたのだ。きっと許可が下りるから、と。でも、何の保証もないことはふたりともわかっていた。

「なんとかしてメアリーに会えないかしら？」メアリーは矯正局の高官である。エリックは、今日の午後に面会の機会を設けてもらえないかどうか訊いてみると返す。

ノートパソコンを閉じ、バッグをつかむ。今日はジャン・デ・デュー（フランス語で「神のジャン」）と遠出をすることになっているのだ。ジャンは「平和《シャローム》」という組織を運営していて、平和教育を行なっている。「シャローム」はヘブライ語だ。またしてもユダヤとのつながりである。今日のように残念な知らせを受け取ることを恐れて、私は刑務所関連の仕事をしている組織をほかにも探していた。そして目にとまったのがジャンのグループだったのである。ルワンダにはいたるところにセルフサービス式の食堂があり、そのひとつで何日か前にジャンと昼食をとった。欠けた歯を覗かせて微笑みながら、ジャンは自分の話をしてくれた。ジャンもほかの大勢の人たちと同じように、平和活動で暮らしを立てている。少なくとも、それを目指している。司法と平和と汚職防止活動との関連について南アフリカで学び、博士課程も修了した。

シャロームで若者に教えているのもそうしたテーマである。直接尋ねたわけではないが、あとになってジャンがいわゆる「ハーフ」だと知った。母親がツチで、父親がフツである。ジャンの妻もハーフだという。妻は母親を一九九四年に亡くし、兄弟たちは何週間も地下室に隠れて難を逃れた。

「平和村をご覧になってみませんか？」そうジャンにいわれ、私は同意していた。もっとも、それがどんなものなのか、まるで見当がつかなかったのだが。

ジャンが一九八一年式のトヨタでホテルに迎えに来る。その外見といい音といい、よく坂を上がってこられたものだと思う。なのに、これから二時間かけてルリンド郡に向かうのだという。出発し、ルリンド郡の議員をしているタルシスを途中で拾ったあと、案の定、エンジンの咳き込む音がして車は止まる。タルシスもジャンもいっこうに意に介さない。大丈夫、ここに車を置いてバスに乗ればいいから。汗のしずくが一滴、背骨を伝う。矯正局でメアリーと面会する時間までにはかならず戻れるから、とふたりは請け合う。

チェ・ゲバラのロゴのついたミニバスに体を押し込む。気づけば、ほとんど隣の人の膝の上に座る恰好になっている。車窓の景色は呆れるほど美しい。キガリ山を過ぎ、坂をのぼってのぼって、さらにのぼってあふれんばかりの緑の中に突入する。「千の丘の国」と呼ばれるこの国にあって、ここは間違いなく一番美しい丘に違いない。森の中の空き地でバスは止まる。痩せた松の木にまわりを囲まれていて、歓迎の太鼓のリズムが響いてくる。

三〇〇人ほどが集まっている。地面に腰を下ろし、ゆったりしたTシャツや色とりどりの服を着ている。前に椅子が置かれ、ぶかぶかのスーツとカウボーイハット姿の男性が三人座っている。村人たちは私たちの到着を待っていたのだ。歌と手拍子が始まる。私も手を叩きながら耳を澄まし、どうにか「アマホロ」という言葉を聞き取る。ルワンダ語で「平和」という意味だ。ジャンが私のほうに体を傾けて、歌詞を通訳してくれる。「平和、統一、和解をこの手に。虐殺思想は根こそぎにして燃やしてしまえ」

「これは村の集会なんです」。ジャンが囁《ささや》く。「今月の後半に公式な和解週間があるので、そのときどんな活動をするか計画しているんです。タルシスはその監督役です」。私は頷く。

「あの人は――」と、何事かを話している年配の村人を指差す。「話し合いで決まったことを説明しています。木を植える。食べ物と飲み物。お祝い」。タルシスも話し合いに加わり、よいガバナンスが大事だと延々と強調している。延々と。さらに延々と。ジャンが呆れた顔をする。「政治家ってのはまったく」

不意に十数人の村人が立ち上がり、ほかの全員が拍手をする。十数人はまた座る。

ジャンが説明する。「あの人たちはついに許されたんです。正式に。罪を償い終えたんですよ。許しを得て、これで完全にコミュニティの一員として迎え入れられました」

私は言葉を失う。ほぼ二〇年前、この村は殺戮の修羅場と化した。この人たちはフツもツチもどちらも、自分の隣人を殺していた。それが今では、告白と償いと、地域の中心に平和を据えるたゆまぬ努力のおかげで、みなが仲良く暮らしている。

「次はあなたがしゃべる番ですよ」。ジャンが耳打ちする。私が？「それがしきたりです。村に来た外国人は、話をしないといけません」

こんな「生きた奇跡」ともいうべき人たちに向けて、何を話すことがあるだろう。とりあえず「ムラコゼ」から始める。ルワンダ語で「ありがとう」だ。

「その人、ジョーン？」村人のひとりが声を上げる。違う、とジャンが説明する。ジョーンは先月来たムズングだ。

私はこの神聖な場に祖父《ゼイダ》の魂を呼び出す。そして、今まで一度も使ったことのない肩書で自分のことを名乗る。みなさんとは比べ物になりませんし、直接でもないのですが、私もまた被害者、生き残りなのです、と。ルワンダでの経験を通して、私はかつてないほど先祖たちの気持ちがわかるようになった。とはいえ、子ども時代、生き残りであることの感情はこの村とは違った。ここには許しと、平安と、善意がある。我が家にも愛はあるにはあったが、居間を支配していたのは圧倒的に憎しみと痛みだった。受け継がれた傷痕は、ふさがらずに口をあけたまま。今日ここで目にしたように、誰かが立ち上がってまた座ることがなかった。それができていたらどんなによかったか。

それに、私の祖国もこの村のように人を許す国だったらと思わずにいられない。アメリカでは刑罰が好まれている。私たちの恨みが何百万個もの牢獄に姿を変え、投獄の文化として結実している。一八三一年にアメリカを訪れたフランスのアレクシ・ド・トクヴィルとギュスターヴ・ド・ボーモンは、囚人の数に驚いた。そして、その様子をひとつの国家的儀式だと表現し、これをアメリカ人は「社会のあらゆる悪を是正する治療法」とみなしていると記した。[9]確かに、哲学者のエマニュエル・レヴィナスが語ったように、「安易に許しが与えられれば悪がはびこり、世界は非人間的になる」[10]という側面もあるだろう。だが、安易に刑罰が与えられれば世界は野蛮なものになる。アメリカでは平和の洗脳をすることがない。司法を復讐の同義語として振りかざすのが普通なのだ。

私が祖国と呼ぶ場所を支える柱は、悲しいかなこの村を支える柱と同じではない。ここの柱は文字通りのものでもある。集会が終わってから、広場の中心に建てられた平和の柱《ポール》の前でジャンと一緒に写真におさまる。その柱には「Amahoro N'aganze Kw'isi Hose」）と記されている――世界人類が平和でありますように。

汗ばみながら、土ぼこりの道をバスで戻る。バス停近くの食堂でジャンとタルシスと一緒に食事をしたあと、面会のために急いでルワンダ矯正局（RCS）に向かう。別れ際、タルシスが私のノートに何事かを記す。「Umugabo mbwa aseka umbohe」

「これはルワンダの決まり文句です」。タルシスは説明する。「『愚か者は刑務所を笑う』という意味です。あなたはとても大切な仕事をしている」

時間が迫っている。サントスとNARで落ち合い、またも混み合ったミニバンに乗る。着いたときには約束の時間を過ぎていて、コンクリート造りのビルの階段を重い足取りで上がる。「正義、矯正、知識、生産」というRCSのモットーが見える。見事なまでに革新志向であり、効率志向だ。つまり、まさしくルワンダ的だということである。とにかく発想が新しい。BBCニュースが「うんち発電刑務所」と呼んだものがその好例である。電力の約七五パーセントを人間の排泄物から生み出しているのだ。

「身分証がなければ入れません」。ドアのところに立つ女性が、表情ひとつ変えずに厳しい口調でいい放つ。

「でも、お願いです、約束しているんです」。サントスが静かに歩み出て、ルワンダ語をほとばしらせる。私はとびきりの可愛らしい笑顔をつくり、心のなかで頭を下げる。

女性は折れる。私たちはまた別の階段を上がってメアリーを待つ。オフィスの壁には、カガメ大統領の大きな写真が掛かっている。

「それはここでの物事のやり方ではありません」。メアリーの宣告が降ってくる。私たちの意図について、すでに手紙に書いたことを私の口からあらためて説明しおえたときのことだ。

「あなたがたの申請は却下されました」。有無をいわせぬ断固たる響き。

サントスが身を乗り出して言葉を返そうとするのを私はさえぎる。

「そうです、おっしゃるとおりです」。私がそう同調すると、サントスが慌てた表情でこちらを見る。「私たちはやり方を間違えました。こちらには物事の順序というものがあるのに、それに従わなかったんです。本当に申し訳ありませんでした」。ここでジョン・ジェイ・カレッジの名刺を取り出し、ガラスのコーヒーテーブルの真ん中に置く。

「ですが、あなたがニューヨークにお越しになるときには、私の大学にいらして、ここでなさっている革新的なお仕事について教授陣に講演をしていただけませんか。あなたはこの分野を牽引していらっしゃいます」

メアリーは名刺を手にとり、しげしげと眺める。「ジョン・ジェイ」。誰にともなくつぶやく。それから私に向かって、「それは一流大学、ですよね？」

「全米でもトップクラスの刑事司法教育を実施しています。近々ニューヨークにいらしていただけたら嬉しいです」

「ジョン・ジェイ」。メアリーが繰り返す。

私がどこの大学の者かはすでに伝えてあった。申請の手紙にも記しておいた。しかしまさにこの瞬間、実際に名刺を手にして、その意味が見る見るしみ込んでいく。沈黙。それから奇跡が起きる。

「教授を中に入れてあげましょう」。アシスタントに向かってきっぱりと告げる。「被害者とか加害者とかいった問題ではありません。ひとりの人間ではなく、コミュニティ全体が傷ついたのです。コミュニティ全体を元に戻さなくてはなりません」

サントスが目を見開く。

「あなたのプログラムが必要です。コミュニティの修復を目指すものだからです。ええ、教授と学生を中に入れてあげることにしましょう。金曜日に」

「あの、明日ではだめでしょうか。あいにく金曜日に発たないといけないんです」

わかりました、大丈夫です。その言葉を残してふたりは部屋をあとにし、隣の扉に向かう。サントスが戸惑いとも尊敬ともつかない目を向ける。

「今、すごく幸せです、バズ。僕の心は——もう——いっぱいです。わけがわかりません——

いったいどうやったんですか？」

私にもわけがわからない。けれど、許可の下りたことが嬉しい反面、こういう経緯で決まったことが悲しくもある。人の生死を分けるような刑務所での判断も、こういうふうに恣意的《しいてき》に下される場合が少なくないからだ。アメリカでも何度も目にしてきた。教え子たちに対する仮釈放の決定が、彼らの未来を左右する大事なものだというのに、合理的な理由も明らかな正当性も見当たらないままになされている。先ほどの出来事は私の地位がものをいっただけで、本来ならまったく筋が通らない。ニューヨークのシオの身に降りかかったことも同じで、まったく筋が通らなかった。シオは二二年間、非の打ちどころのない模範的な態度で服役し、釈放されたら仕事をしながら大学に通う計画を立てていた。三人の子どもも父親の帰りを待っていた。なのに、仮釈放が認められなかった。ところが、まったく同じ逮捕歴をもつスティーヴンは許可されている。仮釈放審査委員会から差し戻された申請書類には、「犯罪の性質」という有無をいわさぬ冷たいスタンプが押されていた。

メアリーが戻ってくる。局長からの正式な書状を手に。

ネバー・アゲイン・ルワンダ事務局からの二〇一二年一一月五日付の書状により、全国の刑務所被収容者の更生に資する目的で、一一人からなる貴殿のチームをガサボ刑務所に訪問させる便宜を図ってほしいとルワンダ矯正局に対して依頼があった。ここに、貴殿が通常の面会時間内にガサボ刑務所を訪問することを許可する旨を通知する。

＊

翌日、ＮＡＲに着くと日程表がすでにでき上がっている。サントスが印刷したものだ。学生たちはくすくす笑ったり冗談をいったりしながら、水のボトルの入った箱をいくつもワゴン車に積み込んでいく。

「いよいよですね」。サントスが私に挨拶する。ＮＡＲのロゴが入った白いポロシャツを着ている。背中には、「地域社会に積極的に参加する市民になれるよう、若者に力と機会を与える」の文字がある。

四〇分後、ガサボ刑務所に到着する。オレンジ色のレンガでできた堂々たる建物が、キガリ郊外のスラム地区にそびえている。まわりを有刺鉄線で囲まれ、上には尖塔のような看守塔が載っている。ずいぶん古いように見え、外観はニューヨーク州北部の刑務所を思わせる。それは偶然ではない。アフリカの刑務所は西洋諸国から押しつけられたものであり、元をたどれば様々な宗主国に行き着く。一六世紀、交易をするヨーロッパ人によって海岸の砦《とりで》や要塞に「牢屋」が築かれた。奴隷貿易では、身体を拘束したり監禁したりする目的でこの仕掛けが使われ、一八八〇年代以降は植民地戦争時に軍隊の拘留所としても利用された。二〇世紀前半のアフリカの刑務所は、宗主国が地元民に最もわかりやすいかたちで上下関係を見せつけるための拠点となっていた。芝居がかった雰囲気の隔離された場所をつくり、そこに黒い体を閉じ込め、服従させ、辱めを与えるのだ。刑務所の外観ひとつだけでも千の言葉を語る。秩序の権化のような西洋風の大建造物は、牢獄に御しがたい地元民を集めて秩序の観念を植えつけるためのものだった。ようするに、今目にしているこの建物は、西洋諸国が無理やりもち込んだ刑務所の典型例にほかならない。宗主国が去ったあとも膿み続け、彼らが残した負の遺産を清算するのを拒んでいる。

私たちはいくつかのゲートをやすやすと通り抜けていく。形式ばったところもひとつもない。カメラや携帯電話のもち込みも許され、矯正長のオフィスに案内されて指示を待つよう告げられる。学生たちは声をひそめ、大きな身ぶりでおしゃべりをしている。壁には、額に入ったカガメ大統領の写真と、ルワンダ各地の刑務所の位置がしるされた地図、指揮系統を細かく記した図、それからいくつかの数字が書かれた黒板が掛かっている。エリックとサントスが職員たちと話をしている。「二度と繰り返さない《ネバー・アゲイン》」「ジェノサイド」「平和構築《ピースビルディング》」といった英単語が耳に入ってくる。

矯正長はエネルギッシュな女性で、部屋に入るなり満面の笑みを浮かべる。「バズ教授、ようこそいらっしゃいました」。手が差し伸べられてくる。それから黒板の「４５２８」という数字を指差し、それが今日のガサボの囚人数だと説明する。

矯正長に先導されてオフィスを出たあと、監房棟の中を抜け、建物の側面につけたされた別館に入る。倉庫のような、車庫のような空間だ。歩いていくあいだも大勢の囚人があたりを動きまわっているが、私たちにはほとんど目もくれない。みな、キャンディのような色の囚人服を着ている。刑に服している者は淡いオレンジ色、裁判を待つ者は綿あめみたいなピンク色だ。ここは全体が落ち着いていて、統制が行きとどいている感じがする。アメリカの刑務所であれば、両側から盗み見るいくつもの瞳で通路の空気は張りつめているものだが、そうした気配は微塵も感じられない。

　別館の中には長い木のベンチが並べられ、一〇〇人近い囚人がおとなしく腰かけている。二十歳《はたち》そこそこにしか見えない者もいれば、ゆうに中年の域に入っている者もいる。私たちは彼らの真向かいのベンチに座る。エリックがマイクをつかみ、「ありがとう《ムラコゼ》」のたっぷり入った挨拶の言葉を述べる。次は歌と手拍子だ。そのとき、巻き毛の矯正官が私に向かって「ロルフ」と自己紹介する。カーキ色の制服に凛々しく身を包み、優しげな顔立ちをしている。今日の通訳を務めてくれるのだという。耳元で次々に言葉を囁く。

「私たちは愛の気持ちからここに来ました」。サントスが宣言する。拍手。「今日はみなさんと時事的な問題について話し合いたいと思います。テーマはジェンダーです。平等な権利とはどういう意味でしょうか」

　そこからは活発な対話の口火が切られる。学生たちは代わるがわるマイクを握るが、リーダーは明らかにサントスだ。水を得た魚とはこのことである。あの恥ずかしがり屋でおどおどした若者が、これほど快活で饒舌な人物に変貌するなんて。内心、舌を巻きながら見つめる。まさに教師であり、指導者だ。

「国家は女性が舵取りをしたほうがいいと思いますか？」サントスが問いかける。

「絶対にだめ！」ひとりの囚人が声を上げる。「ここの刑務所は前は女性がトップだったんだ。今は男性に代わって、ずっとよくなった」

「女性は気分に左右されやすいから、国家の舵取りには向かないな」。別の囚人が答える。

四方八方から非難の声が飛んでくる。

「それは真っ赤な嘘。気分に左右されるのは女も男も同じ」。私の左のほうにいた囚人が、批判の流れに乗って反対意見を述べる。誰もが生き生きとして、熱心で、リラックスしている。私はそのまま喜んで見学役に徹する。学生と囚人はいくつかの小グループに分かれて、この問題についてのさらなる討議を進めていく。

「銃は？」矯正官のロルフに尋ねる。

「銃は携帯しません」。ここでは暴力沙汰がほとんど起きない。囚人の自治会によって秩序が保たれている。自治会は個々の区画ごとに設置され、自治会長を筆頭として複数の役員によって運営されている。ロルフが笑いながら教えてくれたところによれば、「テキサス区画」と呼ばれるところもあるらしい。かなり裕福な囚人たちが集まっているからだそうだ。治安を担当する役員もいて「コミッセール」と呼ばれ、さながら警察官のように目を光らせている。だから、矯正官が建物の中に立ち入るほどの事態はめったにない。自治会の選挙も定期的に実施されている。役員の大半は虐殺者《ジェノシデール》で、学歴が高い。そもそも、ジェノシデールの大半が高学歴だったのだ。

正直にいおう。囚人服の男たちを見て、私は確かに考えている。骸骨のことを。それが一〇〇万個近く。死体。レイプ。山刀《マチェーテ》。殺戮。ここにいる男たちはそれを全部やったのだ。なのにどうだろう、彼らは人間のように見える。自分たちの残虐行為から生き残った者を温かく親しく迎え、生き残った者たちもまた法外なほどに優しさと礼儀を尽くす。そんなことが本当にありえるんだろうか？　頭も心もぐらぐら揺れる。

「アメリカの刑務所は厳しいんでしょう？」ロルフが尋ね、私は頷く。「インターネットにもつなげないって聞いたんですけど、本当に？　なんでまた？」

　ロルフ、なんでなのかは私にもわからない。でも、現にそうなの。ロルフは啞然としている。ここの刑務所には経済活動もあって、クリーニングのようなサービスもあるし、商品も売られているとロルフは説明する。囚人の大半は外に仕事をもっていて、給料の一割を自分のものにできる。

「え、仕事で外に行けるんですか？」

「もちろんです」。ロルフは「おかしなことをいいだすムズングだな」という目を向ける。

「ここでは私たちも一緒にサッカーをしますよ。彼らと私たちとで違いはありません。違うとしたら――えーと、何ていうんでしたっけ」。自分の制服を指差す。「服だけです」

「でも――」どうしても尋ねずにはいられない。「矯正官のなかには、生き残りの方々もいらっしゃるんじゃありませんか？　そういう人は、ここにいるのがつらくならないんでしょうか。だって――ジェノシデールと一緒にサッカーを？」

　また、まじまじと見つめてくる。「全然」。ロルフはきっぱりという。「言葉がありますよね

――えーと、何ていうんでしたっけ――そう、許しという言葉が」

なんて愚かなムズングの私。

誤解しないでほしい。私だって世間知らずな人間じゃない。自分の中の皮肉屋のニューヨーカーは、ルワンダ人の建前のほころびを懸命に探した。平和を語るその裏に、強欲な意図や私利私欲が潜んではいまいかと目を凝らしもした。なのに――「許しという言葉があります」。そのとおりだ。建前に多少のほころびは見えたし、社会の分断が消えてなくなったわけでもない。ガチャチャ裁判がうまくいかなかった事例もあるし、政府は言論の自由に干渉しすぎてもいる。それでも、どのルワンダ人の口からも「許し」という魔法の言葉がやすやすと転がり出てくる。そしてその言葉が、国家の掲げる物語の最も大切な部分にしっかりと据えられている。その事実には驚くしかない。たとえ口先だけでも、美徳を語ることには意味がある。「許し」という言葉を何度も何度も唱えていれば、じきにそれが心理に影響を与え始め、その心理が尊い行動へとつながっていく。懲罰を説けば、血まみれの地獄が解き放たれるだけだ。

囚人と学生は小グループでの討議を終え、また全体で集まってグループごとに結果を発表していく。さらなる熱弁、さらなる握手、さらなる笑い。あっというまに時間が来る。

「私たちにはあなたがたから学ぶべきことがたくさんあります」。別れ際にロルフはそう切り出す。それから、ハイテクのセキュリティ対策のことや、刑務所内の公的な手続きのことに触れる。「でも、あなたがたにも私たちから何か学べることがあれば嬉しいです」。なんという途方もない謙遜だろうか。

大勢の囚人服の男たちが穏やかな表情で見送るなか、私たちは建物をあとにする。そのとき、女子学生のひとりが私に抱きついてきて、腕を絡ませる。嬉しさに舞い上がっている。今回の訪問は期待以上であり、次回が待ちきれないと話す。もっと時間がほしかった。だってみんな、あんなに賢くて発想が面白くて、ためになる意見をたくさんもっているんですもの。「来てよかった、信じられないくらいだ」。車で戻る途中、別の学生が顔を輝かせる。「会ってみたら、みんなすごくすごく楽しそうだった。グループに分かれて話し合っているときなんか、素晴らしい意見を出してくれるんだ。頭がいい。あんな人たちに会えて本当に嬉しい。あの人たちから教わる新しいことがたくさんあるってわかった」。事務所に着くとサントスがさらに言葉を足す。「私たちはよりよい世界をつくらないといけません。これは平和構築活動の一環です。刑務所にいるあの人たちも、ほかの人と同じ人間です。それを忘れてはいけない。あの人たちもいつかは家に戻ってくる。そして私たちはみんな一緒に平和に暮らすんです」

サントスは空想の産物なんかじゃない。学生たちもだ。みんな生身の、集団虐殺の生き残りだ。自分の親をむごたらしく殺したのと同類の人間たちと——いや、もしかしたら親を手にかけた当人たちと——面会を果たし、その嵐のような出来事を終えて帰ってきたばかりだ。それなのに、目がくらむほどの喜びにあふれている。「彼ら」はじつは「私たち」なのだと、悪魔のような行為に及びはしたが悪魔そのものではないのだと、そう気づいて胸をいっぱいにしている。ロルフが指摘したように、服によって隔てられているだけなのだ、と。

私ならとてもそんな言葉を口にできない。墓穴に詰め込まれた頭蓋骨と、それを生み出した底知れぬ残虐さを、同じとみなすなどどうしてできるだろう？　悲しいかな、二〇世紀だけでも五〇〇〇万人を超える人々が、「文明的な」政府の命によって惨殺されている。ナチス・ドイツ、アルメニア人虐殺、ソビエト体制。ほかにもある。こうしたおぞましい出来事は、善良な人間がいとも簡単に大量殺人鬼に変貌できることを物語っている。二一世紀に入ってからも、アブグレイブ刑務所の捕虜虐待事件があった。捕虜が裸にされて積み重ねられ、その「人間ピラミッド」を笑いながらアメリカ兵が互いの写真を撮り合う。もっと大勢の捕虜がやはり裸にされ、犬のようにつながれたうえで口による性交を強要され、そのかたわらで同じ兵士たちがハイタッチをする。

　これが現実だ。人間には、私たちには、悪に走る素地がある。それを目にして、自分は無縁だと考えるのは間違っている。むしろ、彼我《ひが》を隔てる線はじつに細いことをあらためて噛みしめなくてはいけない。いつ何時その線を越えてあちら側に行ってもおかしくはないのである。

　刑務所訪問プロジェクトは確かな人の手に渡ったと確信し、私は学生たちに別れを告げる。すでに形ができ、公式な許可も下り、スポンサーも見つかった。プロジェクトはこれからも続いていくだろう。サントスは夢を語る。将来的には全国の刑務所を訪ね、一回あたりの時間ももっと長くしたい。映画の上映や、スポーツや文化を楽しむアクティビティも取り入れたい。そして、プロジェクトは間違いなく成功を収め、拡大していくだろうといい切る。

＊

遅れている飛行機を空港内のブルボンコーヒーで待ちながら、鞄から一冊の本を取り出す。南アフリカの牧師で人権活動家のデズモンド・ツツ著『許しなくして未来なし』だ。ツツはこう書いている。「許しとは、なされたことを大目に見るという意味ではない。許しとは、起きたことを真剣に受け止めて、それを矮小化しないこと。そのうえで、自分の全存在が毒に侵される前に、記憶に刺さった棘《とげ》を抜くことだ。そのためには、加害者を理解して共感するよう努め、彼らの立場に立ち、彼らがいかなる圧力と影響のもとにそうした行為に及んだ可能性があるかを見極める努力が肝要だ[11]」

　私はルワンダで、ツツの言葉が命を得ているのを見た。この旅の途中で参考にした、様々な学者や思想家すべての言葉も一緒に。この地で、共感と償いとそして和解を、計り知れないほどの規模で目の当たりにした。だから、今ならこう証言する権利があるように思う。彼らの言葉を文字通りに信じていいのだ、と。

　もちろん、私はルワンダの刑務所でたった一日を過ごしただけだ。けれど、本当はここに着いてからずっと刑務所の中にいたのである。この国のほぼすべてが一個の大きな刑務所だったといっていい。その刑務所は解体され、犠牲者以外は開かれた扉を通って自由の身になった。ルワンダはひとつの壮大な法廷として司法のあり方を試し、私たちが刑務所と呼ぶ概念の土台そのものを打ち砕いている。害がなされたあとには刑罰が来なければならないと、たいていの人は思うだろう。だが、まったく違った考え方の枠組みがここにはあり、それには癒しと、償いと、あの人間愛の極致ともいうべき許しが関わっている。ルワンダはひとつの裁判であり、それは今も続いている。私は想像を絶する非道を目にした。それでも、自分の信念を失うことなくこの地を去った。その信念とは、刑務所をなくせば被害者や遺族の痛みにまったく新しい発想で対処することができる、ということである。

ルワンダはまた、司法を問い直す旅の始まりにふさわしい経験をさせてくれた。つまり、遺族や被害者と一緒にほとんどの時間を過ごすことができたのである。彼らこそは、犯罪を考えるときに私たちが何より目を向けなくてはいけない存在だ。次は、いわゆる加害者の世界に足を踏み入れる番である。行き先は、南アフリカのポルスモア刑務所だ。

第2章　謝罪――南アフリカ

人が他者に対して罪を犯したとき、被害者は加害者への憎しみを抱いたまま口をつぐんではならない。加害者に対してなすべきは、「なぜあなたは私にこんなことをしたのか？　なぜあなたはこの問題に関して私に悪事を働いたのか？」と問うことだ。旧約聖書に、「同胞を卒直に戒めなさい」〔レビ記一九章一七節、新共同訳〕[1*]とあるのはそのことをいっている。加害者が悔いて許しを乞うなら、許しが与えられるべきである。被害者はそれを頑なに拒んではならない。

――マイモニデス（一二世紀のユダヤ人哲学者）

私はジェーン・オースティンの小説のなかに降り立つ。少なくともそんなふうに感じられる。ルワンダから来たのでなおのことだ。目の前には、雲をかぶった山々を背に一八世紀の荘園が広がり、ホロホロ鳥が一羽、絵から抜け出てきたかのように芝生にたたずむ。スティーンバーグ・ホテルの私の部屋はさながら王室の馬車だ。マホガニーの床が軋《きし》んだ音を立て、四柱式ベッドがしつらえてある。空気はアルデンテ。南アフリカのケープタウンを囲む美しい卓状台地《メサ》は、沈む夕日の深紅の光を浴びている。まるで、祝福に満ちた平和の砦といった趣だ。

この国に滞在する費用の足しにするため、私はコンスタンシアに関する紀行文を書くことになっている。コンスタンシアはケープタウン郊外にある高級住宅地であり、ワインの産地としても名高い。たまたまそこから目と鼻の先にあるのが、アフリカでも最大級の規模をもつ「ポルスモア重警備刑務所」だ。この刑務所には成人男女と子どもがおよそ七五〇〇人収容されており、一九八二年から八八年まではネルソン・マンデラもここにいた。

つまり、刑務所の中にいないときの私は、相当な贅沢三昧ができるというわけである。不快ではあるが、世界有数の不平等な社会を身をもって知るには、皮肉にもこれがふさわしいやり方でもあるのだ。不平等というのは、裕福な白人と黒人を隔てる歴然とした格差だけではない。近年台頭しつつある起業家の特権階級と庶民とのあいだにも、歪んだバランスが見て取れる。南アフリカでは、人種、社会、経済の最下層から最上層までを経験することになるだろう。そしてそれは、私を困惑させるに違いない。そうあるべきように。

こうした極端な格差は、植民地政策とアパルトヘイトがもたらした負の遺産である。とてつもない規模の不平等が何世紀にもわたって続いた結果、おびただしい貧困と犯罪が残された。統計の数値は目を疑いたくなるようなものである。南アフリカでは男性が暴力によって死亡する率が世界平均の約八倍であり（二〇一二年には約一万六〇〇〇件の殺人が報告されている）、女性の場合は約六倍だ。調査によれば、男性の四割あまりがパートナーに身体的暴力をふるったことがあると回答し、四人にひとりがレイプをしたことがある。その四分の三は二〇歳前だ。

二〇一二年に警察が扱ったレイプ事件は六万四〇〇〇件にのぼる。なにしろ、この国の大統領であるジェイコブ・ズマ〔二〇一八年二月に辞任〕でさえ、かつて同じ嫌疑を受けたことがあるほどだ（ズマは三人の妻をもつほか、大勢の女性とのあいだに少なくとも二〇人の子をもうけた人物である）。ケープタウンのタウンシップ（旧黒人居住区）で刺殺される人の数は、ほかのどの大都市よりも多いといわれる。

だが、私はルワンダのときのように、前向きな発想による活動に参加するためにこの地に来ている。今回の目的は、「修復的司法」の可能性をさらに探ることだ。修復的司法とは、今とは違った視点から犯罪を考えるための枠組みである。その枠組みから見る犯罪は、国家に対する不法行為でもなければ、刑罰を必要とする対象でもない。犯罪とは他者に加えられた傷であり、その傷を癒して関係修復を図ろうとするのが修復的司法である。南アフリカではポルスモア刑務所を訪ね、長年続く修復的司法のプログラムを一週間かけて視察する予定だ。ルワンダが壮大な規模で許しと和解を目指していたとすれば、この国ではそれを個人対個人のレベルで垣間見ることができるに違いない。つまり、集団としてではなく個人の「ごめんなさい」を、だ。私がルワンダで触れ合った人たちのほぼすべてが、許しという名の不思議な強い力を胸に抱いていた。その同じ力を、この地でも間近から批判的な目で眺めてみたい。

＊

初めは、午前中にポルスモア刑務所まで歩いていくつもりだった。泊まっているホテルの敷地からはいくらも離れていない。刑務所が建っている土地は、かつて裕福なヨーロッパ系の白人が所有する農場だった。その後、第二次世界大戦時にケープ司令部に売却されて軍の基地となり、最終的には刑務所となった。ところがホテルのコンシェルジュは、ホテルのロゴ入りベンツのリムジンで送迎するといって聞かない。

「お客をポルスモアに送るなんて、きっと私が初めてでしょうね」。ホテルの専属運転手であるウィルバートに声をかける。ウィルバートはまだ、一瞬たりとも堅苦しい姿勢を崩していない。

「おっしゃるとおりです。お客様が初めてでございます」。顔色ひとつ変えずに答える。

「ポルスモア矯正施設へようこそ　新たな出発の地」。そう書かれた看板が見える。門の前に車を止めると、職員たちはこちらに気のない目を向け、手ぶりで車を招き入れる。早く着きすぎたせいで、落ち合う予定のほかの人たちはまだ来ていない。

「お客様、本当に大丈夫なのですね?」ウィルバートは心配そうだ。ポルスモア刑務所は、その残虐な暴力行為で悪名をとどろかせている。暴力のほとんどは「ナンバーズ」という犯罪組織の手によるものだ。ナンバーズは複雑な掟や様々な儀式をもつことで知られ、大きく三つの分派がある。「26」「27」「28」だ（だから「ナンバーズ」の呼称がついた）。「26」の担当は、ギャンブルや闇取引、そして資金の蓄積だといわれている。「28」は、女役になる性行為の相手（「ワイフィー」と呼ばれる）を確保することと、三つのグループすべてのために刑務所当局と戦うことを主な目的として組織されている。「27」は組織内の平和を維持し、ギャングの掟を監視するのが役目だ。ポルスモア刑務所では刃物による殺傷事件が日常茶飯事だと、私も聞かされていた。二〇一一年には、南アフリカの鉄格子の中で四七件の自殺や殺人が起きた。収容中に暴行やレイプの被害に遭った囚人と元囚人に対し、矯正省は莫大な額の賠償金の支払いを命じられている。政府は刑務所内での性的暴行に対する防止策を何ひとつ講じておらず、ギャングへの懲罰の一種としてあえてＨＩＶに感染させているともいわれている。結核患者が出た場合、周囲の感染リスクは約九〇パーセントだ。にもかかわらず、刑務所全体の約三二パーセントに医師や看護師がいない。

　大丈夫だとウィルバートに請け合って、中央警備室の脇に置かれたプラスチックのベンチに座る。あたりを見渡す。この刑務所はもともと定員四五〇〇人ほどを想定して建設されたのに、現在ではその倍近くが収容されている。今なお大規模な軍事施設さながらの外観をもち、まるで要塞と有刺鉄線の寄せ集めだ。敷地内には囚人の働く有名なレストランまであり、物見高い市民がチキン・コルドンブルーや子牛のカツレツを注文することができる。建物の背後に目をやると、得もいわれぬほど美しい山並みが連なっている。まるで刑務所全体が、エデンの園の真ん中に捨てられたゴミのようだ。

　もうひとりのアメリカ人ボランティアが現われる。カリフォルニアから来た男性で、言葉がことごとく聖書でできている。「深夜便で来たんだ」とでもいうような口調で、「神のお導きで来たんだ」と説明する。有刺鉄線の張られた塀に沿って一〇分歩き、「Ｂ棟」へ向かう。一週間、私たちの拠点となる場所だ。細い通路の突き当たりに、入り口のドアがある。私たちボランティアに対しては金属探知機も服装チェックもなく、携帯電話も没収されない。食堂らしき部屋に入るとむっとする空気がこもっていて、かすかな腐敗臭が鼻をつく。横断幕が掲げられている。「修復的司法　和解と社会への再統合を目指して」

　アメリカの刑務所でも悲しいほどおなじみのものが目にとまる。囚人服から突き出しているのは、黒や茶色の顔また顔だ。白人は南アフリカの刑務所人口全体の一割にも満たない。囚人服はオレンジ色で、「CORRECTIONS（矯正）」の文字がいくつも円形に配置されている。思い思いに服を改造している者が何人もいて、ジッパーやボタンをつけてベストやブレザー風に仕立てている。なんとも奇抜なデザインだ。ナイキのスウッシュ・ロゴを縫いつけた者もいる。大半は入れ墨に覆われており、前歯のない者も多い。これはナンバーズ・ギャングが好むスタイルだ。囚人たちは駆け寄ってきて、熱のこもった握手をする。これもおなじみの光景だ。囚人とボランティアが親しくするのは友愛の情からだけでなく、出会いから得られるものを期待する底なしの楽観主義も合わさっている。部屋の囚人たちは微笑み、冗談をかわし、からかい、看守とのあいだにも同志としての絆が感じられる。上辺はそう見せていても、底には不安が渦巻いているんじゃないか。そんな気がする。

　七つのテーブルに花柄のクロスが掛けられ、それぞれのテーブルを表わす呼称が三つの言語で札《ふだ》に書かれて置いてある。英語と、オランダ語から派生したアフリカーンス語、それにアフリカ南部のバントゥー系民族が話すコサ語だ。部屋の片方の側のテーブルには、「説明責任」

「告白」「責任」「悔悛《かいしゅん》」という札が、もう片方には「再構築」「許し」「誠実」という札が見える。

六〇代と思しき囚人が私に温かく声をかけてくる。ひどく痩せていて、ごま塩の口ひげは伸び放題だ。自分は自由のために戦ったので、何十年も前にロベン島で服役していたのだ、と語り出す。アパルトヘイト廃止後にタウンシップに戻ったものの、状況がほとんど変わっていないのに気づいた。相変わらず仕事はなく、薬物だけが山のようにある。だからやむなく犯罪に手を染め、結局は一五年の刑をいい渡された。

ジョナサン・クレイトン牧師が部屋の中央に歩み出て、ほかはみな椅子に座る。私の席は、うしろのほうにある見学者用のテーブルだ。

「お待たせしてすみません！」ジョナサンの第一声が部屋に響き渡る。

「昨日脱獄が一件あったため、今日は囚人に対するセキュリティが厳しいのです。ですが――」ここで牧師は言葉を切り、なでつけられた漆黒の髪に指を走らせる。髪にはわずかに白いものが混じる。「こうして私たちは一堂に会しています。喜ばしいことです！」

糊のきいたヒューゴ・ボスの青いシャツに、淡いクリーム色のネクタイ、品のいいスラックス。ジョナサンは鋭い人物という印象を与える。アメリカ人ならその風貌を見て「インディアン」といいたくなるところだが、ケープタウンでは単に「カラード」と呼ばれる。アメリカで「カラード」は「有色人種」を指す軽蔑的な単語なので、それを聞くとアメリカ人である私の心は痛む。しかし南アフリカでは、ブラックともホワイトともいえない人たちを一緒くたにくくる言葉であり、混血の人や、インド、マレーシア、マダガスカルなどにルーツをもつ人にも用いられている。

よく通るアフリカーンス語で同じ挨拶の言葉が繰り返される。

「この部屋では三つの言語を使います」。ジョナサンは説明する。「私は英語とアフリカーンス語を話します。そしてピーターが――」ジョナサンが指差す先を見ると、「説明責任」のテーブルにサンタのようなひげを生やした白人男性が黒人に囲まれて座っている。「コサ語でなければわからない人のために、私の言葉をコサ語に訳します。だから、プロセスが理解できないということはありません。自分が普段使う言葉できちんと説明されます。いいですね？ それから、ほかにも基本的なルールがいくつかあります。みなさん、自分から進んでここに来ましたか？」ジョナサンは間《ま》を置く。

「強制されて来たのなら、この修復的司法週間に参加することは認められません」。誰も反論しないので先を続ける。

「このプログラムはキリスト教の教えに基づいていますが、宗教は問いません。イスラム教も大歓迎。無宗教でも――大丈夫。いいですね？

この部屋で話す内容は絶対に外に漏れません。だから、自分の気持ちや信じるところをいつでも気兼ねなく話してください。いいですね？ 秘密は完全に守られます。ただ、もしみなさんが殺人を告白し、その告白のなかで具体的なこと、たとえば死体のありかといった情報を明らかにした場合、私たちはその話を追及せざるを得なくなります。被害者とその家族に悪しきことが降りかかったのなら、私たちはみなさんと被害者の傷が癒されるように手助けをしなければならないからです。いいですね？」ジョナサンはこれをアフリカーンス語でも伝え、さらに続ける。

「それから、これは人と人がじかに向き合うプロセスです。みなさんにはその覚悟がありますか？　心の準備ができていない人はいませんか？　今、申し出れば退席できますし、何も尋ねません。繰り返しますが、これは自発的で自由な取り組みでなければならないし、強制ではないんです」。ジョナサンは部屋を見渡すが、動く者はいない。

「では、この修復的司法週間の最後のルールをお伝えします」。ジョナサンの声は今や部屋を圧するばかりにとどろいている。「みなさんは加害者ではありません。囚人でも、犯罪者でもありません。みなさんは神に愛されたひとりの人間です。被収容者ではなく、矯正省のサービスを受ける人なのです」

その言葉とともに、プログラムが正式に始まる。

「ここに修復的司法週間の開始を宣言します！」まるでゲートに並んだ出走馬を前にしているかのように、ジョナサンが高らかに告げる。まずは歌で始まる。

あなたを通して盲《めしい》た者は見、
あなたを通して口のきけぬ者は歌い、
あなたを通して死せる者は立ち上がり、

あなたを通してすべての心は讃える。
あなたを通して闇は消え去り、
あなたを通して私の心は叫ぶ、
私は自由、そう、私は自由だ。[2]

ジョナサンが再び主導権を握り、今日の分のワークシートを配る。見出しには「自分を発見せよ」とある。自分の傷、苦しみ、怒りが、どんな影響を及ぼしたかを考えなさい。自分は何者か？　なぜここにいるのか？　誰が私を傷つけたのか？　私の傷や苦しみの責任は誰にあるのか？

「今、家族の話をしたい人はいますか？」ジョナサンが全員に尋ねる。

「家族とは口をきいていません」。ひとりが声を上げる。ほかの者も一様に頷く。

「なぜ？」

「声を聞きたくないだろうから」。誰かの声。

「家族がいないから」。今度は別の声。

「恥ずかしいから」。また別の声。

「明日、みなさんのご家族に電話をかけようと思います。かけてもいい、という人はいますか？　明日、ご家族がどんな苦しみを味わっているか、耳を傾けるのです。誰かいませんか？　電話してもいい、という人がいれば、椅子の上に上がって名前をいってください。どうぞ」

ジェロームがベンチに飛び乗る。ティンバーランドの茶色のブーツを履き、ラッパーのように尊大に肩をいからせている。見たところ二〇代前半だ。つなぎの囚人服のボタンをウエストまで外し、白いアンダーシャツを覗かせている。「告白」のテーブルからはガースウィンが名乗りを上げる。後頭部の左から右にゴシック体で「Al Capone（アル・カポネ）」と入れ墨をしている。最後に、「責任」のテーブルで二〇代らしきヤヒヤが椅子に上がり、レイバンを無造作に載せた白いターキーヤの位置を直す。ターキーヤとは、ムスリムがかぶる縁なし帽のことだ。

「あなたがたは勇気があります。明日、あなたがたのご家族の話を聞きましょう。どうもありがとう。もう一度、席についてください」。ジョナサンは軽く頭を下げる。

「では、教えてください。このプログラムから何を得たいと考えていますか？」

次々に答えが返ってくる。心の傷を癒す。変わる。よりよい人間になる。責任をとる。被害者と和解する。もう一度コミュニティの一員になる。

子どもたちに父親と認めてもらいたい。そう声を上げたのは、小柄で真面目な顔つきの年配の男だ。しわだらけの顔に、ところ狭しと入れ墨が彫られている。頬には涙の絵が一粒刻まれている。

「みなさんの不安を教えてください！」ジョナサンの声がとどろく。

言葉が次々と湧き上がる。子どもたちに会っても自分を忘れているんじゃないか。子どもたちも自分のように刑務所行きになるんじゃないか。

クレイトン牧師はクレイトン教授に変貌し、修復的司法の原則をひとつひとつ解説していく。パワーポイントを使ったプレゼン資料を用い、ハワード・ゼアの文章からの引用も織り交ぜる。ゼアはアメリカの犯罪学者で、この修復的司法運動の生みの親だ。説明は続く。犯罪とは、敬意の欠如と責任感の欠如のなせる業である。これ以上の罰はいらない。必要なのは、壊れた人間関係の修復に取り組むことだ。それから紙を配る。紙には一篇の詩が記されていて、投獄中心の司法制度がいかに理屈に合わないかを鋭く暴いている。

彼らには責任をもってもらいたい
だからすべての責任を取り上げてやろう
彼らには前向きで建設的な人間であってほしい
だから辱めを与えて役立たずにしてやろう
彼らには暴力に訴えないことを望む
だから暴力のはびこる場所に入れてやろう
彼らには荒くれ者から足を洗ってほしい
だから荒くれ者が一目置かれる場所に押し込めてやろう[3]

従来の刑事司法制度が問題にするのは、どの法に触れているか、誰がその法を破ったのか、その違法者をいかにして罰するか、という点だ。一方、修復的司法（テキサス州の「ブリッジズ・

トゥ・ライフ」やニューヨーク州の「コモン・ジャスティス」といった団体の基本理念）ではまるで違った問いを投げかける。傷ついたのは誰か？　彼らは何を必要としているか？　その求めにどうすれば応じられるのか？　修復的司法のプログラムの一部は、地域社会に根差した問題解決裁判所というかたちで実施されている。ペンシルベニア大学による二〇〇七年の調査によれば、再犯を減らす効果はこちらのほうが投獄よりも高い。ほとんどのプログラムで「サークル」という場が設けられ、そこで被害者と加害者が対面して犯罪について語り合う。参加者の多くはキリスト教徒だ。いずれにせよ修復的司法が目指すのは、従来の刑事司法制度が顧みてこなかったたぐいの力を被害者に与えることにある。通常の裁判はただの公的な儀式であって、被害者の傷を癒す効果のほとんどないことが数々の研究によって示されてきた。それどころか、かえって被害者の精神的苦痛を長引かせている。

　ジョナサンが私に近づいてきて、「告白」のテーブルでガースウィンの自己評価用紙の記入を手伝ってやってほしい、という。この部屋にいる多くがそうであるように、読み書きができないのだ。

　ガースウィンの隣に座り、握手を求める。ガースウィンは値踏みするような一瞥《いちべつ》をくれる。眉間に星形の入れ墨が彫ってある。

「以下の事柄を経験したことがありますか？」私は用紙の質問事項を読み上げる。「怒りは？」

「ある」

　暴力行為は？　ある。幼児期に虐待されたことは？　ある。薬物依存は？　ある。鬱は？

ある。年齢は？　二六歳。父親を知っていますか？

「知らない。一〇代のときに一度見ただけだ。飲んだくれで、おふくろに追い出された。親父はおふくろを血だらけになるまで殴っていた。俺が血を拭いてやったんだ」。私はそのとおりに書く。

「お父さんと会ったときに何がありましたか？」

「俺は――」口をつぐむ。「あいつを殺したかった。危うくそうするところだった」。私は書き続ける。

「最後に家族と話したのはいつですか？」

「三年前」。ガースウィンは何を答えるときも無表情だ。この若者もまたタウンシップの出で、それを物語るように銃で撃たれた痕《あと》が三か所ある。今ではポルスモア刑務所のナンバーズ・ギャングの一員だ。ガースウィンの話は少しも珍しいものではなく、本人も間違いなくそれを知っている。

　記入が完了する。ほかのみんなが書き終えるのを待ちながら、気まずさを感じつつ互いに目をやる。昼食として、硬くなったパンに塩辛いソーセージを挟んだものが配られる。私は、緊張をほぐすときによく使うお決まりの質問を向ける。

「ヒップホップ、聴く？」これが笑顔を引き出す。

「うん、ヒップホップ。アメリカのやつ」。ガースウィンがシャツをめくり上げると、予想通りの入れ墨が現われる。有名なラッパーのトゥパック・シャクールを真似て、胃のあたりに

「Thug Life（サグライフ）」〔直訳すると「凶悪な人生」〕だが、黒人のヒップホップ・カルチャーでは「偏見や不正に負けずに我が道をいく」というような意味〕の文字が彫ってあったのだ。トゥパックに会ったことはないけれど、記事を書くためにスヌープ・ドッグのツアーに一度だけ同行したことがあるのよ、と返す。ガースウィンの表情がぱっと明るくなり、たちまち無邪気な一ファンの顔になる。

「じゃあさ——」目を輝かせ、口いっぱいにソーセージを頬張りながら身を乗り出す。「リル・ウェインに会ったことある？」

会話はロン牧師にさえぎられる。牧師はこのテーブルのまとめ役で、眠たげな目をした小太りの男性だ。「午後は失礼しないといけない」。牧師は唐突にそう宣言すると、眼鏡とランチバッグを畳む。「あとはよろしく」

そういうわけで、この一週間、私には新しい役割ができる。「告白」テーブルのまとめ役代理だ。このテーブルにはガースウィン、イブラヒム、アンソニーがいる。気が向いたときにはロン牧師も顔を出し、相棒のデニスを連れてくる。だが、この相棒は石のように押し黙っていて、何の役割をしているのかわからない。私の受けもつ三人の囚人はみな、世代こそ違えケープタウンで誰もが認めるならず者だ。ガースウィンはナンバーズのなかの「28」のメンバーである。三〇代のイブラヒムは細面《ほそおもて》で、緑の瞳が刺すような光を放ち、鉛筆のように細い口ひげを生やしている。こちらは「27」の所属だ。アンソニーは五〇代。かつてはケープタウンでも名うてのギャング「アメリカンズ」の一員だったが、今は心を入れ替えて熱心なクリスチャンになっている。

　ふたりを除いて、まとめ役は全員白人だ。このあまりにもおなじみの構図に気持ちが暗くなる。「黒人の魂を救うのは白人だ」という不幸な力学が働いているのだ。だが、今週はそれにじっと耐える以外の選択肢はありそうにない。

「私には子どもが四人いる」。アンソニーは自分の用紙を読み上げる。「何年か前に、そのうちひとりを亡くした。娘のひとりはここ、ポルスモアにいる。ボーイフレンドの麻薬を所持していて捕まった。一度見かけたので、ここにいることがわかった」。それから爆弾を落とす。「私は義理の娘をレイプした。ヤクですっかりハイになっていて、自分がしていることも、相手が誰かもわからなくなっていた」

　その日の残りの時間、部屋のあちこちでつらい話が噴き出す。この場所はまるでびっくりハウスの鏡張りの部屋だ。似たような話が繰り返し反射して、ほうぼうの鏡に映っている。赤ん坊の頃、母親は薬と酒に溺れていた。七回撃たれた。父親がギャングに殺されるのを見た。親父はエイズで死んだ。貧困、犯罪、銃撃、薬物依存、虐待。ニューヨークのブルックリンやシカゴのサウスサイド地区で聞こえてきてもおかしくない話ばかりだ。ただ、この地ではその度合いが恐ろしいほどに激しいところが違う。アメリカの刑務所でもおなじみの話ではあれ、それがもっとひどいのだ——暴力にしても、薬物依存にしても、虐待や傷にしても。自分は義理の父親を殺した。自分とおふくろに何度も暴力を振るうから、刺したんだ。この話をしたのはピーター・ジョン。略してＰＪと呼ばれ、元受刑者だが今はまとめ役を務めている。

自分は暴力の悪しき連鎖の被害者なのだと、ジョナサンは囚人たちにわからせようとしている。これはきわめて重要なポイントだ。世界中の犯罪者のほとんどが被害者でもあることを世間は忘れがちである。たとえば、二〇一四年の「ボストン社会復帰支援研究」で、出所後の男女一三五人を調査したところ、幼い頃の心の傷を抱える者の割合が著しく高いことがわかった。四割あまりが殺人を目撃しており、半数が親から身体的虐待を受けていたのである。とはいうものの、私には今なお懐疑が頭をもたげてくるときがある。それはたとえば、ダイヤモンドの闇取引をしたのは金が目当てではなく、父親の愛情に飢えていたからだと、涙ながらに訴える人をいぶかしく感じるときだ。本当だろうか？

ジョナサンが締めくくる。「みなさんは今日一日を通じて、自分が傷を受けた被害者であることを理解しました。みなさんは加害者というだけではありません。被害者なのです。深く傷ついてきたのです」

こうして初日が終わる。私はガースウィンとアンソニーとイブラヒムに別れを告げ、B棟をあとにする。有刺鉄線の外にはスティーンバーグ・ホテルのリムジンが待っている。乗り込みながら、恥ずかしさに震える。

これは仕事だ、と自分にいい聞かせる。このリムジンは私のじゃない――私の仕事に付随しているだけだ。私の特権として与えられた仕事に。人は有刺鉄線を何度くぐろうとも、便利な特権は手放せないものだ。むしろ、特権を拒むことこそが特権に染まりきっているしるしではないか。

夕闇が下りるなか、この言葉を繰り返し唱えながら、コンスタンシアの樫《かし》並木や植民地時代の大邸宅に見入る。豪勢な夕食を前にしてあたりを見回す。白人ばかりだ。私のテーブルのウェイターのほかは白一色である。アパルトヘイトが廃止された今でさえこの状況なら、その最盛期にはいったいどんな様子だったのか。実感として理解するなどとうてい不可能だ。この優雅な晩に、今日の亡霊が侵入してくる。ガースウィンが私のフォアグラに眉をひそめ、ＰＪが私のスミルノフをすする。あの男たちは、今私が浸っている贅沢な世界がつくり出したものだ。社会が不平等の上に成り立っているせいで、犯罪を犯して刑務所に行くよりほかなくなっている。

その不平等な社会はオランダ人の統治とともに始まった。彼らは「パス法」を制定して、人種を明記した身分証の携帯を地元民に義務づけ、その法を犯した者たちを現地の監獄に入れた。その後、南アフリカはイギリスの統治下に入る。一八三四年に奴隷労働が廃止され、一九世紀後半にイギリスが植民地の拡大を図った時期には、国家の労働力を囚人が支えた。その結果、一九一六年から、パス法が廃止される八六年まで、約一七〇〇万人の黒人とカラードが投獄されて体刑を受けたうえに、デビアスのような企業のためにこの地のダイヤモンド鉱山や金山で働かされた。こうした会社は、囚人の苦役のおかげで富を築いたのである。ポルスモア刑務所にしても同じだ。誕生したのは資本主義的な目的が第一であって、刑事司法は二の次だった。第二次世界大戦後にこの地域の農場が囚人労働を必要としたために、この場所に刑務所を建てるのが理にかなっていたのである。

これは刑務所の歴史全般についていえることだ。何世紀も前から、刑務所は資本主義を友として一緒に生を享《う》け、その友の要求するものを都合よく生み出してきた。つまり、無尽蔵の労働力である。どうやるのかといえば、「自分たち以外」に不利になるように法律を曲げ、その者たちを犯罪者にして投獄し、労働を課せばいい。アメリカでは囚人が北軍の軍需物資をつくり、のちには南部で奴隷解放後の労働力となった。南北戦争後に制定され、俗に「ブラックコード」と呼ばれた黒人取締法は、無為に過ごすことや職をもたないことまでを違法とした。そのため、南部では一八七〇年の時点で黒人の投獄率が白人の三倍にのぼるまでになっていた。ヨーロッパでは数世紀にわたり、失業率の高い時代ほど投獄が横行した。そういう時期には、市場からあふれた労働力を吸い上げて国家のために働かせる意味があったからである。古い時代の刑務所のスケッチや、大勢の囚人をどこに配置するかが詳しく示された図面を見てみると、不気味なまでに奴隷船の様子に似ているものが多いのに驚く。奴隷制度、刑務所、資本主義、そして人種を混ぜ合わせることが、長らく世界中で死のカクテルとして愛されてきたわけである。刑務所は先住民や元奴隷を服従させる手段であると同時に、白人経済の利益にかなうものでもあったのだ。

　ポルスモア刑務所での私たちのワークショップで鍵を握るのは、自分の選択に責任をもつことと、自分のしがちな選択を変える努力をすることである。けれど、こうした歴史と、ここケープタウンで目の当たりにした両極端な世界を思うと、「選択」という言葉を嘲笑《わら》いたくなる気持ちが募るばかりだ。奴隷制度、囚人労働、アパルトヘイト、人種差別、タウンシップという状況のなかで、選択とはいったいどういう意味だろうか。人のせいにするな、謝罪を口にせよ、といった話をどれだけしたところで、それは現実を覆い隠しているだけではないのか？一部の人が無残に敗北し、それ以外の人々が成功するようにつくられている仕組みが、否応なく存在するというのに？

資本主義は、「個人が社会的要因を乗り越えて自力で立つ」という考えに基づいている。それがアメリカンドリームの真髄だ。「私」が「私たち」を克服するのである。同じ意味で、「自分のブーツは自分で引っ張り上げろ」というたぐいの表現もスローガンとして使われる。だが、そもそもブーツをもらえなかった階級や人種の人々はどうすればいいのだろう。私たちは「囚人に第二《セカンド》のチャンスを与える」という話をするのが好きだが、第一のチャンスについてはどうなのか。世間は、人種や階級という逆境をはねのけた人たちの物語にすぐに飛びつき、例外的な美談だとしてもち上げる。なぜなら、現状のありようを嘆くより、例外を褒めたたえるほうが楽しいからだ。

心のスクリーンに「スケープゴート」という文字がよぎる。これは、刑務所に関する私の大好きなエッセイに出てくる言葉だ。書いたのは経済学者のグレン・ラウリーである。「私たちがともにつくってきたこの社会は、無秩序に広がる都市のゲットー内部で犯罪が増えていっても、初めのうちは黙認する。そうしておいて、人間の生贄《いけにえ》というある種おぞましいかたちで、犯罪者に対する刑罰の儀式を執り行なう」[4]。旧約聖書に登場する文字通りの「贖罪の山羊《スケープゴート》」のイメージが頭から離れない。ほかの全員を赦《ゆる》すために、社会のすべての罪を背負わされて崖から突き落とされる一匹の生き物。一六世紀イギリスの哲学者トマス・モアも、著書『ユートピア』に同じようなことを記している。「人に満足な教育を受けさせず、幼いうちから行儀も教えずに放っておきながら、その結果として人が犯罪に走るとそれに懲罰を与える。だとすれば、そこからどんな結論が導き出せるだろうか。初めに泥棒をつくって、のちにそれを罰しているとしかいいようがないではないか[5*]」

「お勘定、お願いします」。ウェイターに声をかける。ウェイターはお辞儀をする。

＊

「和解は真実から正義へと至る旅路」。こんな言葉が、翌朝の『ケープ・タイムズ』紙の見出しに踊る[6]。マンデラ以後、国民がどれほど堕落したかという話題がこの国のニュースのかなりの部分を占めるなか、あいだに挟まれるようにしてその記事はある。オルガ・マシングワネという女性に対して、正義和解研究所というＮＧＯが賞を贈ったという内容だ。人種差別思想に基づく爆破事件が一九九六年に起きたとき、マシングワネは怪我を負って体に障害が残った。にもかかわらず、犯人の白人男性の謝罪を受け入れ、二〇〇九年に男性を公の場で許したのである。

数分後、私はＢ棟に足を踏み入れ、日差しが明るくまぶしいことに気づく。アパルトヘイト時代、Ｂ棟は白人囚人専用だったので、黒人やカラード用の監房棟より窓が多い。Ｂ棟の通路が二重になっているのもそのためだ。どんなかたちであれ、人種が入り混じることは許されなかったのである。植民地時代に建てられたアフリカの刑務所は、こうしてその構造自体で厳然とした人種の優劣を伝えていたのだ。

部屋に入る。アンソニーは私と温かく握手をかわし、歯のない笑顔を見せる。イブラヒムとガースウィンは警戒するような目つきで会釈をする。まとめ役たちは静かに座って、持参した聖書を読んでいる。

「目標——犯罪によってもたらされる危機・損害・傷・苦痛を理解すること」。ジョナサン牧師から渡されたプリントにそう書いてある。被収容者は自らの間違った決断の影響を詳しく理解する。彼らの誤った行動のせいで、ほかの人々は危機的状況に陥っている。

「私は自由だ」の歌を囚人たちと一緒に歌う。それが終わるとジョナサンは今日のセッションを始める。例によって、私たちの心をたちまちつかむすべを心得ている。

「今から二五年と四〇日と三五分前、私はみなさんと同じポルスモアで暮らしていました」。いきなりそういい放つ。

「それが私の今日の告白です。私はかつて三年間投獄されていました。盗み、嘘をつき、悪事を働いて。けれど今日、私はみなさんの前に立っています。違う人間として。刑務所に初めて来たときは、英語なんてひとつもわかりませんでした。アフリカーンス語だけです。この中ですべてを学び、自分を変えました。このワークショップは、みなさんが私のようになるための第一歩です。それは告白から始まります。今日、みなさんは告白をします、いいですね？　告白することで解放されるのです」

　紙が配られる。

「隠していた犯罪も出てきますよ。いつもそうなんです」。男たちが告白を記入しているあいだ、ジョナサンが私にそう耳打ちする。「看守が告白したことまであります。密輸組織をとりしきっていたといって」。それから鋭い目つきで部屋を見回す。

「七年間、ひとりでこれをしてきました。補佐してくれるまとめ役もなく、私ひとりで五〇人から六〇人の囚人を相手に」。ジョナサンは続ける。「当初のハンドブックは一四ページしかありませんでしたが、今では八五ページあります。私は囚人に敬語を使っていますが、当局は長年、これに納得がいきませんでした。だけどそれは囚人を人間として、普通の人々として扱う方法なんです。ここにある白いテーブルクロスでさえ、当局はその意味を理解できませんでした。でも、きちんとしたテーブルについて人間らしく食事をしよう。私はそういったんです」。こぶしをテーブルに打ちつける。それから私のために、ワークショップ全体がどういう構成になっているかを解説する。ここで六日間の集中的なセッションを実施したあとは、週に一度、フォローアップのために囚人を集める。それを数か月続ける間《かん》に、ジョナサンが囚人たちの被害者を探し出し、その人たちと対話する場を設ける。

　囚人たちが記入を続けるあいだ、すっかり熱くなったジョナサンはこのワークショップの簡単な歴史と、自ら創始した刑務所伝道団体「ホープ・プリズン・ミニストリーズ」について語る。今やこの団体は九つの刑務所で活動しているという。一九九四年、マンデラが大統領に選出されたことで、すでに棺桶に片足を突っ込んでいたアパルトヘイトはついに止《とど》めを刺された。そして一九九九年、ジョナサンが刑務所付きの教戒師だったとき、真実和解委員会の活動が南アフリカに強烈な爪痕を残すのを目の当たりにした（ジョナサンはそれを、「対話と告白と和解という信じがたいプロセスを通してアパルトヘイトの犯罪に向き合うことで、私の祖国は癒しを見出した」と表現する）。そして、委員会が用いた修復的司法というものに強い関心を抱いた。そこでアメリカに飛び、和解を研究するバーモント州の機関で学んで資格を取得した。その後、刑務所のお偉方への要求を携えて帰国する。ジョナサンが提案したのは、ポルスモアに修復的司法を導入させてほしいということだ。囚人のなかでもとりわけ厄介な者を自分に預け、その者たちに取り組ませてほしい。同じことをするボランティアを刑務所内に入れてほしい。

　ジョナサンの要求は時宜を得ていた。アパルトヘイトが解体されていくにつれて、南アフリカの刑務所制度が大幅に改革されたのである。ポルスモアでは一九九一年に人種隔離が撤廃された。ほどなくして「刑務所法」が改正され、「刑務省」は「矯正省」に変わった。独房監禁と体刑も廃止され、矯正省は刑務所内のあらゆる人間の基本的人権を尊重すると誓った。一九九七年、改革派として知られるジョニー・ジャンセンがポルスモア刑務所を引き継ぐと、初めていくつものＮＧＯに門戸を開いて、ここをもっと人道的な場所にすべく尽力した。被害者と加害者が対話するプログラムも導入された。修復的司法独特の用語にあふれる矯正省のウェブサイトでは、このプログラムのことが今なお喧伝されている。

　国はこうした流れを受け、囚人の仮釈放審査委員会の審査を多数公開して被害者も傍聴できるようにしたり、囚人が被害者と心を通わせることを奨励したりしている、とジョナサンは続ける。それどころか、自分の被害者との対話を拒む囚人は、仮釈放の見込みが大幅に減るのだとジョナサンは説明する。予算削減のあおりを受けて、現在のポルスモアでは修復的司法プログラムがひとつしか行なわれていない。それを率いる男にとって、こうしたことは多大なプレッシャーとなってのしかかる。というのも、国は囚人が仮出所することを望んでいるからだ。それは慈悲の心からではなく、ただでさえ定員超過の刑務所にこれ以上人を抱えておく余裕がないからである。

　ポルスモアでは、囚人とソーシャルワーカーの数の比率がおよそ三〇〇対一だ。ソーシャルワーカーたちは、ジョナサンのもとにしきりに囚人をよこそうとする。ジョナサンが正式に支援してくれれば、仮釈放の可能性が高まるからだ。だが、ジョナサンは誰彼かまわず受け入れることはせず、何の約束も与えない。みながのどから手が出るほどほしがっている推薦状も、簡単に渡してやることはない。その代わり、暇さえあれば賞金稼ぎよろしく、血眼《ちまなこ》になってタウンシップ中を探しまわる。ノードリングっていう男を見かけたことはない？　ここで二年前に殺された男の母親を知らない？　七か月前にあそこの酒場の外でレイプされた少女は今どこに？　被害者が見つかったら、仮釈放審査委員会に出席できないか、あるいは加害者との対話に参加できないかと頼む。それが無理なら別のかたちでもいい。とにかく、自らの良心に恥じることなく推薦するために、囚人が本心から反省していて釈放に値することが感じられるような場を設ける。

とはいえ、どの囚人が本心から反省しているかをどうやって見極めるのだろうか。修復的司法では、安易に謝罪の言葉を口にするのをひどく嫌う。それをすると、アメリカの哲学者ジョン・ドラビンスキーがいうところの「頑なな自己愛」に陥りかねないからだ。何かというと、「ほかにいい言葉が見つからないために、自分が人を傷つけたあとに現われる（とされる）新たな自己を売り込もうと[7]」、他者の痛みを駆け足で通りすぎているだけなのである。ジョナサンの仕事は常人にはとてもなしえないものだ。神のように囚人の心を見抜き、耳障りのいい言葉を口先で語っているだけの者を見破らなくてはならないのだから。

「男たちは、『謝りたい。自分が悪かった。本当に申し訳ない』といってきます。だからこう返すんです。『これはあなたの問題ではない！　大事なのは被害者の気持ちです。あなたがどうしたいかではありません』と。

以前、仮釈放審査委員会から、大物ギャングの息子を殺した男と相手がたとの和解の場をもってほしい、と頼まれたことがあります。とにかく大急ぎでやってくれ、と。だから『ちょっと待ってください！　これは慎重を要する作業なんです。下手をしたらかえってまずいことになりますよ？　六か月ください』と返事をしました。それから、そのギャングの手下たちとも話をしたし、いつものように地域で色々な情報を集めました。そのうえで囚人と一緒に大物ギャング本人に会いに行き、敬意を表し、あとは修復的司法の手順に従って進めました。最後にはふたりが並んで座り、握手をしましたよ。囚人は仮釈放になって、その後は一度も人を殺していません」。それからうつむいて首を大きく左右に振る。「あれは大変だった」

　ジョナサンは囚人たちに向き直り、告白の記録を集める。

「こうして告白を書いてみて、また、テーブルの仲間とその内容を話してみて、どう感じましたか？」

「心を開いて、口にできなかったことをさらけ出すことができています」。ジェロームが大きな声を上げる。教師に褒めてもらいたくて仕方のない生徒のようだ。

「今まで、気持ちを語り合える相手なんてひとりもいなかった」。ヤヒヤが口を挟む。相変わらず白いターキーヤの上にレイバンが涼やかに載っている。「今ならわかる。自分の人生はけっしてただの＊＊＊じゃなかったって」。アフリカーンス語を口にする。

　ジョナサンが説明する。「刑務所用語です。失敗とか悲惨といった意味の」。それからヤヒヤに、「あなたの人生はただの失敗じゃなかったんですね？」

　ガースウィンが立ち上がる。「自分の告白は、二度と刑務所の厄介にならないようにするって家族と約束したことだ。でもそのあと、家族にがっかりさせられることがあって、腹を立てて、暴力を振るった。そしてまたこうして刑務所に舞い戻った」

　再びジェローム。「自分は物を盗みました。ガールフレンドに食べさせるために」

「ガールフレンドに食べさせるために？」ジョナサンが詰め寄る。

「まあ、その、彼女にもだし、あとは仲間のために」。ジェロームは白状する。

「ほかにはどんな犯罪を？」ジョナサンはジェロームの肚の中を完全に見透かしている。

「えーっと、ヤクとか」。メタンフェタミンはタウンシップで当たり前のように手に入り、犯罪と分かちがたく結びついている。

「盗みまで働いてやったガールフレンドとはまだつき合っている？」

ジェロームは首を振る。

「いいですか、これは――」ジョナサンは細い指を宙に突き刺すようにしてジェロームに向ける。その先には、今やすっかりうなだれた男がいる。「私たちが考え違いと呼ぶものの典型です。そうでしょう？　人のせいにしている。でも、本当は誰のせいですか？　彼本人です。自分の薬を買うために盗んだんですよ。誰かのためにではない――自分のためだ」

すると、昨日約束した電話の時間になる。

「ガースウィン、気持ちは変わっていませんか？　私がご家族に電話をかけてもいいんですね？　感情に走って考えもなしに決めたわけではないですね？　心の準備はできていますか？」ガースウィンは頷くが、見るからに不安そうだ。ジョナサンが携帯電話を素早く取り出す。

「もしもし！　そちらは――どなた？　マリア？」

「おふくろだ」。ガースウィンが声を上げる。体を前後に揺らし、右足を小刻みに震わせている。

ジョナサンは電話口でアフリカーンス語に切り替える。「ええ《ヤー》、ええ《ヤー》」。相槌を打つ。さらにまたアフリカーンス語。そして電話を切る。

「今は料理の最中で手が離せないそうです。でも、あとでかけ直してくれれば話せるとおっしゃっています。お母さんは、私が息子さんの名前を告げるとすぐに『あの子が何をしたの？』って尋ねていましたよ」。ガースウィンはすっかりしおれている。

次に電話する先はジェロームの母親だ。こちらはほとんど一方的にしゃべっている。ジョナサンは電話を耳にあてたまま行ったり来たりし、「ええ《ヤー》、ええ《ヤー》」と繰り返しながら髪をかき上げる。

電話を切り、全員に向かって声を放つ。「お母さんはこうおっしゃっています。『今はよく眠れるが、息子がいるとそうはいかない。あの子がいると身の危険を感じて眠れない。あの子はもめごとや暴力をもち込む。土曜日の面会には行かないと思う。理由は本人が知っている』。ジェローム、お母さんからあなたへの伝言です。『お前を愛しているけれど、家にはいてほしくない』。出所すると自分が無事ではいられないので、刑務所にいてほしいそうです。あなたも家族もみんな死ぬ羽目になるから、と」

その言葉が部屋を大きく無残に切り裂く。ジェロームは両手で頭を抱える。

「どういう気持ちがしますか？」

ジェロームは口を閉ざし、頭を抱えたままだ。それから目も上げずに、静かな口調で言葉を吐く。「もうやめようという気持ちになる。ああいう暮らしに戻るのも。犯罪を犯すのも」

ジョナサンはジェロームの肩に手を置く。

「あなたはひとりじゃない。私たちが支えます。あなたが変われると私たちは信じていますよ」

変わるには被害者と向き合わねばならない。修復的司法のプログラムではしばしば「代役」を用いる。別の暴力犯罪の被害者にその苦痛を語ってもらい、それが、囚人たちに苦しめられた者たちすべての思いを代弁するものとなる。今日、ポルスモアでその役目を担うのはロビン・クロフォードだ。小柄で白髪まじりで、優しいおじいちゃんといった風貌である。ヨハネスブルグでギャングに残虐な暴行を受けた日のことを、まるで他人事のように淡々と静かに語っていく。

「『お前にエイズをうつしてやる。このクソ白人野郎』と連中は私に怒鳴りました」。蚊の鳴くような声だ。「そして私のズボンを足首まで下ろし、うしろから犯しました。私は悲鳴を上げました。体中の穴という穴から血が噴き出しました。病院の外傷病棟に四週間入院しました。片方の足首の骨に穴があいているんですが、頭を狙ったコンクリートブロックが外れてそこに当たったせいです。恐怖に固まって、眠れませんでした。尿も便も出なくなりました。鏡は絶対に見ませんでした。見舞いに来た友人から、顔が生のレバーみたいだといわれました」

一瞬、部屋中の息が止まる。

「これを聞いて何かいいたいことは？」ジョナサンが尋ねる。ロビンはぽつんと寄る辺なく見える。オレンジ色の男たちは押し黙る。

「自分の国にこんな犯罪が起きていて、胸糞が悪くなる」。まとめ役のひとりが叫ぶ。

「この人が自分の被害者だったら、何といいますか？」誰も微動だにしない。「何か言葉をかける勇気のある人は？」

「ごめんなさい」。ジェロームが消え入りそうな声を出す。

「まだ足りない！」ジョナサンの声がとどろく。ぽつりぽつりと、反応が返ってくる。

「あなたにはすごく勇気がある」

「あなたに神のご加護がありますように」

「ごめんなさい、許してください。それには生き方を変えなければ」

　囚人たちは、ロビンに宛てて手紙を書くよう指示される。ロビンに対して、そして自分の被害者に対して、どんなことをいいたいかを綴るのだ。私は「告白」のテーブルに戻り、ガースウィンの言葉を紙に書き取る。

「親愛なるロビン」。ガースウィンは口を開く。心が定まり、待ちかねていたかのように言葉がほとばしる。「これからもあなたの痛みを使って私たちに力を与えてください。あなたの痛みを教えてくれてありがとう。あなたの痛みを気の毒に思います」。手紙を折りたたんで待つ。

　ガースウィンはまたもこちらを値踏みするような一瞥をくれる。それから私に向かって話を始める。最初は、ポルスモアでどんな暮らしをしているか。ここにいる者はほとんどがそうだが、ガースウィンもすし詰めの監房で四〇人ほどの囚人とともに寝起きしている。午後四時から午前六時まで、そこに毎日閉じ込められている。午後四時は看守がいなくなる時間で、それを過ぎると監房は公然の無法地帯になるのだという。それから、塀の外での暮らしについて語る。路上での傷害沙汰や、自分が殺したと思う人の数。何人殺したかは自分でもはっきりとはわからない。そして自分の属しているナンバーズについて――「もともと俺たちはアパルトヘイトと戦う善良なギャングだったんだ」。伝説によるとナンバーズの誕生は、ポーとノンゴローザという名のズールー族に遡《さかのぼ》る。ふたりが国の富を再分配しようと、植民地政府の前哨基地を襲って金品を奪おうと企てたときだ。アパルトヘイト時代、ふたりは刑務所の中から囚人の権利のために闘った。ベッドやまともな食事を求め、ある程度は時間を管理できるように腕時計をする権利を要求したのだ。

　これまで牢屋の中に何度入ったか、数えきれないとガースウィンはいう。地元のタウンシップにいる悪い仲間たちから、自分が求められているのを知っている。だから、前回は仮釈放を断った。出所したとたんに元の暮らしに戻るのが目に見えていたから。

　昼食が配られる。ガースウィンはイブラヒムに、ハラールの食事をよこしてくれと声をかける。

「半年前にムスリムになったんだ」。ガースウィンは私に説明する。「それを、芸——っていうかのかな、何ていうんだろう——ペテンみたいなものだっていう奴もいる。ムスリムのふりをしているんだろうって。でも、真実は自分が知っている」。そういって胸を張る。

　ボローニャサンドイッチに噛みつきながら、来月仮釈放の審査を受けるのだとガースウィンはいう。それから自分の薬物依存について語る。薬に食い尽くされ、身を滅ぼされ、薬に振りまわされる人生になった、と。そしてサンドイッチを下に置き、私の目を見つめる。眉間の星形の入れ墨の下に、消えないしわのように深い傷が刻まれているのに気づく。

「バズ、ヤクが切れたら俺は何でもやったね。クレイトン牧師だって正面から撃っただろうよ。真正面からね」。それが嘘だと思っているわけではない。でも、これは告白だろうか、それとも自慢？

「お母さんへの電話のこと、どう思う？」

「うちのおふくろは、ジェロームのときよりきっとひどい話をする。ジェロームにもそういったんだ。あんなもんじゃすまないよ」

「だけど、それをどう思うの？」

「別に」。ガースウィンは肩をすくめる。

「本当に？」ガースウィンは頷き、石のような表情のまま噛み続ける。

「色々なことをどうでもいいと思うときがあるけれど、実際は様々なかたちで影響を受けているものよ——気づきもしないうちに」。ガースウィンはまた肩をすくめ、右足を小刻みに動かす。

　一方、ロビンは手紙を読み始める。四通目を読んだあとで顔を上げる。

「言葉にならないほど感動しています」。みなに向かって優しくそう声をかけ、読み続ける。その日しばらくしてから、ロビンはこのプログラムでまとめ役のボランティアをしたいと申し出る。私は思わず息を呑み、ルワンダでの出来事を思い出す。それは、多くの人が不可能だと考える許しと和解の行為だ。

　でも、それが不可能でないのを私は知っている。データでちゃんと示されているのだ。「ごめんなさい」と詫び、被害者の本当に望んでいるものは何かをあらためて考えることが、大きな力を発揮すると心理学の研究によって実証されている。修復的司法に関する文献によれば、被害者の求めるものは大きく四つに分けられる。ひとつ目は、正直な答え。ふたつ目は、力と権利を与えられること。三つ目は、尊厳を回復すること。これは、被害時の話を繰り返し語ることで達成できるのが普通だ。そして四つ目は、償いを得ることだ。償いは、どう責任をとるかを表明してもらう場合もあるし、文字通りに損害賠償を受ける場合もある。こうしたニーズを満たすうえで最も効果的な方法は、刑罰でも裁判でもなく、対話だ。刑罰や裁判は被害者を置き去りにし、受け身の傍観者へと追いやるのがつねだからである。たとえばチリの真実和解委員会は、ピノチェト政権下で起きた人権侵害について一九九一年に調査結果を発表した。すると、復讐を願う者はほとんどいないことがわかった。被害者はただ、正義をもって真実を明らかにし、失った愛する者に敬意が表され、同じような残虐行為が二度と起きないと確約してほしいと考えていた。加害者との対話に臨むと、被害者は以前より恐怖を感じなくなり、刑事司法制度への満足度を高めることが数々の研究で繰り返し確認されている。

　政治哲学者のハンナ・アーレントは「許し」をこう表現している。「なされた行為に対して同じ行為をただ繰り返すのではなく、そもそもの引き金となった行為の影響を脱して、まったく新しい行為を思いがけないかたちで実行するための唯一の反応[*8]」。許しとは奇跡だ。人生を豊かにしてくれる奇跡だ。社会心理学、発達心理学、臨床心理学の分野では、一九九〇年代にこの奇跡を詳しく調べ始め、それを次のように定義している。許しとは、被害を受けた者が、もはや加害者を避けたり加害者に復讐したりといった負の感情につき動かされることなく、反社会的でない建設的な動機を原動力に行動できるようになる状態だ、と。心理学では「許し尺度」や「許しインベントリー」といったツールを用いて、慈悲の衝動と復讐の衝動がどれだけ存在するかを測定している。ある研究によると、被害者意識は受け身の姿勢につながり、日々の仕事がうまくできなくなったり、諦めが早くなったりといった結果を招く。また、一九九八年にふたりの心理学者が、幼児期に性的虐待を受けた人を対象に調査を行なったところ、「許し尺度」のスコアの高い人ほど夫婦関係が円満であることがわかった。この心理学者たちは、ひとつの領域での許しはほかの領域にも伝わる、と結論づけている。さらに、『ジャーナル・オブ・パーソナリティ・アンド・ソーシャル・サイコロジー』誌に掲載された二〇〇八年の研究では、復讐心は被害者の意識を加害者に固着させると指摘している。[9]そのことがかえって不安定な攻撃性を増幅させ、問題の終結とはほど遠い状況を生むことも明らかにされている。

　別の研究では、不快な経験をしたときのことを被験者に具体的に脳裏に再現させ、それに対して次の四つの感情を思い浮かべてもらった。①苦痛に意識を集中すること、②悪意を抱くこと、③加害者の人間性に共感すること、そして④許すことだ。この四つ目の状態のとき、被験者の許しの感情は生理的な反応としても現われた。収縮期血圧と拡張期血圧の上昇がほかの三つより少なく、心拍数も低下したのである。二〇〇二年に発表された研究では、被験者の反応を三段階に分けて測定した結果を報告している。この研究では、まず被験者に質問表に答えてもらい、実験前の状態を測定する。次に、自分を強盗事件の被害に遭ったと想像させたうえで、再度測定する。それから、犯行の翌日に①謝罪された（軽い謝罪と深い謝罪の二種類）、②損害を賠償された、③その両方、あるいは④そのどちらもなかった、という四つのシナリオが起きたと仮定してもらって、また測定する。その結果、深い謝罪を受けた被害者は復讐、怒り、恐怖の感情が薄れ、許しの感情が増すことが確認された。謝罪と損害賠償の両方を受け取った場合、その効果はほぼ二倍になった。

報復したいという気持ちを抱くと、結局はそれが跳ね返ってきて私たちすべてを傷つける。一九九九年の実験では、男子大学生に対し、自分が実験室の設備の一部を過《あやま》って壊してしまったと思い込ませた。その後、実験者から①許される、②懲罰を与えられる、③その両方、④どちらもない、という四つのグループに分ける。次に実験者は、学内の様々な場所に物を届けるよう被験者たちに依頼した。許された被験者たちは、快く応じる度合いが一番大きかった。一方、罰せられた被験者たちは、その度合いが最も小さかった。[10] 悪いことをした者にとって、許しを得ることは贈り物を受け取るのに似た効果をもつ。そのおかげで、現状がいかに不公平かが手にとるようにわかり、公平さを回復するために前向きな償いの行為をせずにはいられない気持ちになったのだ。いい換えるなら、人を罰すれば恨みを増幅させることにつながり、結果的に破壊的な行為の連鎖をあえて断たずにいるのと同じことになる（ひいては犯罪が増加する）。許しは社会の秩序を高め、平和を促すのだ。

＊

　ガースウィンの母親に電話する時間が来る。今なら話せるらしく、早口に、そして感情を露わにアフリカーンス語でしゃべる。ジョナサンは電話を切ったあと、その内容を私たち全員に伝える。

「地元ではみんながあなたを探している」。ジョナサンは重々しく話し始める。「あなたがギャングに関わっていたせいで、ふたりの妹さんは怯えながら暮らしています。ふたりはあなたを『お兄ちゃん』と呼んでいますね。尊敬の念を抱いているのではありませんか？　妹さんたちはお兄ちゃんを恋しがっています」

　ガースウィンの顔から血の気が引く。すごい勢いで足を小刻みに震わせている。ジョナサンは続ける。

「あなたの従兄弟は一〇回撃たれたし、その友だちは一一回撃たれました。お母さんはあなたが出所することを望んでいますが、二度と刑務所に舞い戻らないようにさせる自信はない。妹たちはあなたを必要としています。お母さんは次のようにおっしゃっています。あなたを刑務所から遠ざけておけるとは思わない。あなたが家にいると、家族に危険が及ぶ、と」

「でも、俺は努力した」。ガースウィンは不安に駆られて思わず口走る。「俺は心を通わせようとしてきた。なのにおふくろはいっつもそうだ。だろ？　俺には会わない、話もしない。その言い訳ばかりしている」

「いつから？　どれくらい前からその努力をしてきた？」

「みんなと最後に顔を合わせた三年前から」

「明日、お母さんと妹さんを呼びましょう。車で迎えに行かせて、ここに連れてきて、あなたと話してもらいます」。ジョナサンは私たちのテーブルに近づいてきて、ガースウィンの肩に手を置く。

「あなたは心のなかで泣いています。母親を求めて叫んでいる。明日、お母さんをここへ連れてきます」

ガースウィンはすっかり戸惑った顔をしている。心の内で途方に暮れている。まるで、仕事のための道具一式を手渡されたが、それが何の仕事なのかも、その道具をどう使えばいいのかもさっぱりわからないかのように。

「バズ、こんなふうに人と話す機会をもったことは一度もなかったよ」。ガースウィンはきっぱりとした口調でそういうと、心が軽くなった様子で息を吐き出す。

「どんな気持ち？」

「最高」。顔を輝かせる。「今度こそおふくろは――逃げられない。応えてくれる。応えるしかない。ついに。明日」

その日、私はポルスモア刑務所をあとにしてから、二〇〇五年元日の思い出に迷い込む。私は二〇代で、それまで経験したことのないほど激しい恋をしていた。相手のジョンは、その一年前にカリブの島からアメリカに移住してきたばかり。じつに素敵な人であり、じつに様々な欠点を抱えていた。ジョンといて私は本当に幸せだったが、その日それは終わりを告げる。ジョンの奥さんから電話がかかってきて、ひとり息子の話をされたのだ。どちらの存在も初耳だった。ショックに打ちのめされた。だが、やがて立ち直った。誰もがいつかは立ち直るものである。この世で私ひとりだけが際立ってひどい目に遭わされているという、自分本位の感覚を捨てられさえすればいい。ジョンと私はよりを戻し、つき合ったり別れたりを繰り返しながら何年もが過ぎた。その間《かん》、ジョンはうまくいかないことがあるたびに言い訳ばかりした。やれ人種差別だ、やれ学がないせいだ、やれ景気が悪すぎる、やれグリーンカードをとるのが大変すぎる。理屈はまったくそのとおりとはいえ、どうにも癇《かん》に障った。私はといえばもう長いあいだ、ジョンにどうしてもしてもらいたいことがひとつあった。謝罪である。私たちの関係は長くなりすぎてなかなか踏んぎりがつかなかったものの、とうとう私が終わりにした。たいていは責任転嫁であり、それを責任転嫁だと気づくのが結局は遅すぎる男を、それ以上は許せなくなったからである。

　私の取るに足りない恋の痛みがなぜポルスモアと重なるのか。あんな些細なことを、これほど重大な問題と結びつけていい理由などあるはずがない。けれど、ガースウィンはどこかジョンを思い出させる。ふたりとも、自分に不利益を強いる社会構造の産物なのだ。しかし、遅ればせながら責任という衣《ころも》をまとうことを求められている。だから、つかのまの衝動で自分の失敗を自らの非と認め、前向きな意欲が高まることがあっても、それは往々にして長続きしないために、最終的には期待を裏切られる羽目になりかねない。適切な言葉が見つからないが、ふたりとも初めからうまく生きられないところがあるのだ。私は幸い大きな犯罪の被害者になったことはないし、あの経験をほかのどんな経験と比べる権利もない。それでも私もまた、他者に心を傷つけられた被害者である。

それは誰もが同じだ。きっとあなたも、罪の烙印とともに生きている人をひとりは知っているだろう。つまり、かつて過ちを犯し（それは重大なものかもしれないし、あなたに対してなされたものかもしれない）、今は懸命に身を正そうと努力している人だ。しかも、ときに度が過ぎるほどに自分を律し、自らを新しくつくり変えようとしている。普通の人間なら、どれだけ優秀なセラピストをつけても実行できないようなやり方で。そういう人たちはまさに、現代の聖アウグスティヌスであり、マルコムXであり、マグダラのマリアだ。この三人のように、「罪人転じて聖人となる」物語が宗教や伝承にあふれているのにはわけがある。瑕《きず》を抱えた魂が清められることほど崇高なものはないからだ。だから、文字通りにしろ比喩にしろ、刑務所からどれだけ離れて暮らしていようとも、過ちを犯したり、許し許されたりといった問題で苦しい思いをした時期はあなたにもあったはずだ。刑務所が誰にとっても完全に無縁な場所ではないというのは、そこに理由がある。刑務所は、実際に体験していなくても誰もが肚の底で理解できるものなのだ。

*

「おお、信仰ある者」という新しい賛美歌が、いつのまにか朝の歌のリストに加わっている。

私は宗教を斜めから見ている。刑務所内の宗教は、囚人を現状に満足させて服従させる手段だという印象を拭えないのだ。とはいえ、ここに来てからはその気持ちを抑えようと努めている。それは、宗教が建設的な目的の役に立つ場合があることももちろんわかっているからだ。アメリカ政府もこの点を理解している。二〇〇三年にフロリダ州は全米で初めて、信仰を基盤に置いたモデルを一個の矯正施設全体に導入した。これを皮切りに、州全体で四か所の「信仰と人格形成に基づく施設」を誕生させている。これらの施設には合計三三〇〇人ほどが入所し、宗教的な活動に日々勤しんでいる。具体的には、礼拝、聖書研究、メンタリング（一対一による指導や助言）のほか、子育てについてのクラスや怒りのコントロールなどの人格形成プログラムの受講も含まれる。職員やボランティアは、これによって囚人の態度や行動が改善すると報告しているし、囚人は囚人で、この施設のほうが従来型の刑務所よりストレスが少なく、自己改善につながりやすいと語っている。

疑う気持ちをポケットにしまい、本日の目標に目を通す。「正直、敬意、信頼、誠実という最も重要な価値観を浸透させること」。今日は、サングラスをかけたロン牧師が私たちのテーブルの担当で、デニスも一緒だ。最初の話し合いに加わるべく私が席につくと、ガースウィンが力強い握手をくれる。ヤヒヤのによく似た白いターキーヤをかぶっている。アンソニーはトレードマークの歯のない笑顔を見せ、イブラヒムは素っ気なく会釈する。

被害者にどういう気持ちを抱いているかを話すように促され、ガースウィンは淡々と答える。「そうですね、ロン牧師、とても申し訳なくなりました」。薄ら笑いを感じるのは私の気のせい？

「被害者の話はしたくありません」とイブラヒム。

丸いお腹から手をもち上げ、ロン牧師はイブラヒムの頬に触れる。「息子よ、すぐにあなたも心の傷を乗り越えるでしょう」。そういって溜息をつく。それから、ガースウィンの心臓の横に軽く手を置く。「息子よ、あなたもです」

「ふたりともイスラム教徒ですね？」ロン牧師は続ける。ふたりは頷く。

「あなたがたは本当はクリスチャンなのです。心のなかでは」。ふたりの頬に再び触れる。「私にはわかります。クリスチャンです。あなたがたはイエスを愛しています。魂の奥底で、心のなかで」。ふたりの頬に手を触れ、胸に手を当てる。

「ガースウィンのために祈りましょう」。デニスはそういって頭《こうべ》を垂れ、目を半ば閉じる。私はこみ上げてくる怒りを呑み込み、下を向く。ガースウィンの迷える非クリスチャンの魂に、しばしの黙禱。

頭を上げる。「ガースウィン、ナンバーズと手を切る覚悟ができましたか？　もう関わりませんか？」

「はい。ロン牧師」

「もう銃をもち歩きませんか？」

「そう簡単にはいかないんです、ロン牧師。でも、これからはもう使いません。出所したら真人間になります」

牧師はすでにイブラヒムのほうに移っている。「では、あなたはナンバーズを抜けますか？」

イブラヒムはうなだれ、緑の目にいたずらな光を宿す。何もいわない。牧師はイエスの救いがどうのとつぶやき、先を続ける。「イブラヒム、あなたはここを出たら、仲間からの圧力に屈しますか？」

「いいえ、ロン牧師」

「それからガースウィン、あなたは出所したらどこで暮らしますか？」

「前にいた町で。昔の友だちや、対立していた連中とも一緒に。そうすればみんなに正しい道を教えて、自分が変わったことを見せてやれます」

「素晴らしい考え方だ、ガースウィン！」

なんて間違った考え方！　これ以上は自分を抑えきれない。

休憩時間になり、みながトイレに駆け込むなか、ガースウィンと私はその場に残る。ガースウィンに単刀直入に尋ねる。上辺だけなんじゃないの？　牧師が聞きたがっていることを口にしているだけなんでしょう？　ガースウィンは強く首を振る。ともかくガースウィン、あなたが今後どうするかを話しましょう。会話は熱を帯びる。私のアメリカの教え子たちが出所すると、元いた地区を疫病か何かのように避ける。昔の暮らしに戻ってしまうのを恐れているからだ。罪を犯しそうな若者に手を差し伸べて、自分が痛い思いをして学んだことを伝えてやりたいと考える教え子は多い。しかし、他人を助けるよりも、まずは自分が完全に立ち直ったと確信をもてるようになるのが先決だと気づく。ガースウィンは、自分は誘惑に負けないといって譲らず、若い者を正しい方向へ導くのが自分の使命だといい張る。

話が噛み合わないまま黙り込む。ようやくガースウィンが口を開き、今日の午後に自分と一緒に母親に会ってくれないかという。母親はこちらへ向かっている。すでにジョナサンがタウンシップに人を迎えにやった。

その日の午後、ジョナサンと私は建物の入り口エリアに向かい、ガースウィンの母親と妹のひとりを出迎える。母親は私よりほんの二つ三つ年上なだけだ。当てつけがましく間延びした口調で挨拶をし、待合室のベンチに腹立たしげに座る。一九歳の妹は、ぴったりした赤のトップスとジーンズ姿で、ヘッドバンドをつけている。妹は不意に涙をこぼす。私は隣に座る。

「本当は来たくなかった」。紅潮した頬に涙がとめどなく流れ落ちる。母親はぼんやりと壁を見つめている。私は妹にティッシュペーパーを渡す。学校に行っているの？　ううん。働いているの？　首を横に振る。

「ただ、あの――ぶらぶらしてるの」。鼻をすする。

ジョナサンは私たちをソーシャルワーカーのオフィスに案内する。部屋にいた女性は、よく通るアフリカーンス語で私たちを温かく迎えてくれる。その軍隊風の制服は、ミリタリーブーツから何から看守の制服にそっくりだ。和解のための面会について聞かされたのは今朝のことだったが、最善を尽くすと語る。

ガースウィンが入ってきて、三年間会っていなかった母親と妹のあいだにどっかりと腰を下ろす。母も妹も身動きひとつしない。ガースウィンは何の感情も見せずに、まっすぐ前を向いている。

「抱き合って《ドラッキー》！」ソーシャルワーカーがアフリカーンス語で指示をする。ガースウィンは従い、母親とぎこちないハグをする。それから妹を抱きしめると、妹はまたすすり泣きを始める。ガースウィンは見るからに心を乱し、妹を離さない。母親は相変わらず壁を見つめ、妹の涙が兄のオレンジ色の囚人服の肩に大きなしみをつくる。ガースウィンは妹の手をとり、妹はティッシュを握りしめている。ソーシャルワーカーの指揮のもとに対話が始まる。合間合間でジョナサンが私に通訳してくれる。

まるで卓球の試合のように、激しい感情が行ったり来たりする。母親はある晩、夫を従えてタウンシップの酒場から酔って帰宅すると、自分の息子を刃物で刺そうとした。息子は一〇歳のとき、母親から買ってもらった学校用の服を売り、その金で麻薬を手に入れた。以来、犯罪を繰り返している。確かに母親も薬や酒の問題を抱えてきた。だが、母親が息子を産んだのは一五のときで、レイプされたからだ。相手の男とのちに結婚することになるが、その男は結婚式に酔って現われた。

「今、この子は二六よ！」母親は息子を指差し、声を張り上げる。「八つになる娘もいる。その娘の身が危ないし、私たちだってそうよ！」怒りが有毒ガスのように部屋に充満している。ガースウィンは今まで見せたことのない表情を浮かべている。不機嫌で、傷ついて、混乱して、どうしていいかわからずにいる。

「あんたは家に引っ張りこんだ色んな男たちから、一度も俺を守ってくれなかった！」ガースウィンは妹の手をさらにきつく握る。「こいつのことだって！」

ふと、ここに私の出る幕はないという強い思いがこみ上げてくる。ジョナサンに、もう行くという合図をする。専門家と家族で、内輪だけで進めたほうがいい。私はガースウィンを励ますような笑顔をつくり、扉の外に出る。

＊

ポルスモアでの日々と時間は、物語と苦悩に濃く彩られたまま駆け足で過ぎていく。アンソニーが、妻への態度に対して自分の非を認める瞬間も訪れる。「あいつと一緒になったとき、俺は結婚式やパーティーなんかそっちのけでラグビーばかり見ていたもんだ」

ガースウィンは母親と面会してから口数が少なくなり、あまりはしゃがなくなっている。そのガースウィンが、心をかき乱されていることを認める場面もやって来る。

「何ていったらいいのか――同時にふたつのことを感じる。おふくろも被害者だっていうのはわかった。俺は妹の面倒をみるべきだったし、妹は慕ってくれているのに俺はあいつを傷つけた。自分のとった行動と、自分の犯した罪が、どんな波及効果を及ぼしたかがよく理解できたよ」。ガースウィンが修復的司法の用語を使うのを聞いて、はっとする。学んだことが明らかに浸透している。

「でも腹が立つんだ、バズ。だって、なんで俺のほうが変わらなくちゃいけない？　それに、あれだ、俺は父親がほしいんだ。幸せな家庭が羨ましい。俺には何があった？　ゼロだ。ヤクだけ」

　ポルスモアを終えてコーヒーショップに向かい、ジョナサンの話を聞く午後も訪れる。私はジョナサンに、どうして人生を修復的司法に捧げることにしたのか、その経緯を聞かせてほしいと頼む。

　ジョナサンが生まれ育ったのはパールという町で、ケープタウンに近いケープワインランズ地区にある。祖父はアパルトヘイトで土地を没収され、農場を失った。祖父が生涯のあいだに目にした白人はといえば、自分の通うきわめて厳格な教会に来て説教をする人たちだけだった。彼らは、アパルトヘイトが道義的に見て誤りだとはけっして認めようとしなかった。祖父はその白人たちを敬うように教えられた。「当時は、白人が微笑みかけてくれたら、神その人に出会ったかのように感じたものですよ」。ジョナサンは笑う。

　母親がジョナサンを身ごもっていたとき、近所にもお腹の大きい女性がいた。子どもの父親はどちらも同じ男である。ジョナサンの父親は家政婦にも手を出し、しまいには妻と七人の子どもたちを捨てて家を出た。ジョナサンは一〇年生のときに学校を中退し、工場で働きながら母親を支えた。ところが、自分が父親そっくりの人間になったことに気づく。

「私は女好きでした。女を喜ばせたり、女と一緒にいたり。そのためには金がいります」。だから、場所も手段も選ばずにそれをつかみ取った。クレジットカード詐欺、こそ泥、ゆすりたかり。

「とうとう逮捕されたとき、母は警察署に来てこういったんです。『お前のために祈るからね』って。従兄弟もひとり、聖書をもって現われたもんだから、ほとんど顔に唾を吐きかけそうになりましたよ。宗教なんてまっぴらごめんだったんです」。懲役六年の判決が下り、結局ポルスモア刑務所の最重警備区域に入れられた。カラード用の監房でベッドに空きのあるのがそこだけだったのである。ジョナサンは鉄格子の中で英語を学んだ。

一九九〇年、服役態度がよかったために早期釈放された。門で待っていたのは、獄中からずっと連絡をとり合っていた昔なじみの女性、ジェニーだった。

「釈放されたその日、今日はやることがふたつある、ってジェニーがいうんです」。ジョナサンは大きな笑みを浮かべる。甦ってきた思い出に挨拶するように。「『ひとつは、私の母が毎日あなたのために祈っていたから、今日はあなたも母の祈りに加わること。もうひとつは、あなたのお父さんに会いに行くこと』。『馬鹿いうな！』思わず声を上げました。私はあの男を心底憎んでいたんです。面会にすら来なかった。本当に憎んでいたんです、わかりますか？ でもジェニーの言葉に従いました。ふたりで父の家を訪ねて、中に入りました。そしたら五歳の男の子が駆け寄ってきて、首に両手をまわして『お兄ちゃん』っていったんです。私は三一歳でした。その子を抱きしめました。それから父の手をとりました。図らずもそれが修復的司法を初めて経験する機会になったんです」

ある日のポルスモアで、ジョナサンはみなに向かって「妻を紹介します！」と告げる。ジェニーだ。満面の笑顔にピンク色の口紅、黒と白のシックなスーツ。濡羽色《ぬればいろ》の髪をきっちりとポニーテールに結っている。ジェニーも「クレイトン牧師」として、隣のポルスモア女子刑務所で修復的司法のワークショップを開いている。すでにジョナサンは、どうやって結婚にまで至ったのかを細部まで生き生きと私に物語ってくれていた。まっとうな暮らしに背を向けて女遊びをしていた頃、ジョナサンはジェニーと知り合った。「ガールフレンドの家にいたとき、ジェニーを見かけて色目を使ったんです。ジェニーは洟《はな》も引っかけませんでしたね。でも、私たちは友だちになりました」。ジョナサンが逮捕されたあとも、ふたりは文通を続けた。そして一九八九年一月一日、刑務所に入って一年弱というとき、驚いたことにジェニーが面会に現われた。その後もふたりは長い手紙のやりとりを続け、色々なことをこまごまと書き送り合った。ジョナサンはジェニーが面会に来るたびに、その内容を丹念に記録した。母親が亡くなってからは、手紙の書き出しを「愛しいジェニーへ」とするようになる。しかしその間もずっと、しょせん自分には手の届かない相手だと思い込んでいた。きっとジェニーは結婚するつもりなどないだろう。生涯を教会に捧げるに違いない、と。だから、出所して、パンを配送するトラック運転手というきつい仕事をしながら毎日一緒に過ごしていても、ジョナサンはときおり自分の気持ちをほのめかすことしかしなかった。ジェニーの膝に手を置いて、その手が払いのけられなかったときも、はっきりと打ち明けることはしなかった。夕食に誘い、デザートの中にダイヤモンドの指輪を忍び込ませたあとですら、まだプロポーズの言葉を切り出しかねていた。ついに一九九一年、ジェニーがジョナサンのほうに向き直ってこう告げる。「答えはイエスよ。質問を覚えている？」

ジェニーは「クレイトン家」と題したスライドショーを見せながら、一枚一枚説明を加えていく。囚人たちは驚きと尊敬の眼差しでジェニーを見つめる。エイミー・ジョイは一八歳、カラ・クロエは一五歳。「娘たちに、神に仕えなさい、といったことは一度もありません。ふたりとも自分で正しく生きる道を選んでいます」。ちょうどスライドには、ふたりがケーキみたいな赤いベルベットのドレスで、学年末の舞踏会《プロム》に向かうところが映っている。次のスライドでは教会用の晴れ着姿だ。笑顔と気品があふれている。絵に描いたような理想の家族を見て、ジェロームもガースウィンも目を丸くしている。それはこのふたりにも、部屋にいるどのひとりにも与えられなかったものだ。

ジェニーは笑顔を輝かせながら続ける。「でもこの娘《こ》たちは、父親が刑務所にいたことを隠そうとしません。なぜだかわかりますか?」

なぜだ? 囚人たちは我を忘れ、ほとんど叫ぶように問う。

「なぜなら、今の自分がどういう人間かということのほうが、過去よりも大事だからです。これが、友人であるみなさんにお伝えしたいことです。毎日が、昨日を改めるための新しいチャンスなのです」

*

過去を決定的に改めるその日がついに訪れる。報いを受けるときだ。オレンジ色の男たちはこの一週間、自らの魂を探る日々を送ってきた。今日は、自分の行為によって最も手ひどい痛手をこうむった人たち、つまり自分の家族と向き合うことで、その内省の結果を試すことになる。アンソニーは私への挨拶代わりに、仮釈放の申請がまた却下されたと教えてくれる。私も、最近同じような知らせがアメリカから届いたことを話す。それは、とりわけ優秀で前途有望な教え子のひとりの身に起きたことだ。その教え子は一八歳から刑務所に入っているが、政府から任命された仮釈放審査委員会で、二三年服役したくらいではまだ罰が足りないと判断されたのである。「もっと長くいてもらうことを被害者が望んでいる」と委員会は告げた。あんたたちはヴェニスの商人みたいに肉一ポンドも差し出せっていうつもり？　そう叫んで委員会の面々に怒りをぶつけたかった。そこまで根深い復讐心を育ませるなんて、いったいどんな司法制度なのか。

「どうせ外にたいしたものはない」。アンソニーは手で窓のほうを差し、その向こうの有刺鉄線と、彼方のコンスタンシアの山並みに目をやって、肩をすくめる。「――俺みたいな人間にはね。たぶん――たぶんここが俺の居場所なんだろう。もう年だ」。また肩をすくめる。「ここで死ぬのかもしれないな」

アンソニーの家族は今日は来られなかったものの、ほかの家族は大勢顔を揃えた。妻、父親、母親、祖母、成人した息子や娘。ひとりまたひとりと入ってきて、部屋の中ほどに置かれたベンチに座る。家族再会の場面なのに、そこに温かい抱擁はない。ただ、ぎこちない握手や、不信に満ちた一瞥があるだけだ。数日前に母親との電話で痛い思いをしたジェロームは、不安げに部屋を見回しながら顎をさすっている。剃り残した顎ひげが伸び始めている。母親は現われるだろうか？

「ようこそ！」ジョナサンがよく通る声で挨拶する。「壊れた関係を修復する場へよくお越しくださいました！　これはみなさんの時間です。前に出て、思うところをおっしゃってください。どんなお気持ちかを、囚人たちに、そして私たちに教えてほしいのです。『悲しい』でも『腹が立つ』でも何でも。あるいは質問でもかまいません。『なぜ？』とか、『刑期は何年？』とか。これは、みなさんが知りたいことすべてを囚人に答えてもらう機会です。壊すためではなく、修復するために。さあ、前へ！」

家族たちは続々と歩み出る。待ちかねたように。最初はヤヒヤの姉だ。姉は弟と向かい合う――ギャングになった弟と。弟は腰に両手を当てて立ち、体重をゆっくり左右に移動させている。ヤヒヤはこの一週間ずっと、家族がばらばらであること、そしてその家族に憎まれて拒絶されていることを話していた。全体で話し合う時間には、そのせいでどれだけ激しい怒りを感じているかを事細かにまくし立てていた。

姉は口を開く。「私はあなたのことをよく知らない。一緒には育てられなかったから。知りたくもなかった。だって、犯罪者だって思ってたし」。姉は弟を値踏みするように眺める。ヤヒヤはサングラスの位置を直す。

「でも、今はこういいたい。あなたは愛されている、って」

突如、ギャングは身を折ってすすり泣きを始める。両手で顔を覆い、人目も憚らずに。姉は続ける。「これから絆を元に戻す努力をしようよ。きょうだいだもの、やってみよう？」もうふたりとも涙にまみれている。それからジョナサンに促されて抱き合う。

部屋で唯一の白人の囚人は、五年間自分の母親と会っていない。数週間前に夫を亡くしたばかりのその母親は、両手で息子の顔を挟む。「ちゃんと目を見てちょうだい」。それからこう告げる。「どんなことがあっても私はお前を愛している」。息子は母親の腕の中に泣き崩れる。

こうしたいくつもの物語が目の前で広がっていくのを、私は息をするのも忘れて見つめる。ガースウィンと母親が対面したときも同じ気持ちになった。「謝罪（apology）」という言葉はもともとギリシャ語の「*apologos*」から来ていて、それは「物語」という意味である。私はこの一週間ずっと物語を聞いてきた。幼い頃についての、犯罪行為についての、家族からの不当な仕打ちについての告白を。けれど、加害者と被害者が再会するとき、そうした物語ににわかに新しい局面が吹き込まれる。それをもたらすのが家族だ。家族は物語に欠くことのできない重要な主役たちである。コサ語で、アフリカーンス語で、英語で、ひとりまたひとりと、囚人は自分の愛する者たちから懇願される。本当のことを教えて。

お前のせいで、だめな親呼ばわりされてきた。自分の息子もまともに育てられない、と。

自分の奥さんから物を盗むなんて、いったいどういう了見なの?

「憤りとは物語を語ろうとする熱情だ」[11]。そう書いたのは、アメリカの哲学者チャールズ・グリスウォルドである。修復的司法では、その物語を広げ、深めて、過ちを犯した側の物語をもそこに含めることを求める。ただし、言い訳ではなく説明として。修復的司法の生みの親であるバーバラ・テヴズとハワード・ゼアは、次のように提唱している。一個の犯罪がどういう意味をもつかは、対話という能動的な行為を通じて判断されなければならない。物語が「被害者と加害者の共同で書かれ」[12]て初めて、有意義な司法というものが立ち現われるのだ、と。だから、今日の涙は赤みがかっている。これは一種の瀉血《しゃけつ》なのだ。繰り返し繰り返し、途方もない力をもった言葉がコーラスのように響き渡る。ごめんなさい。

頑なに心を閉ざしていたギャングが母親の腕の中で泣きじゃくる。父親は、きちんと知ろうとしてこなかった息子に、本当は愛していたことを打ち明ける。泣きはらした入れ墨の顔。恥と悔いが部屋を満たし、時が過ぎていく。もっと話しておこう、もっと訊いておこうと、家族たちのつくる列はどんどん伸びていく。レイプの末に結婚させられた妻が夫と向き合うようなケースは、慎重を期するため場所を移して自分たちだけで話ができるようにする。しかし、それ以外はすべての対決が全員の前で繰り広げられる。これまで一度も目にしたことのないような、清めの儀式だ。

パパ、あの自転車買ってくれる？　そしたら前みたいに一緒に乗れるでしょう？

ジョナサンが進行を止める。「その気になれば一日中だってこうしていられますし、私は来世もここで修復の仕事をしたいくらいです。ですが、みなさんが家族と過ごすのは一時間にしていただきます。世間話をしている暇はありません！　大切な時間です。心を通わせ続けてください」

ジェロームの母親はとうとう来なかった。迎えの車が家に着いたとき、酒か薬で朦朧《もうろう》としていて乗れなかったのだと、あとでジョナサンが教えてくれる。ジェロームはテーブルに突っ伏している。期待を裏切られ、心の嵐に消耗しつくされて、あのギャング然とした尊大な態度は見る影もなくなっている。私はガースウィンの隣に座る。ガースウィンは私に向かってこう宣言する。

「バズ、俺は仮釈放を受けないことに決めた」。小さなミートパイをかじりながら、さらに続ける。「俺にはまだ早い。今出ていったら、何かあったときに間違った反応をしてしまう。今はそれがわかる。もっと時間をかけて、怒りをコントロールできるようにならないとだめだ。家族との関係も修復しないと。今家に帰ったら、きっと面倒を起こす」

私は、マルコムXの名を聞いたことがあるか、と尋ねる。

「誰それ、ラッパー？」

アメリカの鉄格子の中で独学で知識を身につけ、ならず者から指導者になった人物のことを大まかに説明する。

「バズ、あんたに約束する。字を覚えるよ。読み書きの授業を受ける。約束する。悪かったと――思っているんだ、バズ。家族にも、自分の人生にも」

謝罪とは約束にほかならない。言葉であると同時に、それを口にすることがひとつの行為にもなる。だとすれば、謝罪が最終的にどういう意味をもつかは未来にかかっているわけだ。だからこそユダヤ教の賢人マイモニデスは、真の悔い改めとは「罪人《つみびと》が悪事への同じ誘惑に直面しても次には断ること」と説明した。私はガースウィンの謝罪を信じ、約束を本心からのものと受け止める。今週ずっと耳にしてきた謝罪の多くも嘘ではないと思っている。だが、許しは一挙に与えられることはめったになく、むしろときどき思い出したようにやって来る。だからこそ、こうした言葉が本当はどれほどのものだったのかは、未来だけが語ることができるのだ。

その日の山場は最後に訪れる。素晴らしいものが戻ってきたのだ。プログラムの初日、ジョナサンは看守に板チョコを三枚買ってこさせ、ガースウィン、ヤヒヤ、ジェロームに一枚ずつ渡していた。この三人の囚人は、誰もがほしがるチョコレートを最終日にちゃんと返すだろうか？　この貴重品を食べたり売ったりしないと、信用していいのだろうか？

ガースウィンは椅子の上に立って誇らしげにチョコレートを見せ、しっかりしたアフリカーンス語で語り始める。「自分は人から信用してもらえるようなことを何ひとつしてこなかった。これまでどれだけ多くの人を傷つけたか、やっとわかってきた。これは――ただのチョコレートに見えるけど、その裏にはたくさんの深い思いがこめられている」。それから英語に切り替える。「今は自分を信じられる気がする」。部屋中の全員が立ち上がって拍手を送り、三人のギャングは椅子の上でチョコレートを振る。まるで最優秀選手賞のトロフィーのように。

まとめ役であり、ポルスモアの元受刑者だったＰＪが、アフリカーンス語によるヒップホップのパフォーマンスでプログラムを締めくくる。それから淡々とした調子で、自分の身の上を語り出す。虐待と殺人、刑務所と宗教、そして罪の償い。ジョナサンはＰＪを抱きしめて、家族のほうに向き直る。

「この人を見てください。あなたがたの息子です。素晴らしい人間であり――そしてあなたがたの息子なのです」

その日の午後、ホテルの運転手のウィルバートは私をリムジンに乗せて、ポルスモアからホテルへ向かう。

「明日はポルスモアへおいでにならないのですか？」

「もう行かないの、今日が最後だったから」

「お客様、こんなことを申し上げてお気を悪くなさらないでいただきたいのですが、私は毎朝お客様をあそこへお送りするのが楽しみでした」

「ありがとう、ウィルバート」

「そうなんです。お客様が毎日あそこに入って、無事に出てこられるのを見て、とても嬉しくなりました。あの、お客様——」ウィルバートは言葉を切り、軽く咳払いをする。「私自身があそこで終わらなかったのは、ほんのこれだけの差です」。ハンドルから指を二本もち上げる。「裁判官は、もう一度チャンスをやろうといってくれました。だから私は頑張ってきました。この仕事に就いて二か月になります。もう犯罪には関わりません。生まれ変わったんです」

こうしてふたつの世界はいきなりぶつかり合ったのだった。

＊

ワークショップが終わってからも、一週間かけてケープタウンを見てまわる。結局、これまで私が目にしてきたものは、刑務所と、その対極にある白人社会の極致ともいうべきコンスタンシアだけだ。そのふたつの砦の向こうの世界をまだ何ひとつ知らない。ポルスモア以上に悪名高き刑務所、ロベン島を訪ねる。この監獄島で、ネルソン・マンデラは一八年間を過ごした。今では観光地化したからといって、この場所のもつ深い意義が薄れるわけではない。ツアーバスに乗り、ポルスモアで覚えた歌を口ずさむ。どうしても頭から離れてくれないのだ。

「私は自由、主よ、私は自由だ」

　南アフリカ最後の日、コンスタンシアに戻ってガラスのドアをノックする。そこには小さな標識が掲げられ、「ホープ・プリズン・ミニストリーズ——アフリカの忘れられた囚人たちに奉仕する」という文字が見える。

「じゃあ行きましょう！」ジョナサンが飛び出してくる。ジョナサンは、ワークショップが開かれた場所だけでなく、ポルスモア刑務所全体を見てもらいたいという。そこで私たちは車を五分走らせ、施設を隅々まで見学する。歩きまわるうち、希望がひどくしぼんでいくのを感じる。修復的司法が素晴らしい期待を抱かせる一方で、ポルスモア自体は何の救いも与えてくれない。ほぼ三人にひとりが未決囚であり、国全体の再犯率は約八〇パーセントだ。「アフガニスタン」と呼ばれる区域を抜け（ここでの喧嘩は完全に戦争だとジョナサンは説明する）、その先の二重通路のうちの一本を通る。「私はさっきの区域で九か月間過ごしました。まさにあそこで」

　B棟へ向かう途中で、ジョナサンは看守にアンソニーとイブラヒムを連れてこさせる。ふたりは微笑み、礼をいう。私はふたりの無事と幸福を祈る。ところでガースウィンは？

「こちらへ」。看守に案内されて、音の反響する清潔な廊下をゆっくり歩いていく。廊下の脇には混み合った狭い監房がいくつも並び、老いゆく目がこちらを覗いている。いた、ガースウィンだ。午後の一時に、上のベッドで寝ている。四四人いる同房者のひとりがついて起こす。

ガースウィンは目をあけ、ベッドから飛び降り、シャツのボタンをとめる。格子ごしに私の手をとる。自分の約束を覚えているよ、バズ。けっして忘れない。あんたのことも忘れない。

*

アメリカへ帰る途中、ジョナサンのメールが受信ボックスに入る。

木曜日にフォローアップセッションを実施しましたが、とても有意義で胸が高鳴るものとなりました。とくに先週の土曜日のことに焦点を当て、二時間かけてその後の報告をしてもらいました。ヤヒヤが立ち上がりました。「自分は刑務所内のナンバーズ・ギャングとつながりが深い。土曜以来、自分がおとなしくなったので、まわりから強い圧力がかかっている。手を切りたい、でも——」私たちはみんな、ヤヒヤが言い訳をするものと思っていました。ところが、「手を切って前に進むことができたら、みんなの力を貸してほしい」。おお！　部屋は静まり返りました。

　飛行機の窓から、私はあえてひとつの光景を呼び起こそうとする。アンソニー、イブラヒム、ヤヒヤ、ジェローム、そしてガースウィンが、ポルスモアからさらに長期収容の施設へ移され、そして十中八九はそこからまた別の施設へと送られて、南アフリカの僻遠《へきえん》の地で服役しているところを。移動のたびに、そして一日が過ぎ去るたびに、修復的司法のワークショップで学んだことも、心が成長したことも、少しずつ彼方へと遠ざかっていく。ルワンダと南アフリカでの経験を通して、私にはひとつの思いが芽生えた。それをあらためて自分に問いかける。修復的司法が単に司法制度を補うものではなく、司法制度そのものだったとしたら、世界はどんな姿になっていただろうか。それは私の静かな祈りでもある。

第3章　鉄格子の中の芸術――ウガンダ、ジャマイカ

アフリカからニューヨークに戻り、「刑務所から大学へのパイプライン」の教え子たちの近況を確認する。レイは私が海外にいるあいだに釈放されていた。「帰ってきた！」のボイスメールを受け取ってすぐに電話してはいたものの、実際に会って、お帰りなさいのハグをするのは格別な喜びである。パイプラインを通った教え子たちは誰もがそうだが、レイも釈放からものの数日でキャンパスに来た。そして、ジョン・ジェイ・カレッジ・オブ・クリミナル・ジャスティスの前に立って目を見張り、自分はここの学生なのだという思いに胸を熱くした。なんといっても、すでに獄中で授業を受けてきたのである。この場所が、外の世界での自分の新しい人生になる。レイは半年以内に授業に出ることを目指している。今のところはけっして無謀な目標ではない。現在は、規則で決められた出所後の煩雑な活動を粛々とこなしている。仮釈放官との面接、アンガーマネジメント講座や職業訓練講習の受講などだ。

ただ、レイはまだ二七歳であり、逮捕前と同じブルックリンの一画に戻っている。そこは、そもそもレイをギャングと麻薬密売に走らせた場所だ。七年経って、確かにその地区もだいぶお上品になってはいる。「バズ、行きつけの店に『オーガニック』なんちゃらっていうのが置

いてあるんだ。前は見たことなかったなあ」。レイは笑う。しかし、ウイスキーバーや手づくりチーズショップといった流行りのスポットを一皮剝けば、レイを刑務所へと導いた悪名高きベッドスタイ地区はいまだ健在である。どうすれば過去を乗り越える手助けをしてやれるのかはわからない。私にできるのは、大きなビジョンに、自分の未来に、目を向けるよう促すこと。その手段のひとつが大学で学位を取得することなのである。

　レイがキャンパスを出て、ブルックリンへ戻る地下鉄駅に向かおうとするとき、私は声をかける。「私は担当の英語教授として、あなたの才能を知っている。あなたの本当の姿を、最高のあなたを見たから」。なぜそれを垣間見られたかといえば、文章の書き方を教えたからだ。文章創作も、何かを創造する芸術の一形態である。ニューヨーク州の刑務所の教室で、言葉の芸術が教え子に魔法をかけるのを私は目の当たりにしてきた。一九七〇年代以降、国際ペンクラブの主催する「刑務所文章創作プログラム」などの取り組みを通じて、言語表現や芸術表現が認知療法として非常に大きな影響力をもつことが実証されている。それがとくに力を発揮するのが刑務所という環境であり、その事実はアメリカで受け入れられている。ミシガン州で実施されている「刑務所における芸術」プロジェクトなどは、文章創作、音楽、ガーデニング、ヨガ、視覚芸術や公演芸術といったプログラムを何十年も前から提供しており、数々の研究によってもその効能は認められている。

　けれど私は、それがもっと凝縮されたかたちで強烈に発揮されるのかどうかを見定めたいと思った。本当のところ、芸術には人を更生させるどんなパワーがあるのか。また、私が実施している教育プログラムのような枠組み以外に、それが刑務所内でどんな成果をあげられるものなのか。ルワンダと南アフリカを通して、私は司法の土台そのものを考え直すことができた。復讐と許しについて深く思いめぐらせる機会を得、いくつかの可能性を垣間見もした。矯正にはこういうかたちもありえるのだという、それぞれの国のやり方を教えてもらったのである。アメリカに帰ってからは、矯正のためのもうひとつの手段、つまり芸術が、とりわけ厳しい状況下でどのように精神的な立ち直りを促しているのか、それが知りたくてたまらなくなった。そこで私はアフリカに戻ることにした。目指すは――ウガンダである。

　ウガンダではおよそ三万五〇〇〇人が獄中にいる。約半分は未決勾留であり、彼らが暮らす施設の本来の定員は合計一万五〇〇〇人だ。ウガンダ刑務局が二〇〇四年に発表した統計からは、人だらけの地獄の身の毛もよだつ状況が浮き彫りになっている。定員二二三人の刑務所に二六五人を収容。全囚人の半数は安全な水を利用できない。こうした状況を受けて多少の改革がなされはしたものの、ヒューマン・ライツ・ウォッチの二〇一一年の報告書は改善が微々たるものだと断じている。この報告書によると、囚人の四一パーセントが叩かれたり殴られたりする体罰を受けており、なかには看守の命を受けた別の囚人によって体罰が加えられるケースもある。重労働を拒む者（高齢者、障害者、妊婦などを含む）は鞭で打ち据えられたり、石打ちの刑に処せられたり、手錠で木につながれたり、あるいは火をかけられたりしていた。衣服を剝ぎとられて裸にされ、くるぶしまで水に浸った牢獄に押し込まれるケースもある。塀の中では、ＨＩＶと結核の有病率が一般市民の二倍近くに達しているといわれていたにもかかわらず、二〇一一年の時点でその治療が受けられる刑務所は全国に一か所のみ。医療従事者の常駐している刑務所は、全二二三か所のうち六三か所しかなかった。

だが、私は「アフリカ刑務所プロジェクト（ＡＰＰ）」というＮＧＯの活動を知って、希望を抱いていた。このＮＧＯはロンドンとカンパラに拠点を置き、刑務所内での教育やリーダーシップ訓練や、保健関連の活動などに力をそそいでいる。ボランティアも募集していて、私のアイデアにすぐ反応してくれた。そのアイデアとは、彼らにとってもウガンダにとっても新しい取り組みを実施するというもの。文章創作講座の開設である。

＊

エンテベ国際空港に降り立ち、車に三時間揺られたあと、手付金を払っておいたアパートに着く。するとそこはぼろぼろの集合住宅で、敷地のまわりを有刺鉄線で囲まれ、ウージーを手にしたしかめっ面の男が警備にあたっている。部屋は狭くて薄暗く、ほこりまみれだ。その晩は文字通りスーツケースの上で寝る。翌日、シェラトンで交渉して、まずまずの料金で手を打つ。このホテルが建つ前、ここにはかつての独裁者イディ・アミンの御殿があった。不規則な形に広がる緑の芝生は、数々の残忍な処刑が行なわれた舞台である。それから両替所に立ち寄る。

「お客さん、だめです、この二〇ドル札は受けつけられません。悪い年のやつなので」

「悪い年？」

「そうです」。それが説明のすべてだ。

今度は携帯電話用のＳＩＭカードを買い、五〇ドル分をチャージする。電話をかけようとするが、チャージした金額が消えている。

「お客さんのは古い企業アカウントだからですよ」

「そんなはずはないでしょう、今買ったばかりなのに？　じゃあ、ただ五〇ドルをドブに捨てたってこと？」

「そうです」。またしてもそれが説明のすべてだ。

結局、ホテルに戻る。すると入り口で、爆弾を所持していないかどうかのチェックが行なわれている。二〇一〇年に首都のカンパラで自爆テロが起き、七六人が死亡した（アルカイダとつながりがあるとされるソマリアの戦闘組織が犯行声明を出した）。以来、抜き打ち的に色々な場所に検問所が設けられるのが日常茶飯事となっている。銃のうしろからにらみつける険しい目。車のトランクをあけ、ダッシュボードの小物入れを覗き、入ってもいいと手ぶりで告げる。その様子を見ていると、これで爆弾テロを防げるとはとても思えない。ただ、絶えざる不穏な空気をつくり出すことには見事に成功している。

「明日は八時四五分に迎えに来ます」。タクシー運転手がそう告げる。

「でも、ＡＰＰのオフィスには一一時に着けばいいの。三〇分もあれば十分なんじゃない？」

「混むもんで」

＊

まぶしい光の照りつける月曜の朝、ＡＰＰの事務所へ向かう道は、バンパーとバンパーを接するような渋滞だ。服が汗で濡れる。カンパラは二月でも猛烈に暑い。開いた車窓から外に目をやる。せわしく行きかう人の群れ。洞窟が口をあけたような大きな穴だらけの道路。軍服。ドローンのように空を飛ぶアフリカハゲコウ。その写真を撮ろうと、携帯電話を取り出す。運転手がすかさず窓を閉める。

「盗まれます。歩行者のふりをして近づいてきて、手を伸ばして携帯電話を盗るんです」

ＡＰＰの事務所は丘の上の小さな建物だ。守衛がひとり詰めていて、ノートに私たちの名前を書く。五人のメンバーと挨拶をかわし、ひと通り握手が終わる。壁にウガンダの地図が掛かっていて、全部で二二三か所ある刑務所の位置に画鋲が刺してある。私は刑務所内で回覧してもらう募集チラシをつくる。「あなたはクリエイティブなタイプですか？　物語や詩が好きですか？　文章を通して自分を表現してみませんか？」

私の文章創作講座では様々なジャンルを教える予定だ。自分自身に関するエッセイから、戯曲、小説、詩もである。授業で使う読み物はできるだけ内容が偏らないようにし、アフリカ系アメリカ人の古典的な文学作品や、週末のあいだに本屋で見つけたケニヤ人、ナイジェリア人、ウガンダ人作家の著作から抜粋する。それからタクシーを待っていると、携帯電話が鳴る。

「すみません、デヴィッドです」。私のタクシーの運転手だ。「行けなくなりました。でも別のタクシーを向かわせています。そっちの運転手もデヴィッドです。渋滞につかまっていますが、すぐに着くと思います」

「すぐに」は一時間という意味だ。渋滞なのでさらに一時間である。シェラトンに戻り、七面倒くさい金属探知機をくぐり抜け、イライラしながらパラダイスグリルに直行する。水タバコとナイルスペシャル・ビールを一本ずつ楽しんだあと、ナイル通りをそぞろ歩きする。ジャマイカのダンスホールミュージックが大音量で流れるバーの前を通ると、めかしこんだ美しい娼婦たちが自由に出入りを許されている。テーブルというテーブルに張りついて、飾り立てたフクロウのような姿で客の品定めをするのだ。

　翌朝、ロビーへ下りるエレベーターの中で、昨夜見かけた娼婦のひとりと一緒になる。玄関のドアに向かいながらホテル内の書店に目をやると、不思議な取り合わせの本が並んでいる。『ウガンダの鳥類』『ウガンダにおける銃犯罪の撲滅』『危険な女性一六タイプ――その見分け方と避け方』

「刑務所にいるだけで犯罪者だって世間は思ってる」。タクシー運転手のデヴィッドはそういって、ボダボダ（バイクタクシー）の群れをからくもかわす。「もちろんデタラメです。でしょう？　間違いってこともあるんだから」

　ガソリンスタンドで待っていると、ＡＰＰのジーンが来て車に乗せてくれる。私はまだ、ルジラ刑務所で仕事をする正式な許可をもらっていない。だからジーンにつき添ってもらうのだ。通用門から入って、あとは誰からも咎《とが》められないのを願うという作戦でいくことにする。幹線道路を折れ、崩れかけたレンガと錆びたトタン屋根の景色へと入る。地面にはゴミが散乱している。木くず、新聞紙、汚れた段ボール。タイヤの跡が地面に川をつくり、ベターライフ医療センターの廃墟から鶏が飛び出してくる。揚げたパンノキの実とサモサの匂いが鼻をくすぐる。

ジーンが車を止め、屋台からチャパティを買う。私より何歳か年下なのに、倍は年をとっている感じだ。淡い青色のポリエステルの上下のせいで、老けて見えるのかもしれない。歩きながら教えてくれたところによれば、ジーンはカンパラで生まれ育ち、地元の大学を出て、以前は高校の教師をしていたという。

「今は刑務所に住んでいます」

私は頷く。「私もそういう気分になることがある。そんなものよね？」

「そうじゃなくて、ここに住んでいるんです。住んで。わかります？」

ジーンの夫は刑務官で、ふたりの子どもと一緒に刑務所敷地内のひと間しかない小屋に暮らしているのだ。

通用門をくぐり抜ける。門といっても、要は有刺鉄線のフェンスに穴があいているだけだ。刑務官たちの住んでいる一画をジーンが指差す。でこぼこの道を刑務所の建物に向かっているとき、鮮やかな黄色の囚人服が目に入る。泥の中のヒナギクだ。囚人たちが地面を耕している。

「刑務所長の庭を手入れするのが囚人たちの仕事なんです」

ルジラ刑務所は、既決囚用、未決囚用、女性用、死刑囚用の棟に分かれている。もともとは植民地時代の主要な刑務所として、一九二七年に設立された。植民地世界全体で、こうした刑務所は白人の目的を叶える道具となっていた。刑務所行きを免《まぬか》れるための賄賂金を巻き上げ、囚人という無料の労働力を用いて綿花を生産させる。この地でも植民地政府は、巧妙な理由をこしらえては人を鉄格子に閉じ込めた。一九三〇年代、刑務所に収容されている地元民の約六割は、税金の未納か姦通で有罪判決を受けていた。ようするに、刑務所は社会統制のための手段であり、囚人にはしばしば体刑も加えられている。ウガンダをはじめとするアフリカのイギリス植民地では、こうした状況が一九三〇年代まで続いた。

正門にまわると、黄色い半ズボンにサンダル姿の高齢の囚人がひとり、急ごしらえのほうきのようなものを手に生垣の掃除をしている。ジーンと私は女性刑務官に手招きされて、門の中に入る。刑務官は軍服のような制服に赤いベレー帽をかぶり、カーキ色のスカートと、足首までの白い靴下を身につけている。

「荷物はそこに置いてかまいません」。守衛塔代わりの小屋を指差す。私は錆びた釘にバッグを掛ける。その横には、シシカバブの焼き串のような大きなピンに、古い手書きの通行証がびっしりと吊るされている。

小屋を出ると、手入れの行きとどいた庭には低木が青々と生い茂り、黄色い服の囚人たちがあちこち動きまわりながら作業をしている。この光景を見て、授業で取り上げる予定のアメリカ古典文学の一シーンがどうしても頭をよぎる。フレデリック・ダグラスの書いた奴隷物語だ。そのなかに、奴隷の主人の家にあるエデンの園のような庭園の話が出てくる。豊かに実った庭の木々は、空腹の奴隷たちにとって恐ろしいまでの誘惑であり、数々の違反と凄絶《せいぜつ》な鞭打ちへとつながるのだ。

刑務官長は私と握手をし、バッジを取り出してテーブルの私の前に置く。それから私を上から下まで眺めまわして、正式な許可が下りるまでのあいだ教師として仕事をしてもいい、というようなことをつぶやく。もう一度握手をかわし、話は決まる。

さらにいくつかの門をくぐり、石ころだらけの小道を進むと、刑務所の核心部分である収容施設が建ち並んでいる。今にも崩れそうだ。黄色い囚人服がそこらじゅうに干されている。低木の上にズボン、枝から下がるシャツ。枯木に花が咲いたようだ。コンクリート造りの建物の窓からいくつもの目が覗く。ジーンの説明によれば、午前七時から午後四時まで囚人は基本的に敷地内を自由に歩きまわっていいのだという。私たちは何人かの男たちのあとについて、コンクリートの箱のようなところに入る。ここが目的地だ。男たちは神聖な場所に足を踏み入れるかのようにサンダルを脱ぐ。

「さて、ＡＰＰ図書館にようこそ」。ジーンが恭《うやうや》しい口調で告げる。

部屋の中央には木のテーブルがひとつ置かれ、かたわらには旧式のパソコンが三台。十数人の男たちがベンチに腰かけている。囚人服の背中にはステンシル文字で、「未決囚、第二三監房、債務者、清掃担当」などと記されている。別の男たちは黙々と棚に本をしまう作業をしている。本の背表紙に目を走らせる。アーサー・ミラーの『るつぼ[1*]』、漫画版『スター・トレック』、『数学的手法』に『ギリシャのホテルガイド』。黒板には文字が一行。「結婚のデメリット――貧困の原因になりうる」。今日は「大人の教養講座」の最終日であり、「校長」の異名をとるウィルソンが授業のまとめをしているところだ。囚人のなかには、家計管理、対人スキル、および家族計画について教える資格を与えられている者が九名おり、まもなくウィルソンもその仲間入りをすることになっている。ベテラン教師のような忍耐力と堂々たる存在感。たちまち私はウィルソンがここのリーダーのひとりだという印象を抱く。ウィルソンも、「講師養成」クラスの生徒たちも、私の文章創作講座を受ける予定だ。

「そう、トム、そのとおり」。ウィルソンは目を輝かせながら頷き、熱のこもった口調で語る。「結婚によって、金銭的に非常に苦しい状況に陥る場合がある。奥さんを選ぶときや、結婚の時期を決めるときには、その点を考慮しないといけない」

　ジーンがテーブルのまわりに男たちを集め、私を紹介する。アメリカから来た大学の先生で、新しく文章創作講座を受けもつのだ、と。ひとりが手を上げ、生真面目な雰囲気を放ちつつ強い眼差しをこちらに向ける。

「すごく嬉しいです。あなたの授業を歓迎します。私自身は小説家のトマス・ハーディが大好きなんです。でも――」もう一度手を上げる。「先生、どうして一週間なんですか？　なぜ大学の授業を丸々やってくれないんでしょうか」

「つまり」とウィルソンが割って入る。「ここには大勢の人が出入りしてきました。みんな善意で。あなた自身のように。色々なプログラムをもってきては、去っていく。あとに残るようなプログラムをどうしてつくれないんでしょう？」

「私はそうしたいと思っています」。みなさんは文章創作法を教えられるようになります。私がいなくなったら、みなさんが授業をするのです。トムが考え込んだ様子で頷く。そのとき、ずんぐりした体つきの囚人が、充血した目を細めながら図書館に入ってくる。口ひげを生やし、腹が突き出ている。

「こちらは会長《チェアマン》」。ウィルソンが紹介する。ここルジラ刑務所には囚人の自治組織があって、教育カリキュラムはすべてチェアマンの承認を得なくてはならない。

「そのクラスを認めます」。チェアマンはそう宣言して、力強く握手をする。「文章創作講座？私も受けよう」

　私の未来の生徒たちは、修了資格の取り方や成績のつけ方についてさらに質問を浴びせる。それから何度目かの点呼の時間になり、私たちは図書館をあとにする。私は刑務所のいくつもの門を抜け、シェラトンの金属探知機に戻る。

＊

　授業初日の朝、ホテルで苦いコーヒーをすすっていると、携帯電話が鳴る。

「すみません、今日は伺えません」。タクシー運転手のデヴィッドからだ。「病院に行かなくちゃいけなくて。でもハキームを向かわせます」

　ハキームが現われ、目的地で私を降ろし、朗らかに割増料金を要求する。

　無事に図書館に入り、生徒たちを待つ。度重なる点呼で貴重な授業時間が奪われてしまうのが難だが、やがて生徒がひとりまたひとりと姿を見せる。ハッサンはかつて建設会社を経営しており、経営学の学位をもっている。ニコラスはバガンダ族の出で、元兵士だ。生真面目そうなトムはゴルフが好きで、法学の学位を優秀な成績で取得した。仲間内からはトム判事と呼ばれている。ベテランの福利厚生担当官の女性がジーンの隣にどさりと腰を下ろし、気だるい笑みを浮かべる。こんな無気力そうな様子では、他人どころか自分の福利厚生の面倒をみる元気もありそうにない。身長が二メートル一〇センチもあるモハメドは、どう見ても二十歳《はたち》そこそこで、音楽づくりが好きなのだという。たとえば、といって、レゲエの曲を披露してくれる。

「ああ、女はこんなにも苦しむ」というのがコーラスだ。

「精神は言葉によって翼を授かる。アリス……トファネスはそう述べた」。ウィルソンがシラバスの一節を声に出して読む。それから目を上げる。「この英知ある言葉がいわんとしているのは、人は鉄格子の中にあってもペンを握れば自由だということ。人の精神は自由なのです。つねに」

「誰か奴隷物語というのを聞いたことある？」私は尋ねる。

　みな、きょとんとしている。

「アメリカは奴隷制度の上に築かれた国。そして、奴隷たちは自身の体験を綴って出版するようになり、大きな成功を収めた。どうしてそういうことをしたかったんだと思う？」

「不正を暴くためだ！」みなの反応をうかがうようにしながらモハメドが声を上げる。

トムが朗々と響く声でフレデリック・ダグラスの言葉を読み上げていく。ダグラスが一八四五年に発表したこの作品は、奴隷物語としてアメリカで最も高い評価を得ている。


　私は自分の年齢が正確にはわからないし、信頼できる記録にそれが記されているのを見たこともない。奴隷の大半は自分の年齢について無知であり、その意味では馬と変わらない。私の知るかぎり、主人のほとんどは自分の奴隷をこのように無知な状態にとどめておきたがっている。[*2]

「自分の誕生日を知らない」。ウィルソンが繰り返す。

「それって悲しくない？」私が問うと、生徒たちは「まあね」といった顔で頷く。

トムが口を開く。「この文章で注目すべきところは、これから自叙伝を綴っていくのに、自分の人生について知っていることではなく、知らないことから始めた点です。一風変わっている」

　私たちは別の個所を読む。ダグラスが残忍な鞭打ちを目撃するくだりだ。

「ぞっとします」。ウィルソンが淡々と言葉を挟む。さらに、ダグラスの抑制のきいた巧みな文章、そのリズムや流れ、そして聖書を踏まえた表現が素晴らしいと指摘する。男たちは真面目に授業に取り組んでいるものの、どこか気がない様子でもある。私はみんなに、これから自分の自叙伝の冒頭部分を書いてほしいと指示をする。遠くの太鼓の音がしだいに近づいてくるなか、生徒たちは騒ぎに負けじとペンを走らせる。その間《かん》、私は事前に書いてもらっていた文章に目を通す。知識を得たい。頭をつねに新鮮な状態に保ち、創造性を発揮したい。書くことを通してチーム精神を学ぶとともに、自分の創造性が刺激されて目覚めることを期待している。

三〇分後、書いたことをそれぞれが発表する。ひとりの生徒は、ソマリアの「モガディシュの戦闘」に赴いて帰ってきたら、母親と父親と息子が全員エイズで死んでいた話をする。「人生はつらい」というのが結論だ。つらいという言葉ではとうていくくれない物語が、この日、男たちの口から次々に語られていく。ウィルソンは自叙伝に「塵《ちり》あくたから玉座へ」というタイトルをつけ、こう読み上げる。「私は、自分が恵まれない境遇にあると考える若者のひとりだ。バファキ氏の一夫多妻の家庭に生まれ、七人の継母がいた。このため、父にはおよそ六〇人という非常に大勢の子どもがいた。私は三七番目であり、実母から生まれたたったひとりの子だった」

ウィルソンは先を続ける。五歳のときに母親は他界し、ウィルソンは継母たちにいじめられながら育つ。継母たちは「全員が魔術を使っていた」。授業料を稼ぐために、隣村の裕福な男性のもとで肉体労働をすることになる。ところが、仕事を始めてまもなく、同僚らの悪だくみで男性の会社は損失を出し、ウィルソンはその罪を着せられる。公判前に一年半以上勾留されたあと、一三か月の服役または六〇〇米ドルの罰金を命じられた。ウィルソンが無実であるかどうかはさておき、貧困と虐待と精神的苦痛に満ちた人生を耐えてきたのは間違いなさそうである。

ほかの生徒も同じだ。奴隷物語に動じないのは、彼らにとっては特段ショッキングな話ではないからである。引き取られる先々で虐待を受け、食べ物を乞い、壮絶な貧困と病と、住む家のない状況と闘ってきた。これが私の生徒たちの人生である。ＡＰＰのジーンまでもが加わって、悲しい物語を読み上げる。

「私の人生にあったものは、虐待と体罰と不幸だけだった。以来、心に傷を負い、自分の受けたひどい仕打ちを思い返すたびに涙がこぼれる」

最後はトムだ。チャールズ・ディケンズやトマス・ハーディが好きだと語っていたことから察して、正規の教育を受けていないはずはないと感じていたが、そのとおりだったことが雄弁な文章から裏づけられる。トムはエンテベで生まれ育ち、比較的安楽な人生を送っていたが、ホワイトカラーの犯罪で刑務所送りとなり、友人だと思っていた者たちから見捨てられた。

「今の私は前を見据え、物事を改善してプラスの変化を起こすことに目を向けている。苦しいときに私を見捨てた連中のことを、心にとどめておくことはけっしてない。なぜなら、古い問題をしまっておけるほど私の心は大きくないからだ。努力を続けて、かならずよりよい人間になる」

私は新しい生徒たちの言葉に胸を熱くしながら初日の授業を終える。自分の物語を進んで明かしてくれたことに感動したし、課題に真剣に取り組んでくれたことが嬉しくもある。だが同時に、彼らの人生が、昔も今もどれだけつらく苦しいものかを知って心が重い。これほどの悲惨さを前にして、言葉ごときに何ができるのだろう？

＊

その前日はアルと一緒に過ごしていた。アルは友人の友人で、二〇代の男性だ。私たちはどちらもレゲエが大好きであり、レゲエはこの国で驚くほど人気がある。ウガンダの人口の四分の三は三〇歳未満なので、ここの音楽シーンも極端なまでに若い。音楽が花開いたのは実質的に一九八六年以降である。この年、現大統領のヨウェリ・ムセベニが政権を掌握した。当時は、イディ・アミンの残忍な独裁体制が終わったあと、いくつかの軍事クーデターと政情不安が続いていた。ムセベニのもとで平和がもたらされたおかげで、初めて文化が育つ土壌が生まれたのだ。だから、この地の音楽はいまだ発展途上であり、色々なジャンルの音楽のコピーが盛んに行なわれている。常軌を逸したような夜の館《やかた》をアルとめぐり歩いたあと、ウガンダ人はジャマイカ人よりジャマイカ的だという思いを強くする。

私は新顔でよそ者なので、日常のいい刺激になると思ったのか、アルは親切にもツアーガイドを買って出てくれる。土曜の朝、銀色のメルセデスで私を迎えに現われる。見るとフロントガラスにひと筋ひびが入り、サイドミラーが一個なくなっている。

「先月、ボダボダにもってかれちゃって。サイドミラーなしに運転してたらまずいからね、おまわりに出くわさないようにしないと。でしょ？」

アルはさらに続ける。「もうスラムには行った？　ムズングは決まってスラムを見たがる。そこでやりたいプロジェクトがいっつもたくさんあるんだ」

私たちは丘の上にあるカンパラの旧市街を訪ねる。昔はここをインパラが歩きまわっていたらしい。それからルビリ宮殿の入場料を交渉してねぎる。この一帯には一八〜一九世紀にかけてブガンダ王国があり、この宮殿はブガンダ王の住まいだった。宮殿ではガイド付きのツアーが催されていて、のちにここを支配下におさめたアミンの拷問部屋やロールスロイスなどを見学することができる。どこへ足を向けてもウガンダは騒然としていて落ち着かず、つねに自分の背後に神経を尖らせていないといけない。でも、アルにはどこか微笑ましいひたむきさがあって、心のガードを下げることができる。ウガンダに着いてから初めてのことだ。アルはアメリカの暮らしについて次々に質問を浴びせる。ほとんどは「何にいくらかかるか」という話だ。代わりにこの地の社会情勢について教えてくれ、同性愛嫌いの風土を批判し、自分も大勢のウガンダ人と同じくルワンダにルーツがあると説明する。一九九四年より前のどれかの虐殺のあとに、家族がここに逃げてきたのだ。それから、ルワンダ人よりウガンダ人のほうがましだと、なんとか私に納得させようとする。

「だって、ルワンダ人はやたらとにこにこしてくるけど、そのあとで殺すんだ。ここではそういう騙《だま》しはないからね。でしょ？」

　すると突然、運転しながらアルが慌てふためく。

「何シリングかよこして、早く！」

「え？」私はハンドバッグに手を伸ばす。

　アルは道端に車を寄せ、窓を下げる。

「おまわりさん、こんにちは！」満面の笑みだ。

「こんにちは。この素晴らしき国際女性デーにご機嫌はいかがですかな？」

「おかげさまですごく元気です！　これからこちらの女性のために料理をつくるんです！」

にやにやする警察官に向かってアルは腕を伸ばし、ふたりは強く手を握り合う。

「よい一日を！」それから私に向けて、「女性の日おめでとう！」

　車を出す。サイドミラーが一個ないのに、罰金を払うこともなく。今、目にしたのは、史上最もなごやかな贈収賄シーンだ。

「ここがルワンダじゃなくてよかったよ。キガリじゃとてもあんな真似はできない。でしょ？あんなご立派な場所には絶対に住みたくないな」

　月曜の朝、地元紙を読みふける。ムセベニ大統領と汚職に関する記事、カンパラから二時間の地で起きた爆破テロの記事。それからＨＩＶ陽性の二〇歳の女性が一歳の息子とルジラ刑務所で暮らしていて、未決勾留が三年続いているという記事もある。何の嫌疑か、って？　携帯電話の窃盗だ。午前中にルジラに行って、生徒たちにその話をしてみる。みな顔色ひとつ変えない。

「罰金のお金がなかったとか、罪を免れるための賄賂を払えなかったせいで、ここにいる人はどれくらいいるの？」私はそう尋ねて、週末の警察官との一件を説明する。九人が手を上げる。

この国には不正が蔓延している。国際ＮＧＯのトランスペアレンシー・インターナショナルが二〇一二年に発表した「東アフリカ贈収賄報告書」によると、ウガンダは東アフリカで最も贈収賄の件数が多い。政治家と公務員が汚職に手を染めている割合は四〇・七パーセントにのぼる。同じ年、約二〇年に及ぶ内戦で荒廃したウガンダ北部と、国内で最も貧しいカラモジャ地方を再建するための資金として、ウガンダの首相宛てに一二七〇万ドルの支援金が届けられた。しかしそれは個人口座へと消え、ＥＵ（欧州連合）はウガンダへの援助を停止した。

ウガンダだけではない。人が拘束されている世界中の様々な施設で、金と正義は邪《よこしま》なかたちで分かちがたく結びついている。アメリカだって例外ではない。保釈金はいうに及ばず、裁判で勝てる見込みがどれくらいあるかも、どれだけ高い弁護士を雇えるかしだいだ。そのことは既定の事実として受け入れられている。司法取引に安易に応じないようなまともな弁護士をつけるには、金がかかるのだ。これは一種の賄賂じゃないだろうか。どこに目を向けても悲しい現実があり、正義が高い値段で売りに出されている。ミシガン州では一〇代の若者が、禁漁期に魚を一匹獲ったために三日間投獄された。イラク戦争を戦ったホームレスの退役軍人は、酔って廃ビルをよじ登って侵入したとして二二日の拘禁刑を命じられた。どちらの事件でも投獄は懲罰のためではなく、高騰を続ける罰金を支払えなかった結果である。逮捕状、裁判所が命じる薬物・アルコール依存治療、ＤＮＡサンプル、あるいは陪審員裁判にかかる費用は、いってみれば法律で認められた恐喝ではないのか？

　私たちは昨日書いてもらったウィルソンの自伝的エッセイに戻り、みなで批評することにする。

「ウィルソン牧師」。トムが切り出す。口火を切るのはいつもトムだ。トムは文学に対する読みが鋭い。だが、いつも生真面目な顔をしていて、まだ笑ったのを一度も見たことがない。

「一夫多妻制が自分にとっても家族にとってもいいものではなかったといいたいように思えるけど、それで間違っていない？」

「トム、まさにそのとおりだ」

「だったら、それをどういうふうにして読者に見せる？」私はそう尋ね、文章を書くうえでの鉄則を伝える。語るな、見せよ。ウィルソンは大きく息を吸い込む。

「家計が逼迫《ひっぱく》する。きょうだいのあいだで諍《いさか》いが起きる。継母たちから憎まれるつらさ。叩かれもした。毎日、ベルトやヘラ棒で。これは精神を蝕む」。ウィルソンは溜息をつく。

「お金持ちのためにやっていたという肉体労働だけど、これはどういう気持ちだった？」トムはもうひとりの講師役を買って出たかのようだ。私は喜んで助けてもらう。

「もういい大人だから、思い出しても泣かないようにしたい。でも、つらかった。自分の家ではしなくていいようなことをさせられ、来る年も来る年もこき使われ、両手を神に差し伸べる。神に忘れ去られているような気がするんだ」

ウィルソンは言葉を切り、首を振る。

「これはつらい、書くのは。書くことは思い出すこと。思い出すのは苦痛だ」

「苦しみのなかに癒しがある」。穏健な知性派であるトムがそう返す。

ウィルソンは肩をすくめ、くたりとした黄色いサンキャップを指でいじる。その週が進むにつれて、私はウィルソンの苦しみと、なかなか癒えない心の傷についてもっと深く知るようになる。ある朝、授業が始まる前、ウィルソンはベンチで私の隣に座り、これからの人生の青写真を詳しく物語ってくれる。釈放されたら聖職者として囚人のための活動を始め、出所した元囚人がどこかの農場で働けるように手助けをしたいのだという。説法をするようないつもの一定した調子で（なんといっても「ボマの牧師」なのだ）、ウィルソンは鉄格子の中の環境を次のように説明する。

「スペースがないので横向きに寝ます。毛布にはシラミとダニがすみついています。食事も足りません。きれいな水がないので、水は行為の見返りにもらう商品のひとつになっています」。行為とは性行為のことだ。

「ここにいることをおふくろが知ったら、ショックを受けるだろうな」。聞き耳を立てていたクラスメートのモハメドが割って入る。「初めのうちは悪態をついたり泣いたりした。無実なのに牢屋に入れられているんだ。でも、生き延びなきゃいけないと学んだよ」

表から呼び声がする。生徒のひとりが『アメリカの奴隷制度』から目を上げる。「行くぜ、また点呼だ。やつらが鞭で叩きに来る前に」

鞭で叩く――考えただけでぞっとする。点呼に対する苛立ちのせいか、今日の授業は進みが遅い。誰も課題の文章――ネルソン・マンデラの『自由への長い道』[3*]からの抜粋――を読んでこなかった。宿題の劇中対話をつくってきた者もいない。その意味が理解できなかったからだ。そこで、生徒たちが三度目の点呼から戻ったあと、文章を書く基本的な練習をしてみることにする。

「私は嬉しかった」。そう黒板に記し、嬉しいと言葉で語るのではなく、嬉しさを読者に見せる文章に書き直すよう指示する。

ロデリックが手を上げて、自分のつくった文章を読み上げる。「ようやく裁判の日取りが決まったので、私は嬉しかった」

「でもどういうふうに嬉しかったの？」

『自由になったときに私は嬉しかった』っていうのはどうですか？」様子をうかがうようにしてシラジが尋ねる。

「もう食べ物の物乞いをしなくてよくなったので、私は嬉しかった！」チェアマンが叫ぶ。

最後にウィルソンが立ち上がって発表する。「私はとても嬉しかったので、何度も飛び跳ねた」

「それよ！　情景と感情を読者に見せている」。男たちは静かに頷く。

次は「私は驚いた」

モハメド――「父が母を殴って母が逃げ出したとき、私は驚いた」

ハッサン――「兵士になって重い銃をもたねばならず、私は驚いた」

心の傷を淡々と述べたこうした文章から、目に見える感情を引き出すのはとてつもなく難しいのだと私は悟る。

また点呼の声がかかり、生徒たちは慌てて持ち物をかき集める。

「それぞれの監房《ウォード》に戻れ、か」。ウィルソンがつぶやく。「バズ、なんで『ウォード』って呼ぶのか知ってますか？　病院用語なんですよ〔「ウォード（ward）」は病棟や大部屋病室を指す〕。私たちは病気で、彼らはそれを治しているつもりなんです」

*

日が経つにつれてカンパラでの楽しみが見つかっていく。外国人がよく行く場所に顔を出し、急速に発展しつつあるアートシーンを堪能する。深夜には水タバコバー、ビクトリア湖を縁どる白い砂浜。だが、相変わらずの値切り交渉と喧騒、ウージーと爆弾チェック、見知らぬ人からも見慣れた顔からも向けられる敵意ある眼差し。それがここでの私の日常のすべてだ。しだいに心がすり減っていく。ルジラ刑務所での時間――あの意欲あふれる生徒たちと、遅らされた夢の国〔「遅らされた夢」は二〇世紀の黒人詩人・小説家ラングストン・ヒューズの詩「ハーレム」の一節にある言葉〕――も精神に堪える。タクシーを降り、胸の詰まる悲惨なスラムを抜けて刑務所まで歩く毎日を繰り返すうち、疎外感がいや増し、この世の善など信じられない気持ちが膨れ上がっていく。私がルワンダで行なった活動も、そしてそれが世界とアメリカの変化の可能性を期待させてくれたことも、すべて別の人生で起きた話だったような気がしてくる。そんな可能性がそもそも存在したんだろうか？　この地でルワンダの影の側面について噂を耳にするたび、気持ちは沈むばかりだ。政府に批判的な人々が政治的な理由から拘束されたり、失踪したりもしているという。軍隊や警察が暗躍しているせいらしい。進歩などというものはしょせん幻想にすぎないのか。そう疑い始めている。

　それでも刑務所の中に入れば、木のテーブルに向かって背中を丸める生徒たちの美しい光景が待っている。書くのに夢中で、私に挨拶するのも忘れているのだ。ルジラ刑務所の悲惨な状況や、意欲を削ぐような融通のきかない規則のせいで、希望をもとうとする私の心がどんなに引き裂かれても、私たちの文章創作講座が懸命にそれを縫い合わせようとしている。授業が回を重ねるごとに、生徒日誌は生き生きした文字で埋めつくされていく。ある一日は短編小説づくりに挑み、ウィルソンが素晴らしい物語を書いてクラスを魅了する。蛇と芋虫がパーティーを台無しにし、袋叩きにされて放り出されるという筋書きだ。

「このとき蛇は、蝶に騙されたのだと訴えた。みんなが自分たちに感心していると、蝶に吹き込まれたからだ」。ウィルソンは読み上げる。「蛇は古い皮が脱げるだけで、本質はけっして変わらない。そのことを蛇も芋虫も知らなかったのである」

「それがいわゆる『寓話』というものよ。教訓はある？」

トムが手を上げ、初めてかすかな笑みを浮かべる。この日の朝、敷地内の門を通っていたとき、トムに出くわしていた。話があると担当の刑務官に呼ばれたので、授業に遅れるとトムはいった。

「トム、あなたには物を書く才能がある。そのことをどうしても伝えておきたいの」

「恐縮です」。トムは頭を下げたが、やはり笑顔はなかった。「でも、ここで正規の大学の授業を実施してもらえたら本当に嬉しいんですけどね」

私はあなたの作品を世に出す力になりたい、というようなことをもごもごと返す。こんな言葉に何の力もないのはわかっている。トムのような才能には、私ごときがどうこうできるよりはるかに大きな価値があるのだ。そんな思いを噛みしめながら、私は授業に急いだのだった。

「私の解釈が間違っていなければ、この物語の教訓は、表面的にすぎない変化もある、ということかと」とトム。

「それともうひとつは――」ウィルソンは返す。「人は蝶のようになれるということ。羽を見つける。変化する。成長する。自分自身をつくり直す。この刑務所でそうしている仲間がいるように」

次の発表にはチェアマンが名乗りを上げる。チェアマンの短編は、家族と一緒にビクトリア湖に出かけた日曜日を描いている。ボダボダに乗ると、「浜辺に散財しに行く高級車の列から土ぼこりの雲がこちらに伸びてくる」。聞いていると、情景がまざまざと立ち上がってくる。魚釣りの船も、水面《みなも》にきらめく日の光も、汚れた足を船べりから水に浸して揺らすさまも、

「金を巻き上げる訓練を積んだきれいな娘たちが、こんがり焼けたティラピアや酒をしきりに注文させようとする」様子も。

チェアマンは唐突に言葉を切り、手にしていた紙をテーブルに叩きつける。「書いたのはここまでだ。思い出すのがつらくなりすぎた」

「つらい？」とウィルソン。「今日、私たちを浜辺に運んで、みんなのつらさを取り去ってくれたじゃないか。じつに美しい文章だよ！」

「ああ、その魚、今食いたいな」。モハメドが溜息をつく。

「ナイルスペシャル・ビールも一緒にね」。ハッサンがつけたす。チェアマンはすっかり気をよくして賛辞を吸い込み、続きは今晩書くと答える。

「書くことで私たちはこの場所を抜け出せた。たとえ一瞬でも」。ウィルソンがいい切る。「言葉があれば、翼を授かるんだ」

＊

その週の後半、アルが友人と一緒に現われる。私をコロロのアカシア通りまでディナーに連れていってくれるという。コロロはカンパラのお洒落な地区で、外国人が多く暮らす。アルと私は急速に親しくなっている。土地の習慣に苦労する私にとって、アルはじつにありがたい相談相手だ。辛抱強くて好奇心旺盛。素敵なレゲエが聴ける場所もよく知っていて、お伴してくれる。アルだけは私を友だちとして扱ってくれると思える――目新しいムズングとしてではなく。そうはいっても、アルにとって私はやはり物珍しい人間ではあるらしい。はるか彼方からやって来て、毎日刑務所に通っているのだから。

「本当に刑務所の中で仕事をしているの？」助手席に座ったアルの友人が振り返って尋ねる。この友人はアメリカ英語を話す。カリフォルニアの大学で覚えたのだと説明し、それからいきなり「僕の父にどうしても会ってもらいたい」

私たちはすぐにUターンし、カンパラのもうひとつの顔にたどり着く。通りには街路樹が植わり、道路には穴があいておらず、アメリカ風の豪邸が建ち並ぶ。車が止まった先には鉄の門があり、ふたりの武装警備兵が立っている。屋敷の中に入り、ベルベットのロープが外されて、案内されたのは光り輝くダイニングルーム。外でも食事ができるテラス付きだ。六、七人がマホガニーの椅子に腰かけている。

アルが友人の父親に挨拶をする。父親は威厳があり、糊のきいたストライプのシャツを着ている。その隣には、きらびやかな布を頭に巻いた女性が座っている。父親は私を上から下まで眺める。

「このアメリカ人は何者だ？」

「私はニューヨークの大学の教授で――」

「座りなさい」。父親はそう命じ、ビニールのかぶった椅子をもってくる。目の前に鶏肉とコールスローの皿がセットされる。

「食べなさい！」父親は小指に目立つ指輪をはめた手で、口に運んでいた鶏の骨を皿に置く。

「今ちょうど、釈放のお祝いをしていたところなんですよ」。妻が説明する。

　どうやら私はマイク・ムクラ氏と夕食をともにしているらしい。氏はウガンダの元保健相で、かつてはハーバード大学ケネディ公共政策大学院の研究員だったこともある。予防接種キャンペーンのための援助金およそ八万四〇〇〇ドルを着服したとして、ルジラ刑務所での四年間の服役を命じられていた。控訴して訴えが認められ、二か月半の拘禁を終えて今夜戻ってきたのである。父親は皿の上のものをすべて片づけ、目を上げる。

「ではルジラ刑務所で働いていると？」

　私は頷く。

「あの場所はひどい。改善が必要だ。私たちが改善せねば」。テーブルにこぶしを打ちつける。

「中の男たちは頭がいい。教えれば仕事を覚える。養鶏場でも！　何でも！　仕事を身につけさせればいい。刑務所ではなく地域社会に奉仕させればいいんだ。情けない」

　ムクラ氏はコーラの栓を抜き、私はバーナード・ケリクのことを思い出す。ケリクは元ニューヨーク市警本部長で、脱税の罪で三年間服役した。出所するや、著書や様々なメディアを通じて司法制度への激しい攻撃を開始し、下限量刑を義務づける制度が囚人の適切な社会復帰を阻《はば》んでいると訴えた。

　私は氏に名刺を渡し、よければ大規模な刑務所改革に協力してくれそうな同僚を紹介する、と伝える。「こういう話にあんなに熱くなっているの、初めて見たよ」。夕食を終えて氏の息子が驚きの表情を浮かべる。「自分が中に入るまで、刑務所のことなんて考えたこともなかったはずだ。なのに今じゃその話ばかりしている」。当初の衝撃が薄れたあともそうしてくれるだろうか。

*

今日が最後の日でよかったのだ。結局、私に正式な許可が下りることはなかったし、警備兵の今日のあの喧嘩腰の態度から察するに、この先もレーダーをかいくぐって通用門から出入りできる保証はない。いくつかのウージーをどうにかかわして図書館に入る。ウィルソンがディケンズの『大いなる遺産』[*4]から目を上げる。

「バズ教授、あなたの宗教は何ですか?」

「私にはないの」

ジーンが驚いて顔を上げる。「ニューヨークでは宗教をもたないことを何ていうんですか?」

「善い行ないをして正義を追い求めるのが私の宗教」。安易な言葉で逃げていると受け取られても仕方がないが、厄介な話題に立ち入らないようにするにはこう答えるしかない。すべてを呑み込んだ笑みを浮かべてウィルソンが私の肩をつかむ。

「イエスとともにいなくても、あなたは正しい道を歩んでいますよ、バズ」。保守的で伝統のしみ込んだこの国にありながら、こうして寛容な心を示してくれる。まさにそういう洗練されたふるまいを、私はウィルソンから期待するようになっている。

すぐに私たちは、今日のテーマである論証文の書き方へと入っていく。テーマは結婚法案だ。ロデリックはこの法案が恐ろしいものだといい張る。

「だって、結婚の価値を下げることになるでしょう？　聖書が説くのは同居じゃない。結婚なんだ！」

「でも、長いあいだパートナーとして一緒に暮らせば、結婚と同じだよ」。トムも譲らない。「よくいうじゃないか、アヒルみたいに歩くならアヒルなんだ、って！」

「違う！」ウィルソンが叫ぶ。「結婚は神聖な行為であって、私たちが手を出してはならない」

「伝統的な文化に囚われているのはわかる」。トムの声が高くなっていく。「でも国家として変貌を遂げていくには、古いものにばかり固執していてはだめだ。私たちの自由を阻むような文化とは決別する必要がある」

トムは感情を押し殺しながらも威圧的な口調で続ける。まるで議会の討論だ。

「女性を古い慣習に縛りつけてはいけない。ウガンダに必要なのは平和な家庭だ。婚資《こんし》の制度は若い娘を金として見ているのと同じ。一九二〇年代じゃあるまいし」

ウィルソンは折れない。「でも婚資を廃止したら、男はただで手に入るものに走るようになる。高い金を出したという思いがあるからこそ、妻を大事にするんじゃないか！」

時間が刻々と過ぎていく。私はこの議論を止めざるを得ない。今日の授業を、私のルジラ最後の日を、アフリカ系アメリカ人の詩で締めくくるつもりでいるからだ。

「詩」。ウィルソンはまるで磨きをかけるかのようにして、その言葉を厳《おごそ》かに吐き出す。「それは韻律やリズムが思想と一体になること」

ニコラスがマヤ・アンジェロウの詩を読む。

籠《かご》の鳥は歌う
恐る恐る声を震わせながら
いまだ知ることのない
しかし恋焦がれてきたものの歌を
そしてその声は
遠くの丘に届く
なぜなら籠の鳥は
自由を歌うから。[5]

ウィルソンは首をうなだれ、詩のページのすぐ上に頭を近づける。まるで、詩節と詩節のあいだの空白の中に、崩れ落ちて埋もれてしまいたいかのように。

そして溜息をつく。「ルジラにいる私たちも籠の鳥だ」

残りの授業は、静かな瞑想と、単語と単語のあいだの静謐《せいひつ》な空間へと姿を変える。

ウィルソンは恍惚とした口調でマヤ・アンジェロウの別の詩を読み、そのしなびた少年の顔に大きな笑みを広げていく。

それは私の瞳の炎、
私の歯のきらめき、
私の腰の揺れ、
私の足の喜び。
私は女性だ
見事なまでに。[6]

「これこそが強い女性らしさの、人間らしさの、力であり美しさだ」。ウィルソンが顔を輝かせる。

クラス中が我を忘れて熱中する。私もだ。長年教えているが、言語が自分を引き上げてその場から抜け出させてくれるのを、今日の詩の朗読ほど劇的に感じたことはない。それは、私たちの願いがそれだけ深いからではないだろうか。私がここを去ることを切望しているのだとしたら、生徒たちはここから出ることをどうしようもないくらいに渇望している。それほどまでに強烈な願いは心を開かせ、人を変容させる文学や芸術の力に大きな影響を受ける。いや、藁《わら》にもすがる思いで影響されようとする。

生徒たちに、自分たちも詩人になってみるよう指示をする。みな、微塵のためらいもなくその仕事を受けて立ち、自分の作品を誇らしげに読み上げる。モハメドの詩のタイトルは「貧しさ」だ。その途方もない激しさ。

やれ！　押せ！　もってこい！
下に置け！　もち上げろ！
皮を剥け！　あっちにもっていけ！
貧しさ、貧しさ、貧しさ！
なぜお前は元いた場所に帰らないんだ？

ジミーの詩は、胸に響くひと言で終わる。

人々よ、われわれはいつ目覚め、
刑務所の罪人となるのを
避けようと努めるのか？　考えよ。
失われた時は
けっして取り戻せない。

最後はピーターの詩だ。

ああ、エイズ、エイズ、エイズ、
ああ、恐ろしい力で人を殺す病。
お前は両親も、兄も姉も奪った。
エイズ、この世界に
どうして私をひとりぼっちにする？
この地球にたったひとりでいることがどれだけつらいか
お前に教えてやれればいいのに。
エイズ、私の声がお前に届いたらどんなにいいか
お前はきっと私のところにも来るんだろう。

沈黙。

こんな叫びに対して、返す言葉などない。生徒たちにとって、詩はほとんどなじみのないジャンルだ。にもかかわらず、これほど短時間でこれほど見事に、詩という器を使いこなしている。私は心の底から驚く。

「あなたに神のご加護がありますように」。モハメドが囁き、私たちの時間は終わる。手で触れられるほどの悲しみが漂っている。

「ニューヨークの囚人たちによろしく伝えてください」。吹っきったように淡々とトムが告げる。

「もう一週間いたらどうですか？」とウィルソン。「せっかく素晴らしいものを見せてくれたのに、それをもち去ろうとしている」

罪悪感と深い悲しみが全身を浸す。刑務所内のクラスをあとにするたびに感じるのと同じ悲しさだ。私はそこを出て自由になり、教え子たちは重い足取りで牢に戻る。けれど、今はその悲しみがひとしお胸に迫る。それは、大切に思うようになった生徒を置いていくというだけではない。私が二度と帰ってはこないからだ。そして彼らをここに、この生き地獄のような場所に残していく。罪悪感についてはウィルソンのいうとおり。人間らしさ、創造性、知性の自由といった精神を育ませ、心の傷を開いておきながら、自分だけさっさと日常へパラシュート降下していく。私たちの始めたこの文章創作講座がこれからも続くことを願いつつも、それを疑う自分もいる。持続できないのだとしたら、一週間だけ憂き世を超越できたところで何になる？

「さあ、もう行こう」。トムがむっつりと声をかけ、ウィルソンの腕をとる。そしてふたりは、ほかの生徒たちと一緒に、図書館を出て再び囚人となる。

がらんとしたテーブルに目を落とす。シラバスが一枚だけ残っている。一番上に、レイ・ブラッドベリの言葉が引用されている。「書いているときは酔い続けていないといけない。現実に壊されてしまうから[*7]」

確かに私たちのクラスは一週間ずっと酔っていた。だが、そこにあったのは現実逃避だけではない。精神的にプラスになるものも間違いなく得られた。二〇一三年の研究によれば、文学を読む課題を与えられた被験者は、写真に写った俳優の目を見てその感情を判断するテストで高い得点をとる。複雑な対人関係を処理しつつ一人前の社会人として機能するためには、様々なスキルや思考プロセスが必要であり、それが小説の読書を通じて向上するからだというのが研究者の結論だ。[8] 一九九〇年に発表された研究では、いわゆる読書療法の効果を調べた。そして、刑務所内で文章を書かせるプログラムを実施すると、結果のひとつとして、欲求不満をコントロールしたり、苦痛、罪悪感、悲しみといった感情をオープンにしたりする能力が高まることを確認している。文章を作成する過程自体が、書き直しや仲間からの評価、自己批評といった作業を伴う。それが、他者の価値観を探り、自尊心を高め、共感を育むのに役立つのだ。

この一週間、私が見守るなか、生徒たちは寛大な心と配慮をもって互いを批評し、討論し、対話してきた。過去と現在の心の傷を掘り起こしながら、他者の苦闘に耳を傾けて共感する能力を高めてきた。たとえ、ひとりの物語の恐ろしさに比べたらほかがかすむように思えるときでも、彼らはそうしていた。

「読書をするようになってから、怒りをうまくコントロールできるようになったんだ」。アメリカの獄中の教え子のひとりであるカールがそう話してくれたことがある。「だって、読み始めた本はかならず最後まで終えないといけないから。ときには途中で内容に不満を感じたり、理解できなかったりすることもある。腹が立つ。イライラする。でも、最後までいかなきゃいけないのがわかっているので、我慢する。そして、我慢すると怒りが解毒されるんだ」。カリフォルニアにいた頃、文章創作のクラスを受けた獄中の生徒が、その経験をこうまとめるのを聞いたことがある。「自分にも文章が書けるんだとわかっただけでなく、自分で自分のセラピストになれることを知った」

もうひとついうなら、囚人であっても、美や芸術と向き合ったり知的な対話をかわしたりしているあいだは最も高貴な自己でいることができる。やはり教え子のひとりであるコリーは、かつてそれを「生まれ変わる」と表現した。教室のことを、より高次の自己をついに顕《あら》わすことのできる場としてとらえていたのである。たとえ教室の外の世界が自分に永遠に前科者の烙印を押し、そんな自己を表に出すことをけっして許さないとしても。自分に気高い人間性が存在することを、普通の人にはできないやり方で教授としての私が垣間見てくれる。コリーはそう感じていたのだ。

「人間は沈黙するようにつくられてはいない。言葉のなかに、労働のなかに、行動と内省を繰り返すなかに生きるようにできている」。そう書いたのは、ブラジルの哲学者パオロ・フレイレだ。フレイレは続ける。対話とは「創造する行為」であり、それを行なうためには「人類に対する」愛と信頼と、「つくり、つくり直す力が人類にあると信じ……より完全な人間に近づくことが人類の使命であると確信すること」が必要なのだ、と。[9*] それこそが、有刺鉄線の内側という極限の環境のなかで読み、話し、書くことの真の意義だ。つまり、人間らしさという感覚を甦らせるのである。それは、言葉を通じて翼を授かること。自らを言語に向かわせることで、刑務所の権威がまさしく抹殺しようとしている自らのアイデンティティに回帰すること。

たとえ体は拘束されていても、精神の自由を取り戻すこと。そして、ただ「私」としてだけ存在するのではなく、教室というあふれんばかりの言葉のプールの中で、もう一度「私たち」という力強い存在になることなのだ。

帰国する前の日、アルと日帰りでジンジャに出かける。ここはビクトリア湖のほとりにあり、ナイル川の水源の町という触れ込みだ。カンパラの喧騒を離れて鄙《ひな》びた町に着くと、松林やパイナップル畑が続いている。手漕ぎボートが私たちをロッジに連れていく。ロッジは岩だらけの川の中洲に建ち、ツリーハウス風のつくりだ。アロエの生い茂るなかにたたずみ、せせらぎの音がこれほどまでに心地よいものかと目を見張る。その間《かん》も、自分がここに来たことに全体としてどれほどの価値があったのかを懸命に考える。得られたものの大きさと、私が去ればおそらく消えてしまう何かに火をつけたことの罪悪感を秤《はかり》にかける。大海の一滴ほどの影響しか与えられない改革に、どれほどの意味があるのか。

初日の授業が終わったときに感じた疑問をもう一度噛みしめる――これほどの悲惨さを前にして、言葉ごときに何ができるのだろう？　もちろん、獄中芸術のプログラムが個人の変容を促す大きな力になるのは間違いない。だがそれは、厳然とした社会のありようから、そして司法制度全体に働く強烈な力から、目を背けさせているだけとも考えられるのではないか？

＊

この泥沼のような疑問から抜け出す答えを探すべく、ウガンダから戻った数週間後にジャマイカに向けて出発する。あのカリブの国が、鉄格子の中の芸術を新たな角度から見つめ直させてくれるかもしれない。今度は別のジャンルの芸術、音楽だ。刑務所で人を更生させる力が音楽にはあると、世界の様々な地域で喧伝されている。アメリカにも獄中音楽の遺産があり、奴隷の歌や囚人のブルースなどがそうだ。また、伝説のフォーク・ミュージシャン、レッドベリーは、ルイジアナ州立刑務所で自身の音楽に磨きをかけた。

「今や公然の秘密ですが、裏にヨーロッパからの金が流れているんですよ」。ジャマイカの活動家で教育者でもあるケヴィン・ウォレンは、「音楽を通じた更生」プログラムについてそう語る。私たちは、首都キングストンのすぐ近くにあるヘルシャービーチの砂の上で昼食をとり、ケヴィンがそのプログラムの歴史について教えてくれている。

一九九七年、ケヴィンとハーバード大学教授のチャールズ・ネッソンが、とあるジャマイカの刑務所の中で囚人向けの教育プログラムをつくり始めた。そして、図書館、コンピュータ室、ラジオ放送局、音楽スタジオを設立した。この音楽スタジオが、のちに世界中でニュースの見出しを飾ることになる。というのも、その場所からジャー・キュアが誕生したからだ。何年も前、獄中インタビューを申し込んだのに許可が下りなかった例のレゲエ・ミュージシャンである。今になってようやく、私の大好きなラブソングが何曲か録音されたその刑務所を訪問できることになった。キュアをスターにしたプログラムについて学ぶためである。許可をとる手続きをしてくれたのはカルラ。エネルギッシュなイタリア人女性だ。数年前から、このカルラがケヴィンのプログラムを引き継いでいる。

翌日、タクシーでニューキングストンを出発する。ここはキングストンの新市街であり、アメリカのどの都市とも変わらない。高層ビルが建ち並び、大通りはさながらショッピングセンターだ。向かう先は同じキングストンでも、あまり観光客向けではない顔をしている。さびれた建物の続く旧市街だ。キングストンは下町《ダウンタウン》地区と山手《アップタウン》地区に分かれており、それは地理的な違いを表わすと同時に階級による区分でもある。無秩序に広がり、車が幅をきかせるこの町では、貧富の差が歴然としているのだ。ジャマイカには「ギャリソン」と呼ばれるコミュニティが点在している。これは、同じ政党を支持する者だけで構成されたスラムだ。一九七〇年代以降、キングストンのギャリソン・コミュニティはギャングがらみの暴力事件に苦しめられてきた。その結果、過去一〇年のあいだジャマイカの殺人発生率は世界有数の高さになっている。人口約二七〇万人のこの島国では二〇〇四年以降、毎年一〇〇〇人以上が殺されている。殺人犯の有罪判決率は約五パーセントだ。意外でも何でもないが、ジャマイカでは全囚人の半数近くが非暴力犯罪で服役している。二〇一二年にジャマイカ警察隊が実施した調査によると、「典型的な被収容者」は年齢が三四歳未満で、二四歳になる前に銃器法に抵触して最初の逮捕を経験している。具体的には、銃の所持に必要な登録料を支払わなかったケースが多い。[10]

「ＧＰまで」。タクシー運転手に告げる。ＧＰとは「総合刑務所（General Penitentiary）」の略だ。「行ったことありますか？」

「あんた、頭がイカれてるかなんか？」運転手はジャマイカ英語で答える。

通りを挟んで、要塞のような建物を眺める。ここはジャマイカ最大の刑務所だ。定員六五〇名の施設に一七〇〇人ほどの男たちが寝起きしている。暗赤色のレンガとコンクリート。優美な守衛所を備え、正面の壁は六メートルほどの高さにそびえる。政府のウェブサイトでは、「ジャマイカ式ジョージ王朝建築の粋を極めた」一例だとして称えられている。建造は一八四五年に遡る。ジャマイカで奴隷制度が完全撤廃された七年後のことだ。しかし、この地での刑罰の形態は奴隷だけではなかった。一八六五年の「体罰法」（通称「鞭打ち法」）では、窃盗罪の刑罰を鞭打ち最大五〇回と定めた。また、アメリカの囚人貸出制度の前身ともいうべき「重懲役法」では、かつて奴隷だった囚人（圧倒的に黒人）をひとりいくらで貸し出すことが認められていた。一八四一年から六一年までジャマイカの刑務所監査官を務めたジョン・ドートリーが、フィラデルフィアのイースタン州立刑務所をモデルにしてＧＰをつくった。一九八五年、「犯罪者更生法案」と「矯正法」によって「囚人」が「被収容者」に、そして「刑務官」が「矯正官」に改められたとき、この刑務所も「タワー通り成人矯正センター」と名を変える。だが「ＧＰ」の呼び名は残った。

「俺、君の目が好き」。駐車場でカルラを待っていると、黄色い乱杭歯《らんぐいば》の若い男が声をかけてくる。一七年の刑期を終えた兄を迎えに来たらしい。何時に出所するのかを知らされていないので、夜明けからここにいる。囚人は月に二度の面会を許されているほか、毎週水曜日には親族が食料品や身のまわりの物を届けるのが認められているのだと教えてくれる。このあとふたりで医者に行って兄を徹底的に検査してもらい、体をきれいにするお茶を飲ませてもらうのだという。

「今はジャマイカに住んでるけど、前はブルックリンにいたんだ」。若者はニューヨーク・ヤンキースの野球帽の位置を直す。

「オーティスヴィル？」私が教えているニューヨーク州の刑務所の名だ。半ば当て推量であり、半ば行間を読んだからでもある。

若者は頷く。「全部で六年。色々だよ。オーティスヴィルでしょ？　エルマイラでしょ？　ライカーズ島は最悪だったね、わかる？　喧嘩ばっかり。それでも、アメリカはこの隣にあるクラブメッドみたいなもんだよ。わかる？」顎で横を指す。

カルラが現われる。白髪まじりのドレッドヘアをうしろで結んで、ロープのように背中に垂らしている。挨拶も何もない。ぞんざいに手招きすると、口をきっと結んだまま門に向かって大股で歩き出す。

「早く、早く、遅れているんだから」。私を呼ぶ。「行くわよ」

「兄貴がいつ出てくるか調べてきてよ、いい？」カルラについていく私の背中に、乱杭歯の声が飛んでくる。

守衛所の壁には服装の注意書きが貼られていて、その下に私のパスポートのコピーが留められる。巨大な金庫が開かれ、山積みになったノキアのてっぺんに私の携帯電話が載せられる。受付の手続きをする職員は定規を取り出し、大きな来所者名簿に完璧な筆記体で私の名前を記す。

けたたましい音のする金属探知機を通って守衛所を出る。そこは中庭になっていて、物干し綱にカーキ色の囚人服がはためいている。フェンスに掲げられた標識に、「神よ、新たな一日を与えてくださってありがとうございます」の文字が見える。

女王様！

おちーびちゃん！

真っ白ちゃん！

ねえちょっと！

囚人が私に向かってあらゆる角度からわめき立てる。

好き！

お話ししたい！

女王様！

初めてだ、刑務所でこんなふうにはやし立てられるのは。刑務所を訪ねれば、じろじろ見られたり、たまに手を振られたりすることはある。でも、生き埋めにされた者たちのすむこの国では、訪問者はそこにいるのにいないような存在になるのがつねだ。ところがＧＰでは私はまぎれもなく存在している。どうにも落ち着かない。地獄の中心に身を置いていることを、これほどひしひしと感じたことは今まで一度もなかった。目をそらす場所もない。カレーの鍋に脂が浮いてくるように、混沌が泡立ちながら表面に噴き出す。ここの囚人が監禁を解かれるのは一日に四時間半しかない。当然ながら、その間は必死に生きようとする。騒ぎはおさまるはずもなく、すべてのものが、すべての人が、衆目にさらされる。中庭は巨大なフットボール場くらいの広さがあり、呆れるほど小さくて古びた監房がそのまわりをぐるりと取り巻いている。

　のちにカルラのオフィスで会うことになる助手のジョージが、その監房の中で過ごした三年間をこう振り返っている。

「どう控えめにいっても、かなりの驚きでしたね。ごくごく狭い空間に、三人から五人くらいが押し込められている。便器がないから小便は水のボトルの中にしなくちゃいけない。大便がしたくなったら一大事です。同房の仲間に前もって伝えたうえで新聞紙を使うんですが、そんな特権がもらえるのは悪い奴か、一目置かれている囚人だけ。そうでないと我慢しろっていわれて、しまいには房から外に出されます。だから、漏らしたり病気になったりする囚人が大勢いるんです。

　監房の床にはふたりしか横になれないので、ほかの人間はハンモックを吊ります。入所したとき、備品係から『ハンモックはただではやれない』っていわれました。ハンモックがなければどうするか。そう、立ったまま眠るんです。いっておきますが、男のすぐそばに寝たりしたら大変ですよ。ジャマイカはものすごくホモフォビアの社会ですからね」。ホモフォビア、などという生易しいものではない。一九九七年に矯正局の長官が、囚人と看守にコンドームを配布する計画だとコメントしたとき、刑務所では暴動が起きて看守が襲われた。この暴動で一四人が殺され、長官は辞任した。ゲイと名指しされた囚人を収容するために、個別の区画が設けられた。同性愛を恐れる風土が、獄中におけるＨＩＶ予防の取り組みを頓挫させたのである。

「夜ごと立ち続けて、とうとう家族に助けを求める者もいます」。ジョージは振り返る。「あと、そう、刃物で刺したり刺されたりっていうのは何度も見ましたね。ときには、足を踏んだから、とかっていうどうでもいいことが原因で」

おちーびちゃん！

女王様！

ねえねえねえ！

　サッカーボールが風を切って飛び、カーキ色の囚人服の男たちが私たち目がけて殺到してくる。カルラはみなに挨拶をする。看守数名が囚人たちに静かにするよう命じながら、監房棟の脇に立つ小さなコンクリートの建物に私たちを案内する。うしろでドアが音を立てて閉まる。

　静寂。

　入った部屋はコンピュータ室。ルジラの図書館のGP版といったところだ。二〇人あまりの男が週に五日、一日四時間をここで過ごしている。みなはキーボードを打つ手を止めて、私に笑顔を向ける。せいぜい一六歳くらいにしか見えない者も何人かいる。鮮やかな緑色の壁に、「教育は未来への道」というポスターが貼られている。

「こっち。いいものを見せてあげる」。カルラが部屋の横の小さな扉をあけると、そこはなんと物置！——ではなく、ラジオ放送局だ。「フリー88・9FM」である。グレゴリー・アイザックス、マイケル・ボルトン、シャギー、ケニー・ロジャースのポスターに囲まれ、マイクの前にいるのはセラノ・ウォーカーだ。『贖罪の歌[11]』に登場するミュージシャンのひとりである。

『贖罪の歌』は、ＧＰの音楽プログラムを題材にした二〇一三年のドキュメンタリー映画だ。セラノはウガンダのウィルソンを思い起こさせる。老人と少年が不思議と同居しているのだ。とても小柄で、ドレッドヘアの上にピーチカラーのバンダナを巻き、ヤンキースの野球帽をかぶっている。足元は真っ白なナイキ・エアフォース１。大きすぎる腕時計が光を反射する。それをいうなら笑顔も大きく、その特大の笑みが部屋を満たしている。

「やあ！」

「私、ファンなんです」。そう伝える。嘘ではない。あの映画を観たとき、言葉にできないほどセラノの歌声に魅了された。ジャー・キュアのように、あらゆる音から魂の痛みがにじみ出てくる。

「どうだい、同志たち」。セラノがマイクに向かって話しかける。「今日は『ザ・シークレット』[*12]って本について話をするつもりだったんだけど、青天の霹靂《へきれき》っていうのはまさにこのことだね。みんなに俺の音楽を届けようと思ったら、目の前にこのきれいな女性が現われたんだ。みんなもそうなるように願うといいよ、同志たち！」

それから流れるような仕草で『贖罪の歌』のサウンドトラックをかける。私たちは少しおしゃべりをするが、つい音楽のほうに気をとられる。レゲエはこの恐ろしい場所から、私の精神をたちまち抜け出させてくれるのだ。ＧＰをつくったドートリーの思惑とは正反対である。というのも、ドートリーは一八四四年に、ジャマイカ初の近代的刑務所の構想を綴った報告書にこう記しているからだ。「金槌《かなづち》や斧《おの》やのこぎり以外はいっさいの音がしない」

コンピュータ室の隣にはもうひとつコンクリートの部屋があって、「文化センター」と呼ばれている。カルラがそこも見せてくれる。目の前にはステージがあり、現代を代表する女性レゲエ歌手のひとりクイーン・アイフリカと、ボブ・マーリーの壁画に彩られている。部屋にはばかでかいスピーカーボックスが置かれ、壁にはギターが掛かり、男がひとりでボンゴを叩いている。音楽プログラムに参加している囚人は、歌を録音したり発表したりできる。前もって教えてもらったところによれば、そういう囚人たちがちゃんと印税をもらえるようにカルラが目を光らせているのだという。とはいえ、ジャマイカの音楽産業は問題だらけの複雑な化け物だ。誰が実際に利益を得ているのかが今なお判然とせず、その日暮らし的な経済が常態化している。

ひとりの職員が、ステージ脇のレコーディングスタジオに案内してくれる。音楽雑誌『ヴァイブ』の古い号が一冊、ミキサーの上に置かれている。

「ここをもっと大きくしたいんです」。職員は説明する。「私自身もミュージシャンでして。だからこの更生プログラムには全面的に賛同しています。被収容者たちと仕事をするのが大好きなんですよ」

外に出る途中で「学校エリア」の前を通る。「だいたい高校レベルくらい」だと職員は説明する。扉には、植民地時代も顔負けの規則が貼り出されている。「ズボンをずり下げるのは禁止。卑猥な言葉は禁止。身だしなみは清潔に。ズボンはウエストまで引き上げること」。カルラのあとについて自由へと足を踏み出す直前、最後の標識に目がとまる。「何人《なんびと》たりとも逃げ出してはならない」

*

駐車場に女友だちが車で待っていて、私をニューキングストンまで連れて帰ってくれる。「この世は厄介なことだらけ」[13]。カーステレオからボブ・マーリーの優しい声が流れてくる。一緒に口ずさみながら、私は暗澹《あんたん》たる思いでひとつの結論に至る。獄中の音楽は甘い音で傷口を覆い隠しているだけだ、と。ウガンダの刑務所図書館もジャマイカの獄中音楽スタジオも、結局は断ち切られた手足に絆創膏《ばんそうこう》を貼っているにすぎない。幸運にもその恩恵にあずかれるのはほんのひと握りだけだ。それに、囚人がほかの様々なことに苦しんでいるのを思えば、文学も音楽も微々たる影響しか与えられていないのである。

そうはいっても、何の影響もないよりはましではないか？　絆創膏には治す力はなくても、血は止めてくれる。文章創作も音楽も、ほかの獄中芸術プログラムも同様で、そのことはいくつもの研究によって示されている。たとえば一九八三年の研究からは、カリフォルニア州で芸術ベースの教育プログラムを受けた囚人のうち、約七四パーセントが仮釈放に関して好ましい結果を得ていることがわかった。南アフリカの「娯楽音楽教育プログラム」に参加した若者は、参加後半年の時点での再犯率が九パーセントだったのが、一年後には〇パーセントに落ちている。ニューヨーク州の「芸術を通じた更生」プログラムについての研究では、参加者に数々のプラスの影響が現われたことが指摘されている。具体的には、建設的な対処能力の向上、怒りレベルの低下、規則違反件数の減少などだ。最終的に参加者は、より信頼できる存在となり、対人関係で大人の対応ができるようになり、集団の幸福のために個人の欲求を犠牲にする気持ちが高まったという評価を受けている。音楽教育者のウィレム・ヴァン・デ・ウォールは、帰属感と忠誠心を高める効果が獄中の音楽にあると盛んに説いた。イスラエルの音楽教師ラヤ・シルバーは、イスラエルの合唱団で女性受刑者が活動することにより、人の意見に耳を傾け、新しい絆をつくり、批判を受け入れられるようになったと報告している。[14]

セラノのとびきり大きな笑顔のことを考えていて、ふと『贖罪の歌』のなかの一シーンを思い出す。先ほど見学した文化センターで息を呑むようなパフォーマンスを見せたあと、セラノはステージを下りて拍手喝采の波を抜け、スタジオのブースに閉じこもって、抑えきれない涙にむせぶのだ。「もうたくさんだ」。セラノは泣く。「神《ジャー》は知っている……音楽は魂をつくり出すために生まれたはずなのに。再び何者かになるために。人間らしさを感じるために」

芸術はカタルシスをもたらす。人を人間らしくしてくれる。しかし、芸術は美しいものであり、刑務所は美しくはない。そこからどれだけ壮麗な音楽や文章が湧き上がってこようとも。それに、音楽にしろ、文章創作にしろ、絵画にしろ、授業が終われば教師――私――は自由な世界へと出ていき、素晴らしかったクラスのことや、自分に感謝して自分を崇《あが》めてくれる聡明な生徒たちのことを振り返る。その同じ生徒たちはといえば、監房という先の読めない危険な現実へと戻っていくのだ。これって、あまりに残酷な意地悪ではない？　週にほんの数時間だけ、人間らしさを味わわせてやるなんて？

問題はもっと大きなレベルにもある。そしてそれこそが、獄中の芸術が抱える本当のジレンマなのだ。何かといえば、絆創膏を貼ることで、人はその下の嫌な傷が膿んでいることを忘れてしまうのである。さらにまずいのは、うまく傷の手当てができたと、自分で自分を褒めてしまうことだ。もしかしたら、ウガンダやジャマイカのように本当に悲惨な刑務所の場合はとくに、傷を覆い隠さずに剥き出しにして、血が流れるにまかせたほうがいいんじゃないだろうか。そうすれば、根本的な問題に向き合わざるを得なくなって、本物の癒しが始まるのではないか？　この問題は根が深い。何千人もの貧しい人たちが軽微な違反のために、あるいは賄賂を払う余裕がないために、人間倉庫に放り込まれている。その劣悪な環境たるや、「更生」という言葉を発することすら空々しく思えるほどだ。腐敗した司法制度と、真面目に生きることが馬鹿馬鹿しくなるほどの貧富の格差が、さらなる貧困と犯罪を生んでいる。

ウガンダからジャマイカまで、さらにはほかの地域においても、刑務所を取り巻く問題を数え上げればきりがない。南アフリカでジョナサンが実施している素晴らしい修復的司法プログラムにしたって、ただの絆創膏とみなせる面は多々あるのだ。もちろん、現状のような報復のための制度から、関係修復や償いを目指す制度へと、司法を変貌させる可能性を感じさせてはくれる。このまったく新しい枠組みのなかであれば、芸術プログラムが癒しの魔力を発揮できる余地は間違いなくあるだろう。しかし、芸術プログラム単独では無力だ。

私はウガンダを離れたときと同じように、いたたまれないほどの苛立ちを抱えたままジャマイカをあとにする。獄中の芸術プログラムが、善意に基づく取り組みであるのはいうまでもない。しかし、抜本的な改革に飢えている制度に向かって、パンくずを放っているのと同じでもある。煙幕を張って、より大きな真実を私たちから見えにくくもしている。大きな真実とは何かといえば、正義や安全や、人道的な扱いという観点から考えると、刑務所はまるで理にかなっていないということだ。大きな構図を変えようと思うなら、「現状」をいくらいじくりまわしたり強化したりしても意味がない。大胆な想像力を呼び起こして「可能性」を思い描くのだ。いくら私が愛していても、そしてその力を信じていても、芸術はそうした想像の妨げになりかねない。それは、芸術が自らの仕事をじつにうまくやってのけるからだ。つまり、私たちの目をくらませて、気をそらさせるのである。その美しさによって。

第４章　女性と演劇――タイ

私たちは逃れられない相互依存のネットワークに捕らえられ、結び合わされて、運命という一枚の衣《ころも》をつくっている。[1]

――マーティン・ルーサー・キング・ジュニア

ジャマイカから戻ってすぐに、すでに出所している教え子たちの近況を確認する。それから、まだ服役中の教え子たちに会うため、ニューヨークの中心部を離れて何度かオーティスヴィル刑務所を訪ねる。カレッジの同僚で、演劇を専門とする教授のロレイン・モラーも一緒だ。ロレインは長年アメリカの刑務所で、とくに女性受刑者とともに演劇の上演を手掛けてきた実績をもつ。今回、ロレインには客員教授として授業をしてもらうことになっている。警備員が教室に案内してくれるのを待つあいだ、私たちは女性の囚人が世界で急増している現状を憂える。

「絶対にタイに行ったほうがいい。この問題で王女がどんな取り組みをしているかを見るべきだと思う」。私が世界の刑務所をめぐっているという話をすると、ロレインはそう断言する。

ロレインのいう王女とは、パッチャラキティヤパー王女殿下のことだ。一九七八年生まれで、国王ラーマ九世とシリキット王妃の孫娘にあたる。元検察官であり、国民からの崇拝を集め、刑務所にいる女性の権利向上を目指して先頭に立って活動している。なぜそうした活動に身を投じることになったのか、そこには意外な物語があった。王女がアメリカのコーネル大学で法律を学んでいたとき、一時帰国してバンコクの刑務所を訪ねた。見学の最中に、ひとりの女性囚人が王女の前に進み出てひれ伏し、懇願した。どうかまたこちらに戻ってきて、私たちを助けてください。周囲が仰天するなか、王女はかならずそうすると誓った。五年後、三つの学位を取得した王女は「カムランジャイ・プロジェクト」を立ち上げた。「カムランジャイ」とは、「鼓舞する」を意味するタイ語である。このプロジェクトを通して、各地に女性のための「モデル」刑務所が設立されていった。

　王女はまた、ジョン・ジェイ・カレッジにも数か月間留学していて、刑事司法を学んだ。ロレインが王女と知り合ったのはこのときだ。王女は留学中にニューヨーク州の女子刑務所も訪問している。

「私がお付きの人に連絡をとってみる」。ロレインが約束する。

　その約束を果たしてくれてまもなく、私たちはカムランジャイ・チームの公賓《こうひん》としてタイを訪れてほしいと招待を受ける。詳しいことはわからないものの、どうやらいくつかの刑務所を視察したり、中心的な施設で演劇ワークショップのようなものを開催したりすることになりそうだ。この訪問は、タイのみならず世界中に悲惨な状況をもたらしている恐ろしい三者関係を考えるいい機会になるだろう。三者とは、女性と、薬物と、刑務所だ。

世界全体では、六二万五〇〇〇人を超える成人女性と少女が投獄されている。アメリカの女性受刑者数は、一九七七年と比べて八二三パーセント増加した。現在アメリカでは一〇万人以上の女性が鉄格子の中におり、その約七割は非暴力的な犯罪で収監されている。この状況はほかの様々な国にも当てはまり、女性は窃盗、詐欺、薬物が原因で服役することが多い。どの犯罪も貧困と密接に関わっている。タイでは女性受刑者二万五二三一人のうち、約二万一〇〇〇人が薬物がらみの罪で有罪判決を受けている。暴力犯罪を犯した者は五五〇人ほどにすぎない。約一万八〇〇〇人が二〇年以上の拘禁刑に服していて、四一人が死刑囚監房にいる。つまり、こうした目を見張るほどの暗澹たる数字がタイには存在するわけだ。王女が見て見ぬふりをできなかったのも無理はない。

＊

朝、バンコクに到着し、ロビーで迎えの車を待つ。サンダルとローブ姿の僧侶たちが会議のために大勢到着していて、私はオレンジ色の海に埋もれる。約束の時間をまわってから、迎えの女性が息を切らして飛び込んでくる。女性の名はパティリア。優しく握手をしながら自己紹介し、渋滞で遅れたことを何度も詫びる。それから、法務省のマークのついたワゴン車に私を案内し、そこでもうひとりの職員パンナヤに引き合わせる。ふたりの名前を縮めてパットとパン。どちらも若く溌剌とした新人官僚であり、この「微笑みの国」で私の案内役を務めてくれることになっている。

「スクンビットまでどれくらいあるんですか？」どこまでも広がるこの街の大きさをつかみたくて私は尋ねる。

「すぐそこですよ」。パットが答える。「一時間ちょっとといったところでしょうか」

　ロレインを拾うためにスコソンホテルに向かう。ロレインはすでに、この地の役人に宿泊場所の手配をしてもらっていた。紫のローブ姿のすらりとしたタイ人女性たちが扉を開く。ホテルのサービス係だ。「こんにちは《サワディーカー》」。平板な抑揚で挨拶をし、祈るように手のひらを合わせてお辞儀をする。

　この日最初の目的地である法務局に着くと、「歓迎　ジョン・ジェイ・カレッジ代表団」の文字が迎えてくれる。ここは法務省直轄の政策調査研究組織であり、どこに目を向けても先進性と効率性が光る。鮮やかな黄色のイスに、にぎやかな色合いの造花。洗練されたインテリアはイケアを彷彿とさせる。壁には矯正官と王女殿下の肖像写真が飾られ、その横には意欲を鼓舞する文字が並ぶ――「正しい司法を推進するためにつくられた集団」。法務局がスローガンとして掲げる言葉だ。真っ白な会議室で昼食が配られる。トレイにきちんと載せられているのは、鶏の唐揚げと海老のスープ、それからココナッツプリンだ。ロレインと私はタイの司法についての詰め込み講義を受ける。

　この国に一四四ある刑務所は、大きく三つのグループに分けられる。刑期一六年以上の受刑者を収監する「中央刑務所」、薬物関連の囚人を対象にする「矯正施設」、そして「常習犯」とみなされる者たちのための「追放院」だ。囚人は、行ないの悪い子どものように六段階（秀、優、良、並、劣、劣悪）に区分される。刑務所全体で見ると、収容されている人数は定員の三倍近い。理由は単純だ。アメリカと同様、いわゆる麻薬戦争の結果である。二〇〇二年、タイ政府は一夜にしてメタンフェタミンに対する政策を転換し、第一種麻薬に分類した。これにより投獄人数はかつてないレベルに達し、刑務所はパンク寸前になったのである。政府は麻薬密売人の容疑者リストをつくり、報奨金を出して検挙を奨励した。情報提供者には、押収された財産の価値の一五パーセントを、また逮捕した警察官には最大四〇パーセントを与えるのである。徹底的な取り締まりによって数千人が市街で殺された。当局はこれをギャング同士の抗争によるものと主張したが、国際的な人権監視団体は、興奮した警官隊による非合法な殺害行為だったことを暴いた。

　その後、政府は徐々に囚人数を減らしていった。その主な手段としては、模範囚の刑期短縮、早期仮釈放、王族の成婚日や誕生日における恩赦《おんしゃ》の実施などである。ある年には、国王の誕生日に約三万七四〇〇人の囚人が釈放された。国王恩赦を介して死刑囚が減刑されることもあるほか、タイでは終身刑の判決を受けても実際には十数年服役するだけのケースがほとんどである。

　私は矢継ぎ早に浴びせられる情報を消化するのに必死だ。それに、小学校の授業の「見せてお話《ショー・アンド・テル》」式に説明がなされていくことにも違和感が拭えない。住々にして政府の役人というのは、人の命が関わる話とは思えない口ぶりで刑務所のデータを提示するものだ。ご覧ください、こちらが最新の「人道的な拘束具」ですとスライドを見せられて、おいそれと頷くわけにはいかないではないか。国王による恩赦と減刑について説明した図やグラフには、とりわけ啞然とする。結局は減刑する言い訳を重ねることになるなら、なぜそもそも手のこんだ判決をこしらえるのだろう。

とはいえ、親切な主宰者たちに無礼を働いてはいけないから、ほとんど口をつぐんだままでいる。そしてその日は会議のあとも一日中、土砂降りの雨をものともせずに大々的な歓迎ツアーが続く。私はお辞儀をし、贈物を受け取り、「サワディーカー」を繰り返し唱える。誰かに会って挨拶をするたびに、政府要人の動向を追いかけているカメラマンが写真を撮影し、フラッシュが瞬く。ロレインは旅の前にタイ式礼儀作法の本を読んで情報武装しており、いちいち私の耳元で囁く。足を組むのは失礼よ、人には絶対に足の裏を見せてはいけないの！　名刺は両手で丁重に受け取って！　それから名刺の内容をじっくり眺めること！　ホテルに戻ると疲れはててしまい、自分たちの見聞きしたものをどう考えればいいのかもよくわからない。それでも、この先何が待ち受けているのか、とてつもなく興味津々ではある。

*

翌朝、私たちはバンコクの「女性中央矯正施設」に到着する。この施設は、重警備刑務所である「クロンプレム中央刑務所」（約二万人を収容）の敷地内にある。大きな白い建物には、糖衣《アイシング》みたいな黄色のアクセントが効いていて、まるで大きなウェディングケーキだ。タイの国旗が掲げられ、金の額に入った国王の巨大な写真が飾られている。

案内役のカムランジャイ・チームを率いるのは、誠実でつねに笑みを絶やさないナパポーン博士だ。ナパポーンは大学教授で、王女殿下自身がプロジェクトの責任者に抜擢した人物である。その理由はすぐ明らかになる。ナパポーンはタイの女性と投獄をめぐるあらゆる事柄に精通しているだけでなく、情熱と思いやりにあふれているのだ。昨日目にした行政の冷たい官僚主義をきれいに解毒してくれるような存在である。この女性の手にかかれば統計の数字は生き生きと立ち上がり、そこに再び人の命が宿る。

車での移動中、王女の創始した国際会議についてナパポーンが簡単に説明する。この会議は、二〇一〇年の「女性被拘禁者の処遇および女性犯罪者の非拘禁措置に関する国連規則」として結実した。これは「バンコク・ルールズ」という通称のほうでよく知られている。この規則の成果のひとつは、女性には特有のニーズがあり、女性ならではの傷つきやすさをもつことを明確にした点だ。ヨーロッパでは女性囚人の八割に明確な精神疾患が見られ、一〇人にひとりが服役前に自殺を試みた経験をもつほか、七五パーセントが薬物やアルコールの問題に苦しんでいると推定されている。アメリカでも、精神疾患にかかっている女性囚人の割合は約七三パーセントだ。つまり、女性囚人を守るための措置は世界全体の女子刑務所に適用されるものではなくてはいけない。まず、メンタルヘルスの問題を抱えているか、薬物依存があるか、性的虐待を受けたことがあるかに応じて、女性たちを事前にふるい分けする必要がある。妊娠中、授乳中、あるいは月経中の場合には栄養面の助言を与え、職員は「性差に配慮した視点」をもつよう訓練を受ける。バンコク・ルールズでは、出産時の身体拘束を禁じることも提唱している（ちなみに、そういう法律が制定されているのは全米で一八州しかない）。また、量刑を定める際には「性差に配慮したリスク評価」を行ない、過去にDV（ドメスティック・バイオレンス）や精神疾患、薬物乱用の問題があったかどうかを考慮すべきだとしている。

　いくつもの棟が並ぶ刑務所の敷地に車が入り、裏道を通ってスラムのような場所を抜ける。ナパポーンの説明では、ここは矯正官が暮らす場所だという。カーキ色の制服姿の矯正官たちが、ずらりと並んで出迎える。私たちは階上に案内され、豪華な会議室に通される。赤いベルベット張りの椅子が置かれ、明るい黄色のカーテンが掛かっている。マンゴージュースと、温めたバナナマフィンが出される。どちらも囚人の手づくりだそうだ。照明が落とされ、刑務所内を案内する映像が流れる。合成音声のナレーション付きだ。付属図書館。フード・ケータリングやスポーツや、美容術についての職業訓練クラス。楽しげな紹介はさらに続く。裁縫！　瞑想！　マッサージ！　ヨガにエステにパンづくり！

　これはコマーシャル？　人里離れた保養所か何かの？

　報道陣を引き連れていくつかのゲートを抜け、金属探知機を通る。その間《かん》も、この戸惑いは膨れ上がっていく。ひとりの矯正官が敬礼の姿勢で、本日の囚人数は四五〇〇名、出廷中の者は五三名、と告げる。最後の金属ゲートの向こうが、実際に囚人たちのいる収容施設エリアだ。古びた複数の建物が整然と配置され、青々とした芝生に小さな寺院がひとつ建っている。

見ると、一台のベンチに女性たちが並んで座っている。

女性たちはゆったりしたトップスにロングスカートを身につけている。受刑者は上が淡い水色で下が紺色、未決囚は上下ともにさび茶色だ。私たちに気づき、手を合わせてお辞儀をする。みな、面会に来る人を待っているのだ。薬物犯罪の囚人には週に一度の面会が許され、それ以外は毎日面会できる。ただし、時間はわずか一五分で、ほとんどがガラス越しだ。直接の面会は年に一度だけ認められ、母親のもとに子どもが会いに来るケースがほとんどである。これは世界全体についていえることだが、女性が服役中の夫を定期的に訪ねるのに対し、その逆は圧倒的に少ないものだ。

引き戸があけられ、エアコンの効いた部屋に通されると、おくるみが私の腕の中にポンと置かれる。赤ん坊だ。ほかにも二十数人の愛らしい存在が、清潔な白い乳児室に並んでいる。金色の額に入った王女の写真が壁に掛かり、部屋の隅にはおもちゃがきちんと整理されている。そのかたわらでは三人の母親が授乳している。部屋には、ベビーパウダーとローションの入り混じったおいしそうな赤ん坊の匂いが漂う。部屋の真ん中で、赤ん坊はみな厚手の布にくるまれて色とりどりの枕の上に寝かされ、訓練を受けた囚人が裸足で世話をしている。私の心はたちまちとろけていく。

「こんなにおとなしい赤ちゃんたち、見たことない」

「みんな幸せですもの！」ナパポーンが声を上げる。「外に出たら、貧しい暮らしが待っています。ここのほうが外よりましです。食事、おむつ。全部ただですから」

ロレインが、よしよし、といいながら私が抱っこしている赤ん坊を取り上げ、今度はジョゼフが私の腕の中に舞い降りる。

「アフリカの子です。母親はスーダン出身です」。矯正官が説明する。ジョゼフはこちらに歯のない笑顔を向け、よだれが一滴、私の襟《えり》に垂れる。

「うちの娘にも赤ちゃんがいたらいいのに！」ロレインは赤ん坊をあやしながら叫ぶ。

この刑務所には乳児のいる母親が一〇〇人ほど収容されていて、寮で共同生活をしているのだとナパポーンが説明する。「赤ん坊は一歳までここにいます」。ジョゼフが私の腕から抱きとられていく。「三歳までは法務省の提供する家で暮らし、週に一回、母親に会いに来ます。そのあとは家族が引き取って面倒をみなければなりません。さもなければ孤児院」。母と子が濃密な絆を育む最初の一年が過ぎると、別れが待っている。それは胸を締めつけられるような光景だとナパポーンは言葉を継ぐ。

どこの国でも、投獄に伴う深刻な結果として家庭崩壊が起こり、心の面でも経済の面でも家族の土台が打ち砕かれる。アメリカでは、女性囚人の約七五パーセントに子どもがおり、親が投獄されている子どもの数は二七〇万人を超える。二〇一四年の調査からは、こうした子どもが重大な健康上の問題や問題行動を抱えていることが明らかになった。親が刑務所に入ることは、ある意味で親の離婚や親との死別よりも子どもの健康に害を及ぼすおそれがあるわけだ。アメリカでは、服役中の母親が出産後二～三日以上新生児と一緒に過ごすのを認めているのはわずか一〇州しかない。カムランジャイ・チームの推計によると、ここタイでは、女性囚人の四三パーセントが逮捕の時点で主として生計を支えていた。じつはタイは女性の就業率がこの地域としては最も高い部類に入る。それは、タイ仏教では僧侶になれない女性を「現世に生きる者」とし、男性を「来世に生きる者」と位置づけているせいもある。だから、日々の経済を担う重責はまず女性にあるというわけだ。

凄まじい音を立てて雨が降り出し、空気にむっと熱がこもる。誰かがバーバリーチェック柄の傘を手渡してくれる。囚人たちは段ボールやゴミ袋を傘代わりにしてあちこちへ駆けていく。私たちのあとについてコンクリートの歩道を進み、図書館で雨宿りをする者もいる。この図書館は王女の援助で二〇〇六年に建てられた。エアコンが効いているのがありがたいし、ここではささやかな日常を感じられるのも嬉しい。女性たちは静かにテーブルに向かい、雑誌を読んだり、忍び笑いをしながら囁きかわしたり、本を借りたりしている。

「ほとんどありません」。ロレインが刑務所内の暴力について尋ねると、案内役の矯正官がそう断言する。「おしゃべりがうるさいとか、場所が狭すぎるとかで、いい争いになることはあります。女性受刑者は――何ていうんでしょう――男性より繊細ですからね。何か起きると気難しくなります。ひどく不機嫌になります」

寮と呼ばれる建物はじつに清潔だ。リノリウムの床が敷かれ、細長いシンクの両脇に「くまのプーさん」のタオルが掛かっている。部屋の隅には青い敷きマットが重ねられている。ここに四五人の女性が寝起きし、広さはワンルームマンションほどだ。壁掛け型のフラットスクリーン・テレビがあり、すぐそばに扇風機が二台置かれている。バンコクの六月の暑さと闘うにしては頼りない武器だ。女性たちがここで過ごす時間は長い。朝の六時から入浴と朝食、八時からは作業場か図書館、午後三時に夕食、そして翌朝四時半まで部屋は施錠される。

寮の部屋の外にはコルクボードがあり、収容人数、各人の罪状、釈放までの期間が貼られている。このなかで一番長い刑期はどれくらいかを尋ねると、ナパポーンはボードに目を走らせて、二五年と一一か月、と答える。罪状は「所持」だ。何の所持？「ヤーバー」。タイで盛んに取引されている麻薬のことで、メタンフェタミンにカフェインなどを混ぜた覚醒剤の一種だ。「ヤーバー」とはタイ語で「狂気の薬」を意味する。カムランジャイの調査によれば、ヤーバー関連の罪で告訴された女性が囚人全体の九割にのぼる。内約三五パーセントのケースでは、所持していた薬が一四錠に満たない。ナパポーンはありありと苦悩の表情を浮かべながら、これが一五錠だと終身刑や死刑もありえるのだと語る。

気づけば、一覧表の受刑者たちは番号ではなく名前で記されている。

「もちろんです。名前と顔を覚えないといけません」。矯正官が説明する。「女性は繊細ですからね。名前と顔を知っておかなくては」

外に出ると、水たまりが湖になっている。ゴム長靴を履くよう促され、私たちは水を跳ね散らかしながら、熱く湿った灰色のもやのなかを抜けていく。着いた先は作業場だ。鮮やかなピンク色の蚊帳がいくつも下げられ、部屋は綿あめの雲に包まれたようになっている。その雲の中で、女性たちがミシンに向かって背中を丸めている。私たちに見せようと、明るい花柄のホームドレスが運ばれてくる。ドレスをもってきた女性たちは微笑み、お辞儀をすると急いで自分の持ち場に戻る。

その微笑みの裏にあるものをなんとか読みとろうとするが、これがなかなか難しい。暗い事実や悲惨な数字が存在するのはしだいにわかってきたものの、どうもここの女性たちからは生身の人間としての顔が見えてこないのだ。まだ誰とも言葉をかわしていないし、向こうがお辞儀ばかりしているので目が合うことすらほとんどない。明日ロレインと私は別の刑務所を見学し、その際に女性たちと話をする場を設けてもらえることになっている。来週に予定しているワークショップは、大勢の囚人たちとのやりとりなしには成り立たない。だが、これまでほかの国でやってきたように、ここの人たちとも心を通わせられるだろうか。王室から招かれての訪問であるうえに、文化の壁が大きく立ちはだかることを思うと、どれくらい率直な触れ合いが望めるかは疑問だ。

ミシンは軽快な音を立て続ける。どこかのグローバル企業の下請け工場であってもおかしくない光景だ。ふと考える。先ほどの乳児室のように、刑務所のほうが外の世界よりましだと思えることと、この資本主義的な景色を見て閃《ひらめ》いたように、刑務所も外の世界も本質は変わらないのかもしれないと感じられることと、いったいどちらが不幸なのだろうか。どちらの現実からも透けて見えるのは、貧困そのものが一種の牢獄だということだ。だからこそ、ニューヨークの教え子たちの多くが、自由の身になっても結局数か月後にはこう漏らす羽目になる。骨の折れる退屈な仕事を日々こなしていると、刑務所暮らしも自由もたいして違わない気がしてくることがある、と。

見学ツアーの終わりは、始まりと同じくらい奇妙である。食事とお土産で締めくくられるのだ。有刺鉄線のすぐ外に刑務所直営のレストランがあって、地元の有名店になっている。調理訓練の一環として囚人が働いているという趣向が客の興をそそるし、料理の質が高いことも魅力のひとつだ。今日はタイで人気のテレビ番組の撮影があり、女性トイレ脇に詰めている矯正官と、麺をかきこんでいる常連客のインタビューが行なわれている。テーブルにはレースのランチョンマットが敷かれ、キルト風の表紙のピンク色のメニューブックと、同じピンク色の箸置きが各席を彩る。ピンクのドレスを着たウェイトレスは、一日中目にしてきた無表情な顔で注文をとり、スパイスの効いたパパイヤサラダとパッタイ（タイ風焼きそば）を私たちの前に置く。

隣には、囚人のつくった品物を売るギフトショップがあり、マッサージ店も併設されている。枕にランチョンマット。公園の遊具で遊ぶタイ人の少女が刺繍されたハンドバッグ。商品をくまなく見てまわりながら考える。ここで買い物をしたら、現状の刑務所制度を支援することになるのか、それともその制度を改革する取り組みにつながるのか。そのとき、別の王族の写真が額縁に入れられているのが目にとまる。国王の甥だ。ズボンの裾《すそ》をまくり上げ、訓練中の囚人から気持ちよさそうにフットマッサージを受けている。

＊

「心配いらない、っていうんでしょ？　わかってる。でもやっぱり心配」。その日の夜、「ヴァーティゴ」という店で夕食をとりながら、ロレインが溜息をつく。ここは地上六一階にあるルーフトップバーで、その眺望はまさに「めまい《ヴァーティゴ》」の名にふさわしい。アジアの巨大都市は多くがそうだが、バンコクもまた天上界の存在だ。ポストモダンの高層建築物がスカイラインにひしめいている。来週はロレインと私が演劇ワークショップを開くことになっている。けれどふたりともどの程度まで関われるのかがまだわからず、どういうふうに進行すべきかについても決めかねている。タイへ出発する何週間も前から、ロレインはたびたび電子メールをよこしていた。この演劇演習をやってみるのはどうだろう？　この本、タイにおける男女の役割について書いてあるから、読んでおいて。この本もどう？　タイの女性と売春について考察してあるんだけど。

　まあまあ落ち着いて。あまりあれこれ盛り込みすぎると、かえってうまくいかなくなるから。私はそう返していた。

「大丈夫よ」。もうひとロワインを飲みながら、今日もロレインを励ます。

　夕食後、観光名所の決定版ともいうべきカオサン通りをひとりあてもなく歩く。安い串焼き肉や小間物を売る屋台が並び、重低音の響くバーにはボブ・マーリーＴシャツを着たドイツ人がひしめく。とある看板には「笑気ガスとＴＯＥＦＬスコア証明書　あります」。別の看板には「とにかく強い酒　身分証明不要」。ステレオタイプが命を吹き込まれる夜、とでもいおうか。バックパッカーはかくあるべしというイメージが、そのまま現実となった光景が広がる。

そこにはもちろん、バックパッカーには欠かせない要素も含まれる。麻薬だ。

このように、パーティーと刑務所は切っても切れない関係にある。メタンフェタミンに加え、一九九〇年代初頭からはエクスタシーの密売が始まり、とくに快楽を求める旅行者のあいだに出回ってきた。顧客がいれば当然ながら売人が必要であり、その売人として使われるのが、主に今日会ったような女性たちである。タイは、隣国のミャンマーから入ってくるヘロインの重要な中継地点のひとつだ。ミャンマーはまた、アフガニスタンに次いで世界第二位のアヘン生産国でもある。この複雑な取引の最前線にいるのが、複数の犯罪組織と、タイ－ミャンマー－ラオスの国境地帯に住む山岳民族だ。タイは一九七九年に「麻薬法」を制定し、薬物を様々なカテゴリーに分類してきわめて厳格な刑罰を規定した。このように「麻薬撲滅」を政策に掲げ、「薬物犯罪に厳しく」の論調を高めたのは、アメリカでほぼ同時期に始まった麻薬戦争に触発されたものである。そしてアメリカと同様、その背後にあるのは政治的な意図だ。政策の失敗から国民の目をそらしつつ、政府への支持を高めるのが狙いなのである。

私は充血した目でオート三輪タクシーのトゥクトゥクを拾い、独特のエンジン音と一緒にホテルに戻る。

*

その週の後半、私たちは別の女子刑務所に向かい、ショートカットの四人の女性が「ハローキティ」の本棚を組み立てるのを見学する。ナパポーンは女性たちに優しく話しかけ、私たちを紹介する。四人は静かに両手を合わせる。

一九歳のピムはピンクの口紅をつけ、同じピンクのクリップで髪を挟んでいる。懲役八年の刑に服しており、罪状はボーイフレンドのヤーバーを運んだことだ。なぜ運んだかといえばそうするように頼まれたからであり、頼まれた相手が自分のボーイフレンドだったからだ。タイにおける性役割の観念からいけば、立場の強い男性に対して女性は嫌といえないのだとナパポーンは説明する。ナパポーンの研究によると、薬物犯罪で投獄された女性の半数あまりに共同被告がおり、その四四パーセントが夫か恋人だという。

ワニーはパステルカラーの棚板に丁寧に糊をつけている。自分には三人の子どもがおり、ヤーバー二錠のせいで終身刑を受けているのだと微笑みながら話す。終身刑になったのは、ラオスにいる家族に会うために国境を越えたからで、そのときヤーバーの錠剤を所持していたからだった。

私は質問をもっと探そうとするが、声にならない苦悩が場を支配しているのに気圧《けお》されて口をつぐむ。それに、何か尋ねたところで表面的な答えが言葉少なに返ってくるだけだ。礼儀と力関係がもつれ合って、私たちの会話の上に蜘蛛の巣のように覆いかぶさっている。この場にふさわしいと感じられるのは、微笑みと「サワディーカー」だけなのだ。

キッチンには囚人服を着た一五人の女性がいる。みな調理を担当していて、床の上に膝を崩して座っている。山盛りの食材の横には、大きな銀色の中華鍋。壁に貼られたメニュー表によると、夕食はチキンスープ、中華風ソーセージとキュウリ、それから豚皮《ぶたがわ》揚げを添えたカレーだ。ごく少量を盛りつけたサンプルも見せてくれる。天国の匂いのする製パン所のほうに私たちが移動しようとすると、女性たちは声を揃えて「ありがとうございました《コップン・カー》！」

「この暑さのなかで焼くのは大変でしょう?」ロレインは製パン所にいる女性のひとりに尋ね、腰をかがめて相手の目を見る。

「はい。でも好きです。家にいるみたいだから、パンを焼くのは」。私たちにふわふわのブラウニーを披露する。

五八歳のグレースはすでに一一年刑務所におり、あと二か月で釈放される。出所後はタイの北部でパン屋を開くつもりなので、この訓練がとても役に立っていると語る。もうひとりの女性は、「クラトム」の所持で一年前から服役していると説明する。クラトムは、タイの農村で薬草として栽培されているものだが、麻薬として大麻と同じカテゴリーに分類されている〔タイ政府は本書刊行後の二〇一八年に医療用大麻とクラトムを合法化した〕。

一九九〇年代のアメリカの状況が頭をよぎる。当時、薬物逮捕の約八割は大麻がらみだった。アメリカでは二〇一三年の時点で、三二七八人（内六五パーセントは黒人）が非暴力犯罪で終身刑に服していた。そのなかには、一〇ドル相当の大麻を売って終身刑となったブローカーもいれば、二歳の息子の骨髄移植の費用を稼ごうと自分の車でメタンフェタミンを運び、すでに二〇年近く鉄格子の中にいるトラック運転手もいる。なぜそんなことになるかといえば、アメリカやタイをはじめとする国で、薬物取引で果たす役割よりも薬物の重量のほうが重視されているからだ。だから、コカインを一五キロ密輸した組織の親玉にも、一〇〇ドルの報酬でその運び屋となったトラック運転手にも、まったく同じ判決が下される可能性がある。公正を期すなら、その取引でどれだけ利益を得たかを基準に罪状が判断されるべきだろう。そうすれば、町なかの不運な一兵卒より、首謀者のほうが量刑は重くなる。結果的に、私が今日会っている女性たちのほぼ全員が自由の身になれるはずだ。というのも、タイでは女性囚人の約七九パーセントがおとり捜査で逮捕されているからである。この女性たちはいわば、違法薬物という大きな池に警察が網を投げて捕らえた雑魚《ざこ》なのだ。

「ここに来る前はウェイトレスをしていました。ホテルで」とグレース。「釈放後のことは心配していません」。フルーツケーキの試食を勧めてくる。

職業訓練プログラムが実施されている建物を見てまわる。訓練で互いの足をマッサージしている囚人がいる。ガラスで仕切られた部屋の中では、十数人が座ってコンピュータの授業を受けている。ポーチでは、ナパポーンがいうところの「アートセラピー」が行なわれていて、五人の囚人が絵を描いている。漫画風の表紙のついた日記帳を表現したものもあれば、王女と国王の肖像画や、ガネーシャ神（象の頭をもつヒンドゥー教の成功の神）の大きな絵もある。フラワーアレンジメントの講座に取り組む女性も一〇人あまりいて、ロレインは凝った飾りの白いバラのアレンジメントを贈られる。矯正官が、カーネーションの花に膝まで埋もれている女性のひとりを指差す。

「あの人たちは寝る前にお化粧をするんですよ」。矯正官は笑う。「夢のなかで美人のふりでもするんですかね」

素行不良があった場合はどう対処しているのか、とロレインが尋ねる。

「中庭を何往復か走らせます。みなと離れて座らせる場合もありますね。長くて一週間くらいでしょうか。あるいは刑務所の掃除です」

まるでいたずらをした子どものようだ。今回訪れている二か所はいわゆるモデル刑務所で、カムランジャイによって導入されたものである。ほかに例を見ない、女性だけの「小さな世界」だ。この世界の中心にはある種の母権制がある。ここは女性向けの精神修養合宿と軍事キャンプを掛け合わせたような存在であり、すべての囚人がつねに何らかのプログラムに従事している。どちらの刑務所も、アメリカの進歩主義時代（一八九〇〜一九二〇年代）に盛んだった刑務所改革運動を思い起こさせる。この運動は、犯罪者に対する認識が変化しつつあったことを受けて始まったものだ。邪悪な人間としてではなく、道を誤りはしたが正しい方向に導いてやれる存在としてとらえられるようになったのである。その更生のための手段が、保護観察、仮釈放、厳密に分類された刑務所（軽警備刑務所から重警備刑務所まで）への配置など、科学的とされた方法だ。アメリカの女子刑務所の多くは矯正施設として誕生した。たとえば、一九〇一年に設立されたニューヨーク州の「ベッドフォードヒルズ女性矯正施設」もそうだし、その前身的な存在である一八八七年設立の「女子収容所」もそうである。こうした矯正施設は男子刑務所に比べてはるかに過酷ではなく、女性の監督官と女性職員のみで管理されていた。囚人は仮釈放を得て家政婦として働くことが多く、体操や読み書きを習えるほか、健康管理の授業や自然観察を兼ねた遠足、合唱団といった活動に参加することもできた。インディアナ州の矯正施設では、女性たちがギンガムチェックのスモックブラウスを身につけ、テーブルクロスと花で飾られたテーブルで食事をしたほどである。こうした動きは一九三〇年頃には勢いを失った。世界大恐慌に伴う財政難で継続できなくなったことがその一因である。

　出口に向かっているとき、同行している外務省の役人がこう漏らす。「なるべく女性たちの目を見ないようにしています。あまりに悲しくて。毎日刑務所に行くわけじゃなくてよかったですよ。ときどきだけですから。だって、わかるんです。色々なプログラムを受けられても、ちゃんと世話をされていても、あの人たちが幸せではないということが。自分の子どもや母親と一緒にいたいに決まっています」

　タイの伝統的な価値観に「ブンクン」というのがあり、大まかに訳すと「報恩の務め」というような意味になる。この考え方でいくと、女性が自分の子どもと母親の面倒をみるのは、ひとつの恩を与えると同時に別の恩を返す義務があるから、ということになる。男性の場合は僧侶になる道があるので、最も高潔な方法でこの恩に報いることができる。一方、女性は僧侶にはなれないため、家族の世話を主に担うというもっと世俗的なかたちで務めを果たすのだ。

　その日の夕刻、この世のものとも思えぬ壮麗な「暁の寺《ワット・アルン》」を訪ねる。寺は薄灰色の街並みを背に、色とりどりの砂糖菓子の国さながらにそびえ立っている。私はきらびやかな仏像を物珍しげに眺め、観光客のカメラをよけながらブンクンのことを考える。すぐに頭に浮かんだのは、スーパーモデル並みの容姿をもつムーンのことだ。私が滞在するホテルの支配人である。

「私は虎」。ある日の晩、おしゃべりをしているときにムーンはそういった。「あなたは？」

私は龍で乙女座、と返す。ムーンは母親と甥と一緒に暮らしているのだと語る。以前、婚約していたとき、相手の男性からゲイであることを打ち明けられた。その男性は今は女性になっているらしい。ムーンはウェディングドレスのモデルの仕事もしているが、結婚する気はまったくないという。

「私にはお寺がある。それにお母さんもいる。男は人を傷つけるけど、お母さんは――絶対にそんなことをしない」

一方の私に子どもはいないし、母に会うのも何か月かに一度だ。ロレインは一年のサバティカル休暇を犠牲にして母親の看病をしたと話していた。私は同じ休暇を使って世界を旅している。それに、私が一番強い絆を感じる相手は――メールが来ていないかどうかを絶えず気にし、別の国へ発つ前に電話をかける相手は――ニューヨークの刑務所を出た教え子たちだ。

パンがホテルまで車に乗せてくれ、今夜はどうするつもりかと尋ねる。

そして、私に口を開く間も与えずに、「私は両親のところへ帰ります。家族のところへ。きっと――退屈だと思われるでしょうね」

私は黙っている。それでも、羨ましい、と感じる。常識的な家族とのつながりは、もう何十年も私の日常にはない。とりあえずそれに代わるものとして、友人と、教え子たちと、追い求める大きな目標をつなぎ合わせて、自分なりの美しい「家族」をどうにかつくり上げてきた。

とはいえ、伝統的な家族観のもつ魅力が完全に色褪せることはない。今回の旅は、ばらばらになった家族の痛みに満ちている。それを目の当たりにすることで、私自身、家庭と呼べる拠りどころがなくて苦しんできたことを、あらためて鋭く突きつけられた気がする。

「母は高齢出産だったんです。私が五体満足で出てきてくれて嬉しい、って。母は私の一番の親友なんですよ」

あなたはなんて恵まれているんだろう。私は窓のほうを向いて外を見る。

＊

いよいよ様々な活動が行なわれる週となり、プログラム全体に「家路を見つけよう」という名前がつく。

ホテルで朝食をとりながら、私は『バンコク・ポスト』紙の人生相談欄に目を通す。「アニー様」。ロレインに読んで聞かせる。ロレインはまた悩んでいる。今日はカムランジャイ・チームと打ち合わせをしてから南西のラチャブリー県に向かい、刑務所内で演劇ワークショップをスタートさせることになっている。なのにいまだに具体的なことが決まっていない。私たちはこの週末を別々に過ごした。ロレインはバンコクに残り、私は北部のチェンマイに足を延ばしてから、ロレインと同じホテルに移ってきた。

「私の兄は婚約したばかりです」。私は読み続ける。「でも私は、相手の女性が、以前関係をもっていた男性にひそかにメールを送っているのに気づいてしまいました。教えてあげたほうがいいのでしょうか。それとも、ただ黙って顔につくり笑いを貼りつけておけばいいのでしょうか」

「確かに悩むわね」。ロレインは気もそぞろに返しながら、考えにふける。

「本当に。家族に対して忠実でいるか、性役割に対して忠実でいるかの板挟み。その女性は、微笑んで口をつぐんでいることを期待されているわけだから」

　不意に、ロレインはコーヒーを置いて目を上げる。

「それよ！　そういう筋書き！　刑務所でロールプレイング演習をするとき、そういう場面設定にしましょうよ。これならうまくいく。きっとわかってくれるはず」

　私たちは徹底的に作戦を練る。それから、目的地の刑務所に向かう前に会議室に行き、スピーチと儀礼と写真撮影の午前を過ごす。私たちの訪問は、カムランジャイ主催のミニ国際会議へと姿を変えていた。会議のテーマは、囚人向けセラピーの様々な手法について。各国からの代表者も来ている。出席者のひとりはブライアン・スティールズ博士。西オーストラリア州で先住民《アボリジニ》を研究する六七歳の上席主任研究員であり、刑務所で「物語療法」を実施する取り組みも行なっている。サニヤサはインド出身のヨガ・セラピストだ。オレンジ色のローブをまとい、白いターバンと数珠を身につけて、口数は少ないものの折に触れてヨガ行者然とした笑みを浮かべる。演劇療法の権威として知られるクル・チャンの顔もある。白髪まじりの長髪に、たっぷりとした顎ひげを蓄え、ハーレムパンツにサンダル姿。いかにも「古老の賢者」といった風貌だ。チャンの父親はタイ人として初めてＵＣＬＡを卒業し、タイ人として初めてハムレットを演じたのだという。

「昔の私はタイのジョニー・デップでしたよ」。数日前、チャンはそういってのけていた。ロレインと私がチャンの本拠地を訪ねたときのことである。車で郊外を抜け、何本もの運河が走る地域へと入り、低木を切り払ってつくった土地に出て、チャンの運営する「モラドクマイ」に到着した。ここは一種の生活共同体のような演劇学校であり、仏教徒の学生四〇人（大半は貧しい農家の出）がすべてのカリキュラムを演劇を通して学んでいる。私は疑問を口にした。仏教と演劇のあいだに関係があるんですか？

「関係などありません。同じひとつのものです」。チャンは謎めいた答えを返し、私はわけがわからず頭をかきむしった。

今日と明日、ロレインは刑務所で演劇療法のクラスを開き、私はアシスタントを務めることになっている。同時に私は、刑務所にも高等教育が必要であることを訴え、自分の「刑務所から大学へのパイプライン」モデルを推奨するつもりでいる。ナパポーンは私たちをＶＩＰ仕様のワゴン車に案内する。ホイールは金色、シートは革張りだ。これから刑務所に向けて南西へと進む。ナパポーンは見るからにエネルギーをみなぎらせている。先日、ナパポーンはこの仕事に携わることになったきっかけを教えてくれた。王女がナパポーンの大学を訪れて、カムランジャイ立ち上げのために教授陣と面接したのだという。それ以前のナパポーンは、タイの少数民族や身体障害者など、ほかのかたちで恵まれない人々を相手に活動していた。ところが、刑務所に足を踏み入れて女性たちと顔を合わせたとたん、もはや仕事というより取り憑かれたようになった。その気持ちはよくわかると私は返した。

「カムランジャイがいつまで続くかわかりません。毎日心配です。プロジェクトが終わってしまうんじゃないか。資金が底をつくんじゃないか。だから頑張るしかないんです。できるだけ多くの人に影響を与えられるように。ですよね？」それから、近々ミャンマーとの国境近くの刑務所でも活動を始める予定だと話した。

「暗くて、定員超過の刑務所です。バズ、私は何をしたらいいと思います？　改善するために、どこから手をつけたらいいのか。他者への理解を深めさせるために、職員に感受性訓練をする？　あるいはヨガ？　これは不安を取り除いてよく眠れるようにする効果があります。牢屋の中で寝るのは容易ではありませんから。でもこのプロジェクトはすごく大変な気がします。問題はあまりに大きいのに、変化はあまりに小さい」

私は返事の代わりに、教え子のひとりマーティンの話をする。マーティンは元受刑者で、出所した直後に危うく刑務所に舞い戻りそうになった。酒場で喧嘩をして、目にあざをつくって私のオフィスに現われたのである。そして、学校に行くとか金を稼ぐとか、もう忘れることにする、と肩をすくめた。だが、私にしつこく説得され、大丈夫だと励まされ、何か月も愛の鞭をふるわれ、文字通り引きずられていって履修登録をし――仕方なくジョン・ジェイ・カレッジに通い出した。今や哲学を専攻して優秀な成績を収め、法科大学院を目指し、とある一流法律事務所で有給インターンとして働いている。

「たったひとりしか救えないとしても、素晴らしいことです」。それがナパポーンの溜息に対する私の答えだった。

　南西を目指すワゴン車の中で、私は隣の席のブライアンとおしゃべりをする。

「どうして刑務所の仕事をするようになったんですか？」

「自分が入っていたからね」

　ブライアンは、本人いわく無実の罪で三年間服役した。その後、自身の心に大きな傷を残した刑務所の改革に人生を捧げるべく、また塀の中に戻ったのだ。もともと社会学と犯罪学を学んでおり、いわゆる「囚人犯罪学者」のひとりである。これは、刑事司法制度と関わった自身の経験をもとに研究を行なう学者のことで、近年その数を増してきている。

　それから私たちはブライアンの服役中の話に夢中になる。私はもうすっかり小声だ。「で、奥さんの反応は？」

「離婚されたよ。すぐに学んだね、家族は壊れやすいっていうことを。家族は絶対じゃないってことも」

　私は激しく頷く。「友人こそが自分で選びとる家族だから」。これは自分なりの格言のひとつだ。

「そのとおり」。ブライアンは微笑む。

　ふと、窓の外の景色に目を奪われる。豊かな緑の山々と水田がどこまでも広がっている。どうして世界のどこを訪ねても、地獄への道のりは素晴らしい眺望で埋めつくされているのだろう。やがてそれは不意に途切れ、コンクリートの塔と、それ以上に不穏な有刺鉄線のきらめきへと一八〇度様変わりする。思わず息の止まるような、醜悪さと美しさの合体。約九〇〇〇人の女性が収容されている「ラチャブリー中央刑務所」が私たちを待ち受けている。にぎやかな中庭に入ると、カートに本を載せた小さな移動図書館が甲高い響きの音楽を鳴らし、ケーキとコーヒーを出すスタンドには白いエプロン姿の囚人がふたり立っている。色つきの厚紙を切り抜いてつくった「ラチャブリーにようこそ」というポスターが見える。

とある一角では十数人の女性が折り紙に没頭し、バスケットをつくったり動物の赤ちゃんをこしらえたりしている。紙を使って、軍服の正装姿の刑務所長の巨大な肖像を表現している者もいる。ナパポーンが折り紙のバスケットを私の腕にかける。「おしゃれ！」矯正官のひとりが笑う。すかさずふたりの囚人が、紙の子犬とネズミをバスケットに入れる。

「さあ急がないと――もうすぐヨガが始まってしまう」。ナパポーンがロレインと私に声をかける。案内されて大きな別棟に入ると、光を反射する白い床の上に数百人の女性がじっと座っている。タピオカ粉の甘いお菓子と水が配られ、いい香りのするおしぼりが手渡される。その間《かん》、黒のトップスと黒いレギンス姿の女性が二五人ほど、前に進み出る。その多くが髪を凝った形に編み上げ、鮮やかなピンクの口紅をつけている。

歌が始まる。囚人たちの高い声で歌われると、切ない子守唄のようだ。隣にいたチャンが通訳してくれる。

「人生の浮き沈み。いつでも夢を灯し続けよう。人生は山あり谷ありでも、希望は残る。信じ、愛し、希望をもつ」

歌は延々と続き、黒の上下の女性たちがヨガのポーズを始める。それは壮麗な舞だ。みなで円を描き、ピラミッドの形になり、優美に足を一八〇度開き、下を向いた犬のポーズをとる。最後に最大の見せ場として、全員で蓮の花を形づくる。同じポーズを力強く二分間保ち続け、それを見ながら私たちは割れんばかりの拍手を送る。有刺鉄線の内側にこんなに美しい光景があるなんて。私は涙にむせぶ。

だが泣いている暇はない。ナパポーンはチャン、ロレイン、ブライアン、サニヤサ、そして私を刑務所の様々な場所に送り込み、それぞれの仕事を始めさせる。

私たちが担当する生徒は二五人いて、半円を描くように立ってそわそわしている。

「ここは演劇のための場所。つまり自由になるための場所です！」ロレインが溌剌とした声で宣言する。教室でのロレインは人が変わったように、自信に満ちて堂々としている。

「演じるのが好きな人は？」

全員がおずおずと手を上げ、なんとか気に入られたいといった様子で笑顔を見せる。まずは緊張をほぐすために、ミラー・エクササイズを始める。生徒はふたり一組になり、色々な動きをするように指示される。パートナーは、相手の一挙手一投足をそっくり真似しなければならない。しかも笑わずに。

ロレインと私も一緒に同じエクササイズをする。ロレインが激しく震えながら変な顔をするので、危うく表情を大きく崩しそうになる。女性たちはくすくすしはじめ、吹き出して笑いそうになるのをこらえようと、飛び跳ねたり手を振ったりしている。ふたりの矯正官もそれぞれ四人と組んでエクササイズを続け、目を剥いたりおかしな顔をしたりしている。ひとりが愛嬌のある真ん丸な顔をしていて、ついそちらに目が行く。

ウォーミングアップがすんで、いよいよ導入部に入る。半円に並んで、とロレインが指示する。隣の人の腰に手をまわしている者もいれば、互いの肩にもたれ合っている者もいる。これからひとりずつ、自分を表現するのにぴったりな形容詞をつけて自分の名前をいってください。

「可愛い《ラブリー》ロレイン」。ロレインが口火を切る。

「多忙な《ビジー》バズ」

ご機嫌なプロイ。

陽気なプレイム。

おどけたジョイ。

お母さんみたいなナン。

娘みたいなピム。

愉快なワンディ。

女性たちの表情はどんどんほぐれていき、恥ずかしそうなくすくす笑いが影をひそめていく。

私は新聞の切り抜きを取り出して読み上げる。通訳がすかさずタイ語に直していく。登場するのはまずアニー、と私はみなに告げる。それから兄のジョン。婚約者のリサと、その恋人かもしれないロバート。上司のトム。

　ひとりの生徒が手を上げる。

「でも、ロバートってどういう人ですか？　仕事は？」

「いい仕事をしていて、お金持ち」

　脇で見ていたナパポーンが、私に合図をして部屋の隅に連れていく。そして、ロバートは麻薬の密売人でなくては、という。華やかな暮らしやお金をちらつかせてリサを誘惑し、真面目に働く婚約者から引き離そうとしているのだ、と。

「そうすれば、みんなにとって教訓になります。悪い男とつき合ってはいけない、という教訓に。こういうのはおなじみの状況なんですよ。みんなそんな暮らしをしてきたんです」

　私は元の位置に戻って生徒たちに伝える。「ロバートは麻薬の密売人。大金をもっている」。囚人たちの目が大きく見開かれる。私たちの教室のうしろには先ほどの大きな別棟があり、サニヤサがヨガを教えている。そこで繰り返し唱えられる「オーーーム」というマントラが、教室に漏れ入ってきて私たちのＢＧＭになる。

「一方のジョンは長い時間働いている」。私は続ける。「ジョンはどんな仕事？」

「車のセールス！」ひとりの女性が叫ぶ。

「いいわね。しかも夜遅くまで一生懸命働いている。だからリサはひとりでいることが多くなって、それを不満に思っている」

　これからクラスでどういう場面を演じていくかをロレインとふたりで大まかに説明する。

「演じてもらう人を決めなくては！　リサをやりたい人は？」ロレインが尋ねる。細身の女性が手を上げてさっと立ち上がる。長い髪を赤いリボンでポニーテールにしている。では、ジョンは？　みないっせいに、四角い顔でショートヘアのがっしりした女性を指差す。女性はドタドタと教室の前に歩み出る。裸足で、顔を赤らめている。

「舞台がいるわね！」とロレイン。

女性たちはすぐに行動を起こし、てきぱきと椅子を運ぶ。このあたりがジョンの職場で、ここにコンピュータがあるつもり。このチューリップはレストランに飾る。リサはそこで待っていて、やがて立ち上がってロバートに会う。

第一場。みんな、即興で演じてみて！

ジョンはオフィスで延々とキーボードを叩いている。上司が登場。さらに仕事をいいつけ、残業するよう命じる。ジョンは宙で指を動かし、凄まじい集中力でタイプを続ける。一方、リサはポニーテールをもてあそびながら、見えない携帯電話をチェックする。それから、手鏡を取り出す真似をして口紅を塗る。ジョンは相変わらずキーボードに向かっている。

「カット！」ロレインが叫ぶ。今日はここまで、続きはまた明日。

「あああああ」。女性たちは残念そうに声を揃え、こちらにしきりに手を振って別れの挨拶をする。

「うまくいったんじゃない？」とロレイン。ナパポーンが私の折り紙バスケットをよこす。

「驚きました」。通訳の女性が思わず漏らす。この女性は保護観察官で、以前は教師をしていた。「私の教室では、みんなとてもおとなしかったものです。自分の感情をけっして表に出そうとしませんでした。よきタイ人女性、とでもいいましょうか。でもここではまったく違います」

その言葉を聞いて、先週チャンの学校を訪問したときの光景を思い出す。野外円形劇場の座席で、ライチやマンゴスチンを頬張っていたときのことだ。チャンピオンという名の生徒がこう説明した。「演劇は真実以上のものです。ほかの手段ではいえないようなことを語らせてくれます」。チャンピオンの隣にいた少女も頷く。「口に出せなかった物語を話す場が与えられるんです」

ロレインから「役割の剝奪」というのを聞いたことがある。普段の私たちは重層的な生活を送り、複数の役割を演じることに慣れている。たとえば、ひとりの人間が母でもあり娘でもあり、職業人であると同時に妻でもあり生徒でもある。にもかかわらず、それらをすべて取り上げ、「囚人」というたったひとつの限定された役割を押しつけて、張り合いを失わせる。それが「役割の剝奪」だ。囚人に演劇をさせると、その状態から一種の復活を果たさせてやれるという効果がある。「囚人」以外の役割に扮することで、短い時間とはいえ再び重層的な自己を取り戻すのだ。その兆しは確かに今日も感じられた。楽しそうに演技をしていたときもそうだし、すでに冒頭のエクササイズの段階からみな「従順な囚人」という殻を脱ぎ捨てていた。

私たち一行は刑務所の建物を出て、敷地内にある凝った装飾の寺院の横を過ぎ、セキュリティゲートを通る。月明かりに照らされた景色を車であとにしながら、私はブライアンに物語療法のセッションについて尋ねる。名前の響きから察するに、自分の人生の物語を打ち明けあうことで、その物語をよい方向に変えていくプロセスなのに違いない。ブライアンはひとりの女性の話をする。七年間も子どもに会っていないと、セッションのあいだじゅう泣き通しだったという。

「そういうときはどう言葉をかけるんです？」

「自分の身の上話をしたよ」。ブライアンは淡々と語る。「子どもたちは私を拒絶した。つらいね。幾晩もひとり座ってワインを飲む。多すぎる量をね。食道をやられるのはわかっているのに。じつは胃がんなんだ」。私は目を見開く。

「おまけに二度目の妻は何年も病気で、もう手の施しようがない。これが私たちの人生の現実だよ。みんな、様々な不運の犠牲者だ。でも、そうならない選択をすることもできる。自分自身の物語を読むときに、自分を犠牲者の役回りとして語るのを拒むことはできる。一度それができれば、私たちの勝ちだ」

その日泊まる予定のホテルに着くと、カムランジャイ・チームが待っている。部屋は標準的だが、ディナーはまたもや豪勢なタイ料理のビュッフェだ。演劇療法の権威チャンは、ジーンズとアビイ・ロードのTシャツに着替え、私に魚のチリソースを勧めてくれる。

「アメリカではこういう魚を何というんだろうね。この白い魚。骨抜きにされて子どももいない」

「なんて気の毒な」。スプーンをもち上げながらロレインが返す。

その晩、一行は夜の街に繰り出す。最後にたどり着いたのは、アメリカ中西部の酒場を思わせる店だ。ギターでビージーズの「愛はきらめきの中に」を弾き語りする男性まで揃っている。私はシャンパングラスで、ピンク色に泡立つ得体の知れないものを飲む。みんな大喜びだ。「酔っ払わないでくださいよ、教授」と笑う。酔ったりはしない。でもブライアンと一緒に今日の悲しさを心から締め出そうと、店の酒瓶を全部空にする。私たちはタイ産のラム酒をすすり、刑務所や家族について語り合う。伝統的な家庭がときに監獄になりうることについても。そして、絆を深め、おしゃべりをし、互いを優しく受け入れあううちに、いつのまにか私は家庭というあのとらえどころのない感覚を味わう。

*

「みんな練習してきたそうですよ」。翌朝、ロレインと私が生徒たちに挨拶していると、通訳の女性が声をかけてくる。女性たちは素早く舞台を整え、各自の役割を演じる。

ジョンはオフィスでコンピュータの入力に精を出す。癇癪もちの上司を演じる女性は、矯正官のような威厳を漂わせている。リサはポニーテールを揺らしながら、レストランでジョンを待ちわびている。その隣のテーブルにいるロバートは、ひとりぼっちの女性にいい寄ろうとしている。ほどなくして、ロバートは次から次へとリサにプレゼントをする。プレゼントの代わりに渡すのは、折り紙のバスケットや黄色いフェルトのチューリップだ。その頃ジョンは気落ちした様子で、携帯電話に見立てたビーチサンダルを覗き込み、どこか様子のおかしいリサからのメールをスクロールしている。クラス中が釘づけになる。

「プロポーズのシーンはどういうふうにしたらいい？」私たちは女性たちに尋ねる。「場所は？」

「プーケット！」全員が声を揃える。

ふたりの女性が弾かれたように立ち上がり、日を浴びてそよぐヤシの木になる。さらにふたりが背景の波の音を真似する。そしてジョンはリサの前で片膝をついてひざまずく。リサは明らかに迷っている。善良で真面目だが生活の苦しい男性をとるのか、あらゆる贅沢をさせてくれると手招きする金持ちの麻薬密売人を選ぶのか。生徒たちは四つのグループに分かれ、それぞれが考える結末を演じる。

グループ1が舞台中央に現われる。リサはジョンを選ぶ。ジョンの腕の中に飛び込み、映画の一シーンのように抱きしめられる。ふたりはまもなく子どもを授かり、ずっと幸せに暮らす。一方、ロバートは逮捕され、見えない手錠をかけられて、わめきながら退場する。

拍手！

次はグループ2。リサは涙ながらにジョンのプロポーズを断る。だが、ロバートの口説き文句もはねつける。「私は自分を選ぶわ！」リサはそう宣言し、勝ち誇った様子で両腕を突き上げながら上手《かみて》へと去る。

今度はグループ3だ。リサはロバートと駆け落ちする。見えない毛皮をまとい、贅沢な暮らしに溺れ、ヤーバー中毒になっていく。舞台の隅でうずくまるその最後の姿は、勝利とはほど遠い。

　おしまいはグループ４の演技だ。リサはロバートと駆け落ちする。その後、ふたりは逮捕され、刑務所送りとなる。ポニーテールがすっかり乱れたリサは、涙に暮れながら牢獄の窓から外を見つめ、かすかにジョンの名を呼ぶ。

　女性たちはお辞儀をする。拍手が鳴りやまない。

　私たちは最後に「贈り物」というエクササイズをする。輪になって立って手をつなぎ、何か相手のためになると思う言葉を隣の人に伝えるのだ。ロレインから始める。隣の女性に贈る言葉は「希望」だ。

「私が贈るのは――もうすぐ家に帰れますように」。ひとりの囚人が隣の囚人にいう。

「私からは――もうすぐ家族に会えますように」「このつらい時期を忘れられますように」「お子さんに会えますように」「またお母さんの面倒をみてあげられますように」

　例の丸顔の矯正官も私たちの輪に加わっている。きつく手を握る隣の囚人に送った言葉は、「愛」だ。

　隣の女性が私に贈り物をしてくれる。「お仕事で成功されますように」。そう告げて微笑む。私は女性の手を握りしめながら、なんて悲しい皮肉だろうと思う。ほかのみんなは「愛」や「家族」をもらう。私は「仕事」だ。「それと、またすぐ私たちに会いに来てくださいますように」。私の心を読んだかのようにそうつけたす。

すると次に、私には初めてのことが起きる。ハグだ。しっかりと長く、家族がするような抱擁があちこちでかわされている。

オーティスヴィル刑務所では、自分の教え子をハグしたいと思ったことが何度もある。ロンが五度目の仮釈放拒否をいい渡されたとき。フリオが、一〇代だった二〇年前に、虐待された怒りにまかせて人を殺したと泣きながら打ち明けたとき。また、マークが初めてAの成績をとり、今の今まで自分に何か秀でたところがあるとは思ったこともなかった、と漏らしたときもそうだ。けれどもちろん、男子刑務所で女性からハグをするなど考えられない。ハグは出所するまでお預けだ。

女性たちはひとりずつ、私をしっかりと抱きしめてくれる。私の目に、ロレインの目に、すべての女性たちの目に、どうしようもなく涙があふれる。なんで自分たちが泣いているのか、私にはよくわからない。たった二日だけなのに。しかも、女性全員の名前を覚えたわけでもないのに。別れがつらくて涙しているというより、一種のカタルシスであるような気がする。さもなければ、ワークショップを通じて培われた心の絆が、目に見えるかたちとなって現われたのかもしれない。演劇はグループ全体で経験するものなので、驚くほど共同体としての一体感を生む。そして人前で演じ、仲間や第三者の目にさらされることは、囚人にとって力強くこう宣言しているのと同じなのだ――私は見られている。私は存在している。

不意に、演劇と仏教は同じひとつのものだというチャンの謎めいた言葉が腑に落ちる。演技《アクティング》をすることは反応《リアクティング》することなのだ。自分の役を演じるには相手が必要であり、相手の役を感じられないといけない。これもまた仏教の教えのひとつである。つまり、仏教ではすべてのものがつながっているととらえるので、「あなた」と「私」は別個の存在ではない。この国の挨拶の仕方にもそれが見て取れる。「やあ」と片手を上げて「私」を誇示するのではなく、両の手のひらを合わせて「あなた」と「私」がひとつの存在であることを示す。ある仏教学者の言葉を借りるなら、他者とは「自己の延長であり、同じ現実の別の面を映す仲間[2]」にほかならない。この対極にあるのが、たとえばイプセン作『ペール・ギュント』に出てくる精神科病院の強烈な描写だ。「それぞれが自己という大樽《おおたる》に閉じこもり、それを自己という栓でふさぎ、自己という井戸の中で熟成されている[3*]」

刑務所にいる人たちも、つながり合った人間全体のネットワークの一部だ。彼らは私たちであり、私たちは彼らである。彼らにひどい仕打ちをすることは、自分たちがひどい仕打ちを受けることだ。仏陀は短い三つの文章で、刑事司法制度と囚人の社会復帰《リエントリー》支援制度のあるべき姿を端的に表現している。「あなた自身を他者の中に見出しなさい。さすれば誰を傷つけることができよう？　どんな害をなすことができよう？」

出口に向かいながらロレインが溜息をつく。

「ここに住んでもいいくらい」。馬鹿げた言葉だというのは本人も承知している。でも、私にはその気持ちがわかる。ここは本質的には恐ろしい場所だ。女性が、母親が、娘が、血肉を分けた者たちから切り離されて人間倉庫に放り込まれている。それでも、ばらばらになった家族の残骸から、カムランジャイはどうにかかけらを寄せ集め、ここの女性たちのあいだに姉妹のような絆をつくり上げた。それはひとつの連帯感で結ばれた共同体である。あくまで断片をつないだ家族なので、あちこちひびが入っているし、付け焼刃的な糊づけがされているだけだ。それでも、一種の家族であることに変わりはない。そしてそれはまさしく、ポップカルチャーが広めてきた囚人の姿とは対極にある。囚人は暴力的で獰猛で、人間性のかけらもない存在としてことさら醜悪に描かれてきた。おかげで世間は囚人のことを、檻《おり》で暮らすのが当然だとして何の疑いもなく切り捨てている。

「ヨガ・セラピーはいかがでしたか？」私たちがワゴン車に乗り込むとき、ナパポーンがサニヤサに尋ねる。サニヤサは満面の笑みを浮かべる。

またあの言葉だ――「セラピー」

確かに今週はその言葉が盛んに口にされている。しかし、やはり刑務所でよく使われる「更生」と同じで、聞いていてじつに耳障りだ。今日の演劇クラスの生徒たちがどんな嫌疑をかけられているのか、あるいはどんな罪で有罪になったのか、私は知らない。薬物依存で苦しんでいる人がどれだけいて、夫のために運び屋になったのが何人いるのかもわからない。ただ、ナパポーンとチームのおかげで大まかなデータは把握している。それを踏まえるなら、おそらく今日の生徒たちの四人にひとり程度は加害者ではなく被害者なのだ。バンコクでは女性の二三パーセントに、またタイの農村部では女性の三四パーセントに、パートナーから虐待を受けた経験がある。内三九パーセントは性的虐待だ。あの女性たちは、経済の面でも教育の面でも、あるいは社会的な地位の面でも、恵まれない境遇にあった可能性が高い。自分がどんな法を犯したのかも気づかないまま、その法律の過酷な影響をこうむっている。仮に犯罪や刑罰について完全に理解していたとしても、彼女たちには弁護士を雇う金銭的な余裕などない。これはアメリカでも同じだ。起訴されたアメリカ人の約八〇パーセントに代理人を立てる資金がない。ある調査によると、投獄されているタイ人女性の七四パーセントが、取り調べ中に弁護士をつけてもらえなかった。内四〇パーセントが高圧的な尋問で脅され、一二パーセントは身体的暴行の被害に遭っている。

　こんな状況で必要なのは癒しやセラピーだろうか。それとも、こうした女性たちに適用される法律だろうか。過酷な薬物政策のせいで、世界のどこでも刑務所は人であふれている。アメリカとメキシコの連邦刑務所では、薬物使用者と密売人が囚人全体の半数あまりを占める。スペインではそれが全体の四分の一、日本では五分の一程度だ。マレーシアではその両者が、約九〇〇人いる死刑囚の半数を超える。しかもこれらは少量の薬物にしか関わっていないケースが大半であり、世界全体で見るとその八三パーセントあまりは薬物所持で有罪になっている。

　どれだけヨガや演劇を実施したところで、この現実の過酷さが癒えることはない。

　思い出すのは、囚人に力を与えようとする小ぎれいな標語の数々だ。それらは、南アフリカからアメリカに至るまで、刑務所に壁紙のように貼られている。たとえば、プラス思考であなたの人生を変える力をあなたが手にするための12ステップ・スローガンとか、未来はあなたの手の中で大きく開けている、といった内容のものだ。心の牢獄から自らを解き放て！　だがこうした言葉は、社会の不公平な制度や構造から責任を取り除き、それを不当にもじかに個人に押しつけているのと同じだ。不利な条件をはねのけ、自分の前に立ちはだかる制度や構造に打ち勝つのは、超人にでもならないかぎり無理である。

一行は一緒に車でバンコクに戻る。その夜、ホテルのバーで、笑顔のタイ人女性がブライアンと私に酒を運んでくれる。さっき私が別れを告げた囚人たちと瓜ふたつに思えてならない。ホテルの制服が、丈の長い紫のドレスが、囚人たちが着ていたものとよく似ている。ただ、高価なシルク製というだけだ。恥ずかしそうな顔で髪をいじりながら「レストラン」で待つ「リサ」の亡霊が、あるいは見えないキーボードを叩き続ける「ジョン」の亡霊が、私につきまとって離れない。結局、あの女性たちのことは演技でしかわからない。けれど、演技が本当の自分と同じくらい正確に自己を語る場合はあるものだ。なぜって、本物の自己よりもっと自由だからである。とくに、自己が閉じ込められ、鉄格子の向こうに埋められているときには。

＊

数週間後、ニューヨークにいる私のもとにメールで招待状が届く。八月にもう一度タイにいらして、今度は王女殿下ご本人と面会されませんか？

そういえば、グループとして最後に集まったミーティングの席で、ナパポーンはこの「家路を見つけよう」チームを夏にまた招集したいと話していた。王女がラチャブリーを視察する予定になっているからである。そのとき私はＯＫの返事をしたものの、多少の申し訳なさを覚えていた。タイの教授ではなく、私でいいのだろうかと思ったからだ。

とはいえ約束したことは守る。王女殿下その人にぜひとも会ってみたいというのが、理由の少なくともひとつだ。というわけで、夏も終わりに近づく頃、私は車でラチャブリーに向かい、再びオレンジ色の海の中にいる。オレンジは王女の誕生日色であり、それが横断幕にもリボンにも、テーブルクロスにもテントにも、刑務所のいたるところにあしらわれているからだ。何百人という報道陣や政府関係者、スーツとネクタイ姿の役人風の面々が動きまわっている。女性囚人たちは文字通り脇に追いやられ、端のほうできちんと整列して辛抱強く座っている。私は以前会った生徒たちを探して女性たちの顔に目を走らせるが、あの控え目な微笑みはどこにも見当たらない。だが、例の丸顔の矯正官が、王女を迎えるテントの中で私たちと一緒に着席しているのを確認する。このテントにはクッションのついた立派な椅子と、小さな演壇が置かれている。

これでもかというほど湿気がひどい。玉の汗が腕を伝い、淡い水色のドレスにしみ込んでいく。王女殿下の御前で濃い色の服を着ないようにとのお達しが、カムランジャイ・チームからメールで届いていた。

私たちは王女を待つ。さらに待つ。

その間《かん》、入念な演出の施された一連の手順の説明を受けるうち、一日は現実離れした様相を帯び始める。たちまち私はリハーサルもないままに舞台の主役を演じる羽目になり、しかも舞台袖からはわけのわからない演出指示が飛んでくる。ここで向きを変えて！　そこで頭を下げる！　この通路を歩く、右足から！　身をかがめたまま自分の席に戻ること！　そう、王女様が着席されたら、近づく際にも這っていかなくてはいけない。庶民が王女様より高い位置にいるなどもってのほかなのだ。カーテシーの挨拶を練習してみて、片足を引いて膝を軽く曲げて。ロレインと私は指示を受ける。一度目のカーテシーは立ち上がったらすぐに行ない、それから片手を差し伸べて王女様からの贈り物を受け取る。まだ目を合わせてはいけません！　二度目のカーテシーのときには目を合わせても大丈夫。囚人たちが手製のほうきで赤い絨毯を掃き清める。法務大臣が到着し、カメラマンがシャッターを切り続ける。

　ついに王女殿下が姿を見せる。慎ましやかな足取りで、パウダーブルーのスーツにデザイナーズブランドのパンプス、手にはシャネルのハンドバッグ。そしてその装いに似つかわしい、はにかむような微笑み。贈り物を受け取る際、私は奇跡的にきちんとカーテシーをし、席に戻る。

　とうとうロレインと私が金色のマイクに向かう番が来る。ロレインは刑務所で演劇を行なうことの重要性を説き、私は囚人教育の意義を訴える。ナパポーンは人間の尊厳を重んじることと、タイの司法および刑罰制度を抜本的に改革することを求める。サニヤサのヨガのクラスの女性たちが見事なルーティンを披露し、王女から修了証を受け取るために一列に並ぶ。ひとりまたひとりと優雅なカーテシーが続く。最後に、王女は金色の椅子に腰かけたまま、マイクのほうに身を乗り出す。

「刑務所は、誰も目を向けない暗い場所であってはなりません」。抑揚をつけずに言葉を述べる。それに続く話は、通訳を介する過程で意味がよくわからなくなってしまう。ただし、囚人たちに直接向けられたひと言は別だ。「あなたがたに大きな幸せが訪れるよう願っています」。その言葉とともに、王女は去っていく。

すると、女性囚人たちがどこからともなく現われ、耳に残るあの子守唄を歌い出す。私がいまだに頭から締め出すことのできない、あの歌。ただ、今度のチャンの通訳は違う。「善い行ないをすれば報われる。希望を与えよ。善行をせよ。善行をせよ」

すべての日程が終了する。

出口に向かいながら、ナパポーンはすっかり舞い上がっている。出席した大学の仲間は「刑務所から大学へのパイプライン」が導入できないか検討したいと考えているんですよ、王女殿下は大変に感銘を受けておいででした。

帰国する前、私たちは「リン・ファ」という広東料理のレストランでディナーを囲む。

「あなたがたのためのショーだったと、お気づきなんでしょうね」。ナパポーンは北京ダックを皮で包みながら切り出す。

「三つの刑務所を訪問しているあいだのすべてが、ということですね？　そうだろうと思っていました」。私は認める。

三つの刑務所で、カムランジャイが素晴らしい成果をあげていることは事実だ、とナパポーンは言葉を継ぐ。人目を引くだけのために物珍しいプログラムを実施しているわけではない。だがそれらは例外で、タイのほとんどの女子刑務所は、残念ながらこれまで見てきたものとは似ても似つかない。そう説明して、苦笑いを浮かべる。

「ニュースをご覧になりました？　どのメディアも私たちの話題でもちきりですよ！」スマートフォンを取り出して見せてくれる。確かに、タイ語の字幕とともに私たちの姿がある。国中のあらゆるテレビニュースに、新聞の一面に。つまりこれはお祝いの晩餐会ということなのだ。今週は「王女《プリンセス》と刑務所《プリズン》」が見出しをにぎわすのだろう。

　そのときふと思い至る。タイでの本当の意味でのお芝居とは、私たちのワークショップではない。前回と今回のタイ訪問の全体だったのだ。カムランジャイの刑務所は現実を表わしているというより、実現可能な現実を演じているのである。ありのままの姿ではなく、ありえる姿。だからといってその価値が下がるわけではない。それどころか、演技には力がある。笑っているふりをすることで、心の底から笑えるようになることもある。ひとつのモデル刑務所が、いずれすべての刑務所になってもおかしくはない。

　昨日のラチャブリー刑務所でのことも壮大な芝居だった。同時にそれは、「可能性」から「実際」へと道を開くものでもある。タイ国民が急に囚人に注目しだしたのはどうしてか。そして、囚人の住みかである忘れられた暗い場所を見つめたのはなぜか。それはまさにその場所の真ん中に、敬愛する王女がシャネルのバッグを手にして立ったからだ。さらには、尊敬される外国人の学者として私たちもそこにいた。王族の特権――と白人の特権――がより大きな大義のために、考えうるかぎり最も素晴らしいかたちで具現化した。その種の特権が実際に魔力を発揮することは、ルワンダでも目の当たりにしたとおりである。その魔力のおかげで、私はサントスのために刑務所訪問プロジェクトをスタートさせる許可をとりつけた。ロレインと私がこの国に必要とされた本当の理由が今ならわかる。専門知識や経験が求められたからではない。ひとえに私たちが外国人で白人だったためだ。今回の舞台は、タイの刑務所改革活動家がこれまでに演出した広報活動のなかで最大級の成功を収めた。白人の外国人は、その成功に不可欠な要素だったのである。

しょせん、広報活動とは念入りにつくり込まれた芝居にほかならないのだ。そして、刑務所とその内側にいる人たちについて考えさせるうえで、広報活動ほど重要なものはない。政治家たちは麻薬法をつくってあの女性たちを投獄した。だが、その政策がどちらの方向に向かっていくかは世論によって決まる。だとしたら、犯罪と司法に関する世論を、いわゆる「犯罪者」に関する世論を、変えてやればいい。囚人たちは世間が思っているような邪悪な怪物ではない。過酷すぎる法律の哀れな犠牲者なのだ。見よ、熱心にヨガに取り組み、王女殿下を献身的に崇拝しているではないか。実際に世論が変化すれば、政治家は囚人たちの心と知性に配慮せざるを得なくなる。世論の影響がいかに大きいかはアメリカが証明している。一九八八年、ジョージ・H・W・ブッシュとマイケル・デュカキスのあいだで、のちに大きな意味をもつことになる大統領選が闘われた。このときブッシュ陣営は、人種差別臭も漂うテレビコマーシャルを繰り返し流した。その内容は、デュカキスが知事を務めていたマサチューセッツ州で「囚人の週末一時帰休制度」を利用して、終身刑囚のウィリー・ホートンという黒人が刑務官の手をすり抜け、最終的に強姦と強盗で新たな犠牲者を出した、というものである。このコマーシャルはブッシュの勝利に大きく貢献しただけでなく、以後の政治家の論調にも深甚な影響を及ぼしたといわれている。おかげで、「犯罪に甘い」というレッテルを貼られることが、政治家にとっては即死を意味するものとなった。

だが、市民が刑務所に批判的な目を向ければ、政治家も同じようにするだろう。刑務所の利点を市民に売り込むことができるなら、刑務所の悪しき側面を知らしめることも同じくできるはずだ。ようするに、芝居の仕方を変えること、見せ方を変えることは、けっして小手先だけの行為ではない。それどころか、刑務所制度の核となるものを根本的に改める力をもっている。

第５章　独房監禁と超重警備刑務所——ブラジル

矯正のために彼らは完全なる隔離状態に置かれている。しかし、これほどの絶対的孤独は、仮にそれを乱すものが皆無だとしたら、人間の力で耐えうる限界を超えている。それはたちまち情け容赦なく犯罪者を破壊する。矯正するのではない。殺すのだ。[1]

——アレクシ・ド・トクヴィル

人が独りでいるのは良くない。

——「創世記」二章一八節〔新共同訳〕

「カスカヴェル」とはポルトガル語で「ガラガラヘビ」のことだ。

それはまた、ブラジル南部のパラナ州にある小さな市の名前でもあり、その市はアルゼンチンとの国境近くにある。サンパウロから飛行機を短く二本乗り継ぎ、カスカヴェルの小さな飛行場から目的地までさらに車で一時間。目指す先は、カスカヴェル以上に小じんまりとしたカタンドゥーヴァスという町だ。車窓には、まるで魔法の国のような景色が次々に飛び込んでくる。爪の先のような細い月が朝の空に残り、豊かに生い茂る緑のところどころに奇妙な形の松の木が点在する。マッチ棒の先に逆さの虹を載せたような姿だ。命を吹き込まれたダリの絵である。

私のサバティカル休暇はすでに終わっている。しかし、「刑務所から大学へのパイプライン」の新入生に英語入門クラスを教える合間を縫い、どうにか数日の休みをつくってここに来ている。目的地の前で車が止まる。これまでの刑務所訪問で、かならずといっていいほど目にしてきたのと同じものが見える。つまり、アメリカの一部を切り取って、異国の地に放り出したかのようなのだ。なんとも不吉な既視感である。ここは「カタンドゥーヴァス連邦刑務所」。超重警備刑務所（通称「スーパーマックス」）としてはブラジル初だ。最近ではこの連邦刑務所のことをよく耳にするようになってきた。ブラジルは大量投獄を推し進めてきており、ここにはとりわけ凶悪な囚人たちが収容されている。

ブラジルの刑務所人口は五五万人強。南北アメリカ大陸で最も急速にその数を増やしつつあり、過去二〇年ほどで囚人数は四倍近くになった。最大級の警備体制がとられたスーパーマックス刑務所での独房監禁の実態を、私はこの目でじっくり見てみたいと思っている。この種の刑務所は二五年くらい前から世界中に広がりつつあるが、ブラジルでの歴史はまだ比較的浅い。現在、アメリカだけでも推計約八万人が独房監禁の状態にある。拘置所や移民拘留センター、少年院や軍事施設も含めれば、その合計は一〇万人に迫る。親が自宅に懲罰のための監禁部屋をつくったら、おそらく児童虐待で訴追されるだろう。それなのに、アメリカでは何千人もの少年少女が独房に閉じ込められている。この現実が私にはどうしても理解できない。

今回の訪問につき添ってくれているのはアンドレだ。ホワイトカラー犯罪専門の弁護士として、国内の刑務所で無償の活動を行なっている。「おかしいな」。シートベルトを外しながらアンドレがつぶやく。「前回は、でかい銃をもった男がふたり待ってくれていたのに」。今日はただただ金属と有刺鉄線の海だ。人間性というものを吸い取られて干からびたかのようである。フェンスの赤い標識には、「注意」とか「警告」とかいった意味らしきポルトガル語が見える。

　アンドレは車から降り、直立型のインターホンに向かって大きな声を放つ。

「おはようございます《ボン・ディア》！」

　アンドレとは今朝、サンパウロのタクシーの中で顔を合わせたばかりである。もっとも、厳密には数か月前にオンラインで出会っていた。この刑務所でユニークなプログラムが実施されているという記事を目にし、そのなかにアンドレのことが触れられていたので連絡をとったのだ。そのプログラムは「読書を通じた更生」と呼ばれている。指定された書籍（文学書、哲学書、科学書）を読んでその要約を書くと、一冊につき刑期を四日分減じることができるというものだ。最大で年間四八日分の減刑が認められている。電子メールでやりとりをする間《かん》に、アンドレは私のために見学の手筈を整え、通訳として同行することに同意してくれた。今回は長期の滞在ではないので、私自身が刑務所内で仕事をすることはできない。だが、丸々一日間、内部を見てまわり、独房や教室で囚人たちに接していいという約束をとりつけている。スーパーマックスでの生活についても、この読書プログラムについても話が聞ける。これはじつに心惹かれる取り組みであり、意表をついた、革新的プログラムだという気がしていた。

　まずはサンパウロに飛び、週末はそこで過ごしながら、活気あふれるこの巨大都市の三つの名物を堪能する。ひとつ目は見事なストリート・アート、ふたつ目は神々しいまでのサンバの響き、そして三つ目は――いたるところで見かける軍警察の存在感だ。この国は、警察官による殺人が多いことで悪名をはせている。ＮＧＯの「治安に関するブラジルフォーラム」によれば、二〇〇九年から一四年のあいだに全国で一万一一九七人が警察官によって殺された。アメリカの場合は過去三〇年で一万一〇九〇人である。リオデジャネイロ州の公安局長官はかつて、罪もない第三者の命が警察官によって奪われている現状について、目的を達成するためには犠牲もやむなしと発言したことがある。

＊

カタンドゥーヴァス刑務所の門の外に、ようやくミニバンが一台現われる。「ＤＥＰＥＮ」のロゴがついている。とっさに、最後の「Ｄ」の文字が欠けているような気がしたが〔英語には「頼る」という意味の「depend」という単語がある〕、そうではない。これは「国家刑務所管理局(Departamento Penitenciário Nacional)」の略称なのだ。ミニバンに護衛されて出てきたのは黒のフォードのＳＵＶ車で、中に刑務所のお偉方が乗っている。これから早めの昼食に出かけるところだという。色つきの窓ガラスが下げられ、私たちもその昼食に招かれる。

舗装されていない細い道をフォードについて走っていくと、商店街に着く。ここが町の中心部であり、ペンキの剥げた店が並ぶ。強烈な太陽が照りつけている。西部劇の酒場にも似た食堂に入って、セルフサービスの肉のシチューをとって重さを量り、お偉方のテーブルに加わる。刑務所長の男性は黒のスーツを身につけ、緑色の鋭い瞳が細縁眼鏡の向こうから微笑んでいる。教育長のマラは、くすんだブロンドの長い髪を片側にさっと寄せ、マニキュアをした手をこちらに差し伸べる。

「私の刑務所では、パラナ州の住民六〇人あまりを雇用しています」。刑務所長は胸を張り、その歴史を説明する。アンドレが通訳していく。

ブラジルがスーパーマックス刑務所というアイデアに行き着いたのは、ギャングの問題を解決するためだった。中南米の刑務所がギャングに牛耳られているのは周知の事実である。彼らの勢力は広い範囲に及んでいる。メキシコでは二〇一二年、投獄されていた犯罪組織ロス・セタスのメンバーが、アポダカの刑務所で四四人の囚人を殺した。ベネズエラではギャングが囚人のほぼ全員を支配下に置き、看守はもっぱら周辺の警備と、点呼と、法廷への移送を担当するだけになっている。ブラジルで事態が深刻な様相を呈し始めたのは一九九二年のこと。舞台はサンパウロ州の悪名高きカランジル刑務所である（現在は解体されている）。その年、同刑務所内での暴動を受けて、軍警察が囚人一〇〇人あまり（未決囚を含む）を殺害した。死者のほとんどは、狭い監房の入り口という至近距離からマシンガンで射殺されている。生き延びた者は裸にされ、その多くは、性器に噛みつく訓練を受けた犬に襲われた。刺殺された者、処刑を見るよう強要された者、死体を運ばされた者。エイズ感染を恐れる警察官から、血痕の掃除を命じられた者もいた。死んだ囚人の復讐を果たすべく、翌年に「首都第一コマンド（ＰＣＣ）」という犯罪組織が結成された。以後のＰＣＣは、南アフリカのナンバーズとも並び称せられる勢力を獲得し、巨大組織へと発展している。今やブラジル全土で、刑務所内の暮らしはＰＣＣにすべてとりしきられているといっていい。結成以来、ＰＣＣが裏で糸を引いて数百人に死がもたらされ、数十件の刑務所暴動が発生している。その典型的な事件のひとつが、ここカタンドゥーヴァスにある州立刑務所で二〇一四年に起きた。覆面姿の囚人数十名が刑務所の屋上を占拠し、ＰＣＣの旗をひるがえし、別の囚人たちを後ろ手に縛って暴行を加えたのち、屋上の縁から彼らを吊るしたのである。鎮圧には三〇時間を要した。

　カタンドゥーヴァスのスーパーマックスはブラジル初の連邦刑務所であり、ギャングの暴力に対する政府の答えとして二〇〇六年に設立された。設立時に近隣住民に配布された矯正局のパンフレットによれば、危険度の高い囚人を収容して犯罪組織の活動を抑えるのがこの刑務所の目的である。全囚人の約二五パーセントが、全国から集められたＰＣＣのリーダーたちになる。いずれも、収容されている州立刑務所から、一時的にこのスーパーマックスに預けられるのだ。ここには二〇八の独房があり、総工費は約一八〇〇万ドル。投獄のための支出としては前代未聞の巨額だ。ほどなくして同様のスーパーマックス刑務所は国内四か所に開設された。カタンドゥーヴァスのスーパーマックス内の囚人にかかる費用は、ひとりあたり年間一二万ドルという驚くべき額である。予算の乏しいブラジルの州立刑務所では、それが平均三六ドルという場所もあるのだから、まさに桁違《けたちが》いだ。州立刑務所では、囚人が衣食を自ら賄《まかな》わなくてはならないケースも少なくない。

昼食を終えて刑務所に戻り、マラに従って複雑なセキュリティシステムを通る。高感度の金属探知機が二台、電子指紋認証、X線検査装置、金属探知棒、さらには服の上からの手による徹底的な身体検査。検査の模様も刑務所の様子も監視カメラがあらゆる角度からとらえ、その映像が首都ブラジリアに直接送られている。

紺色の制服を着た職員が数十人、あたりを巡回している。そのうちひとりの男性が、マラとアンドレと私を案内してくれることになる。男性職員はばかでかい鍵束を手にしていて、それがガチャガチャと音を立てる。ゲートはもともと電子的に開閉するようになっていた。ところが、コンピュータウイルスが入り込んで全員が閉じ込められる出来事が起きたあと、昔ながらの鍵と錠前のシステムが導入されたらしい。中庭が目に入る。有刺鉄線で囲まれ、小石が敷きつめられている。緑色の制服を着た男女がバケツを動かし、ゴミ袋を振り上げて肩にかついでいる。囚人かと思ったら、清掃スタッフだという。消毒剤の匂いがあたりに立ち込めていて鼻をつく。

恐ろしいほどの静けさ。

い、い、い、囚人たちはどこ？

「先生の学校では法律を教えているんでしょう？　僕は法学の学位をもっているんですよ」。案内係の職員が自慢げにいう。連邦刑務所の職員は州立刑務所で働くより高給をもらい、福利厚生も充実している。ほとんどが大学を卒業しており、セキュリティ関連の業務だけでなく、ギャングの活動などに関する情報収集も行なっている。ここでは、囚人と職員の比率は一対二だ。同じ比率が州立刑務所では三五〇対一というのだから、雲泥の差である。
「これを着て」。研究所の白衣のような上着をマラがよこす。同じものをマラも羽織る。科学者か医者にでもなったかのような、なんとも奇妙な感覚だ。でも、この無機質な環境にはふさわしい制服でもある。

　廊下を進み、一個のドアに突き当たる。その脇には、古くなったようなパンの詰まった透明なゴミ袋がいくつか置かれている。ドアを抜けた先は、食肉倉庫を思わせる一角だ。もしかして死体安置所？

　違う。この狭い区域は刑務所の中の刑務所、独房監禁の中の独房監禁だ。ここでは「特別懲戒体制」が敷かれている。これは、極端な懲戒の手段として、極端なまでの隔離を徹底するというものだ。この区域に収容されている男たちは、ほかの囚人との接触をいっさい許されていない。カタンドゥーヴァスに送られた者は、最初の二〇日間をここで過ごすのだ。これに対しては、拷問と非人道的扱いを禁じた憲法に抵触しているとして、ブラジル国内で多くの非難の声が上がっている。

　案内係が、空室になっている独房の金属の扉をあける。等身大に拡大した人形の家のよう――いや、その悪夢版というべきか。房内は清潔このうえない。車一台の駐車スペースくらいの広さに、正方形の机と、円形の腰掛けと、長方形のベッド。コンクリートブロックをつなげてつくった三つの図形だ。天井には長い蛍光灯が走る。見上げれば、縦に分割された大聖堂風の窓から、柔らかな日の光が忍び入っている。光は黄色い壁の上で踊り、幾何学的なオレンジ色の影をつくる。細長く切り取られた四つの空。シャワー室くらいしかないこの空間の中では、そのささやかな「日だまり」が庭代わりであり、外の息吹を感じさせてくれる唯一のものだ。扉には、看守がいつでも監視できるように覗き窓がついている。日にちを数えた線が金属のドアに刻まれている。ここに人間がいたことを偲ばせる、たったひとつの痕跡。

この区域では、閉じられたふたつの扉の奥で今まさに人間が暮らしている。だが、姿も見えなければ声も聞こえない。そこにいるとわかるのは、扉に貼られた書類に名前が書かれているからにすぎない。書類には入所日も記されている。ふたりともこの極度の孤独のなかですでに二週間を過ごしていた。

「いい報告書が書けますね」。職員が私のノートに微笑みかける。「アメリカにはたくさんスーパーマックスがあります。何度も向こうに足を運んでここをつくったのに、今度はそっちが僕らのを見にきている。面白いですね」

確かに独房監禁とスーパーマックスを考え出したのはアメリカだ。フィラデルフィアのクエーカー教徒が、一七八七年からウォルナットストリート刑務所で、また一八二九年からはイースタン州立刑務所で、独房の実験を始めた。このイースタン州立刑務所は、修道院に倣って独房のみの施設としてつくられたものである。そこでは囚人が修道士のような頭巾をかぶり、所持品として許されたのは聖書のみだった。一九世紀後半に入る頃にはニューヨーク州のオーバーン刑務所式に、昼は重労働、移動は集団で密集歩行、というスタイルが主流になっていく。それでも一九三〇年代には、凶悪犯が収容されたアルカトラズ島の「Ｄブロック」や、サンクエンティン、フォルサム、アッティカといった伝説の重犯罪刑務所で、独房監禁が復活する。いずれも定員数千人の巨大施設であり、単調な日課と極端なまでの隔離を課した。

独房監禁が大々的な返り咲きを果たしたのは一九八三年である。この年、イリノイ州のマリオン刑務所で、アメリカ初の一日二三時間独房監禁システムが導入された。刑務所人口が急増し、犯罪に厳しくという耳障りのいい論調がますます強まるなか、ほかの州も追随していく。一九八九年にカリフォルニア州に設立されたペリカンベイ州立刑務所が、世界初のスーパーマックス刑務所とされている。特徴は、徹底した独房監禁だ。活動や共用スペースはいっさいない。刑務所のトップは強大な力をもち、外部査察も不服申立制度も受けつけなかった。現在、カリフォルニア州の独房監禁年数は平均六・八年である。一九九四年にはコロラド州で、「ロッキー山脈のアルカトラズ島」とも称されるADXフローレンス刑務所が誕生する。ここは連邦刑務所であり、最も長くいる囚人は「人間との接触が皆無」な状態で三二年間服役中である。一九九九年の時点では、三四の州で計五七か所のスーパーマックスが稼働するまでになった。ペリカンベイには、一〇年以上独房に監禁されている囚人が二二七人いる。

一方、中南米では、一八三〇年から一九四〇年にかけて近代的な刑務所が建設されていった。アメリカのイースタン州立刑務所をモデルにしたものもあれば、数は少ないながらもオーバーン刑務所に倣ったものもある。それからほぼ一〇〇年が過ぎ、アメリカをはじめ、アメリカ式のスーパーマックスを誇る国々（オーストラリア、カナダ、メキシコ、コロンビア、アイルランド、デンマーク、南アフリカ、ロシア）を公式訪問した結果が、このカタンドゥーヴァスだ。

案内係が「独房区画チャーリー」と呼ぶ場所に向かう途中、私はようやく生きている音を耳にする。二階建ての監房棟のどこかからくぐもった叫び声が響いてくるのだ。それが迷路のような通路にこだましている。

囚人たちはこの迷路の中心に存在する。そして迷路という言葉はいかにもこの場所にふさわしい。なにしろ、入り口ホールにも中庭にも、方向感覚を失わせるような設計がなされているのだから。ディケンズはかつてアメリカの刑務所を視察し、独房に監禁されている囚人についてこう記している。「囚人は同じ独房の中で、倦《う》み疲れた一〇年間を過ごしていながら、自分の独房が建物のどこに位置しているのか、最後の最後になるまで知るすべをもたないのである[2*]」

私は導かれるままにひとつの独房の前に来る。分厚い金属の扉に、横長の小窓の蓋がちょうつがいで留められていて、それが軋みながら開く。中に目を凝らす。

目が合った。目の主はカルロスである。

しみひとつない小さな独房の中で、整列しているかのように直立不動で立っている。

「おはようございます《ボン・ディア》！」アンドレが声をかける。

その目。深い悲しみに打ちひしがれた魂がそこから覗き込めるようだ。

こんなに奇妙で、こんなに落ち着かない会話――インタビュー？――はこれまで経験がない。金庫のような扉にあいた穴越しに私がしゃべり、それをアンドレが急いでポルトガル語にして囁いていく。そして近くでは、鉄の扉の奥に葬られた男たちのそばだてる耳が、私を取り囲んでいるのだ。

カルロスは四一歳。悪名高きリオのファヴェーラ出身だ。「ファヴェーラ」というのは、ブラジルの大都市部に見られる閉鎖的なスラムのことである。一八九〇年代、拡大する都市部の貧困層によって空き地に建設されたのがその始まりだ。ジャマイカのキングストンにあるギャリソン・コミュニティや、南アフリカのタウンシップ（旧黒人居住区）との類似もよく指摘される。ファヴェーラには基本的な社会サービスが存在せず、ギャングが幅をきかせている。カルロスは、殺人、銃所持、文書偽造、および強奪の罪でこれまで合計一六年服役しており、州立刑務所からカタンドゥーヴァスに移されてからは二年八か月が経つ。

「でも、マラ――」私は振り返って尋ねる。「ここの囚人の独房監禁には三六〇日の上限があって、それを過ぎたら州立刑務所に戻されるはずでは？」刑務所長から間違いなくそう聞いたのだ。

「ほとんどはそうですが、全部ではありません。場合によります。その規則は変わったんです」

カルロスが空色のTシャツのしわを伸ばす。胸のところにポルトガル語で「被収容者　連邦刑務所」とプリントされている。自分は九八年の刑を受けたのだとカルロスは説明する。もっともブラジルでは、実際に三〇年を超えて服役する者はいない。

「この国がアメリカみたいじゃなくてよかったよ」。辛辣な言葉を吐く。

カルロスは壁に留めた三枚の写真を外すと、五人の子どもを誇らしげに見せる。年齢は五歳から二三歳。七歳になる孫息子もひとりいる。カタンドゥーヴァスの男たちはたいていそうだが、カルロスもここに着いてから一度も直接の面会を受けたことがない。飛行機に乗る金銭的余裕が家族にないからだ。リオのバーチャル面会センターまで行くバス代すら満足に払えないのである。このセンターでは家族がスカイプのようなシステムにログオンして、獄中の愛する者と会うことができる。一度、カルロスが刑務所全体のペンキを塗る作業をしたあと、家族のバス代を刑務所長が肩代わりしてくれたことがあった。金額は二〇ドルほどである。しかしそれ以降、家族がセンターまで足を運べたのは三度しかない。

「家族もなしにどうやって更生しろと？」

カルロスは続ける。「夢を見るんだ。悪夢を。家族から、子どもたちから見捨てられる夢を。そんな夢だと、パニックになって目を覚まして、不安でたまらなくなる。確かに私は間違いを犯した。でも、自分自身の間違いやほかの人の間違いから学んでもきた。そういうことができるという手本を家族に見せたい。そうする機会がほしい。人間にはもう一度チャンスをもらう価値があると知った。自分が変わったことをみんなに示す機会があっていいはずなんだ」。カルロスは言葉を切って、ごくりと唾を飲み込む。

「この独房に一日二二時間。地獄だ。はっきりいって毎日が地獄だよ。息が詰まる。自分は死んでいる。ほかに何もいうことはない。埋められているけど、生きているんだ、まだ」

もちろん、ほかにいくらでもいうことはある。でも、代わりに私たちはドストエフスキーの話をする。カルロスは例の「読書を通じた更生」プログラムに参加しているのだ。これについてもマラが説明してくれていた。プログラムがスタートしたのは二〇〇九年。何かと物議を醸す連邦裁判官のひとりが、刑務所の職員に対して要はこんな話をしたのだ——色々な教育プログラムにまわす費用などないから、囚人に本を読ませろ！　スーパーマックスと同様、これにもアメリカの先例がある。「文学を通して人生を変える（CLTL）」プログラムなどがそのひとつだ。これはマサチューセッツ州で実施されている読書療法の一種であり、一般的な保護観察ではなく文学の授業を受けるという選択肢を提供している。この読書療法プログラムのウェブサイトには、次のような効能が記されている。優れた小説を読むと、登場人物に共感するだけでなく、他者や自分自身にも思いやりの心をもつことができる。ほかの人の立場になって考えることで、囚人は告白なしに自らの心の葛藤を整理できるようになる、と。

　手垢のついた『罪と罰』[3*]を棚から取り出し、カルロスは自分なりの分析を語る。

「犯罪の影響は家族に及ぶ。行動する前に考えよ。この小説をひと言でいえばそういうこと。主人公もそう。結局は自白する。罪の意識に、生きたまま食われてしまう。人を殺して盗みを働いて、そのまま暮らし続けるわけにはいかない。心のなかで責め苛まれる。悪いことをしておいて罪の意識を感じないなんて、不可能だから」

「カルロス、あなたも罪の意識を感じる？」私は尋ねる。

「毎日ね。自分は、過ちが服を着て歩いているようなものだ。それがどんな気持ちかわかる？　生ける過ちであることが？　ただの過ちにすぎないことが？　でも地獄にあっても希望を失ってはいない。もうすぐ四二歳だが、人生が終わったわけじゃないからね。大学に行きたい。神学と心理学を勉強したい。今、本も書いているんだ。タイトルは『深い穴に落ちたハイカーたち』。ハイカーはあんたであり自分であり、心のなかを覗き込んで、人間としての自分たちの仕事はロープをつかんでよじ登ることだと気づく。上へ。どれだけ落ちたかはけっして振り返らない」

　白衣を着た男性がふたり、廊下に現われる。金属製のカートを押しながら各房の小窓の蓋をあけ、薬の載った小皿をそこから入れていく。ここの囚人の八割は何らかの薬を服用しているのだという。

「自分が薬を飲んだのは、ここに来た最初のうちだけだ。眠り薬。それから、不安や憂鬱を抑える薬。こんなに長いあいだひとりきりでいるなんて――無理だ。怖い」

　案内係が扉の小窓を閉じ、さよならもいわずにカルロスは消える。時間が来たのだ。

　くぐもった音が響くなか、雑誌を載せた別のカートのあとについて図書館に入る。図書館というよりは物置のようで、本が場所をふさいでいる。本は散らかっている。とくに「読書を通じた更生」プログラムの指定図書はそうだ。たとえば、ジョゼ・サラマーゴ、クラリッセ・リスペクトール、ダライ・ラマ、J・D・サリンジャーなどの著書である。聖書が一冊、辞書が一冊、福音派の賛美歌集が一冊、そして山積みになったセレブ雑誌。

「シドニィ・シェルダンばっかり」。マラが吐き捨てる。私が働くオーティスヴィル刑務所でもそうだ。小さい図書館には歴史書のコーナーはわずかばかりで、中南米研究の書籍は数冊、そして「ファンタジー」のコーナーが異様なまでに場所をとっている。

「囚人たちはもっと本がほしいと要望を出しているんです。政府に。なのに――」つややかなページの山に指を走らせる。「くだらない雑誌ばかり」

門を出ると空気がにわかにさわやかになり、一面エメラルドグリーンの景色が目に飛び込んでくる。アンドレと私は、マラをカスカヴェルのコンドミニアムで降ろす。塀に囲まれて門のついた、共同住宅群である。マラが働く刑務所と同じで、アメリカの住宅のコピーそのものだ。

「ありがとう、アメリカ。この手の住まいもブラジルに輸出してくれて」。アンドレがおどけた口調でいう。

一方、私たちの滞在するホテルはといえば、一九五二年頃のマイアミを思わせる。それをいうなら、町全体が別の時代、別の場所に存在しているかのようだ。ポンデケージョをつまみながらそぞろ歩く女性たちのボリュームのある髪型といい、道端のアイリッシュパブからほとばしるハードロックのサウンドといい、まるで一九八〇年代のアメリカである。アンドレと私もそういうパブのひとつに入り、魚のフライと付け合わせのファロファ（キャッサバ粉でつくった料理）を口に運びながら一日を振り返る。アンドレは両手をきつく握りしめながら、この国が投獄に熱心すぎることを嘆く。二〇一四年のＦＩＦＡワールドカップを目前に控え、みんなは冗談まじりにこんな話をしているという――あのやたらと金をかけた新しいスタジアムは、客が国に帰ったら刑務所になるんだろう、と。アンドレはこめかみを押さえる。

「私の家族も、弟も父親もみんな、犯罪者を閉じ込めて鍵を捨ててしまえ、っていうんです。

でも、それで何の解決になるんです？」

＊

翌朝、刑務所に着いてみると、殺風景な有刺鉄線に蛍光色が点々と散って華やいでいる。女性の面会者たちだ。服装規定があるせいで、黄色とピンク色以外は禁じられている。ブラジリアにいる黒幕たちが監視カメラの映像を見たときに、囚人と職員と面会者をすぐ識別できるようにするためだ。おかげで、映画の撮影をしているかのような奇怪な光景が出現している。この女性たちはみな、はるか彼方から旅をしてきた。夫がギャングの大物メンバーで、ＰＣＣに旅費を用立ててもらった者もいる。列の一番になろうと、門の外で夜を明かした女性も多い。これからどの面会者も、待機し、何重ものセキュリティチェックを通り、体腔《たいこう》検査を受け、そのマラソンレースのような長い時間を耐えたのちに、ようやく愛する者と数時間の面会を果たす。なのに女性たちは、これ以上ないというほど明るく陽気な色に身を包んでいるのだ。

私たちは女性たちの脇を抜けて中に入り、セキュリティチェックを通る。すると、カフェジーニョが手渡される。気づけば、刑務所のいたるところにプラスチックのカップが捨ててある。夜間シフトで働く職員たちにとって、この濃くて甘いブラックコーヒーはマシンを走らせるオイルなのだ。

今日は雨が降っていて寒い。薄暗いコンクリートの廊下を曲がりくねりながら歩いていると、冷気が骨にしみる。

角を曲がると、鉄格子の向こうに大きな屋内運動場があって、細い日の光に照らしだされている。天窓には有刺鉄線が張られている。囚人は一度に一三人ずつ、一日二時間はこの日だまりで過ごすことが許されている。この運動場の存在はすでに遠目で見てはいた。この場所に来ているあいだ、囚人はいついかなるときも四人以上の人間としゃべってはならない。

サッカーボールが大きな音で壁に当たって跳ね返る。いくつもの体が恐ろしいスピードで空間を切り裂き、飛び上がり、蹴り、互いに声をかけ合う。体が空気を求めてあえぐ。上半身裸で裸足の体が、微笑み、声を出して笑い、ジャンプし、生きている。

すると――「やめ《パレ》！」

静寂。

サッカーボールが転がってゆっくりと止まる。囚人たちは動くのをやめ、壁を背にして一列に並んで首を垂れる。微笑みが消える。

「一番《ヌーメロ・ウン》！」職員が声を張り上げる。

入念な演出の施された犯罪者の行進の始まりだ。ひとりずつうなだれたまま、職員のところに歩いていく。回れ右をし、膝をつき、両手をうしろに伸ばして鉄格子越しに手錠を掛けられる。向き直り、次の職員に近づく。また回れ右をし、ドアが開き、ドアが音を立てて閉まる。こうしてその体は再び独房に二二時間のあいだ埋葬されるのだ。

「二番《ヌーメロ・ドイス》！」

儀式が繰り返され、ついには空気の抜けたサッカーボールだけが日だまりに残される。ビニールの手袋をはめた職員たちが周辺を歩きまわり、置き忘れた物がないかをチェックする。

数分後、ドアが開いて一三人の男たちが入ってくる。唇を結び、一列になって、うなだれて。それから壁のほうを向いて並び、順番に手錠が外されていく。

「自由にしてよし《リベラル》！」

たちまち囚人たちは高々と頭を上げ、抱擁と、笑顔と笑い声が弾ける。囚人同士で、あるいは看守とおしゃべりをする者。鉄格子の近くにコードを差し、電気カミソリで散髪してもらう者。毛の束が空気をはらみながら床に落ちていく。サッカーボールは空を目指して舞い上がる。このすべては、このうえなく深遠な死と復活の儀式なのだ。

カルロスがいる。こうして目以外の部分も露わになると、なおさら童顔に感じられる。Tシャツには「Interno（被収容者）」と書かれているが、思わず「Inferno（地獄）」と読み間違える。

「こちらへ。彼らの独房を見せてあげます」。案内係が声をかけてくる。

「いいんですか？」プライベートな空間を侵害するのは気が進まない。

「もちろんです。この刑務所は私たちのものであって、彼らのではありませんから」。案内係は得意げにいい放ち、私たちを独房区画チャーリーにある一号房の中に連れていく。

何度もページを繰ったらしきニコラス・スパークスの小説『きみを想う夜空に』[*4]が、尿のような色をしたコンクリートの棚に載っている。近くにはシャワーがあり、毎日決まった時間になると自動的に水をほとばしらせる。子どもたちの写った色褪せた写真が四枚、ベッドの上のほうに鋲《びょう》で留めてある。机の上には、軸だけのボールペンが一本。かたわらには、ステンシルで刷り出したダルメシアン犬と、祈る手と、籠の鳥の絵。

大聖堂風の窓の高みから、淡いピンク色の光が層をなして流れ込んでくる。どこかで金属の扉が軋みながら開くくぐもった響き。遠くの独房区画で囚人同士が呼び合う押し殺した声。それらが、礼拝の時間を告げる合図のように私たちの耳に届く。このとき初めて、「penitentiary（刑務所）」という言葉の意味を肚の底で理解する。元の言葉は「penitence」。つまり「悔い改め」だ。この場所には、不気味な幽霊修道院のような気配が漂っている。教会と強制収容所を掛け合わせたような、恐ろしい場所に立っている気がしてくる。

独房には鏡がないのだと案内係が説明する。一度、ニュース番組の撮影隊が扉の小窓のすぐ外にカメラをセットし、ひと晩そのまま置き忘れたことがあった。翌日戻ってみると、独房の中の男がカメラのレンズを凝視し、そこに反射する自分の姿に釘づけになっていたという。

「整っていて、清潔で無駄がない。この独房」。まるで案内係自身が建てたかのような口ぶりだ。「州立刑務所とは段違いですよ。きれいで、安全で」

確かに州立刑務所と比べたら、カタンドゥーヴァスは別世界の感がある。私がここに来た理由もまさしくそこだ。ブラジル政府は、この真新しい巨額の投資を見せびらかしたくて仕方がない。その一方で、ブラジルの囚人が仲間三人の首を切断する動画が二〇一四年に明るみに出て、国連の人権機関が懸念を表明した。[5] そして、ブラジルの刑務所は残酷なまでに人口過密で、暴力のはびこる「悲惨な状況」にあると指摘した。しかも、投獄されている人の八割あまりに弁護士を雇う金銭的余裕がない。女性を収容する建物を分けていない州も多く、女子刑務所の男性職員が被収容者に性行為を強要しているのは周知の事実だ。トイレもない牢獄に、一〇代の若者が大人と一緒に入れられる場合もある。二〇〇九年には、規則に反したかたちで投獄されている者が一万六四六六人にのぼることが明らかになった。公判前だというのに、判決を受けて服役するよりはるかに長い期間勾留されている者も大勢いた。未決勾留が一一年に及ぶ男性もひとりいたほどである。エスピリトサント州の州政府などは、二〇〇九年から一一年にかけて拷問と虐待が疑われているさなかにあっても、法律で定められた公式な査察団さえ監房の中に立ち入らせなかった。

食事の時間だ。ラップアラウンド型のサングラスをかけた職員たちが別の廊下から現われ、何台もの金属カートを押していく。儀式の始まりだ。ひとつまたひとつと、プラスチックのカップに飲み物がそそがれ、扉の小窓を通して金属のトレイが差し入れられて、待ち焦がれた手に渡され、それからぴしゃりと小窓の蓋が閉じられる。

面会を終えて帰るピンク色の女性たちとすれ違う。顔を泣きはらしている。幼い子どもが何事か叫んでいる。

「ほんとに悲しい」。マラが目元を拭う。「面会してきたのね。『パパ！』っていっている」

＊

残りの時間はカタンドゥーヴァスのふたつの避難場所で過ごす。適格とされた囚人は、週に何日か数時間ずつ独房を出ることを許され、授業を受けるか、または仕事をする。仕事の選択肢は限られていて、しかも一風変わっている。たとえば、捨てられた雑誌を材料にして籠を編んだり、紙やアイスキャンディの棒から子どものおもちゃをつくったりするのだ。どちらも、手づくりの品が並ぶ地元の市《いち》で販売される。私も作業場でそのふたつの品物を見せてもらう。作業場は小さな部屋だ。鉄格子で仕切られた向こう側にいくつかテーブルが並べられ、十数人の男たちがそれを囲んで手を動かしている。これは折り紙のアヒル、とマラが指を差す。それからこっちはモーセ、イエス、バプテスマのヨハネ。どれもマッチ棒と、動く目玉でできている。

「話しかけていいわよ」。マラが促し、囚人たちに女性教授《プロフェソーラ》を紹介する。人間動物園を見学しているという嫌悪感と胸騒ぎを呑み込み、鉄格子を挟んで男たちのほうを向く。

カルロス・アウグストゥスは、倦み疲れた顔を黒縁眼鏡で隠している。いつか大学に行って生物学者になりたいのだという。ブラジルの「刑事執行法」によって、ひとりの囚人が五日間仕事をするごとに刑期が一日減じられるのだと説明してくれる。ただし、仕事をもらえるのは囚人全体の四分の一にすぎない。

「仕事をしていると気持ちが落ち着きます。独房にいなくてすむんなら、何でもいい。あんな孤独から抜け出せるんなら何だってしてしまいますよ。ひとりでいるあの時間といったら。私は愛を信じています――救いとしての愛を。でもここには愛がない」

その隣には悲しげなふたり組が座っている。親子なのだとマラが説明する。私は父親をじっと見つめるが、どうしても南アフリカのアンソニーの顔が重なってくる。娘がポルスモア刑務所の別の棟で暮らし、息子が同じ売人から麻薬を買っていた、あのアンソニー。それから、ニューヨークにいる教え子のひとりのことも思い出す。せっかく出所して自由の身になれたのに、一八歳の息子がまだ塀の中にいるので思いきり喜ぶことができない。父と息子がスーパーマックスで並んでいる。その痛ましい光景に、涙がこみ上げてくる。刑務所と貧困について語られるとき、世界のどこでもかならず問題になるのは父親の不在だ。しかしこの息子の隣には、刑務所生活を送る父親が存在している。父が噛みしめているに違いない自らの失敗の深さ。自身が刑務所に入っているだけでなく、かたわらに自分の息子の姿を見るのだ。その思いは察するに余りある。

私は涙をこらえて男たちとおしゃべりをする。それぞれの人生のことや、これまでどんな本を読んだかといったことだ。カルロス・アウグストゥスが、『アンナ・カレーニナ』[*6]と真実の愛の力について感動的な一席をぶつ。だがすぐに話の風向きが変わり、囚人たちが私のインタビューを始める。アメリカの再犯率はどれくらい？　あなたが教えている刑務所とこの刑務所とで違いはある？　アメリカもここの「読書を通じた更生」プログラムを導入したらいいのでは？　アメリカにはまだ死刑があるって本当？　本当に死刑が？　おまけに終身刑も？

この刑務所が、このスーパーマックスがあるのは、アメリカのせいだって本当？

私たちが独房の中で朽ちていくのはそのせい?

頭が朦朧としてくる。私は作業場をあとにし、何も感じられないままマラについて歩く。銀行強盗で服役中だという、あの二一歳の囚人はどうなんです? マラに尋ねる。本当に「凶悪中の凶悪」といえるんでしょうか?

「そんなのは何でもありません。先月、一九歳の若者を受け入れたんです。この小さな少年は誰? こんなに痩せて? って、そう思いましたよ。あとでわかったんですが、その子がここに来たのは検察官の顔に唾を吐きかけたからなんです」

アメリカでも同じだ。懲罰用の独房(SHU)に送られる理由は、一貫しているとはいいがたい。たとえばニューヨーク州では、SHU送りになった事例の約八四パーセントが非暴力的な行為を原因としている。シャワーから出るのが遅い、命令にすぐに従わない、食事のトレイを返さない、切手を所有しすぎている、職員を「生意気な目」でにらんだ、といったことだ。二〇一三年にはサウスカロライナ州の男が、フェイスブックに投稿したとして三七・五年の独房監禁を命じられている。

私たちはまた日だまりの運動場を通りかかる。すると、サッカーボールが弾んで止まる。囚人たちが鉄格子に殺到してきて、私に次々と質問を浴びせる。その笑顔が歪んでいる。

アメリカでは刑務所にインターネットがあるの?

君、独房で二二時間生きていられる?

バラク・オバマによろしくいってよ!

熱に浮かされたようなエネルギーのあまりの激しさに、体がすくむ。恐怖と悲しみが怖いほどない交ぜになって、襲いかかってくる。震え、寒気を覚えながら私はその場を離れる。人間が完全なる狂気の淵に落ちかけているのが、これほど不快なかたちで露わになったのを初めて見た。

「今、あそこにいた囚人たちには仕事も授業も、教育プログラムもない――ただ独房で二二時間過ごすだけ」。マラが説明する。「それがもう何年にもなる人がいる。悲しいわね。ほんとに悲しい」

　ブラジルの州立刑務所と違って、カタンドゥーヴァスではギャングによる殺人はない。定員超過とも無縁である。なにしろ、独房の半数近くが空いているのだ。囚人たちは明らかに別種の責め苦に苛まれている。徐々に進む、精神の大量虐殺だ。「短期間の独房監禁であっても、それを終えると相当数の囚人が半ば愚鈍な状態に陥り、その状態から目覚めさせるのはほぼ不可能だった。また、正気を失って狂暴になる者や、自殺する者もいた。そこまでには至らずに試練を乗り切ったとしても、矯正されたとはいえない者がほとんどであり、先々地域社会に貢献できるほどの十分な知的活動を回復できない事例が大半を占めた」。独房監禁の長期運用を視察したあと、アメリカ連邦最高裁判所は一八九〇年にそう断じている。

　その一世紀あまりのち、ボストンの精神科医スチュアート・グラシアンが独房監禁中の囚人たちと面会して話を聞き、全体の約三分の一に急性精神病と幻覚の症状が現われていることを見出した。それをグラシアンは「ＳＨＵ症候群」と名づけた。典型的な症状としては、人との接触を避ける、パニック発作を起こす、いわれのない怒りを爆発させる、衝動を抑制できない、などのほか、妄想、慢性的で重篤な抑鬱、集中力の欠如と記憶力の低下、知覚の歪みなどがある。自傷行為は頻繁に見られる。独房に監禁されている者は、自分の血管に嚙みついたり、指や陰茎を切り落としたりすることが知られているのだ。自殺率も五倍にのぼる。カリフォルニア州では受刑者の自殺の約七割が独房で起きており、一〇代の若者の場合は独房で自殺する率が成人より一九倍も高い。二〇〇九年の『ニューヨーカー』誌に医師で作家のアトゥール・ガワンデが記事を寄せ、独房監禁という「地獄」がどのようなものか、はらわたをかき回されるような描写で綴っている。「男はひとり言をいった。取り憑かれたように行ったり来たりし、足を引きずりながら同じ二メートル足らずの道を何時間も休みなく歩き続けた。まもなくパニック発作を起こし、助けを求めて叫んだ。壁の上に色がいくつも現われ、それが変化する幻覚を見た。やがて日常の雑音に激怒するようになった。看守が一時間ごとのチェックをするために扉をあける音や、近くの房にいる囚人が立てる物音などである。一年もすると、テレビの音声が直接自分に語りかけているように聞こえてきた。テレビをベッドの下にしまい、再び取り出すことはまずなかった」[7]。一九九五年、ある連邦裁判官はカリフォルニア州立ペリカンベイ刑務所の状況について、「人間として耐えうる限界にきているといっていい」と述べている[8]。

　カタンドゥーヴァスのような独房監禁施設は、ただ野蛮に断ち切っているだけだ。抑止と、刑罰と、他者の安全を守るという名目で問題を切り落とす。しかし、この「問題」もまた人間、であることを忘れてはいけない。いずれはほかの囚人のもとに、そして世間に、おそらく帰ってくるのだ。完全に正気を失った状態でそこに戻して、本人にも私たちにも何の得があるだろう？

そもそも、人を狂気へと導くことが道義的に許されるのだろうか。

そうした懸念を脇に置くとしても、独房監禁には効果があるとすらいえないことが指摘されている。二〇〇六年の研究によれば、独房で三か月以上監禁された者は再犯率が高く、暴力犯罪に走る傾向も強い。また、アリゾナ州、イリノイ州、およびミネソタ州のスーパーマックスに関する二〇〇三年の研究からは、独房監禁後も囚人の暴力レベルに変化の見られないことが明らかになっている。[9] イギリスなどの国がこの慣行に背を向け始めているのは、そうした理由があるからだ。なにしろ、巨額な費用がかかるうえに効果が低く、非人道的でもあるのだから。イギリス全体で独房監禁の状態にある囚人の数は、メイン州一州における人数より少ない。では、とりわけ激しやすい囚人にイギリスがどう対処しているかといえば、「厳重監督センター（ＣＳＣ）」に収容することがしばしば実施されている。このセンターは規模の小さい複数のユニットに分かれており、それぞれに配置されるのは一〇人未満だ。囚人はそこで、メンタルヘルスの治療や教育を受けることができる。また、運動、電話、肉体的接触を伴う面会の権利が与えられているほか、調理設備も利用できる。その目的は、囚人がコントロールできる範囲を狭めるのではなく広げることにある。それによって、馬鹿にされて喧嘩になるという筋書きを最小限に食い止めるのが狙いだ。専門家も認めるとおり、その筋書きこそが刑務所内暴力の根源だからである。

＊

　複数の看守が見張る小さな教室には、青いスウェットとサンダル姿の一〇人の生徒が席についている。教師用の大きな机と生徒たちのあいだは、鉄格子で隔てられている。鉄格子の前で教えるなんて、想像もできない。アメリカの重警備刑務所でさえこういったものは目にしたことがない。教師側のコンクリートの床には、鉄格子の少し手前に赤い線が引かれている。マラがそこを指差す。

「前に一度、囚人が単語を調べるために辞書をめくっていて、見当たらないといったんです。そこで教師が鉄格子に近づいてその個所を教えてやろうとしたら、いきなり看守たちが駆け込んできて、銃を抜いて叫んだ。『下がれ！　先生に無礼を働く気か？』その囚人は手を震わせて、恥ずかしさと悔しさで顔を真っ赤にしていた。だから、バズ、赤い線は越えないでね」

　今日のクラスは五年生レベルから高校生レベルまでが混じっていて、優しげな女性教師が担当している。教師は縮れたブロンドの髪をして、白衣のポケットに色鮮やかな漫画のアップリケを縫いつけている。教師は私を紹介してから脇にのき、私は「刑務所から大学へのパイプライン」の話や、教育がいかに大事かについて少ししゃべる。

　あとはゲートに入った競走馬だ。位置について、用意――爆発！

「俺たちをちゃんと教育してくれないと、また仕事のない状態に逆戻りするだけだ！」最前列にいた濃い褐色の肌の男がいい放つ。

「俺は今五一歳だ。もう俺には遅すぎるが、こいつは違う」。隣の席の、薄い肌色の若い男を指差す。

「生まれてこのかた教育を受けるチャンスがなかった。ファヴェーラに学校がなかったからな。何もなかったよ。出生証明書だってないんだ」

　私は「読書を通じた更生」プログラムについて話を聞くことになっている。けれど、この場所で二日間を過ごしてはっきりとわかった。プログラムは確かに善意から出発しているし、正気を保つための命綱ともなりうるものだろう。でも、ここの悲惨な状況を考えれば、ふざけているのかといいたくなる。この異常なまでの孤独と、スーパーマックスが急増しつつある現実を前にして、文学が何ほどのものだろう？　二五年の刑期が数日減ったところで何だというのか。

　だからインタビューなどもうしない。代わりに、その午前中とそれから午後も、教師がいない時間にクラスの前に押し出されて「教えて！」といわれたとき――私は人生の物語がぶつかり合ってまわりで燃え上がるにまかせる。

　ファビオ、四〇歳。母親はレイプされて一一歳のときにファビオを産んだ。アル中の父親からさんざん殴られるのに耐えかねて、六歳のときに家を出た。いくつもの孤児院を転々とし、七歳で犯罪に手を染めた。一八歳で刑務所に入り、以来母の顔を見たのは一度きり。二六歳のときに、鉄格子の向こうからだ。
ロベルト、三八歳。一五人兄弟の末っ子として生まれた。ギャングに誘われ、家計を助けるために麻薬を売った。州立刑務所を出たり入ったりするうちに、塀の中で犯罪技術に磨きをかけ、メタンフェタミン中毒になった。小さい商店に盗みに入ってしくじった際、誤って連邦警察官一名を射殺した。ここでは五年間独房に監禁されている。
うなだれるいくつもの首。部屋は時を刻む時限爆弾のようだ。
私の家族《ミ・ファミリア》、私の家族《ミ・ファミリア》。その言葉が物悲しげなコーラスのように繰り返しこだまする。独房に監禁される、それは拷問だ。しかし、妻や子どもや母親から何千キロも離れている——それは絶望のどん底なのだと男たちは訴える。

囚人たちは次々と話していくが、アンドレは疲れきって追いつけず、通訳するのをやめる。それでも私は頷き続ける。何をいっているのかはわかる。アメリカでも、ジャマイカでも、そしてとりわけポルスモアでそれを聞いてきたから。スラムはギャリソンであり、タウンシップであり、ファヴェーラだ。ブラジルには誰もがあえて口には出さない重大な問題がふたつあり、男たちは今それをしっかりと指差している。

ひとつは人種だ。

人種の不平等という負の遺産が、この男たちを、それぞれのファヴェーラを、そしてこの刑務所を生んだ。アフリカからブラジルに連れてこられた奴隷の数は、アメリカの一〇倍あまりにのぼる。しかも、ここの奴隷制度は一九世紀の半ばを過ぎても続けられていた。南北アメリカ大陸で最後まで奴隷制度の残っていたのがブラジルであり、奴隷解放が実現したのは一八八八年のことにすぎない。以後は、コーヒーや砂糖を生産する労働力を確保するために、警察による取り締まりや懲罰が利用された。何万人もの貧しい黒人が軽犯罪で逮捕され、働かされたり軍隊勤務の刑が与えられたりしたのだ。軽犯罪とはたとえば、浮浪、秩序攪乱《かくらん》、酩酊、カポエイラ（アフリカの踊りと音楽をベースにした武術の一種で、一九三〇年代まで違法とされていた）の実践といったことである。一九八九年にブラジルは新たに共和制を採用したものの、経済や市民生活に奴隷の子孫を組み入れる施策をほとんど実施しなかった。教育、労働市場、土地の分配、住宅供給、社会サービスの利用など、生活のありとあらゆる側面で人種差別が横行しているのがこの国の現実である。たとえば、二〇〇九年の時点で何らかの教育活動に参加している人の割合は、黒人と混血の人口全体の一七パーセントにすぎなかった。約八割は八年未満の学校教育しか受けておらず、白人ではない学生の三人にふたり近くが高校を終えることができていない。大学に通っているのはたったの六・六パーセントである。貧困線を下回るブラジル人全体の七割あまりが黒人か混血だ。収入が白人の半分以下であるだけでなく、平均寿命も白人より六年短い。企業の経営幹部の九七パーセントと管理職の八三パーセントが白人だ。白人のブラジルと有色人種のブラジルが別々の国だとしたら、国連の「人間開発指数」で前者は四四位、後者は一〇五位である。

　これでは、有色人種による殺人発生率が白人の二倍近くだとしても、そして一部地域ではそれが三倍あまりにのぼるとしても、どこに不思議があるだろう？　あるいは、ブラジルの有色人種が、人口全体の半分にすぎないのに囚人全体の約三分の二を占め、白人より二倍も投獄される率が高いのも無理はないではないか？　数世紀にわたって、彼らを踏みにじるためのシステムがつくられてきたのだ。

「犯罪から足を洗うつもりはあるの？」目の下が幾重にもたるんで頭の禿《は》げた囚人にマラが尋ねている。

「まともに働けるチャンスがなかったのに、どうして足を洗える？」今にも机から飛び出してきそうだ。「ここから出たら、誰か仕事を見つけてくれるのか？　誰か助けてくれるのか？」

それから私をにらみつける。「アメリカじゃどうなんだ？　国が助けてくれる？　何の機会ももたない者たちに、国が仕事をくれるのか？　俺の名前を書け。覚えておけ。いつか俺の名前を調べて、やっとふさわしい仕事に就けたかどうかを確かめてみるがいい」

赤い線に気をつけつつ、鉄格子のあいだからノートを差し出す。囚人は「Pedro Henrique Procopio」と優美な筆跡で書く。「覚えておいてくれ」。そういってノートを返す。

口には出されないもうひとつの大きな問題が、階級だ。人を犯罪へと駆り立てるものは貧困と不平等である。それはアメリカでも現実のものとなっていて、収入の格差は一九二八年以来最大だ。最も裕福な上位二割が、国の富の八八・九パーセントを握っている。しかしブラジルでは、貧困においても不平等においてもその格差は目を見張るほどに著しい。所得の不平等を表わす係数はアメリカより二五パーセントほど高いのだ。その根源を遡ると、一八七〇年から一九八〇年までの期間に行き着く。この時期のブラジル経済は、ほかのほぼすべての主要国より速いペースで成長を遂げた。一九五〇年代にはアメリカを追い越す勢いであり、約二〇〇〇万人が都市部に移住した。史上最大規模の人口移動である。ところが、経済成長が突如として破綻したために、何百万人もが貧困へと転がり落ちた。一九八〇年から九〇年にかけて、最低賃金は四六パーセント低下し、ひとりあたりの所得は七・六パーセント減少している。富裕な上位二割が手にした所得の比率は全体の六五パーセントに増加した反面、下位五割ではそれが一二パーセントに落ち込んだ。ブラジルのGDPの三パーセントが医療に、五パーセント弱が教育に支出されているのに対し、年金への支出は一二パーセントである。その三分の二近くを享受しているのは、所得の上位二割だ。一方、いわゆる影の経済活動に携わる者が労働人口の四割ほどを占め、そうした人々は公的な給付をいっさい受け取れない。住宅危機も深刻だ。全世帯の約三分の一はまともな住居に暮らしておらず、国全体では住宅がおよそ五八〇万戸不足している。

　このように、唖然とするほどの貧困が蔓延し、社会サービスが広域にわたって不足している。にもかかわらず、ブラジル政府はポケットの奥から数億ドルを取り出して、私が今立っている刑務所をつくった。

　なぜ？　私は生徒たちに、私の師たちに、尋ねる。

　彼らはブラジルの古い言い回しでこう説明した。「イギリス人に見せびらかすためだ」と。

　政府はギャングを必要としているのだと囚人たちは話す。スラムの暮らしと刑務所の暮らしをうまく連動させているのだ、と。これはポルスモア刑務所のナンバーズにもいえることだ。

しかし、政治家たちは選挙で再選してもらいたいがために、定期的にその同じギャングを根絶するふりをする。カタンドゥーヴァスも、ほかの四つのスーパーマックスも、きわめて壮大にしてきわめて高価な大衆向けパフォーマンスなのだ。独房監禁が拷問の一種にほかならなくても、あるいは犯罪、暴力、不平等をなくす効果がなくても、知ったことではない。ギャング「問題」の解決にすらならなくても気にしない。なぜ解決にならないかといえば、連邦刑務所に服役すれば危険人物という箔がつき、結果的にギャングのリーダーを養成しているのと同じことになるからだ。そして彼らはいずれそれぞれの州に、名うての悪党として戻っていく。独房監禁という作戦がアメリカでも裏目に出ていることは、政治学者のデヴィッド・スカーベックによる二〇一四年の著書『地下世界の社会秩序[10]』に詳しい。この本ではカリフォルニア州の刑務所ギャングについて深く掘り下げ、ブラジルのPCCのように彼らもまた「残忍だが効果的な方法で支配する力を結局は獲得している[11]」と指摘している。カリフォルニア州は初め、ギャングのメンバーを遠く離れた刑務所に分散させて影響力を削ごうとした。ところが、結局はわざわざギャングに勢力を拡大させてやったも同然になり、その影響力は他州や連邦刑務所にも入り込んだのである。

だが、こうした現実もブラジル政府にとってはどこ吹く風だ。カタンドゥーヴァス全体が大掛かりな一幕の政治劇であり、その主役が人間の生命なのである。

「マスコミは俺を怪物だという」。ファビオがつぶやく。「俺は怪物じゃない。この邪悪な場所をつくった連中が怪物なんだ」

鉄格子がぼやけて見え、頭痛がひどくなる。何か元気の出るような言葉をいってやりたい。親友のカークの話を聞いてくれる？　アメリカの刑務所の中で大学の学位を取得して、それから東部の名門大学で社会福祉関係の博士号をとったの。私のほかの教え子たちも、釈放と同時に大学に籍が確保されているのよ。囚人たちの目がきらめく。

「あんたの生徒たちに伝えてほしいことがある。ひとつの刑務所からもうひとつの刑務所へ、世界を越えて」

彼らの言葉は希望にあふれ、地獄から激しくほとばしり出る。教育は私たちを自由にする。私を阻むものは私の頭の中だけにあり、学ぶことを通じてすでに私はそれを取り除いた。資本主義は人を破壊する。なぜなら、人生とは何を所有するかではなく、どう生きるかだから。学べ。諦めるな。

持ち物をまとめて教室を出ようとするとき、カルロス・アウグストゥスの声が飛んでくる。

「あなたにブラジルからの感謝を。私たちのことを覚えてくれてありがとう」

私たちのことを覚えてくれてありがとう。なんて奇妙な言葉だろう。まだ生きているのにそんなことをいうなんて。いや、本当に生きているのだろうか。ドストエフスキーはこう書いている。独房監禁は「人間の生命力を枯渇させ、その魂をくじき、脅かし、弱らせる。そして、精神がしなび果てて半ば痴愚となったミイラを、悔い改めと矯正の模範だといって差し出すのだ」[12*]。ここの囚人たちは誰かに姿を見てもらうことで、私のペンでとらえられることで、つかのま墓から掘り起こされる。忘れられていない存在となるのだ。

一日を終えてマラのオフィスに戻ると、職員たちがコンピュータの画面のまわりに集まっている。笑顔だ。私のほうに画面を向け、グーグル翻訳にかけた文章を見せる。「男たちは動かされた」。動かされた？　どこへ？　別の刑務所へ？

「違う、違う」。マラが説明する。「囚人たちはあなたが来てくれたことで、心を動かされたの。刑務所にいるあなたの生徒さんたちの話を聞いて、勇気が湧いたと話してたわ。感動したんですよ」

私も感動している。でもそれは、ささやかな慰めにすぎない。

車で空港へ向かう途中、アンドレも私もひと言も口をきかない。アンドレが無言なのは、自分の国の醜悪な金の使い道にはらわたが煮えくり返っているからだ。ここには以前にも来たことがあるし、州立刑務所で無償で働いてもいる。アンドレの婚約者も公選弁護人であり、女子刑務所で仕事をしている。しかし、刑務所を熟知しているからといって、その最悪の姿を目の当たりにした恐怖が和らぐわけではない。私が黙っているのは、顔から血の気が引いていくように心から血の気が引いていくのを、すすり泣きの合間に感じているからだ。

その数週間後、アメリカに戻っていた私は、オーティスヴィル刑務所の教え子たちに、ブラジルの仲間に返事を書いてほしいと頼む。彼らのことはすでに話してあった。生徒たちは願いに応えてくれる。じつに美しく。

リチャードはこう記す。「あなたの健康状態がよいことを、そして何であれ自分のしたことから学んでいるのを願っています。あなたは私の戦友です。なぜなら、たとえ距離は遠く離れていても、やはりあなたはひとりの人間であり、魂のうえでは私の兄弟だからです。教育は成功への鍵だと私は信じています。少し私自身のことをお話しすると、私は単純で人懐こい性格で、勉強するのが好きです」

ロバートは、考え抜いた思いを綴る。

　私たちはどちらも肉体的に投獄されています。しかし、政府がどれだけ私たちを腐ったままにしておこうとしても、私たちの精神までをも牢獄につなぐことは絶対にできません。それができるのは私たち自身だけです。私は今二三歳で、一六歳から刑務所に入っています。入所したときには、教育が自分にとってどれだけ大事かがわかっていませんでした。そのせいで何度も無用のトラブルに巻き込まれました。一冊の本を手にとったとき、正直いって驚きました。読書であんなに「自由な」気持ちになれるなんて。一日に二三時間厳重監禁されたときも、自分がどこにいるかを忘れてしまうことがありました。読書に夢中になっていたからです。つまらない話ですがこのことをどうしても伝えたいと思ったのは、あなたがたが勉強していると聞いたからです。この手紙を読んでやる気を出して、これからも頑張ってくれることを願っています。

胸を打つ言葉、希望にあふれる文章、心に残るフレーズ。そのすべてがある。それでも、一片の希望も感じられずに刑務所の旅から帰ったのは今回が初めてだ。

なぜか。ひとつには、暗闇に灯った蝋燭《ろうそく》の光が、つまり文学を読むというプログラムが、あまりに非力でほとんど意味をなさないからだ。むしろ、カタンドゥーヴァスという壮大なPR茶番劇の片棒を担いでいるようにすら思えてくる。そしてもうひとつは、アメリカの状況とカタンドゥーヴァスが大きく乖離《かいり》してしまっているからでもある。近年のアメリカではいくつもの州で、独房監禁の運用法が見直されるようになってきた。二〇一四年には一〇の州が、独房監禁を縮小するための施策を導入している。たとえば、少年や精神疾患患者の独房監禁をやめる、監禁時の環境を改善する、あるいは隔離されていた囚人を元に戻す、といったことだ。なのに、カタンドゥーヴァスではまったく違う様相を呈している。アメリカの産んだ子どもが、国の外に出て再び新たな命を与えられた。今や、スーパーマックスと独房監禁は世界の現実であるだけでなく、世界の拡大しつつある現実となっている。アメリカのくれた悪夢から覚めないことを、世界があえて選んでいるのだ。

第6章　民間刑務所——オーストラリア

「有罪判決を受けたことがありますか?」シドニー国際空港の洒落た自動入国審査機の画面に、そんな文章が現われて私を歓迎してくれる。オーストラリアからこの質問をされるのは、ここ二日で確か三度目だ。フライト前に電子ビザを申請したときにも、入力フォームにその質問項目を二度見かけた気がする。

「オズ(Oz)の魔法の国」ならぬ「Oz《オージー》の国」でこの手の質問に出くわすのは、いかにもふさわしいようであり、皮肉でもある。なんといっても、この国はイギリスの流刑植民地として誕生し、二〇〇年あまり前にこの地に来た人のほぼすべてが犯罪者だったのだから。まだ刑務所というものがない時代、ヨーロッパでは刑罰として流刑が好まれていた。だから植民地をもつ国々は、シンガポール、ジブラルタル、バーミューダ、モーリシャス、フランス領ギアナといった遠方の地へ、いわゆる「有罪犯」を二五万人あまり船に乗せて送り出した。オーストラリアが流刑植民地の仲間入りをしたのは、アメリカで独立革命が起きたあとのことである。当時のイギリスは、不要になった人間のゴミをもはやアメリカに捨てることができなくなった。そこで、一七八八年から一八六八年にかけて、約一六万六〇〇〇人の老若男女がイギリスからオーストラリアへ船で運ばれた。一八三〇年の時点では、彼らとその子どもたちが入植者の九割を占めるまでになる。その頃にはもはや、入植の目的は刑罰だけではなくなっていた。というのも、一八三三年にイギリスで奴隷貿易が廃止されてからは、こうした植民地の囚人が労働力となり、社会基盤や経済を築く役割を担うようになったからである。囚人の移送が久しく途絶えてからも、その経済的な価値は失われなかった。たとえばアメリカでは鉄道から農園に至るまで、南北戦争後に国家再建の作業を背負ったのは地域の囚人労働である。アラバマ州では一九二八年という比較的最近になるまで、連邦政府に囚人を貸し出していた。

これらが土台となって誕生したのが、いわゆる「産獄複合体」である。数世紀前から存続してきた、法律とビジネスと行政の利害のもつれ合いだ。

その泥沼のような混沌と正面から組み合うために、私は冬休みを利用してオーストラリアにやって来た。この地ではいわゆる「有罪犯」と資本主義が現代的に合体し、民間刑務所産業というかたちで約二二七億ドルの収益を上げている。事の発端は一九八五年。この年、ケンタッキー州マリオン郡にアメリカ初の民間刑務所が開設された。こうした形態もその利益もたちまち増えていき、アメリカ最大の民間刑務所会社であるコレクションズ・コーポレーション・オブ・アメリカ社（CCA）の売上は、近年一七億ドルを超えるまでになっている。民間刑務所はイギリスやフランスをはじめ、ニュージーランドやカリブ海地域、南アフリカなど、十数か国にもお目見えしている。

民間刑務所はオーストラリアにも定着した。地理的に見ればオーストラリアはアメリカから遠く離れているものの、刑事司法制度の施策の面では非常によく似ている。一九七〇年代以降オーストラリアはアメリカを模倣し、「犯罪に厳しく」のスローガンや懲罰主義を掲げてきた。すでに殺人発生率や強盗発生率は低い。その数字は二〇年前から下がり続けて、二〇一一年には人口一〇万人あたりそれぞれ一件と四件になっている。にもかかわらず、囚人数は年九パーセントほどのペースで増加している。囚人が民間刑務所内に収容されている比率はオーストラリアが世界で最も大きく、全三万三〇〇〇人ほどのうちの約一九パーセントを占める。この国には一〇〇パーセント民営の移民拘留センターもあって、イギリス企業のサーコ社が運営している。この会社は西オーストラリア州に二か所の民間刑務所も展開し、約八〇〇〇人を監督下に置いている。

タイで友だちになった犯罪学者のブライアン・スティールズから初めてその刑務所の話を聞いたとき、私はこんな冗談を返した。「サーコ？　オペレーティングシステムか何か？『マトリックス』に出てくる？」ブライアンはオーストラリアのパースにあるカーティン大学に所属していて、研究の一環として西オーストラリア州の民間刑務所で仕事をしている。私は民間刑務所を批判する熱弁を振るった。

もちろん、わざわざ説教するまでもない。民間刑務所が忌むべきものであることは、多少なりとも進歩的な人なら百も承知の話だからだ。利益追求を至上命題とし、市民の税金と人の命を意のままに操り続けるためならどんな思いきったこともする。民間刑務所のビジネスモデルは空きをつくらないことが鉄則だ。だから、懲罰主義的な政策を続けさせるべく、議会工作と選挙活動への寄付に何百万ドルもつぎ込んでいる。たとえばアメリカのＣＣＡは一九九九年から二〇〇九年にかけて、連邦政府へのロビー活動に約一八〇〇万ドルを投じた。また、ＣＣＡは米国立法交流評議会ともつながりが深い。この評議会は保守系の非営利政治活動団体で、より厳しい入国管理と刑法の枠組みづくりを目指している。評議会はこれまで四八の州に対して、州立の刑務所や拘置所を買い取ろうともちかけてきた。そのための必須条件は稼働率九割である。

「わかってる、わかってる」とブライアン。「地元でそうした活動が始まったとき、私も強く反対した。嘘じゃない。民営化に抗議して、何日も市庁舎の階段に立ち続けたもんだ。でもあとになって、思っていたより状況がずっと複雑だと気づいたんだ」

「本当に？」まだ疑いを拭いきれなかった。

「自分の目で見てみるといい」。だから数か月後、私はここにいる。

＊

「アリゾナ州のフェニックスに似てるな」。飛行機で隣に座ったアメリカ人が、近づくパースの街を見下ろしながらつぶやく。

今日は土曜の午後で、乾いた夏の日差しは摂氏四四度。みんなどこにいるんだろう？　西オーストラリア州の州都だというのに、まるでゴーストタウンだ。ホテルでチェックインをすませ、無料の市営バスに飛び乗る。汚れひとつない川辺の公園を過ぎ、汚れひとつない地下鉄に乗り換え、ようやく汚れひとつないビーチにたどり着く。ああ、みんなここにいたんだ。スカボローの砂浜は人で埋めつくされている。小麦色に焼けたブロンドの女性たちが、無料のレモネードを笑顔で配っている。もっと大勢のブロンドの人たちが、大きな波を夢中で跳び越えようとしている。高く高くもち上げられて、まるで雲とハイタッチしているみたいだ。

この清潔感あふれる美しい街でサーファーや海水浴客に囲まれていると、こんな場所にすら刑務所があるとはとうてい想像しがたい。

だが、オーストラリアの刑務所人口は過去一〇年ほどで倍増した。そしてこの西オーストラリア州は、人口ひとりあたりの囚人数で全国一を誇る。その半数近くは非暴力犯罪によるものだ。アメリカやブラジル、あるいは南アフリカと同様、囚人の圧倒的大多数を占めるのは貧しい少数民族である。先住民《アボリジニ》の人口はオーストラリア人全体の約二パーセントであるのに対し、囚人の数で見るとその比率は全体の二七・五パーセントにのぼる。西オーストラリア州はアボリジニの投獄率が国内で最も高い。気の滅入るような話だが、それはアメリカ国内のアフリカ系アメリカ人の投獄率をはるかに上回る。じつに二〇倍近くだ。アボリジニの二四人にひとりが鉄格子の中にいる計算になる。アボリジニの若者が拘禁刑をいい渡される回数は、ほかのどんなオーストラリア人よりも五〇倍ほど多い。

「Ｏｚ《オージー》へようこそ！」ブライアンは翌朝ホテルに迎えに来て、私をハグする。ほとんどの時間を刑務所という環境で過ごすことになるにせよ、再会が嬉しいことに変わりはない。私たちはタイで意気投合した。それは、同じことを人生の使命とする同志だからでもあり、その熱いほどの楽観主義が私を強く揺さぶるからでもある。楽観なら私も負けない。でも、人生で途方もなく悪いカードを引かされて、そんなもののあるはずのない人のなかにその精神を見出すと、ことのほか刺激になるものだ。私はできるだけそういう人たちの近くにいたいと考えている。どんな状況でも、永遠に続く深い希望は湧き出るものなのだと、思い出させてくれるからだ。

　私たちは「ワンドゥ再統合施設」に向かっている。ここは軽警備刑務所で、一八歳から二四歳までの男性が収容されている。道々ブライアンが説明するところによれば、この施設はもともと荒れはてた少年未決勾留センターだった。被収容者は特別な保護が必要な年代であることから、この施設を生まれ変わらせる計画がもち上がり、ブライアンはその実行チームの一員として改革に加わった。この年頃の少年は、法的には大人と一緒に収容できる。だが、まだ若いために大人から不当な扱いを受けたり、危険な思想を吹き込まれたりしやすくもある。二〇一二年、サーコがワンドゥの経営を引き継いだ。

「まず、改革前のワンドゥがどんな場所だったかを理解しなければ。ただただ、おぞましいところだったよ」。ブライアンは説明する。「それに、臭かった――ありえないほどにね。人間が耐えられる匂いじゃない。腐った生ゴミだ」

　到着してすぐに私の鼻をくすぐるのは、昼食の匂いだ。私たちはセキュリティチェックなしにカフェテリアに案内される。時差ぼけのせいで私がうっかりしたにもかかわらず。

「身分証を忘れた？　大丈夫ですよ。さあさあ中へ、サンドイッチでもどうぞ」。受付の女性が微笑みかける。

たちまち自分がテレビコマーシャルの中に入り込んだような気分になる。深夜によく流れる、あのカリフォルニアのリハビリセンターの。一面の緑の丘に、涼しいそよ風。ここはパッセージ依存症治療センター？　それともプロミス治療センター？　吐き気が忍び寄ってくる。刑務所の中で食事の匂いを嗅ぐと、つらい記憶が甦るせいで反射的に気分が悪くなるのだ。でも、胃はすぐに思い直したらしく、むかむかはたちまち消え失せる。ここは本当においしそうな匂いがする。

ビュッフェには、「職人の手づくりピザ」や「有機かぼちゃと山羊のチーズ」といった料理が並ぶ。建物はガラス張りだ。隣の女性はスラックスに紺色のポロシャツ姿で、襟に赤い文字で「Serco（サーコ）」の縫い取りがある。

「囚人たちはどこですか？」私は尋ねる。

「入居者のことですか？」女性は大きく腕を動かしてあたりを指す。みな自由に動きまわっているということだ。一般的な囚人服を着ている人がいないので、誰が職員で誰がそうでないのか見分けがつかない。

「もっとも、仕事中の者も大勢います。もっと遅い時間にならないと戻ってきません」

「わけがわからない」。私は白状する。

「ここに移送されてくる少年たちもたいていはそうですよ」。女性は声を上げて笑う。「みんな昔ながらの懲罰を予想してここに来ます。刑務所という体制に慣らされているんですね。受け身で、管理されていて。でも、ここでは基本的に自分たちで施設を運営します」。女性は矯正官ではない。ワンドゥではその呼称は使われておらず、ただスタッフと呼ばれる。それに、この女性が学んだのも刑事司法関係ではなく心理学で、近々サーコが博士号取得のための資金援助をしてくれるかもしれないという。

「一杯いかが？」紅茶をそそいでくれる。私はそれを静かにすする。

スコットランド出身の快活な刑務所長——いや、ここでは「契約所長」——に案内されて、カフェテリアから会議室へ向かう。入居者たちが次々に「ウェンディ！」と声をかける。色鮮やかなアボリジニ・アートの壁紙が、明るく風通しのよい建物の壁を彩る。

「ワンドゥが力を入れているのは——」ウェンディが説明を始め、レモン・シフォンケーキが配られる。「出所に向けた準備を入居者にさせることです。生活するための技能、教育訓練、そして就職の機会を与えます。ここに滞在する期間は最長三年です。その間に集中的なケースマネジメントを提供して、社会復帰支援に徹底して主眼を置きます。入居者は、地域で開かれている断薬や断酒のためのミーティングにも参加します。ちなみに、ここには薬物犯罪や窃盗罪で来た者がほとんどです。それから、絵画や音楽のワークショップも定期的に開いています。

でも、この人たちのほうが——」ウェンディは同じテーブルにいる三人の若い白人男性のほうを示す。「きっと私よりうまく説明できるわよね？」

三人は頷く。落ち着き払って、じつににこやかだ。三人の制服はサッカーのジャージに似ている。南アフリカ代表の色だ。

「いっつも忙しくしている。それが仕事なんだよ」。そう話すのは一九歳のジェームズ。ジェームズは赤毛で、緑色のシャツにペンキが飛び散っている。「コンピュータ室にいたり、カーディオマシンのある部屋にいたり、図書館にいたり。忙しい。つまり、ここにいるときは、ってこと。たいていは外のフードバンクで働いている。毎日、三時半まで。地域に対する償いとして」

　ウェンディが割って入り、ワンドゥは修復的司法の原理を基盤に置いていること、そしてそれを「人間関係のモデル」と呼んでいることを説明する。

「キャンパスみたいなものかな」。そう話し始めたのはマック。黄色いＴシャツを着ていて、そこにプリントされた「ＥＥＲサポートチーム」というロゴを見せる。これは、施設全体のボランティア活動を調整する四人グループのことで、マックはその一員だ。「もめごとが起きたら、僕たちが解決します。市議会みたいに。物事がうまくいくようにするのが仕事なんです。ここでは何かをしろと命令されることはありませんね。依頼されるんです」

「命じているときもあると思うけど」。スタッフのひとりが笑う。「でも、私たちはまだみんな発展途上だから、ね？」

「僕もフードバンクで働いています」。マックは続ける。ここの若者はみな地域で働くのが日課で、それを終えるとワンドゥに戻る。「あと四か月で出所するんですが、そのあともここに来て、みんなの前で話をすることになっています。家もすぐ近所ですし。先生の刑務所でも、そういうことをやっている人がいますか？」私はすでに「刑務所から大学へのパイプライン」プログラムについて説明していた。三人がとりわけ喜んだのが「学習交流会」の話である。通常の授業のような環境のなかで、塀の中にいる教え子と外にいる学生がともに学ぶというものだ。

「僕たちも、フードバンクのスタッフやお客さんから仲間みたいに扱ってもらえると、嬉しいですからね。普通の人間に戻ったような気がして」。そのときマックはそう話していた。ただ、この三人の囚人は私のプログラムの名前の意味がわかっていない。「刑務所から大学へのパイプライン」というのは、アメリカで問題になっている「学校から刑務所へのパイプライン」をもじったものだ。つまり、アメリカでは学校が機能不全を起こして囚人養成所の様相を呈し、落ちこぼれた者が刑事司法制度にじかに送り込まれている現状がある。私のプログラムはそれに対する皮肉をこめた名称なのだ。学校に金属探知機？　三人ともぽかんとした顔で私の言葉をオウム返しにする。学校から刑務所へのパイプライン？

「俺はしょっちゅう外に出て、波を見に行くんだ。仕事の合間に」。もうひとりの囚人はそう話す。確かに見るからにサーファーだ。背が高くて痩せていて、ブロンドの髪に緑の瞳、腕は入れ墨に覆われている。

　別れの挨拶をかわしてワンドゥを出ようとするとき、一瞬だけ怖い思いをする。草の生えた小山の上に入居者とスタッフが何人か集まって、何かを指差したり手招きしたりしているのだ。

蛇だ！

「大丈夫」とウェンディ。「あの人たちが捕まえますから」

なるほど、ここで一番危険なものは蛇なのだ。

初めて嬉し涙をこらえながら刑務所をあとにする。ワンドゥには人間らしさがある。

だが、ニューヨークにいる教え子たちのことをふと思い、水を浴びせられたように我に返る。アメリカにもワンドゥのような施設がありさえすれば、彼らの多くはそういうところで服役できたかもしれないのに。胸が痛む。ニューヨーク州などはむしろ正反対で、一六歳と一七歳の少年も成人用の施設に収容する。そんな判決を下しているのは、アメリカ全体で見てもニューヨークともう一州だけだ。しかも、どれほどの罪かといえば、たかだか若気の過ち程度で、さもなければ家庭環境に大きな問題があるせいで起きたものが多い。成人の刑務所で若者は大事な年月を失う。そればかりか、きわめて多感な時期を鉄格子の中で暮らしたせいで、傷ついた心を元に戻すのにさらなる年月を必要とする。

「ワンドゥみたいなものが存在するのは間違っている」。ブライアンは車に乗り込みながら息巻く。「こういう若者は二四時間、地域社会の中に置いておくべきなんだ。私が通勤刑に服していたとき、刑務所に戻ってこなくてもよかった。それだって、規則を破ろうなんて一度も思わなかったし、仲間もそうだったろう」

おかしなものだ。ちょうど私が教え子にワンドゥを与えてやりたいと願っているときに、ブライアンはそれをなくしたいという。何をもって進歩とするかは状況しだいである。

「少年たちが地域社会で家族と暮らせない理由はただひとつ。私たちの社会がリスクを毛嫌いしているからだ。でも、リスクのない社会なんて未来永劫やって来ない。犯罪は今夜にも起きるだろうし、私たちにはそれをどうすることもできない。リスクは人生に組み込まれている。恐怖に支配されて暮らすんじゃ、とても生きているとはいえない。恐怖心が刑務所をつくるんだ」

もちろんブライアンは正しい。私は、毎朝コーヒー片手にじっくり読んでいる地元紙について文句をいう。「新聞の話題は大きく分けて四つ。どれも恐怖の話ばかり。サメ、山火事、パブで酔っ払いが喧嘩、刑務所からの脱走者。たとえばこの最後のについていえば――」サーコは護送中に複数の囚人の脱走を許したとして、最近マスコミに叩かれているようだ。「でもどういうわけ？　私の知るかぎり、パースほど清潔で安全で、明るく生き生きした町はない。なのに、不安だ不安だって、いったいどういうこと？」

「ルパート・マードック・メディアへようこそ」。ブライアンはうんざりした表情で返す。

そうだった。ＦＯＸニュースと『ニューヨーク・ポスト』紙の背後にいるメディアの大物が、この国に自らの帝国をつくり上げたことを忘れていた。その大物は、感嘆符だらけの文句で煽《あお》り立て、ヒステリーをニュースとして流すことで有名な人物だ。アメリカで大量投獄が横行している背景には、このマードックのメディア帝国にも責任の一端があると私は考えている。一九八〇年代初頭、レーガン大統領は犯罪者を「人食い動物《ヒューマン・プレデター》」という有名な言葉で表現し、「これほど残虐でこれほど危険な生き物は自然界にいない」と断じた。以後、新聞の社会面は犯罪報道であふれ、恐怖をまき散らす見世物と化した。犯罪は減っていたというのに。一九九三年から九六年にかけて、アメリカの殺人発生率は二割減少した。にもかかわらず、ABC、NBC、CBSのテレビ三大ネットワークで殺人事件が報じられる回数は七二一パーセント増加している。犯罪者がいかに邪悪か、犠牲者の命がいかに儚《はかな》いか。そういう不安に満ちた論調が市民に向けて繰り返されるうち、アメリカの懲罰主義は加速していった。

ホテルに着く頃、私の頭の中は恐怖と進歩と、ワンドゥのことでいっぱいだ。そして自責の念に駆られる。

民間刑務所はけっして悪ではなかった。

本当は悪しき存在であるはずなのだ。それを示すデータを私は知っている。ここオーストラリアでは移民拘留センターはほとんどが民営で、センターの運営を請け負うことによるサーコの収入は一八億ドルを超える。これもまたアメリカにそっくりだ。アメリカでは、移民・関税執行局という政府機関が拘留施設の運営に年間一九億ドルあまりを支出し、大規模な拘留センターからなるネットワークをつくっている。それらを管理するのは主に民間企業だ。彼らは、被拘留者をたちまち労働力へと変貌させている。一種の奴隷労働だ。二〇一三年には連邦政府の所管する全国の拘留センターで、少なくとも六万人の移民が働いていた。単一の雇用者に雇われた人数としては全米最大である。報酬はきわめて低く、時給一三セント、もしくはスナックバーの現物支給のみという場合もある。こうして年間四〇〇〇万ドルあまりの人件費を浮かせているのだ。

ノートパソコンを開き、サーコのウェブサイトを閲覧する。サーコは自らを「国際的なサービス企業」と呼び、「サービスに命を吹き込む」という何にでも使えそうな気の利いたモットーを掲げている。全世界に約一〇万人のスタッフを擁し、資産総額は約一〇〇億ドル。およそ三〇の国々で治安、防衛、健康、輸送に関する業務を請け負っている。画面をスクロールして「社風」の項目をクリックすると、スタッフに責任を与えるとか、真に価値あるサービスを顧客に提供させるといったことが高尚な文言で綴られている。年次報告書のページを次々に眺めていくと、企業特有の当たりさわりのない言い回しにあふれ、スタッフが社内レクリエーションを生き生きと楽しんでいる写真が並ぶ。これなら、サーコが刑務所で商売をしている事実を完全に見落とす人がいてもおかしくない。

さらに調べていけばいくほどわからなくなる。サーコの施設はあまり運営費がかからない。また、政府の刑務所と違って、再犯率を下げるための施策を実施することが契約内容に盛り込まれている。費用対効果が高いというお決まりの文句には驚かない。それが民営化のセールスポイントだからだ。だが、アメリカの民間刑務所が経費節減のために、訓練を十分に行なわず、サービスの水準を下げ、人件費を低く抑えているとしてしばしば非難されるのに対し、ワンドゥではそうした風土は微塵も感じられなかった。ロンドンに本拠を置くサーコのシンクタンク部門は、一見すると心惹かれる主張を展開している。刑務所にいる人々をもっと人道的に扱うことが、結局はコストの削減につながるのだ、と。また、国営の刑務所より民間刑務所のほうが説明責任が求められるとも訴える。健康や教育に関わるサービスが基準を満たしていない場合、金銭的な罰則が科せられることが契約に明記されているからだ。民間刑務所のほうが経費がかからないのは、健全な経営を行ない、職員の高い能力水準を維持し、仕事のやり方に柔軟性をもたせている結果だとサーコは説く。

*

じゃあ、民間企業でないと人道的な刑務所は運営できないってこと？　数日後、ブライアンに連れられて目的地に向かう途中、そんな言葉がふと口をついて身震いする。「民間企業」と「人道」――本来なら対極にあるはずの言葉だ。今日向かう先は、西オーストラリア州の運営する「ボロニア女性出所準備センター」。ここには、出所まで五年を切った八二人の女性囚人が収容されている。アメリカと同様オーストラリアでも、女性は囚人全体のなかで最も急速に数を増やしているグループだ。その大半は薬物関連の犯罪や、窃盗罪で刑期を務めている。

まず、カーティン大学のブライアンのオフィスで待ち合わせをする。ブライアンは私をアボリジニ研究センターに案内しながら、アボリジニ・アートについて手短に講義をしてくれる。アボリジニ・アートは、点や螺旋《らせん》や円といったシンボルが精緻に組み合わされてできているが、それぞれのシンボルには意味があり、伝承されてきた複雑な物語を読み解くための符号の役目を果たしている。そうした物語を語ることを「ヤーニング」と呼ぶのだそうだ。私たちは緑豊かなキャンパスの歩道をのんびり歩き、カフェテリアの前を通り、陽気な学生たちがケールのサラダと有機素材のサンドイッチを頬張っているのを横目に見ながら、小さな標識のあるレンガの建物に着き、それから――ちょっと待って。ここはまだキャンパスなの？　それとも刑務所？　有刺鉄線もない、金属探知機もない。制服もなければ、階級を示すものもない。「ブラウン、至急郵便室へ！」などという耳をつんざくスピーカーからの音もしない。大学と刑務所は隣接していて、どこまでが大学でどこからが刑務所なのかはほとんど区別ができない。

　深紅のパンツスーツを着た女性がひとり、息子に行ってらっしゃいのキスをし、タクシーに乗せて見送る。この女性は囚人なのか、大学生なのか。日の当たる屋外デッキでは、職員や面会者がフルーツの盛り合わせとティラミスをつついている。デッキは色鮮やかな花の鉢植えと可愛らしい街灯に彩られ、刈り込まれた芝生がまわりを囲む。野菜畑、教育・健康センター、コンピュータ室。そして、『噂話《グレープヴァイン》』と題したカラフルな会報が私たちの見学ツアーを締めくくる。

「外の暮らしをできるだけ再現するのがここの狙いなんだ」。ブライアンが説明する。「そして自主性と責任感を育てる。受け身にならないように」。ワンドゥと同じで、ボロニアも開放型の施設だ。女性たちは午前中は外で働き、午後は授業を受ける。

「意義深い仕事です」。所長が口を開く。エネルギーの塊のような女性だ。「私たちは奴隷労働を提供するつもりはありません。私たちが求めているのは、ここの活動を支持してくれる雇用主です。『彼女はなんで刑務所に入っているの？』と訊くような雇用主に用はありません」

女性たちが一時帰宅を許されて家族に会いに行くとき、ふたつの注意が与えられる。インターネットにアクセスしないことと、妊娠しないことだ。囚人が暮らす住居は、子どもが数週間おきにひと晩泊まりに来られるようなつくりになっている。また、本格的な子育てプログラムが実施されているおかげで、家族との団欒《だんらん》は大切な時間だという教えが徹底されている。だから、ただテレビの前で過ごすようなことはしない。

品揃えの豊富なスーパーで、私は有名ブランドの瓶入り保湿クリームを手にとる。壁には大きな「食品ピラミッド」の図が掛かっていて、食品に含まれる栄養素の種類に応じて棚も色分けされている。緑は体によい食べ物。赤はさほどでもないので、値段も緑より高い。みなプリペイドカードを渡されて、好きなものを買える。ただし、ピラミッドに表示された健康的な食品のなかから選ばなくてはいけない。さもないとお金はすぐになくなってしまう。

「マーガリンを三つ買いたい？」所長は説明する。「どうぞご自由に。その代わり自腹よ、ってね！」

「ケータリング・コーディネーター」なる男性が現われ、食事のメニューと料理教室を指導しているのだとフランス語訛りで教えてくれる。ここには大家族の女性が多いが、家族を食べさせるうえでマクドナルドに頼りすぎるきらいがある。

最後に所長はこう語る。「ここに来る女性たちは型通りの思考しかできなくなっています。それを打ち壊すのがボロニアの目的のすべてといっていいでしょう。みんな、自分で考えなくてはいけないんです。刑務所の弊害ですね。並んでトレイをもてば食べ物が載せられる。服を外に出しておけば洗濯される。こうして、生活するための基本的な技能が失われるんです。ここでは自分で料理をしないと食べられません。こういう発想には最初は衝撃を受けるでしょうが、とても大事なことなんです」

そういうふうにして収容生活の習慣から抜け出せるなら、それに越したことはない。とはいえ、そもそも収容生活に慣らされるようなことが起きていなかったとしたらどうだろうか。最後の最後だけでなく、矯正のプロセス全体をこういったやり方で進めることができるとしたら？　そして、もっと警備の厳重な刑務所でもその方式を真似ることができたら？

「もちろんできます」。所長はいい切る。「要は規模と管理の問題なんです。重警備刑務所といったって、塀があるだけです。私は重警備タイプを一五年運営していました」

「そこで未来への希望が打ち砕かれることはありませんでしたか？」

「全然。ああいうのが完全に間違っているということがかえってはっきりしましたよ。あのやり方ではだめです。オーストラリアではボロニアのようなところはまだ例外的な存在です。でも、ささやかな一歩ではあるけれど、正しい方向に向けた大きな一歩でもあります。そうでしょう？　赤ちゃんの歩みですけどね。『クイーンメリー号』の向きを変えるには時間がかかりますから」

＊

日々は突き進む、頑なまでに美しく。今日もまたパーフェクトなパースで過ごす、パーフェクトな一日。雲ひとつない青空には、いつもちょうどいい明るさで太陽が照っている気がする。ある日の夜、私は一時間かけて月の写真を撮ろうとした。だって、月があんなに恥ずかしいほど近くに浮かんでいるなんて、口で説明してもきっと誰も信じてくれないだろうから。この遺伝子組み換えでつくられた「イカした街」に住んでいたら、人はどんな影響を受けるのだろう。パースは過去一〇年のあいだ好景気に沸きながらも、それが「大きくて派手」ではなく「エコで素敵」というかたちをとっている。刑務所をめぐる旅の始まった場所からも、タウンシップの縮図ともいうべきポルスモアやウガンダのウージーからも、今私は遠く遠く離れている。ここは精神を淀ませるほどに日の当たる、Ｏｚの魔法の国。

ある晩、私は新しい友人のクレイグにそんな話をする。クレイグはオンラインメディア「先住民ニュースネットワーク」の記者であり、副業としてコメディアンの仕事もしている。私たちは様々なつながりを介してフェイスブック上で知り合った。以来、この人物と一緒にいることが日に日に楽しくなっている。なぜかといえば、ふたりとも、パースのパーフェクトな外面《そとづら》に穴をあけて裏を覗きたくて仕方がないからだ。クレイグが毒舌で笑わせながら好んで槍玉にあげるのは、オーストラリアの人種差別である。

「だって、日の当たるパースのこれだけの日差しの陰に、潜んでいるのはまさにそれだからね」

堂々たる外観のフリーマントル刑務所でも、それが完全に露わになっている。私はある日の午後にそこを訪ねる。ここは一八五〇年代に囚人労働によって、イングランドのペントンヴィル刑務所を模して建てられた（ペントンヴィル自体もアメリカの刑務所にそっくりである）。植民地時代の刑務所としては地域最大の規模を誇っていたが、一九九一年に閉鎖されて今は博物館になっている。

入り口で「服役体験ツアー」の案内をしている。私はそれをよけてひとりで進み、囚人の描いた壁画や絵画の展示された部屋で時間を忘れてうっとりと見入る。ほとんどはアボリジニ・アートだ。というのも、長いあいだこの刑務所をいっぱいにしてきたのは彼らだったからである。西オーストラリア州におけるアボリジニの投獄率を平均すると、アパルトヘイト最盛期における南アフリカの黒人の五倍にものぼる。じつはアパルトヘイトは、一九〇五年に制定されたオーストラリアの「アボリジニ法」を手本にしたものだったらしい。この法律ではアボリジニの移動を制限し、生殖を管理下に置き、夜間の外出を禁じることなどが定められていた。一八四一年、フリーマントルの近くにあるロットネスト島に、アボリジニの男性を収容する刑務所がつくられた。一九五二年の時点では、そのアボリジニの男性が国の刑務所人口全体の四割をも占めるまでになった。おなじみの筋書きである。またしても少数民族の人々がスラムに押し込められ、汚名を着せられ、大量投獄される。またしても刑務所経由の労働力となるべく監房を満たすという仕事に就かされ、彼らに不利益を強い続ける社会制度によってさらなる犯罪に走らされる。胸の内に怒りがこみ上げてくる。

「大人と子ども、どちらの有罪犯さんにもおすすめ」という表示がギフトショップに見える。

エプロン、マグカップ、ワインラックが売り場に並び、すべてに可愛い「囚人」のデザインが施されている。愛らしい囚人マグネットはいかが？　店員が声をかけてくる。

　この地で囚人と商業が結びつくのは、タイの刑務所のギフトショップよりいっそう不快に思える。なぜなら、かつて流刑地だったことを商売に利用しようという安直な発想の典型だからだ。私はすでにこの国に着くやいなやこの問題を突きつけられていた。週末をシドニーで過ごしたときのことである。「有罪犯、犯罪者、文化」と題した観光パンフレットに導かれ、私は街を見てまわった。歴史的建造物や博物館を訪ね、この国全体が第二《セカンド》のチャンスの上に建国されたのだという思いに浸った。ただし、パンフレットの誘いにのって、ハイド・パーク・バラックス博物館で「有罪犯の朝食」を食べることはしなかったが。これは、食事を「かつての独房でとることで本当に忘れがたい思い出をつくる」と銘打ったものである。とはいえ、この博物館自体はじつに興味深いものであり、実際に足を運んだ。ハイド・パーク・バラックスは、その昔イギリスから移送されてきた人たちを収容する刑務所だった場所である。伝えられるところによれば、一八二二年までは誰もが「有罪犯とカンガルーの国」で平和に暮らしていた。だがそこに、イギリスから監督官がやって来て横車を押す。監督官は彼らの暮らしが平和すぎると断じ、植民地の長であるマッコーリー総督が政治家にあるまじき罪を犯していると非難した。おなじみの「犯罪に甘い」という難癖をつけたのである。そして刑務所の環境を厳しくするよう求めた。犯罪者どもにもはや恩赦も仮釈放もいるものか。囚人らを一本の鎖でつなげ。きつい労働をさせろ。過酷な刑罰を与えよ。

博物館を見学するうち、その「刑罰」とも否応なく向き合うことになる。スポーツジムでおなじみのランニングマシンは、じつはかつて「踏み車」とも呼ばれる恐ろしい拷問器具だった。鞭打ちは、態度が不遜だというような些細な違反行為に対しても行なわれた。

私がじっと眺めるかたわらで、子どもたちがくすくす笑いながら走りまわったり、体験型展示で吹き出したり叫んだり、試しに「囚人服」を着たり、ガイド役の可愛い漫画のネズミで遊んだりしていた。囚人たちが寝起きしていた窮屈な監房を見学した。そこにはハンモックが何列も吊るされていて、奴隷船を思わせる。三人の少女が、いくつかのハンモックにまたがって横になり、楽しげに揺れている。刑務所なのにまるでディズニーランドだ。この悲しみと苦悩に満ちた場所は、本来なら強制収容所のような重々しさをとどめていなければいけないはずなのに。

いや待て、と人はいう。ここにいたのは気の毒な犠牲者じゃない。「有罪犯」だったのだ。隣にいた観光客が、鞭や鎖に戸惑う息子にそう説明している。「いいかい、この人たちはとても悪いことをしたから、これは当然の報いだったんだよ」。それは現代の刑務所について私たちが口にすることと同じだ。とても悪い人間だから、鉄格子の中にいるのは自業自得なのだ、と。

でも、その「悪い人間」は実際はどんな人たちだったのか。

オーストラリアの極悪非道な「有罪犯」はほとんどが貧しく、おそらくはパンを一斤盗んだ程度だったに違いない。一八世紀まではそれくらいの微罪であっても、何度か犯すと流刑をいい渡されて流される《バニッシュ》（消される《ヴァニッシュ》といってもいい）場合があった。この地に来た「有罪犯」たちは平均年齢わずか二六歳。その八三パーセントは窃盗罪だった。圧倒的大多数は読み書きができ、熟練労働者として働いていた。労働者といってもまっとうな労働市場の話であって、囚人労働のたぐいではない。なのに「有罪犯」と呼ぶことで、彼らが隷属するのも苦しむのもにわかに当然のものとなり、平気で切り捨てられるようになる。その状況は今も変わらない。「犯罪者」「前科者」「加害者」というレッテルを誰かに貼ったとたん、その人の犯した最悪の行為で相手を見るようになる。そして、彼らが暴力的制裁を受けるのを黙殺していいという口実ができる。それはまた、大麻の使用から大量殺人まで、あらゆる犯罪をひとくくりにする行為でもある。もっとも、どれだけ恐ろしい犯罪区分であっても、その中身はあまりに幅広くて、区分に意味があるとはとうていいえない場合もあるのだ。たとえば、「性犯罪者」とはレイプのような非道な行為を指すのかもしれないし、クラブで女性に不適切に触れただけかもしれない。後者は嘆かわしくはあるものの、強姦とはまったく性質が違うだろう。「暴力犯罪」というくくりにしても、殺人かもしれないし恐喝かもしれないのだ。

「有罪犯」や「加害者」といった言葉はじつに便利な烙印だ。それを人に押すだけで、その人が最悪の自分から一生抜けられないようにしてしまう。そうした汚名を着せることになるからこそ、犯罪や刑罰に関しては言葉遣いがきわめて重要なのである。初期の入植者を恥とする気持ちからオーストラリア人が脱せるようになったのは、たかだかここ一〇年ほどのことにすぎない。かつては家系図に「有罪犯」が含まれているのは不名誉なことだったが、今やそれは名誉のしるしとみなされている。近年には、「有罪犯」関連の一一の史跡が世界遺産に登録された。そうするよりほかにないではないか？　オーストラリア人の一〇人にひとりが「有罪犯」の先祖をもつといわれる。ここはかつて投獄されていた人々の国。それは如何ともしがたい事実なので、商売に利用する道を選ぶのだ。

　これもまた、オーストラリアとアメリカが遠く離れた双子のきょうだいたるゆえんである。新しい千年紀《ミレミアム》が幕をあけた時点で、服役を経験したアメリカ人は累計五六〇万人にのぼっていた。その少なくとも三人にひとりが二三歳を迎える前に逮捕されている。何らかの犯罪歴をもつアメリカ人は一億人に迫りつつあり、いくつかの大都市ではアフリカ系アメリカ人の若い男性の約八割に前科がある。これが最新版の流刑地でなくて何だろう？　そこの住民はみな、自分たちの国がじつに巧妙に、じつに大量につくり出すレッテルを、これみよがしに自分に貼っているのだ。

＊

　三度目にして最後の刑務所訪問の日が来る。まずはその名前に大いに興味をそそられる。「アカシア」というのだ。創作のために作家がこもるロッジみたいな響きである。だが実際はサーコが経営する刑務所のひとつであり、まもなくその規模はオーストラリア最大になる。被収容者数一三八七というのは、アメリカの標準と比べてもかなり多い。土ぼこり舞う乾いた道をブライアンと車で向かう。途中、観光客がワインのテイスティングに興じるスワン・バレーを抜け、最後はあの思い出の道へと差しかかる。ウガンダでもタイでも、ブラジルでもそうだった。ここでもまた、地獄へと至る道は神々しいまでの景色を縫っていく。道沿いに警告標識も並んでいる。「山火事に注意！」　この国では山火事の危険度を色分けして示す仕組みになっていて、アメリカの九・一一後を思い出させる。あの頃は、テロの「警戒水準」が高いことを表わす赤やオレンジがどのニュース画面にも映っていて、気の休まるときがなかったものだ。

　ハンドルを切ってウォールー農場に入ると、金色の草原に羊が放牧されている。それから有刺鉄線の中へ、低いトタン屋根へ、そしてコンクリートブロックへ。先日見学したサーコの先進的な施設と比べると、アカシアはごく標準的な刑務所の雰囲気を漂わせている。というより、すぐに思い浮かんだのはアメリカのオーティスヴィルだ。見た目を少し乾燥させただけである。面会者センターに入ると、テーブルと電話ブースはボルトで床に留められ、ほうきを手にした囚人たちは緑色の囚人服を着ている。刑務所内には鉄格子で囲まれた体育館があり、監房棟はトタンとコンクリート製だ。個々の棟には名前がついていて、「ブロンクス棟」もあれば「クイーンズ棟」も、「ブルックリン棟」もある。監房の中では、入れ墨をした数十人の男たちがタバコを吸ったり、腕立て伏せをしたりしている。刑務所内の工場を訪ねると、本格的な組み立てラインが何本も稼働していて、何百人という囚人が働いている。最大九ドルの日給で、ベッドフレームや暖炉や、自動車部品を製造するのだ。養鶏場と温室に連れていかれ、糞の匂いを手で払い、靴を消毒し、みずみずしいほうれん草やルッコラが何列も植えられているのを見学する。ここではすべての活動が記録され、貨幣へと換算され、効率的に組織されている。その中心にあるのは、技能の訓練と、職業資格の取得と、企業へ直結する道を敷くことだ。こういう光景をどう考えればいいのか、私の心はシーソーのように上下する。生産的であることは間違いない。無為に過ごすよりは、賃金労働や職業訓練のほうがいいに決まっている。しかしアカシアは、産獄複合体を極端なまでに具現化した存在でもある。今、私の目の前にあるのは、巨大な金儲け事業と化した刑務所の姿だ。

　ドイツ人の守衛から渡されて、腰に「非常ボタン」を巻く。守衛は私の来所手続きをし、危険を感じたらこのボタンを押すだけですぐに助けが来る、と説明する。こういうシステムは初めてだ。初めてなのはそれだけではない。次から次へと現われる斬新な発想もそうだ。いたるところにアボリジニ・アートが配置されていることからもそれはうかがえる。蛇やトカゲや月の絵は、囚人やカーティン大学の学生ボランティアの手になるものだ。なんとなく、木を全部伐採して高級住宅街をつくっておいて、街にその木の名前をつけるのと同じような気がしなくもないが、上辺だけでもそういうそぶりをするのは悪くない。集合住宅や寮での暮らしを模した、自己管理棟というのもある。内部にはキッチンが備えつけられているほか、数名の男たちでシェアする空間が設けられている。「ここは刑務所だ」と叫んでいるのは、寝室にとりつけられた厚い鉄の扉だけだ。そこには毎晩鍵がかけられる。自己管理棟の入り口にはコンピュータのチェックイン・システムがある。親指の指紋認証で、メッセージの受信や、預金口座の確認、あるいは自分が受講するプログラムのスケジュール管理などができる仕組みだ。

　節くれだった一本の木の下は、アボリジニの囚人が集まってヤーニングをする場所と定められている。町の集会所といったところだ。さらには、新しい発想に基づくプログラムや施設の建設がたくさん計画されている。たとえば、家族の日にバザーを開催する、庭をつくって刑務所を「緑化」する、壁に植物を這わせる、癒し効果のある自然光を採り入れる、修復的司法週間を実施する、チャリティウォークをする、などだ。建設用クレーンがあちこちに見える。まもなく新しい教育センターと舞台芸術のスペースが完成し、プログラムがさらに活性化されることが期待されている。

「ロックオペラをやりたいんですよ。あと、俳優養成講座も。それから円形劇場も」。ブレントが夢を語る。情熱の塊のような教育部門の責任者だ。このブレントが、刑務所付きの心理学者の女性と一緒に私たちを案内してくれている。女性は、片方の腕の肘《ひじ》から手首まで奇抜な入れ墨をしていて、ブレントと同じくお洒落なサーコの制服を着ている。ピンストライプのボタンダウンシャツに、ピンクリボンのバッジだ。ふたりとも三〇代である。

　私たちはランチを囲んでおしゃべりをする。つややかなテーブルに、野菜のラップサンドとサーコブランドの水のボトルが整然と置かれている。

「新しいことを考え出すのが職務のひとつと明記されているんです」。ブレントはそういって、種なしスイカの皿をよこす。「サーコに引き抜かれる前は、州立病院に勤めていました。あそこではほとんど何の成果も上げられませんでしたね。お役所主義がはびこっていて。ここでは色々なことを自分の手で実現できます。州政府とも、芸術関係の団体とも、手を組んで仕事をしています。本当に楽しいですよ。それに、物事が迅速に進むんです」

どれだけ迅速かを、その日の午後の教室棟で目の当たりにする。部屋に入ると、すでに教育関係のスタッフ一六人が待ちかまえていたのだ。この刑務所の教育プログラムは多岐にわたる。職業資格や会計資格を取得するためのコースのほか、鉱業に関する講座や、大学レベルの通信教育などもある。アボリジニ式の授業も行なわれていて、伝統的なペンと紙の学習法に代わって、物語を軸に口承で学習することが認められている。

ブレントと同様、ほとんどのスタッフが溌剌としていて若い。これまでの刑務所で出会ったどの職員よりも若い。「刑務所から大学へのパイプライン」についてかいつまんで話をすると、質問すべき項目を漏れなく質問してくる。出所してから実際に大学に入学したのはこれまで何人？　だいたい三人にひとり、と私は答える。世間が犯罪者と呼ぶような人間を教育して悪評が立つんじゃないかと、大学は心配していない？　先住民の学生を受け入れるためにどういった特別な工夫をしている？

先住民の生徒は多くない、と私は説明する。私たちの国でそれに相当するのは――つまり不当に高い割合で投獄され、十分なサービスを受けられていない集団は――アフリカ系アメリカ人とラテン系アメリカ人だ。みな目を見開き、頷く。熱意がひしひしと伝わってくる。その熱意は、四人の囚人と話をする場に臨むとさらに強烈なものになる。どの囚人も、アカシア刑務所に大学の講座が開講したらどんなにいいかと、期待で胸を躍らせているのだ。学歴は四人ともほとんど変わらない。退屈だったからか経済的な事情があったからかは知らないが、みな早くに学校をやめてしまい、今はその判断を心の底から悔やんでいる。

「ここでの時間は、死んだ時間だ」。ひとりがつぶやく。「俺たちには学校がいる。そうすれば暇を潰さなくてもいいからね」

「社会学か心理学をどうしても勉強したいんだけど、法律で禁じられているんだ」。別のひとりが嘆く。特定の科目は犯罪歴があるといっさい受講できないのだと、ブレントとブライアンが説明する。

「それってどういう理屈？」思わず声が出る。「心理学がだめ？　刑事司法制度のせいでダメージを受けている人の役に立とうというんなら、実際に同じ経験をした人間以上の適任者がいる？」私は四人に、囚人の社会復帰を支援する様々な組織に仲間がいることを教える。そうした施設のスタッフには元受刑者もいて、修士号や博士号をもつ者も少なくない。また、マーティンの話もする。マーティンは「刑務所から大学へのパイプライン」を通った教え子で、法科大学院を志望している。間違いなくそれだけの能力はあるのだが、二二歳のときに重罪で有罪になったので、弁護士になるのは難しいかもしれない。でも、司法制度というものを身をもって経験して、そこから何かを学んだ人が、今その制度の渦中にいる人の思いを代弁するべきじゃない？

「先生の授業、受けたいなあ」。囚人たちは溜息をつく。

「私もぜひここで教えたい」

「だったらいかがです？」とブレント。

とまあ、じつにあっさりと。私は来週またアカシアに来る許可をもらい、自叙伝を書く一日ワークショップを開くことになる。この刑務所を深く知るためのまたとないチャンスだし、ちょっとしたお礼にもなりそうだ。

外に出るとき、ブライアンと私は非常ボタンを返す。今日は何度も不安を感じた気がするけれど、安全装置に指を伸ばしたくなるほどのことは一度もなかった。

「バズ、そうなんだよ、複雑で、白か黒かじゃ割りきれないんだ」。考え込んだ様子でブライアンが口を開く。「民間刑務所を嫌う気持ちなら誰にも負けない。でも実情はどうかというと、民間セクターに対しては外から監視する目がある。国の仕事はそうじゃない。講座のスケジュールひとつ決めるのだって、あの速さだ。僕が中にいたとき、受けられるプログラムは全部受けた。ひとつ残らず。ろくになかったけどね。ここには少なくとも積極的に新しいことを取り入れている人たちがいる」

＊

来週の授業に向けた準備にとりかかっているとき、この地の民間刑務所がどういう方針で運営を行なっているのか、調べるのをクレイグが手伝ってくれる。蓋をあけてみれば不祥事に事欠かず、民間刑務所の功罪を計りかねている私の迷いは深まるばかりだ。とくに気になるのが移民拘留センターである。オーストラリアでは、適切なビザのない入国者を強制的に拘留する厳しい法律を定めているため、移民拘留センターは縁までいっぱいな状態だ。この種のセンターはほとんどが民営で、運営しているのはサーコ社（受注額は七億五六〇〇万ドルあまり）か、Ｇ４Ｓ社（デンマークとイギリスの企業が合併して誕生した総合保障会社であり、まるでミサイル工場みたいな字面《じづら》の社名だ）かのどちらかだ。

Ｇ４Ｓは、独房監禁の乱用と、適切な義務を怠って人命を危険にさらした事件で非難を浴びてきた。後者については二〇〇七年にこの会社の運転手が、被拘留者が泣き叫ぶのもかまわずうだるような暑さのワゴン車に閉じ込めたのである。彼らはひどい脱水状態になり、ひとりは自分の尿を飲んだ。会社は非人道的な扱いをしたとして、五〇万ドルの賠償金の支払いを命じられた。もっとも、その時点で被害者五人のうち三人はすでに強制送還されていた。一方のサーコはといえば、給与と労働条件に不満を抱く労働組合から提訴をちらつかされている。近年ではサーコの運営する全国のセンターで、暴動、火事、自殺による抗議などが起きており、その損害額は数百万ドルにのぼる。被拘留者の自傷行為は一二倍に増加した。国による査察の結果、センターの定員超過が危険なレベルに達していることや、職員の能力不足と訓練不足、さらには不適切な危機管理計画が報告された。また、定員オーバーの場合は従業員を増やさなくてはならないのに、それをしていなかったとの指摘もされている。あるセンターでは期限未定で長期拘留されるなど、発狂しかねない状況に置かれているとして移民たちが不満の声を上げた。内陸部《アウトバック》にある別のセンターでは、二〇〇二年に暴動とハンガーストライキが起きて、そのさなかに閉鎖された。かつて西オーストラリア州で刑務所の主任査察官を務めた人物でさえ、次のように認めている。「こうした巨大なグローバル企業は特定の活動に関して、自分たちの取引相手である政府よりも強大な力をもっている」[1]

　こういうホラーまがいの話はアメリカにもいくらでも転がっている。GEOグループの管理するテキサス州のリーブス郡拘留施設などでは、独房監禁下にあった被拘留者数人が死亡したのを受けて、二〇〇九年と一〇年に暴動が起きた。とはいえ、拘禁下にある人への不適切な扱いは世界中で起きており、公営の刑務所も例外ではない。たとえばあるとき、西オーストラリア州で唯一民間ではない少年院で大規模な暴動が発生し、一〇〇人を超える少年たち（その多くが深刻な心の病を抱えていた）が成人用の刑務所に移され、監房内に一日一九時間監禁された。クレイグは、オーストラリア北部のノーザンテリトリーにある州立刑務所の現状についても教えてくれる。そこにはほぼアボリジニばかりが詰め込まれ、ひどい状況にありながら監視の目がほとんど届いていないといわれている。たぶん、民営か公営かは関係ないに違いない。結局は説明責任と全体的なプロセスの問題なのだ。

　私は自叙伝ワークショップで生徒に配る読み物として、いくつかの書籍から文章を抜粋して恐る恐るブレントに送る。マルコムXが当局に認められるんだろうか。何であれ間に合うように許可してもらえるんだろうか。オーティスヴィルでは、授業に使う文章が了承されるのに何週間も、場合によっては何か月もかかることがある。

　ところが、スワン川沿いをジョギングし、楽しそうなサイクリストでにぎわう公園に入り、公園のシンボルのひとつである「平和の森」モニュメントの脇を通って戻ってくると、ブレントからメールが届く。読み物はどれも承認され、印刷され、コピーされ、アカシアで私を待っている、と。

*

「アメリカ人の娘が、なんでまたドイツ系の苗字とバイエルン地方の名前？」アカシアの正門に立つドイツ人の守衛が、私の身分証をスキャンしながら刺すような青い瞳を向ける。

「じつはですね、苗字はハンガリー系なんです。名前はヘブライ語です。聖書からとっています」

「ヘブライ語？　ヘブライ語？」守衛は小声でつぶやく。「いや違うでしょう。これはドイツ系の名前ですよ。『ドライ』は『三』だし、『シンガー』だから『三人の歌い手』。毎年一月六日の公現祭で歌うんです。それがあなた。ドライシンガー。公現祭」

「いや、それがですね、私の曾祖父は――」

守衛は手を振って制し、非常ボタンをよこす。

職員専用のラウンジで、流行りのファッションに身を包んだ講師たちがキャドバリーのクッキーを回している。私たちは刑務所で教えることについて雑談する。講師のひとりは高校レベルのクラスを受けもっていて、生徒に理想の世界を設計させるプロジェクトを進めているのだという。それからブレントに案内されて今日の教室に入る。私は椅子を並べ直して大きな輪をつくる。教室のコンクリートの壁には、人を子ども扱いするような自己啓発系の標語ポスターがいっさい見当たらない。代わりに、卒業式の写真や、教育に関連する新聞記事の切り抜きがところ狭しと貼られている。「教育で寿命が延びる」という見出しのものもある。サーコブランドの水のボトルが私の机の上に置かれている。

生徒たちが少しずつ教室に入ってくる。

「ここは経営管理講座？」顔がひとつ覗き込む。それは隣、と教える。

先週顔を合わせた四人もいる。スリランカ人ひとりを除くと、生徒はみな白人だ。あとでブレントが説明してくれたところによると、大学生レベルでもついてこられる生徒だけを選んだらしい。アボリジニの囚人たちは、教育の機会を大幅に奪われた犠牲者である。今さら驚くことではない。

こうして、フレデリック・ダグラスとマルコムXがオーストラリアの白人囚人の教室に上陸する。

ウガンダのときのように、生徒たちは「奴隷物語」というジャンルを聞いたことがない。だがウガンダのときと違い、奴隷物語の文章を音読すればするほど、生徒たちが心を動かされていくのが手にとるようにわかる。

「人種差別は今でもあるよ」。フリーマントル出身のサムがいい切る。太い腕が入れ墨に覆われている。「オーストラリアは世界有数の人種差別社会だ」

「アメリカほどじゃないだろ?」別の生徒が異議を唱える。「世界一人種差別がひどいのは断然アメリカだよ。奴隷制度にしろ何にしろ」

サムは食い下がる。「でも、ここの白人優位の社会を見てみろよ。オーストラリア人の人種差別はたちが悪い。自覚がないからなかなか改められないんだ。アボリジニたちにしてみれば、長いあいだ精神的迫害を受けているのと同じだよ」

　私は何度も思った。いっそ獣だったらよかったのに、と。……考えることをやめられるなら何でもいい[*2]！

読み書きを学ぶことについてのダグラスのエッセイからの言葉が、刑務所の教室に響き渡る。

「俺たちにはわかるよ、この気持ち」。アンドレイが溜息をつく。アンドレイは小太りで、黒い髪を針のように立たせている。先週会ったとき、自分はミュージシャンで母親は有名なバレリーナだと教えてくれていた。

「考えるのをやめたいと思う?」私は尋ねる。「無知はありがたいこと?」

「とんでもない」。サムが反論する。「知識は力だ」

「でも、虐げられていることを頭では重々わかっているのに、それをどうにかする力が自分にないとしたら――拷問だよ」。アンドレイはプリントの一か所を勢いよく指差す。「この人もいっている。教育は、人を奴隷には適さない存在に変えるって」

サーコの制服を着た男性がひとり、カメラを手に教室に入ってきてひとしきりシャッターを切る。アンドレイは続ける。「今の状況だったら、思考力のある人間として鉄格子の中にいるより、獣になったほうがましだね」

「このマルコムXって奴はそう思ってないぜ」。別の生徒が割って入り、次のプリントを読む。


まさに刑務所の中で私は知った。読書が自分の人生の道筋を永遠に変えたことを。今にして思うと、本を読めるようになったことで、私の中で久しく眠っていた強い渇望が目を覚まし、頭を生き生きと働かせたいというやむにやまれぬ思いが芽生えたのだ。……少し前のこと、あるイギリスの作家がロンドンから電話をくれ、色々なことを尋ねてきた。そのひとつが「出身校はどちらですか?」私は「本です」と答えた。たとえ一五分でも暇な時間があれば、黒人を助ける役に立ちそうな何かを学んでいる。あなたは私のそういう姿をかならず目にするはずだ[*3]。


「ダグラスって奴に比べると、間違いなく謙虚さが足りないね」。声の主は、小さな丸眼鏡をかけた五〇代くらいの生徒だ。「文章で私たちに対峙しているんだ。最後の一文はあなたで始まっている――読者に挑むように」

「一〇〇年経っても世の中がたいして変わってないからだよ。同じような奴隷制度は今もある。ただそれが牢屋の中に移っただけ」。サムは訴える。「みんなうんざりしてる。ハードルは前より高くなっている。自由をくださいと丁重にお願いする、なんて話じゃないんだ。『とっとと完全な権利をよこせ』って話」

また別の生徒が割って入る。「おめおめとおとなしくアンクル——何だっけ？——にはならないぞ、ってことだね。アンクル・トムだっけ？」

これは奇跡だ。生徒同士で教え合っている。台本を書こうったって、こんなにうまくはできない。文章の細かなニュアンスにまで注意を払い、人種問題に敏感であり、題材に完全に没頭して、綿密なノートをとる。午後の第二部には（当初の予定にはなかったが、生徒からの強い要望を受けてブレントがすぐにお膳立てしてくれた）、みなでチママンダ・ンゴズィ・アディーチェの短編小説を分析する。主人公である中流階級の一〇代の若者が、最後にはナイジェリアの刑務所に入る話だ。[4*] ほとんど聞いたこともないようなアフリカの国が舞台であるにもかかわらず、人種、階級、ジェンダーの複雑な力学を生徒たちは巧みに読み解く。それだけではない。その分析を、重みのある道徳的な議論へと変容させる。鉄格子の中で何を学んだか、何を間違いと気づいて捨て去ったか。大多数に利益をもたらせば道義的に正しい行為といえるのか、それとも、していいことと悪いことはいかなる場面でも不変なのか。教室は共鳴室《エコー・チェンバー》と化し、自分たち自身の状況に跳ね返ってくるような問いがこだまする。腐りきった社会で快適に生きようとすれば、どんな結果につながるのか。人は偽善から完全に脱することができるものなのか。「より大きな全体のため」という名目があれば、少数を犠牲にしてもいいのか。

サムがまた口を開く。「そうされているのが僕ら。ここアカシアにいる者たちだ。ほかのすべての人の利益のために犠牲にされている。見せしめ。抑止。生贄」

議論のあと、サムは自分の自叙伝の書き出しを読み上げる。「私は二八歳だが、二年ほど前に生まれたばかりだ」。二年前とは、刑務所にやって来て、家族からの愛を失ったときである。

おかしなものだ。ある特異な一瞬をもって、人生のすべてを決めつけられるようなことが起こるのだから。たとえその人生の大半が健全で、おおむね善で満たされていようとも、たった一度の判断の誤り、一瞬の愚かな決断によって、最も近しい人たちまでもが見方を変える。そしてこう思うのだ。これまでのあいつの人生すべては、破壊へ、死へ、監獄へと向かうひとつの巨大な滑り台だったのだ、と。

それから幼い頃の楽しかった思い出を綴り、弟を一番愛しているのは誰かと兄や姉たちがいい争っていたことを振り返る。もうそれは終わった、と文章は続ける。

鉄格子の中に座り、家族がどうしているかと考えるとき、みなが何をするでもなくただいい合っている姿が思い浮かんでならない。私を一番嫌っているのは誰か、「こうなると思っていた」のは誰か、一番衝撃を受けたのは誰か、一番傷ついたのは誰か、と。皮肉なものだ。もし兄のベンと、ふたりの姉レベッカとギャビーが、何らかのかたちで私と連絡をとる気になってくれたら、きっと気づくに違いないのだ。今でも私は兄や姉を愛する弟に変わりがないことを。そして三人を尊敬し、恋しがっていることを。それだけではない。仮に私が刑務所に入る前と同じ人生や生き方を続けていたとしても、人間として、友として、今ほど多くのものを三人に与えられることなどけっしてなかったということも。

サムの文章と同様、ほかの囚人たちのエッセイもみな驚くほどうまく書けていて、深い思索に満ちている。アンドレイはイギリスで過ごした子ども時代を詳しく綴る。かつては音響エンジニアとしてその名を知られていたが、ヘロインで道を踏み外した。刑期はあと一七年残っている。「私たちのようになるのがいかに簡単か、世間は気づいていない」

別の生徒は、怒りのあまりついカッとなって親しい友人を殺したことを書く。また別の生徒は、オーストラリアの金山で働いていた父親の面影が忘れられない。「父は古きオーストラリアの典型的な金鉱労働者であり、鉄道労働者だった。屈強な大男で、何物にも負けない鉄の意志をもち、黒々とした髪をいつもたっぷりのヘアクリームでうしろになでつけ、できるだけ安いビールを見つけては一缶でも一〇缶でも飲むのが何より好きだった」

それから読むのをやめ、すすり泣きを始める。「これはつらかった」。入れ墨だらけの両手で、涙に濡れた顔を覆う。「親父に会いたい。本当に会いたい」

教室は静まり返る。

先週、文章を書くのは好きかと四人の囚人に尋ねたとき、好きと答えたのはひとりだけだった。今日は全員が、頼むからまた戻ってきてくれと口を揃え、自叙伝を執筆する作業も続けていくと話す。

「みんなこういうのに飢えていたんだ」。アンドレイが語る。

その言葉を聞いてウガンダを思い出す。背景はまったく異なるものの、かの地でも私は同じ授業を行なった。アカシア刑務所とルジラ刑務所では、文字通りとしても比喩としても白と黒ほども違う。それでも、書くという作業を歓迎してくれたことは同じだ。どちらの男たちも、葬り去っていた深い悲しみの井戸の蓋をあけた。どちらも、自分自身を紙の上に表現することでつかのま自由の息吹を感じられると気づき、そのことに深い喜びを表わした。そして、さらなる喜びを味わいたいと貪欲なまでに求めた。

オーブンに入れられたような乾いた熱波のなかを、ブレントに連れられてアカシアの外に出る。刑務所をあとにするのがこれほどつらくないのは珍しい。この場所にはしっかりした組織ができている。私の与えた影響は微々たるものであるにせよ、それがこれからもきっと長く続くと確信がもてる。ブレントはすっかり興奮している。大学レベルの講師をもっと連れてきたい、今日の授業をお手本として使いたい、と息巻く。

「これは図書館に戻してこないと」。手垢のついた『孫子』[5*]が一冊、地面に落ちているのを拾い上げる。ブレントは自分の思い描く未来像を詳しく話し続ける。

「ここの高等教育を一年以内に変えられると思います。やってみせますよ。進捗状況をお知らせしますね」

*

その言葉どおり、私がアメリカに戻るとすぐに、「囚人ブレーントラスト」のために次のゲスト講師を探しているとメールをくれる。「囚人ブレーントラスト」とは、私が教えた大学生レベルの生徒たちにブレントがつけた名前だ。

これが起きているのはワンドゥやボロニアではない。アカシアだ。回復を促す環境が整っているわけでもなければ、修復的司法の基盤があるわけでもない。だが、たとえ従来型の刑務所の環境であっても、ひとつの単純なものがあれば革命をもたらせることをアカシアは雄弁に物語っている。それは、人だ。ブレントのメールを読んでいるとブラジルのマラを思い出す。マラは独房監禁という地獄のなかで、ほんの少しでも何かを変えようと懸命になっている。タイで出会った矯正官の言葉も甦ってくる。自分の刑務所では矯正官がひとりあたり一〇〇〇人の囚人を受けもっていて、この五か月だけでふたりの矯正官が刺されたと話していた。また、オーティスヴィルで何人かの矯正官が、退職までの年数を指折り数えていることも頭をよぎる。まるで、塀の外へと続く一本の線を少しずつ消していくかのような口ぶりで、あと五年の刑期だ、と。「監禁されているという点では、囚人も看守も変わらない」。一九七一年の有名な「スタンフォード監獄実験」に参加した学生のひとりがそう語った。この実験では、参加者が囚人役と看守役とに分かれた。「看守たちは監房区画の中を自由に動きまわれるが、自分たちの背後には鍵のかかったドアがあり、それを自分であけることはできない。だから、本当はどちらも一緒であり、何かをつくるにしてもみなでつくることになる」

ブレントはその後も何か月ものあいだ、自分の進めているアカシアの新しいプログラムについて逐一教えてくれる。演劇活動、連続講演会、映画祭。これもまた、絆創膏を貼っているだけかもしれない。でも、ボロニアの所長の言葉ではないが、「クイーンメリー号」の向きを変えるには時間がかかるのだ。

ニューヨークに戻っても、資本主義と「有罪犯」との厄介な関係が頭から離れない。刑務所改革の分野では、最近新しい言葉が流行っている。「ソーシャル・インパクト・ボンド（ＳＩＢ）」だ。まず行政は、特定の集団に関して達成したい内容を、測定可能で具体的な成果目標として定める。そのうえで、外部組織（投下した資本に対して一定の利益を上げつつも、地域の公益にかなう仕事をしたいと考えている組織）に事業を委託する。行政からの報酬は、事前に定めた成果目標を外部組織が達成した場合にのみ支払われる仕組みだ。実際にサービスにあたる事業者を雇用・管理するための当初の運転資金は、民間の出資を募る。また、成果目標が達成されたかどうかを第三者評価機関が判定する。プロジェクトが成功すれば、行政が外部組織に報酬を払い、外部組織は資金提供者に利息をつけて返済する。失敗したら、資金提供者に公的資金は返還されない。

最近では、その種のＳＩＢがライカーズ島で始まるというニュースが報じられている。この島は私の家のすぐ近くにあり、いわば世界最大の流刑地だ。報道によるとニューヨーク市は、非営利で政治色のない社会調査機関とすでに契約を結び、ライカーズ刑務所を出所する年間約三〇〇〇人の若者の再犯率を四年間で最低一〇パーセント減少させることを目指している。目標実現のため、この調査機関は非営利のサービス事業者をふたつ使う予定だ。必要な運転資金（四年間で九六〇万ドル）はゴールドマンサックスグループが貸与する。この革新性と現実性の融合から何が生まれるのか、なんとも楽しみだ。

　私はジョン・ジェイ・カレッジのキャンパスで、「リセット財団」という組織の立ち上げに取り組んでいる女性と会う。この女性は、少年事件を犯した若者向けに、カリフォルニア州とニューヨーク州にワンドゥに似た環境の刑務所を設立する準備を進めている。この刑務所がモデルにするのは、公設民営の教育機関であるチャータースクールだ。リセット財団は、すでに獲得してあった資金の使用目的を変更し、一般的な刑務所ではなく学校のような施設をつくる予定である。そして、学力の向上、生涯収入の増加、再犯率の低下といった成果をあげる責任を負う。

　こうしたことからは重要なポイントが浮かび上がる。つまり、どの資本主義も等しく悪いわけではない、ということだ。民間刑務所はとかく目立つために、悪だと名指ししやすい便利な存在である。現に、民間刑務所をめぐる悪には恐ろしいほど事欠かない。

　その一方で、そういう結果にならずにすむやり方もある。もしかしたら、「良心ある民営化」なるものもこの世には存在するのかもしれない。つまり、本当の意味での矯正を目指して、道義的に正しく、かつ進歩的なやり方で民営化を行なうのだ。想像してみてほしい。刑務所を運営する組織がＳＩＢ式の手法を採用しているところを。運営方針に口出しされることもなく、なりふりかまわぬ経費削減や稼働率に血道を上げるのでもなく、再犯率や社会復帰の成功率において優れた水準を維持しているところを。こうした動きと呼応するように、最近では「Ｂコーポレーション」を取得する企業が急増している。Ｂコーポレーションとは、事業目標のみならず社会的目標も達成することを誓う営利企業を認証する制度のことだ。アメリカでは現在、Ｂコーポレーション認証を取得している企業が一〇〇〇社以上にのぼる。お洒落な眼鏡で知られるウォービー・パーカー社もそのひとつだ。この会社は非営利団体と提携し、必要だが買えない世界中の人々に無償の眼鏡を提供する取り組みを実施している。『ニューヨーカー』誌のコラムニスト、ジェームズ・スロウィッキーは、Ｂコーポレーション制度は企業にとって魅力的なモデルだと指摘する。なぜなら、企業を投資家の圧力から守るとともに、より崇高な大義に加わっていることが優れた従業員と忠実な顧客を引きつけるからだ。スロウィッキーはそれを、ヘンリー・フォードがビジネスを行なっていた時代や、ジョンソン・エンド・ジョンソン社の人道的な社是が書かれた時代への回帰と呼び、次のように記している。「企業はただがむしゃらに最大利益を追求する機械であればいいという考え方は、資本主義に内在する性質がいわせたものでもなければ、ましてや人間の本性から出たものでもない。そのことをＢコーポレーションの成長は思い出させてくれる[6]」

　結局私は、正義と利益が織り成すこの混沌の中に次の国でも分け入ることになる。今も昔も刑務所と利益の両方が文化に深くしみ込んだ国――シンガポールだ。

第7章 社会復帰支援——シンガポール

足枷《あしかせ》は外れて落ちた。私はそれを拾い上げた。手でつかんで、見納めに眺めたかった。これが今しがたまで自分の足にはまっていたなんて、早くも不思議に思える。「まあ、神の御恵《みめぐ》みだ、神の御恵みだよ！」囚人たちはしわがれ声で不愛想にいった。だが、そこには喜びの響きがあった。

そうだ、神の御恵み[1*]だ！　自由、新しい命、死者の国からの復活……なんと素晴らしい瞬間だろう！

——フョードル・ドストエフスキー

細長い飛行船のような物体が屋上に止まっている。いや、きらめく三棟の高層ビルの上に、超特大のサーフボードがまたがっているというべきか。そのてっぺんからは何本か木が生えていて、天をつかもうとするように伸びている。

「何なの、あれ？」誰にともなく思わず声が出る。目の前にあるのはマリーナベイ・サンズ。世界一金のかかった建物だ。

シンガポールに着いたばかりの私は、この都市国家の近未来的なスカイラインを見物している。空に浮かぶ堂々たるサーフボードのほかにも、大きな蓮の花のような白い建物や、ガラスのルービックキューブが水の上をスケートしているようなルイ・ヴィトンの店舗。さらには、巨大なヒナギクとも、空港の管制塔ともつかない建造物が、何本も高くそびえている。通りすがりの人が、あそこは「ガーデンズ・バイ・ザ・ベイ」という名の植物園だと教えてくれる。シンガポールはちょっとしたディズニーランドだ。

もっとも、死刑制度のあるディズニーランド、ということだが。あるジャーナリストがこの国をいみじくもそう呼んだ。シンガポールが過酷な刑事司法制度で知られていることを表わしている。空港で無料のキャンディが配られているのにも、一見わかりにくいがこの国の容赦ない姿勢が透けて見える。シンガポールではガムを噛むのが違法なのだ。私が記入した入国カードには、それよりはるかにあからさまなヒントがある。紙の一番下に、太字でこんなスタンプが押されているのだ。「警告――シンガポール国法に基づき、麻薬密輸者は死刑に処せられます」

到着の翌日にあてもなくチャイナタウンを歩いていると、「シンガポールはファインカントリー」というロゴ入りの観光客向け商品があちこちで売られている〔「ファイン（fine）」には「素晴らしい」と「罰金」の両方の意味がある〕。確かにこの国では、じつに様々なことで多額の罰金を科されかねない。フェイスブックに間違ったことを投稿するのもそうだし、臭いドリアンを地下鉄にもち込むのもそうだ。鞭打ち刑に相当する犯罪も三〇種類ある。一番有名なのは落書きだ。一九九四年、現地のアメリカンスクールに通うマイケル・フェイというアメリカ人が、落書きと窃盗の罪で有罪判決を受けて藤《とう》製の鞭で打たれた。そのとき、この野蛮な体刑は世界中のメディアで大きく取り上げられた。ちゃんとしたデータなど調べなくても、日刊紙を読めば実情はよくわかる。ここに来てから最初の数日で目にしたのは、一〇代の若者グループが卑猥な言葉をスプレーで落書きし、消火器を噴射し、不法侵入し、盗みを働き、器物を損壊したとして告訴されたという記事だ。刑罰は？　罰金と、三年以下の服役と、三～八回の鞭打ちである。また、強盗、薬物使用、および薬物検査拒否で有罪になった男性には、服役一〇年と鞭打ち一二回の刑がいい渡された。

　旅の最後から二番目の地にシンガポールを選んだのは、こういうふうに刑罰に忠誠を誓っていることが理由のひとつである。だが理由はもうひとつあり、それはタイに滞在していたときに遡る。刑務所と広報活動と王女について調べていたとき、とあるシンガポールの映像広告をＹｏｕＴｕｂｅで見つけたのだ。その広告では、わびしげなハミングの流れるなか、若い男性の日常が描かれている。男性はシャツにネクタイ姿で、なんとも憂鬱そうだ。満員電車に揺られて会社に出勤し、会議室のテーブルにおとなしく座り、無表情でスーパーのカートを押す。しかしその間もずっと、重そうな鉄球のついた鎖を引きずっていて、向きを変えるたびに足をとられそうになる。それから一行の文章が映し出される。「元受刑者が普通に暮らせるよう支援の手を」。そのあと、「ＳＣＯＲＥ　シンガポール社会復帰事業公社」の文字。この団体は何だろう。私は気になった。以来、その見事な広告が頭から離れなくなった。まさに向こうの思う壺である。

　あとになって、ＳＣＯＲＥはシンガポール政府の取り組みだと知る。犯罪に対して刑務所という解決策で臨むと、思わぬところにつまずきがある。そのつまずきをどうにかするのがSCOREの目的だ。どんなつまずきかというと、そうした「解決策」は一時的なものにすぎないということである。囚人の大部分はいずれ刑務所を出る。そのとき社会は元受刑者をどう扱うのか。

　この社会復帰を支援するプロセスは「リエントリー」と呼ばれ、刑事司法の分野において世界中で注目されている言葉だ。もともとはアメリカで考案された概念であり、ジョージ・W・ブッシュ大統領政権下の「セカンドチャンス法」（二〇〇八年）に盛り込まれたことで全国的な知名度を得た。これを受けて全米の市や州はリエントリー局を開設し、委員会を立ち上げた。ニューヨーク州でもアンドリュー・クオモ知事が、二〇一四年に「ニューヨーク州コミュニティリエントリー・再統合協議会」を設立している。数々の財団がこのテーマに関する研究に助成金を支給し、大学は専門の研究所を開設した。私の「刑務所から大学へのパイプライン」は、リエントリーを明確に念頭においてつくられたアメリカ初の教育プログラムだが、やはりジョン・ジェイ・カレッジの「囚人リエントリー研究所」が所管している。

　リエントリー。いかにも簡単で、何の継ぎ目もないかのような響きだ。一時的に家を離れはしたが今しがた戻ってきて、すぐに続きを始められるかのようである。だがその道のりは生易しいものではない。それは人生への劇的な回帰であり、骨の折れる復活であり、完全なる非常事態だ。

　まったく異なるルールで動く世界に、自分が五年、一〇年、二五年と閉じ込められていたところを想像してみてほしい。あなたは服役している。停止していた時間はあなたに多大な影響を及ぼし、あなたのいないところで様々なことをしている。すると、ある日あなたは自由の身になる。どこへ行く？　どこで暮らす？　対人関係の面でも、科学技術の面でも何でも、まったく異質な別世界に足を踏み入れて、どうやってそこに順応すればいい？　仕事はどうやって探す？　町なかをどうやって移動する？　そうはいってももう借りを返したのだから、監禁していた政府がちゃんと元に戻れるように力を貸してくれるはずだと思うかもしれない。

違う。出所した人はたいていそうだが、あなたも福祉や食券や、公共住宅といった恩恵を受けられない。アメリカの刑務所に投獄されている人の約八割と同様、健康保険に入るのも無理だ。以前はメディケイドに加入していたとしても、刑務所にいるあいだにサービスは打ち切られているし、政府が再登録してくれているはずもない。仕事を見つけるのも難しい。四つの大都市で労働市場を調べたところ、犯罪歴のある者を雇わないと公然と認める雇用主が四割にのぼった。たとえ仕事にありつけても、投獄歴のない同僚と比べて給料は四割ほど少ない。そして、四州を除くどの州に住んでも、こうした現実に対して、つまり行政の様々な施策のせいで生活がめちゃくちゃにされていることに対して、異を唱えることはできない。投票権がないからだ。あなたは「重罪犯選挙権剝奪法」が適用される約五八五万人（人口の一・八パーセント）の仲間入りをしたのである。このうち二〇〇万人あまりがアフリカ系アメリカ人だ〔アメリカの全人口に占めるアフリカ系アメリカ人の割合は、二〇一九年の時点で約一三パーセント〕。法学者のミシェル・アレグザンダーは、この事実をはじめとする数々の要因を挙げて、二一世紀における人種隔離がどういう様相を呈しているかを二〇一〇年のベストセラー『新時代の人種隔離《ジム・クロウ》』のなかで説明している。つまり、社会復帰という名の見えない懲罰によって、新たな人種階級制度が生まれているのだ。「下層階級に属する個人は、法律や慣習に阻まれて社会の主流には永遠に近づけない」とアレグザンダーは指摘する。そしてその階級は、「好きに処分していいとみなされた集団を大量に収容するための受け皿」なのだと記している。[2] その集団こそが黒人とラテン系アメリカ人であり、社会の不平等を深めるためにこの階級はつくられている。不平等は犯罪を生み出す。ということは、皮肉にもこの「新時代の人種隔離《ジム・クロウ》」によって、最終的には社会の安全が脅かされるわけだ。刑務所への出入りを繰り返している大勢の人たちが、刑務所に戻らないようにするための経済的・社会的・政治的な資源を使わせてもらえずにいる。こうしたすべてが積み重なった結果、アメリカの再犯率は六〇パーセント前後で止まったままだ。

　ところが、シンガポールの再犯率は二五パーセント程度にすぎない。この国では毎年約九〇〇〇人が出所していて、政府は彼らをうまく受け入れるための様々な新規事業を立ち上げている。罰則王国におけるこうした先進的な取り組みを、私はぜひともこの目で見てみたいと思っている。旅の終わりが近づいた今、「刑務所から出る」というテーマに目を向ける準備は整った。

*

とはいえ、初めて刑務所のお偉方と会う朝になっても、自分が刑務所に入れることが不思議でならない。なぜここまでたどり着けたのだろう？　そんな疑問が頭を離れないのだ。シンガポールはお世辞にも透明性のある国家とはいえない。メディアは政府に牛耳られているようなものだし、自国の司法制度に関して多くを明かさないことでこの国は悪評を得てもいる。確かに単純に考えれば、前に開かれた司法制度関連の会議の場で、誰かを知っている誰かと会ったから、ということになるのだろう。それに、ジョン・ジェイ・カレッジの教授であることがプラスに働いたのも間違いない。それでもやはり解せない。知りたがりのよそ者をなぜ中に入れようとするのだろうか。

しかし、手入れの行きとどいたＳＣＯＲＥの事務所で一日オリエンテーションを受けるあいだに、その疑問は氷解する。

素晴らしい図書館やＤＩＹヘルスケア・センターの近くにその事務所はあり、壁には二〇一一年の『ザ・ストレーツ・タイムズ』紙の記事が拡大されて貼られている。シンガポール刑務局（ＳＰＳ）が刷新されたという内容だ。「一〇年でこんなに変わるとは」と見出しにはある。[3] かつて刑務所は古い軍隊の兵舎を利用していたが、今は「専用」の建物だ。かつて刑務官は囚人に話しかけることすら許されていなかったが（「囚人に操られたり買収されたりするおそれがあるため」）、今や経済学、法学、科学、芸術などの分野で学位を取得し、「何を必要としているかを学ぶ」ために囚人と話をしなければいけない。

事の起こりは一九九六年、ＳＰＳ内部の専門用語にきわめて重要な言葉が加わった。「更生」

だ。刑罰のための施設としてだけで刑務所を語るのはやめようと、シンガポールは突如として決めたのである。これを受け、ＳＰＳの運営理念とコーポレートメッセージもしかるべく改訂された。刑務所が新たに建設され、新しい用語が誕生し、何の頭文字かわからないような略語も生まれた。たとえば、ＭＡＳ（強制的出所後更生指導計画）、ＣＢＳ（社会内処遇命令）などがそうで、ほかにも色々ある。この新しいアプローチは成果をあげた。再犯率が二〇〇〇年の四〇パーセントから、一〇年後には二三・六パーセントに減少したのだ。私が今ここにいるのは、改心して生まれ変わった自分たちの姿を政府が見せびらかしたくて仕方ないからなのである。

　このことを知って、新しい制度が実際に運用されているところをなおさら見たくなった。短期間で劇的な変化を遂げたから、というだけではない。経済的な必要性に迫られたからではなく、自ら進んで司法制度を改革したからだ。アメリカをはじめとする多くの国では、自国の刑務所の状態を少なくとも部分的には経済事情で決めている。よりよくする余裕が単純にないか、さもなければそのための財源をうまく確保できないかのどちらかだ。ところがシンガポールでは、労働市場が富を生み出し、行政は効率的に行なわれ、市民は圧倒的な繁栄を手にしている。世界有数の裕福な国であり、政府系ファンドの総額は五〇〇〇億ドルを超えるといわれる。だから、自分たちの好きなように改善を図ることができるのだ。何十年ものあいだ、シンガポールは過酷な刑罰を選択してきた。今はどんな道を選びとっているのか。すべてはまるで実験的に書かれた驚くべきシナリオであり、刑罰、改革、正義をどうとらえるかというイデオロギーの核心に斬り込んでいる。

＊

翌日、私は「チャンギ刑務所」に向かう。ここはシンガポールの一四の刑務所のうち、ひとつを除くすべてが集合した複合刑務所だ。空港に隣接する敷地内に、いくつもの建物が不規則なかたちに配置されている。もともとは一九三六年にイギリスの植民地政府によって建設されたものだが、現在では約一万二〇〇〇人の囚人と二五〇〇人の矯正官を楽々と収容している。第二次世界大戦中は、日本軍がここに民間人を収容していた。私が今日訪ねる予定の旧セラン兵営は、日本軍が捕虜収容所として使用していた場所である。当時は、イギリス兵とオーストラリア兵の戦争捕虜が最大五万人抑留されていた。この兵営と、崩れかけた一枚の壁だけを残して、施設はすべて二〇〇〇年に解体されて新しい刑務所が再建された。

こうして、軍隊の兵舎は「セララン公園地域監督センター」に生まれ変わった。現在は通勤刑用の施設として利用されており、刑期満了の近い囚人と元受刑者がここを訪れる。監督官のもとに出頭し、釈放後の生活について指導を受けるのだ。私は有刺鉄線を抜け、錆びた緑色のトタンの風景へと入っていく。

この国の囚人の半数あまりが、どこかの時点（たいていは釈放後）でこの施設の世話になる。公立学校の講堂を思わせる建物に何百人もの元受刑者が足を運び、セルフ受付機で入館手続きをして待合室で待つ。それから担当の監督官と面会し、外の世界での生活について話し合うのだ。たとえば、清掃員、テレマーケター、料理人といった仕事についてである。シンガポールでは、元受刑者に対する就業斡旋の成功率が九九パーセントに達する。主な就職先は、飲食業、小売業、観光業などだ。職場適応援助者《ジョブコーチ》の協力と、人事部門との一貫した連携のおかげで、そのようにして「配置された」者（と呼ばれているらしい）の五九パーセントが出所後の少なくとも半年間は仕事を辞めない。担当者はそういって胸を張る。アメリカの状況はまったく違う。なにしろ、元受刑者のおよそ半数が、釈放後一年経っても仕事がないままなのだ。調査によれば雇用者側は、犯罪歴のある人間を悪びれもせずに公然と差別し、彼らに対する否定的な見解を臆面もなく口にしている。しかも、性別、年齢、人種といったほかの要素の場合であれば、おそらく憚られるような表現で。

この施設には寮もあり、最大で一二〇人の囚人が刑期の残り数か月を過ごす。入所から出所までここで服役する者もわずかながらいる。部屋は灰色で殺風景だ。唯一のインテリアは金属製のロッカーと、子ども用の二段ベッドである。そこに、漫画のキャラクター付きシーツが敷かれている。刑務所で使用されているゴザに比べれば一歩前進だ。味気ない灰色の壁に、「未来に明るい希望をもとう」というスローガンが掛かっている。ここの囚人たちは制服を着用せず、外の仕事に就いている。一時帰宅も許されているほか、地域でボランティア活動をすることも認められている。

「何も問題は起きません。囚人たちは行儀がいいですから」。矯正官のひとりが話す。「みんなこの場所を大切にしています。ヘマをしたくないんです」。しくじった者は、壁に顔写真を貼り出される。私は写真と説明文を眺める。「体調が悪いときに雇い主に連絡しなかった」「門限を延長してもらおうとして矯正官に嘘をついた」「偽《にせ》の情報で会員登録をして会社を騙した」

話をしてくれた矯正官は元エンジニアだ。「昔は家をつくっていましたが、今は人間をつくっています」。外へ出る道すがらきっぱりと語る。

オーストラリアのワンドゥでも目にした通勤刑に効果のあることは、考えるまでもなく明らかに思える。現に、ミネソタ州で実施された研究では、通勤刑によって囚人が新たな犯罪に手を染める割合が低減し、就業率が大幅に向上し、労働時間や賃金が増加することが示された。州政府の経費も約一二五万ドル削減されたという。にもかかわらず、アメリカ全体では通勤刑がほとんど実施されていない。そこには、私たちがリスクを極端に嫌っていることが大きく響いている。囚人を塀の外に出せば市民が神経過敏になるという、ただそれだけのことなのだ。

＊

セラランン公園をあとにし、シンガポールの有名な屋台街のひとつで早めの夕食をとる。政府の規制が厳しいので、世界一安全な屋台料理だというのがここの売りだ。マレー料理、中華料理、インド料理が一堂に会した多彩なメニューの数々は、シンガポールが多民族国家であることを味の面でもありありと示している。民族間の違いを受け入れるという行為を、シンガポール人は単に食事をするだけで実践しているといわれるほどだ。

ホテルに戻るとメッセージが待っている。「バズ！」嬉しさに舞い上がった声がボイスメールから聞こえてくる。「ジョナサンです！　戻ってきました！　電話ください！」私の二三歳の教え子が、六年の刑期を終えてついに自由の身になったのだ。はやる気持ちを抑えつつ、すぐに電話をかける。

「ジョナサンはいますか？　担任の教授です」。沈黙。それから電話の向こうで、すすり泣く音。

「そんな言葉を聞ける日が来るなんて」。電話に出たジョナサンの妹が泣きじゃくる。私は声をかける。私があなたのお兄さんをどれだけ誇りに思っているか、お兄さんはどれだけ優秀な生徒か。妹はジョナサンに受話器を渡す。

「大学に行くのが待ちきれないよ、バズ」。ジョナサンの晴れやかな笑顔が目に浮かぶ。

電話を切っても、まだこみ上げる涙と闘っている。教え子が出所して家に帰るという出来事は、何度経験しても胸を揺さぶられずにはいられない。

けれど、同時にほろ苦さを覚えるようにもなっている。確かに初めは、今しがたジョナサンの声からも感じ取れたように、子どものように無邪気な希望にあふれているものだ。だがそれは呪術的思考と紙一重であり、理性が曇らされている。別の教え子のリチャードなどは、釈放を一週間後に控えた日、大好きな小説に出てくる錬金術師になった気分だと授業中にいい放った。「だって別人になれるんだ」。数時間、数日、数週間と過ぎていくうち、興奮に水を差すような様々なお役所の手続きや活動が待っている。身分証の発行、仮釈放官との面会、アンガーマネジメント講座、このプログラムあのプログラム、そして私も把握しきれない数々の行政手続き。その間、学生たちを支えるものは未来への明るい希望だ。それがあるからこそ、世間から消えていたあいだに生まれたテクノロジーに接したときも、辛抱強く落ち着きをもって使い方を学ぶことができる。「やあ、バズ」。出所して二日目に、教え子のひとりがメールをくれた。「ちょっとメールの練習中」。「いつから銀食器はこんなに重くなったの？」別の教え子は目を丸くした。金属のフォークを手にするのは一三年ぶりなのである。

だが、この薔薇色の時間には消費期限があるのが普通だ。「新時代の人種隔離《ジム・クロウ》」という現実が忍び寄ってきて、自由との蜜月は終わりを告げる。仕事は無きに等しく、昔暮らしていた地区は危険な障害物コースの様相を呈し、何年も離れていたせいで家族はめちゃくちゃになっている。出所後特有の精神的苦痛も始まる。仮に一七歳で刑務所に入ったとしたら、時間はそこで止まる。だから、たとえ三八歳で出所したとしても、人間関係の構築やコミュニケーション能力などの面ではまだ一七歳のままだ。この障壁を乗り越えて成長していきたくても、また、刑務所で起きたことや起きなかったことによって負った心の傷から立ち直りたくても、それをしっかりと支援してくれる仕組みなど何ひとつない。しかも、刑務所という環境は、自らの罪を否認する心理へと囚人を追い込みがちだ。心を乱すようなことはすべて頭から締め出さないと、生きていけないケースが多いからである。だから、ついに自分の過ちと向き合わざるを得なくなっても、そのプロセスを助けてくれるものはやはり何もない。結局、世間に出ればその過ちは重い塊となってどさりと落ちてきて、痛みに苦しむことになる。

教え子たちは、蜜月が終わったこの時期に行方不明になることが多い。私は夜中に目を覚まして、何か恐ろしいことが起きたんじゃないかと不安に駆られる。オンラインの被収容者検索サイトをチェックし、刑務所に舞い戻っていないことを確認する。それでも、極力手を出さずに放っておくように努める。やがてある日、彼らは浮かび上がってくる。そして、少しずつ状況を立て直していく。使いつくされた希望の切れ端をかき集め、つなぎ合わせて、どうにか新しい一歩と呼べそうなものをこしらえるのだ。

*

「ここがＡ群で、あちらがＢ群。Ｃ群とＤ群は結局建設されませんでした。それほどの数の囚人がいなかったので、必要がなくなったんです」。フィー・レンはそう説明しながら、チャンギ刑務所にできた新区域の心臓部へと私を案内する。フィー・レンはＳＣＯＲＥ（シンガポール社会復帰事業公社）に所属する元矯正官の女性で、私の視察につき添ってくれている。入り口で指紋認証をすませ、数年前に建てられればかりの複合施設に足を踏み入れる。私は、ＳＰＳ（シンガポール刑務局）が発行する雑誌『パノプティコン』を両手で抱えている。

「Ａ群は二〇〇九年に、Ｂ群は一一年に完成しました。どうも私たちは——」ここでフィー・レンは笑う。「あまりネーミングのセンスがありませんね」

監房棟の裏手にまわると、有刺鉄線のすぐ外は見渡すかぎり倉庫の海だ。道を挟んだ左右に箱型の建物（正面はどれもオレンジ色と青で、ガラスのようにつややかでシンプルな外観をしている）がどこまでも続き、隙間なく並んで溶け合っているように見える。すぐ横に空港があるせいで、このあたりの建物は四階より高くすることができない。そのため、監房棟のかなりの部分は地下につくらなければならなかった。おかげで内部は換気が悪い。

小道を歩いていくと、まるでしなびた指のような木が道に沿って植えられている。フィー・レンの説明によると、Ａ群にいるのは主に死刑囚と長期刑囚だ。そして、今日私たちが目指すＢ群には、薬物違反で服役中の囚人と未決囚が収容されている。この両者が、囚人全体の六割から七割を占めるという。

建物の中に入ると、ひとりの矯正官が声をかけてくる。「ＶＩＰ用ラウンジはこちらです」。矯正官に案内されるまま、ピンク色のフラミンゴの絵や、脈打つような真っ赤な夕日の絵の脇を過ぎていく。

「訪問者用のラウンジですよ」。フィー・レンが正す。

でも、どう見てもＶＩＰ用だ。毛足の長いビロードの赤いソファにバーカウンター、テーブルサッカーにエアホッケーのゲームまで備えつけられているのだから。部屋の真ん中にはＢ群の大きな模型が置かれている。Ｂ群の監房は、ひとり用・四人用・八人用の三種類だ。ふたり用がないのは、ふたりのあいだに事が起きたときに備えて、第三者の目を確保するためだとフィー・レンは説明する。

あなたが会いたいと思うような人になりなさい。

意志あるところに道は通ず。

ヘンリー・フォード、孔子、エイブラハム・リンカーン、デール・カーネギー。「君ならできる」的な賢人たちの言葉が、ラウンジから目的地へと向かう通路のあらゆる壁面に走り書きしてある。

どこから来るかは問題ではない。どこへ行くかが重要なのだ。

建物の構造は集合住宅を思わせる。金属製の手すりに、小ぎれいな通路。そして生命が根絶やしにされたかのような静けさ。色鮮やかな鳥やヒトデの絵。壁に貼られたハート形の切り抜きの上に、魂を鼓舞して希望を抱かせるさらなる引用句の数々。シンガポールに自生する紫色の蘭を描いた壁画。どれもここが刑務所であることを感じさせない。刑務所特有の匂いもない。というより、まったくの無臭だ。

だが、エレベーターを降りると無線機の音が耳に飛び込んできて、自動ドアが開く。するとそこに青い鉄格子があって、私たちはその向こうへと通される。中に一歩足を踏み入れるなり気づく。どうやらここは、監獄と幼稚園を混ぜ合わせたような奇妙な空間らしい。

「おはようございます！　よろしくお願いします！」

青いＴシャツ姿で直立不動の三六人の囚人から、挨拶の言葉がいっせいに放たれて襲いかかってくる。ここは「更生」区画だ。ここを皮切りにして、チャンギに新設された「出所準備センター」による一〇か月間のプログラムが始まる。

「このセンターでは出所が近い囚人を対象に、犯罪者特有の考え方を矯正するプログラムを実施していきます。いわゆる『回復を促す環境』です」。今日の案内役を務める矯正官が教えてくれる。にこやかで、情熱とエネルギーを感じさせる人物だ。この種のセンターはアジアでここにしかなく、カナダ、イギリス、オーストラリアのモデルに倣ってつくられた。オーストラリアのものは実際に私も目にしている。ボロニア女性出所準備センターの所長は、このモデルの精神を端的にこう説明していた。「ここから始まらなくてはいけません。門の外に蹴り出した日からではなく」

　ここでは三四三人の囚人が一〇班に分かれて生活している。二年前にプログラムがスタートして以来、五三〇人がここを卒業し、刑務所に舞い戻った者は三〇人しかいない。

「誰かが戻ってくると、私たちのところに報告が来ます。そのたびに胸が痛みます」。案内役の元気な矯正官はそう話していた。その言葉に嘘偽りのないことがひしひしと伝わってきた。

「私にとって何より重要なのは数字です。再犯率を下げなくてはなりません」

　プログラムは全部で三つの段階に分かれており、段階が進むごとに個々の囚人にはより大きな責任が与えられる。各段階は色分けされていて、「更生」段階の居住区画は青で統一されている。建物は二階建てで、共同の廊下と共用エリアがひとつずつあり、そのエリアでは十数人の男たちが金属製のピクニックテーブルのまわりに集められている。みな上半身裸で、色とりどりの入れ墨に覆われている。それぞれの監房の扉の外には、ヴァンズの黒のスニーカーがきちんと揃えて並べてある。監房の隣には「意見箱」が設置されていて、使用法がシンガポールの四つの公用語（英語、標準中国語、タミル語、マレー語）で書かれている。廊下の突き当たりには、電話機が一台ぽつんと置かれている。シンガポールにあるすべての監房棟のなかで、電話が禁止されていないのはここだけだ。家族と連絡をとり合うことを奨励するのも、出所準備プログラムの一環だからである。

各班とも、わざと年齢と民族が混在するように編成されている。「互いの変わった習慣や特性を許容することを学ぶ必要がありますから」。案内役の矯正官は説明する。班は地域社会と同じようにして運営される。それぞれが独自の懲罰委員会をもち、リーダーを選び、規則を定めている。訓練を受けた複数の矯正官が「ケース・コーディネーター」と呼ばれる役割を担い、各班を監督するとともに、可能な場合は修復的な手法を用いる。規則を破る者がいたら厳しく罰するのではなく、なぜ違反したのか、償わせるためにはどんな選択肢があるかを考えるのだ。

「以前は重警備刑務所にいたんですが、被収容者に話しかけたりはしませんでしたし、ましてや授業を行なうことなどいっさいありませんでした」。案内役の矯正官は振り返る。

私はとめどなく続く壁の引用句に目を走らせる。

私はやり遂げる。私はやり遂げる。私はやり遂げる。

「模範囚であっても、市民としては失格という場合はあります」。矯正官は続ける。「彼らはもうすぐ社会に出て再び市民になります。このプログラムの目的は、彼らをその状況に引き戻すことにあるんです。服役中や、それ以前に身につけた悪しき行動や習慣を、このプログラムを通して捨て去るのです」

それから、赤茶色と青で描かれた一枚の絵を指差す。「『過去を攻撃する』というタイトルです。あなたは大渦巻きを前にした船です。安全な場所を探さなくてはなりません。それが『更生』段階のシンボルなんです」

次に私たちは、向かい側にある「再生」区画に移動する。

自らの機会が訪れるときに備えよ。

誰の人生にも重要でない日などない。

「おはようございます！　よろしくお願いします！」ここでは直立不動の囚人たちが緑色のTシャツを着ている。

「この段階のシンボルはあれです」。矯正官が別の絵を指し示す。「一本の木と、いくつもの手――これが成長の次なる段階です」

この段階は、犯罪組織から足を洗うことに主眼を置いている。シンガポールの犯罪組織は華人社会にルーツをもち、違法薬物、とくにヘロインの密売が活動の中心だ。職員の推計によれば、ここにいる囚人の四割が現役のギャングのメンバーで、二割が休眠状態のメンバーである。案内役の矯正官がとりわけ熱をこめて説明するのが、仲間同士による反・ギャングのプログラムだ。囚人たちが輪になって座り、薬物やギャングと関わるきっかけとなった心の問題を打ち明けあう。

「刑務所《プリズン》にはPのつく言葉がたくさんあります。プログラムもそうです。そして、この反・ギャングプログラムは『すべてのPの母』というニックネームで呼ばれています。囚人は初めこれを嫌います。人生について話すのは難しく、囚人にとっては刑罰や鞭打ちよりもつらいものです。みんな筋金入りの犯罪者で、教室に座って自分の気持ちを話すことなどできません。汗をかきます。向精神薬をほしがります。プログラムの最後に、仲間と手を切る選択肢が提示されます。多くがそうします」

小さなスーパーで、色分けされた商品を眺める。「更生」区画の入居者はよい行ないをするとポイントがもらえ、そのポイントを使って基本的な品々を購入することができる。ミロ、オレオクッキー、家族に送るカード。どれも青色のスタンプが押されている。釈放が遠くない「再生」区画の入居者は、歯ブラシやリーディンググラスなどを買える。続く「再出発」区画の入居者は社会復帰に最も近い段階にあり、ヨガマットなどの購入が認められている。再びベッドで眠れるよう体を慣らすためだ。

インド人の囚人ニザムはこのスーパーの監督をまかされており、両手をうしろに組んで立っている。矯正官は私たちのことを紹介したあと、「話をしてもいいですよ」と促す。私はためらう。SCOREのスタッフから事前に事細かな注意を受けたとき、訪問中に囚人に話しかけるなという強い指示があったからだ。ニザムは自ら口を開く。自分はここで七年服役していること、一一回も刑務所を出入りしたこと、そしてあと五か月で釈放だということ。

「このプログラムに感謝しているんです。前はギャングの一員でした。今回の出所はこれまでとはまったく違います。このプログラムのおかげです。今は自分自身のことがよくわかるようになりました。ここで責任について学んだことを、社会に出てからも生かしたいと思います」。頭を下げる。

ニザムの服は黄色。「再出発」段階の色だ。この段階のシンボルとなる絵には夕暮れの断崖が描かれている。「再出発」区画では男たちがノートパソコンのまわりに集まり、今週後半に予定されている卒業式の準備をしている。

「おはようございます！　よろしくお願いします！」また挨拶が襲いかかってくる。

小さな眼鏡をかけた囚人が、作成中のパワーポイントの資料を得意げに見せる。その囚人の所属する班は歌を二曲歌うのだという。

「一曲は中国の歌。もう一曲はボン・ジョヴィの『リヴィン・オン・ア・プレイヤー』です」

目標に届かないことが明らかでも、目標を修正してはならない。歩幅を変えよ。

壁の言葉はすべて委員会の承認を得なければならないのだと、矯正官が歩きながら説明する。中国語やマレー語で書かれたものもたくさんある。囚人を対象にした引用句コンテストも開かれているらしい。

「優勝したのがこれです。標準中国語で書かれています」。壁の上のほうに記された漢字を読み上げる。

愛はあなたを家へと導き続ける光。

庭には巨大な体育館のような建物があり、コミュニティセンターとして使えるように設計されている。中には蔵書の充実した図書館もあって、英語や中国語の小説のほか、仏教やヒンドゥー教の聖典も並ぶ。「責任」と表示された柵の向こうで囚人が何人か椅子に座り、くつろいだ様子でおしゃべりをしている。「責任」というのは、センターが掲げる五つの重要な価値観のひとつだ。フットサルに興じている者もいる。シンガポールで人気のスポーツだが、体の接触を伴うのでほかの刑務所では禁じられている。しかし、ここではリエントリーの取り組みの一環として許可されている。外に出たらじきにプレーすることになるからだ。建物の反対側に目をやると、男たちが一列に並んで髪を切ってもらっている。ここにも段階ごとの違いが入り込んでいて、壁に貼られた図にそれが示されている。「更生」段階のメンバーは、決められた同じ髪型をしなければいけないが、「再出発」段階のメンバーは、短くすっきりしていさえすればどんな髪型でもいい。

私の見学はそこで終わる。フィー・レンに連れられて長い通路を歩き、出口へ向かう。

夜明け前が一番暗い。

*

その週の後半、目にしたものをまだ消化しきれないまま、私は雲の中を歩く。そう、シンガポールではそんなことまでできるのだ。ガーデンズ・バイ・ザ・ベイの中に「雲霧林《クラウド・フォレスト》」がつくられているからである。こんなに素晴らしくも美しい観光名所にはそうそうお目にかからない。空中回廊で自撮りをしている韓国人グループをよけながら、ふと思う。こうやってひとつの気候帯を人工的に再現できるほどの国なのだから、完璧な刑事司法制度を生み出せないはずがない、と。

とはいえ、それが切実に必要とされているわけではない。近年、シンガポールでは犯罪件数が約四・三パーセント減少し、過去三〇年で最低の水準になっている。心そそられるチャイナタウンの薄暗い路地を夜にそぞろ歩きしながら、この大きな安心感を噛みしめる。初めてこの国に来たときのことも思い出す。あれは七年前、会議のために短期間滞在しただけだったが、ショッピングモールでの出来事が今も忘れられない。レジの女性に二〇ドル札を渡したとき、一ドル札と勘違いされてお釣りをもらえなかった。文句をいうと、私の電話番号を尋ね、閉店後にレジを締めたときに残高が多すぎたら電話すると返した。ええ、ええ、そうでしょうとも。皮肉屋のニューヨーカーはそう思った。

夜の一一時〇一分、電話が鳴った。

「お客様、お客様の一九ドルをお預かりしています」。私は仰天した。こんなに真面目に規則を守る国に暮らしたら、いったいどんな感じがするんだろう。今回の旅でおしゃべりをした地元の人たちは、シンガポール人が「エアコンの効いた暮らし」という先進工業国特有の問題に毒されていると話していた。SCOREのフィー・レンも、週末にマレーシアに買い物に出かけるだけで故郷がどれだけ素晴らしいかがわかると指摘していた。「治安がいいことも経済が安定していることもけっして当たり前ではないんだと、ときどきあらためて気づかせてもらう必要がありますね」

政府は「気づかせる」作業に余念がなく、シンガポールは例外的な奇跡の国だという物語を国を挙げて宣伝している。一九五九年にシンガポール自治政府の初代首相に選ばれた故リー・クアンユーは、「島の上の都市国家は普通であっては生き残れない」と著書『リー・クアンユー回顧録』に記している。私は本屋でこの本を手にとり（リーの著作はどの書店にも置いてあるようだ）、港近くのベンチに腰かけて日が暮れるまで読みふける。「固く団結し、たくましく適応力のある国民となって、隣人たちよりも安価でよりよく物事を行なうには、尋常ならざる努力を傾ける必要があった。われわれは人と違った存在にならねばならなかったのだ[*4]」

形勢はリーに不利だった。まずイギリスから、次いでマレーシアから独立した当時、シンガポールには国内市場が無きに等しかった。教育水準も低く、ほぼ全面的にイギリスの援助に頼っていた。はるかに大国であるインドネシアとマレーシアに挟まれ、しかも国家の分断をきたしかねない民族問題も抱えている。当時の人口構成は、約七五パーセントが中国人、一四パーセントがマレー人、七パーセントがインド人だ。一九六四年には実際に人種暴動が連続して起きている。しかし、最後にはリーの指導のもとに平和がもたらされた。ひとりあたりＧＤＰは一九五九年の四〇〇ドルから、二〇一二年には五万二〇五二ドルに上昇している。

リーはこれを成し遂げるため、インフラを整備し、開発銀行を創設し、工業団地を建設して欧米の投資家を引きつけ、汚職を減らすために公務員に手厚い待遇を与えた。すべては、資本主義のもつ競争の精神と、社会主義から生まれる集団の結束力を、いかに合体させるかにリーが心を砕いた結果である。土地は国に帰属しており、国民には不動産権が付与される。おかげで市民は自分が社会の一部であることを強く意識するし、広々とした公営の住宅を手頃な価格で購入することもできる。しかも、入居まで六か月以上待たされることはめったにない。住まいを割り当てることが、人種間の不平等を解消する手段ともなっている。リーは海外からの援助を忌み嫌った。福祉についても同様である。代わりに、コミュニティセンターや市民サービスが同胞を見守る役目を担っている。リーはまた、投資家に強烈な第一印象を与えるために空港や街の美化に取り組み、緑化運動を開始し、緑豊かな庭園や街路樹を管理する行政部門を立ち上げた。さらには、タバコの広告や、もちろんガムを噛むことを禁止し、路上に唾を吐くような「第三世界の習慣」を断つことまで奨励した。

リーの本を読んでいて、私の旅の最初の訪問地とシンガポールにつながりのあったことを思い出す。ルワンダだ。ルワンダのポール・カガメ大統領はジェノサイド後にルワンダを再建するにあたって、独立後のシンガポールをモデルにしたと公言している。リーの著作を参考にしたのだ。カガメは魅力的な投資環境をつくり出し、汚職を減らし、ハイテク経済に対応できるインフラを建設するなどした。シンガポールと同様、ほぼすべてのルワンダ人が健康保険に加入し、教育を受ける機会を手にしている。国はやはり効率的で生産性が高く、組織特有の略語だらけの言い回しが幅をきかせている。ルワンダとシンガポールは、どちらも地域における偉大なる例外なのだ。

こうした例外として、つまり社会経済の安定した「オアシス」として存在するには、代償を伴うことも私は知っている。たとえば、個人が社会生活を営むうえでの自由が色々なレベルで大幅に制限されるし、様々な禁止事項もある。ルワンダならたとえばビニール袋、シンガポールならチューインガムだ。メディアは政府の支配下に置かれ、言論の自由も狭められる。リーは自分を批判する声に対して、次のように記している。「これを『過保護国家』だというなら、そういう国に育てた自分を誇りに思う」[5]。のちに私は、この過保護さを揶揄《やゆ》するシンガポールの面白いウェブサイトを見つける。そこにはシンガポール人の特徴が六〇個挙げられている。四二番は、この国の効率のよさについて語ったものだ。「電車・バスの待ち時間や高速道路の渋滞情報が表示されていないと、イライラする」。そのほかは、この効率のよさを手に入れるために何を犠牲にしたかを鋭く突いたものが多い。一〇番「自分より地位の高い人を批判する能力を失っている。たとえその人が間違っていても」。五五番「自分の性癖や生活習慣を政府がどう考えるかによって、分譲マンションに住めるかどうかや、それにいくら払うかが決まることに疑問をもたない」。二七番「『二一世紀もほかの国に負けないため』といえば何でも通ると思っている」

この最後のひとつはとりわけ深い意味をもつ。というのも、奇跡の例外として存在することは、絶えざる不安のなかで生きることと同じだからだ。隣国のようになる危険とつねに背中合わせなのである。壊れやすい状態にあると、人はそれを守るためなら何でも許されると考えやすい。もう一度ジェノサイドが起きてもいいのか？　もっと人種暴動があったほうがいいのか？　インドネシアやマレーシアやコンゴのように、経済や政情が不安定でもいいのか？　それが嫌なら政府を信頼し、あれこれ疑問をもつのはやめることだ。そのせいで、せっかく手に入れた社会の秩序が、お前たちが日々享受している秩序が、失われたらどうする？

その日の夜、ホテルの外にある串焼き《サテ》の屋台で、私はまだリーのことと、社会のこうした大いなる譲歩について考えている。そこへ、法律を学ぶふたりの進歩的な学生が合流する。アメリカにいる友人から電子メールで紹介された人たちだ。ふたりはこの地で死刑制度廃止を訴えるキャンペーンを展開していて、近々鞭打ち刑の撲滅を目指す運動も始める予定だという。「こっちを納得させるのはもっと難しいでしょうね」。デイミアンはそう話す。「シンガポール人は刑罰全般が好きなんです。とくに体刑が。それに、鞭打ち刑といっても、子どもが親から叩かれるのと同じようなものだとみんな思っているんですよ。実際がどんなものかがわかっていないんです。写真を使う必要がありますね。見たことありますか？　文字通り肉が飛び散るんですよ？」ぞっとするといった様子で首を振る。

「アメリカで学校の銃乱射事件とか、そういう悲劇が起きるたびに、政府はそれを指差してこういうんです。あんなふうになりたいのか、って。アメリカはいわば民主主義の失敗例だ。あいった悲劇や、あれほどの犯罪を望まないなら、黙って現状に満足していろ、ってね」

社会を統制する手段として、最も効果があるのは恐怖だ。ルワンダやシンガポールだけでなく、オーストラリアやアメリカでも同じである。そもそも大量投獄の誕生をあと押ししたのも恐怖だったのだ。

そうはいっても、と私は返す。おかげでこれだけの安全が、快適さが、暮らし方が手に入る。たとえばシンガポールでは、ウガンダのようにタクシー運転手と料金交渉をする必要がない。メーターは勝手にいじれないようにすべてロックされ、モニターされているからだ。質の高い日常を送るうえで、そうしたことは些細だが侮れない。デイミアンは頷き、そのジレンマを認める。しばらく私たちは無言でサテを口に運ぶ。

「囚人と話をさせてくれたなんて、びっくりですね」。別れ際にデイミアンがいう。話といえるほどのものではなかったのだと私は説明する。考えてみれば、今回の旅で囚人との触れ合いが一番少なかったのがルワンダとここだ。それも無理はない。人工的につくり上げた完璧な社会を謳いたい国家にとって、囚人は汚点なのである。政治というマシンが円滑に働くのを妨げる存在だからこそ、隔離し、処罰し、矯正し、沈黙させねばならないのだ。

＊

投獄されている人たちと密に関わる仕事がいっこうにできない。ある日テレビをつけると、囚人に扮した人の出てくるコマーシャルが流れる。以前にタイで見つけた、鉄球と鎖の映像広告に似ている。これを制作したのは「イエローリボン・プロジェクト（YRP）」という団体だ。二〇〇四年に設立され、広告を主体にして元受刑者を支援する事業を専門に行なっている。二〇〇万ドルあまりの奨学金を支給し、三八〇〇人以上に職業を斡旋し、一〇〇〇社を超える地域の協賛企業と提携しているとこの団体は謳う。彼らが目指すのは、元受刑者が主流文化に受け入れられやすい環境をつくること。そのために、広告を打ったり広告掲示板を設置したりするほか、定期的に啓発イベントを実施している。これらがとくに集中するのが九月で、「イエローリボン月間」と銘打たれている。これまでに、コンサートやフィルム上映会やファッションショーの開催、詩集や音楽アルバムの発売、囚人の手になる芸術作品の展示、携帯電話アプリの開発などを手掛けてきた。また、元受刑者を支援していることを示すしるしとして、襟にとめる黄色いリボンを何百万個と配布している。

「ピンクリボンとかレッドリボンとか、ああいう流行りのリボン運動に便乗しようとしたわけじゃないんです」。YRPの広報責任者を務めるジンという男性が説明する。名前の発端は一〇年ほど前に遡る。SCOREのCEO（最高経営責任者）がカラオケラウンジで、新プロジェクトの名称をあれこれ考えていたときのこと。懐かしいトニー・オーランドの歌がスピーカーから大音量で流れてきた。

本当は僕はまだ牢屋にいるようなもの　扉の鍵は愛する彼女が握っている
何でもない一本の黄色いリボンがあれば　僕は自由になれる
だから手紙を書いて　彼女にお願いしたんだ
ねえ、あの古い樫の木に　黄色いリボンを一本結んでおくれ
三年は長かったけれど　まだ僕を必要としているかい[6]？

もともとこれは戦場から故郷に戻る帰還兵の歌だが、囚人にもぴったり当てはまるように思えた。帰還兵と、出所した囚人。どちらも生き延びはしたものの、心に傷を負っている。だから、民間人として再出発するには特別な手助けが必要だ。

「私たちは毎年九月に新しいキャンペーンを展開するんです」

「なぜ通年ではないんですか？」

「お金ですよ。コカ・コーラみたいな大企業じゃありませんからね。でも、広告を休んでいるときは、マスコミに色々な話題を提供しています」。政府がメディアを支配下に置いていると、

こういう都合のいいことがあるんだ。私は心のなかでつぶやく。

ジンは次々と頭出ししながら、いくつかの広告をプロジェクターで映す。ほとんどの広告で、元受刑者は入れ墨をした男性として登場する。犯罪者だった過去を肉体で表わす手段として、この地の刑務所やギャングのあいだでは入れ墨が人気だ。つまり、シンガポールではそれが前科を示すまたとない目印というわけである。広告の一本は真面目な三部構成のインフォマーシャルで、出所する囚人の生活を何人かの視点からとらえた内容になっている。出所を誇りに思う矯正官、熱心な刑務所ボランティア、満足している雇用者などだ。また例の鉄球と鎖の広告を眺めながら、ひどく哀愁を帯びた役者の目に吸い込まれていく。世界中の鉄格子の向こうに同じような目を見た回数は、もう何十回にもなるに違いない。

ＹＲＰのある印刷広告では、刑務所の敷地から出る男性の写真が使われ、その上を「彼はもう務めを終えました。なのにまだ非難するつもりですか？」という問いが横切っている。寄る辺なげに就職面接を待つ男性の写真の下には、「刑務所に戻らないようにするために、必要なのはチャンスだけです」という文字が並ぶ。

なんて素晴らしい。思わず「アメリカにもこういうキャンペーンがほしい！」と声が出る。そういえば、アメリカにはじつにお洒落な「真実《トゥルース》」キャンペーンというのがある。これは、若者向けの斬新な広告やフラッシュモブを通じて、禁煙と反・タバコ会社を訴えるものだ。私はジンにこの話をし、アメリカの「バン・ザ・ボックス」キャンペーンについても教える。こちらは、雇用プロセスの初期段階で雇用主に犯罪歴を尋ねさせないことを求める運動だ。このキャンペーンのおかげもあって、「バン・ザ・ボックス法」は五〇あまりの市と郡で成立している。ウォルマートやターゲットといった大手小売チェーン数社は、すでに犯罪歴を答えさせるチェックボックスを応募用紙から削除した。

「ただし、ついでにいうとアメリカでは――」つい教授モードに入っていく自分を止められない。「進歩的な人たちは『前科者』とか『被収容者』とか『犯罪者』といった言葉を使いません。人が犯した最悪の行為をもってその人にレッテルを貼るのは非常に失礼なことだから」

　ジンはぽかんとして私を見る。

「言語というのは非常に強い力をもっています。人の認識を変えるプロセスの一端は、まさにこの言語が担っているんです」。かまわず続ける。「私は自分の研究論文では『囚人』という言葉もめったに使いません。その言葉も大嫌い。ただ、少なくとも囚われていた場所はわかるから。断じてその人のありようや性格の状態を指しているわけではなく」

「じゃあ、前科者を何て呼ぶんです？」

「私たちは『元被拘禁者』といっています」

　ジンは吹き出す。

「モトヒコウキンシャ？　シンガポールでそんなことといっても誰もわかりませんよ。『モトヒコウキンシャ』。『元飛行機』みたい」

　ジンは次の広告の頭出しをしながらまだ笑っている。

*

「家具ね」。ある日の朝、タクシーに乗って行き先を告げると運転手がそう返す。「いい家具。たくさんあります」

「いや、そうじゃなくて社会復帰施設《ハーフウェイハウス》。ヘルピングハンド・ハーフウェイハウス」

「そうそう、家具」。運転手は頷きながら繰り返す。「家具。囚人が売る」

それは知らなかった。私が聞いていたのは、今日訪ねる先はシンガポールに二〇か所あるハーフウェイハウスのひとつというだけだ。初めは元依存症患者のために一九八七年に設立されたキリスト教系の団体だったが、現在は宗教や犯罪の種類を問わず様々な元被拘禁者に門戸を開放している。ここは社会開発・青年・スポーツ省の管轄するボランティア福祉団体のひとつで、「公益団体」の認定を受けている。いわば資本主義と慈善事業の融合であり、公益にかないつつ営利を追求する社会事業だ。最大一〇〇人の男性がここに入居できる。刑期の最後の半年をここで務める者もいれば、出所したばかりの者、あるいはただふらりと入ってきた者もいる。

「あそこの男たち、家も動かします」。運転手は続ける。「私、最後に家を動かしたとき、彼らを使いました。肌を見ました」。自分の腕をつまむ。「入れ墨。私、最初に見たとき、入れ墨で大きいサイズ。話し方、荒っぽいので、怖くなります。でも仕事はちゃんとする。それに、働いているの、いいと思います。前は囚人だったけど、今はいい仕事」

市の中心部から一五分ほど走って目的地に着く。じつにスムーズに。シンガポールの道路では、まだちょっとした混雑以上のものに遭遇したことがない。

「どなたでもお入りになれます——私たちの入れ墨はどうかお気になさらず」。三階建ての集合住宅の屋上から、そう書かれた大きなビニール製の垂れ幕が下がっている。「全品五〇パーセントオフ（一部七〇パーセントオフ）」。マホガニー材の甘い香りが漂ってくる。広々とした駐車場のうしろのほうでは、栗色のTシャツを着た男性が数人、薄いプラスチックフィルムで家具を密封包装する作業を行なっている。きれいなインドネシア風のタンスと、堂々としたホール時計、それから流木を切ってつくったベンチだ。その背後の部屋にところ狭しと並べられているのは、きらきらと輝く花瓶や、淡い光の揺らめく貝《シェル》タイルの卵型ランプである。ここのCEOはもともとは工学を学んだのだそうだ。商品はインドネシアから輸入して、ここの入居者が販売の準備をするのだという。施設の運営費は年間四〇〇万シンガポールドル。その半分は政府からの助成金であり、半分は家具・調度品の販売と引っ越し事業で賄っている。

「私自身、ヘロインをやっていました。七〇年代に」。プログラム責任者のリチャードは淡々と話し、私を案内してコンクリートの階段を上がっていく。「治療のためにハーフウェイハウスに入ったんですが、薬をやめられなくて。結局、刑務所に行って、ここに戻ってきました。今ではここで働いています」

「どうやって薬物依存から抜け出したんですか？」私が尋ねると、リチャードはこちらに向き直る。

「なんで薬をやめられたと思います？　イエス様のおかげですよ。ほかにはありません」。私はひそかにたじろぐ。それっていったいどんなリハビリプラン？

寮の部屋は片づいているが殺風景で物がなく、セララン公園の通勤刑用センターによく似ている。古い扇風機が濃密な湿気と闘っている。八つ置かれた小型の二段ベッドにはミッキーマウスのシーツが敷かれ、床にはガーフィールドのラグ。イエローリボン・プロジェクトのタオルがベッドの下段に掛けられている。

子どもじみた装飾品は出所準備センターを思わせる。ある種の干渉がましい幼稚園的なアプローチで、リエントリーの取り組みがなされていることの現われだ。悪気はないにせよ、人を侮辱し、見下すことにもなる。犯罪組織や薬物の問題を抱えた人に向かって、意欲を鼓舞する名言や「自分ならできる」的な意気込みさえあれば解決するといっているかのように。

「いいですね」。私はつぶやく。お世辞ではない。清潔だし、見たところは安全そうだ。私の知るかぎり、ニューヨークの教え子たちが釈放後に選べる住居はもっとひどい。ジョン・ジェイ・カレッジの同僚がこの問題について二〇一三年に調査したところ、「ハーフウェイ（二分の一）ハウス」ではなく「スリークォーター（四分の三）ハウス」と呼ばれる施設が増えていることがわかった。[7] ハーフウェイハウスよりも実社会に近く、監督も緩いという位置づけである。これは、民間が営利目的で運営する住居施設で、法の目が届いていない。住居といっても、実際は小さなビル内で二段ベッドを賃貸《ちんが》ししているだけである。私の同僚の報告書からは、建築規制違反が横行し、定員超過が危険なレベルに達している実態が浮き彫りになった。

さらには、法的根拠もなく入居者を立ち退かせたり、メディケイドに不正請求するいかがわしい活動とつながりがあったりと、目に余る違法行為がまかり通っていることも明らかになっている。

「部屋はまあまあですかね」。リチャードは肩をすくめる。ここに入居している男たちは働くことが義務づけられているほか、生活技能の授業や、夕食会や、薬物のリハビリプログラムへの参加が求められるのだという。礼拝への出席は奨励されているものの、義務ではない。多くはリチャードのように長く滞在した末に、ここで仕事をもらっている。スタッフの八割が元受刑者だ。

窓にとりつけられたアルミの羽板《はいた》のほうをリチャードが指差す。

「近所から苦情があったので、あれをつけたんです。ここの入居者は上半身裸で部屋の中に立ったりするから、入れ墨も出ちゃいますし、外から窓越しにそれが見えるんですよ。近所の男性がひとり、役所に行って、入れ墨の囚人たちにこの地区が乗っ取られるって文句をいったんです。だから今では、夕方五時を過ぎたら外ではシャツを着なきゃいけなくなりました」

建物は幹線道路に面しているので、車が通るとほかに何も聞こえなくなる。

「ここはどういう地区なんですか？」

「まあごく普通ですよ。シンガポールじゃこういった郊外の住宅地を『ハートランド』って呼びます。最近は豪邸も建っていますが、マリーナベイじゃないし、アメリカ流にいえばビバリーヒルズでもない。私たちはなるべく目立たないようにしています」

「アメリカには『NIMBY《ニンビー》』っていう言い方がありますよ」。つまり「ノット・イン・マイ・バックヤード（Not In My BackYard）」――我が家の裏庭にはごめん、だ。「みんな刑務所やハーフウェイハウスや、ホームレスの宿泊所が必要なのはわかっている。ただ、自分の大切な町には来てほしくない」

「簡単にはいきませんね」。CEOが言葉を挟み、溜息をつく。「この種のことには誰も金を出したがらない。孤児院とか、老人ホームなら支援してくれるんですが」。両方の手のひらを床のほうに向ける。「囚人と元囚人。私たちは底辺にいるんです。アジアの文化では、元犯罪者を更生させるなんて金の無駄遣いだという考え方があります。『なぜ自力で頑張らないんだ？』と。『他人に助けてもらおうとするな』とね」。アメリカでも保守派は犯罪に対してそういう目を向けている。腹立たしいことこのうえない。なぜって、社会の構造に取り組むことをあえてせずに、「自分のブーツは自分で引っ張り上げろ」式の能天気な神話で対処しようとしているだけだからだ。

　見学を終え、エアコンの効いた会議室で待っていると、栗色のTシャツを着た四人の男性が私と話をするために入ってくる。CEOは、私と囚人たちだけにしたほうがいいと提案する。「みんな席を外したほうが、彼らもしゃべりやすいでしょうから」。しかし、SCOREから派遣されてきた私のつき添い係の役人は違う考えのようだ。その場から動かない。

　四人は薬物犯罪で有罪になった過去をもち、部屋の中をひどく神経質そうに眺めまわす。キムシンは三週間前に出所したばかりだという。イエローリボンの広告の囚人のように、寄る辺なげで不安そうな表情をしている。二か月あまり前に出てきたソン・ケオンも同じ目をしていて、どちらも軽い戦争神経症《シェルショック》にかかっているかのようだ。私の質問にもひと言でしか答えず、この堅苦しいインタビューを一刻も早く切り上げてくれという顔をしている。

残りのふたりは、ここに入居してからそのままスタッフになった人たちで、もっと気楽におしゃべりができる。シャンは塀の中で六年過ごしたあと、二年前からここで働いている。ゲイリーは刑務所を六度出入りしたが、薬を断って一九年になる。前歯が一列抜けていて、頭には灰色の針が並んだようなわずかな髪の毛が残っているだけだ。私は、よく教え子に尋ねるのと同じ問いを投げかける。いつかやってみたい夢の仕事は何？

「夢の仕事？」ソン・ケオンは戸惑った顔をする。「俺は年だ。俺にできるようなことは残ってない。夢の仕事もない。ただ薬のない人生を送る。それが夢」

「人に指図されない。何につけても」。キムシンの答えもそっけない。

シャンが頷く。「考えたことなかったですね。夢の仕事？　何だろう、人に使われずに自分で仕事をすることかな……よくわからない」。小声で答える。

じゃあゲイリーは？　「警察官。さもなきゃ選挙に立候補する」。それからのどの奥で含み笑いをする。「でも無理ですね。前科があるからだめだ」

「立候補したらどんな公約を？」私はさらに迫る。ゲイリーはたじろぐほど強い眼差しを向けてくる。

「シンガポールの問題は犯罪じゃありません。薬物です。あなたがたの国にも薬物の問題があって、人はリハビリ施設に行く。でもこの国にはリハビリ施設がない。ここにあるのはハーフウェイハウスです。だから私たちには、ここに来るか刑務所に入るかしかないんです」

つき添い係の役人が落ち着かなげに身じろぎする。

「私は犯罪を犯してはいません」。ゲイリーは続ける。「自分自身に害を与えただけ。なのに入れられた。刑務所では解決しませんよ」

「何の役にも立たない？」と私。

「まったく。で、出所しても誰も雇ってくれない。肉体労働だけ。厨房とか、肉体労働」

「それって公平だと思う？」私はシャンのほうを向く。

「まあ、それが法律ですから。私はヘロインをやった。法を犯した」。テーブルの上で手を組み合わせる。

「それが法律、確かにそのとおり。でもそれを公平だと思う？」

「だってそれが――法律ですから。私は犯罪者の烙印を押された。また入ったら、七年から一三年の刑です。二度と戻らない」

つき添い係の役人が私のほうに身を乗り出す。

「ギャングや麻薬に走った理由を訊いたらどうですか？」厳しい口調だ。

「悪い仲間とつるんだから」。シャンが答える。「若いときに仲間からよからぬ影響を受けて、ギャングに加わってしまった」。キムシンとソン・ケオンも頷き、仲間からの圧力とか、悪い仲間とか、そういうようなことをつぶやく。昔放映されていた、子ども向けの道徳的なテレビ映画の台詞みたいだ。

ついにゲイリーが自分を抑えきれなくなる。「なぜ俺がヤクをやったか？　ヤクは最高だからだよ！　試したことある？　素晴らしい気分になれるぜ！」

私は役人が制止するのを待つが、ゲイリーはわめき続ける。真実がほとばしり出る。

「薬を合法化すりゃいいんだ。そうだろう？　だってシンガポールはふざけているとしか思えないよ。刑務所じゃ治療が受けられないんだ。刑罰はある。なのに治療はない。ふた言目には『薬物にノーといおう』。馬鹿も休み休みいえよ！　タイやマレーシアには適切なリハビリセンターがある。アメリカにもリハビリ。ここ——刑務所とハーフウェイハウス。何も助けてくれなかったが、ようやく変わりたいと思った。でも時すでに遅しさ。俺は人生を棒に振ったよ」

とめどなく噴き出す言葉が、淀んでいた部屋の空気を変える。シンガポールの薬物規制の厳しさといったら、タイですら手ぬるく思えるほどだ。始まりは一九世紀に遡る。当時は華人の「常軌を逸した」行為、なかでも儲けの大きいアヘン貿易を抑え込むのが植民地政府にとって喫緊の課題だった。現在、薬物使用の罪で有罪になると、初犯の場合は有無をいわさず一年の拘禁刑がいい渡される。大麻三〇グラム程度の少量の薬物所持であっても、また、薬物の保管場所の鍵をもっているだけでも、麻薬を密売したとみなされる。取締官は、麻薬使用者と一緒にいただけの人物を逮捕し、令状もなしに「疑わしい」建物や個人を捜索し、その場で尿検査を求める権限を与えられている。二〇一二年に法律が緩和されてからは、単なる運び屋や、警察に協力する者、あるいは精神疾患患者と見られる人物なら、密売に関わっても自動的に死刑判決が下されることはなくなった。

　だがゲイリーの言葉を聞いたあとでは、この国の法律の不当さがなおさら際立つように思える。治療がほぼ受けられないというのに、どうして罰することができるだろう？　アメリカの薬物治療プログラムにしても完璧ではなく、実際は見かけ倒しだったり、庶民には手がでなかったりするケースがないではない。それでも、複数の選択肢が存在することは事実だ。科学的根拠《エビデンス》に基づく行動療法には、効果のあることが実証されている。たとえば認知行動療法は、薬物依存の記憶や感覚を呼び覚ます引き金が何かを患者に気づかせる役割を果たす。また、随伴性マネジメントという手法は、動機づけと報酬を与えることで患者が薬を断ったままでいられるようにする。こうした行動療法を薬物療法と組み合わせれば、さらに効果が高い。一方のシンガポールはどうかというと、薬物と手を切れる選択肢がごくわずかしかなく、しかもそれが刑務所に直結しているも同然なのだ。薬物依存者が医師の助言を仰ぐと、医師は患者のデータを中央麻薬取締局に提出することが法律で義務づけられている。こうなると患者は目をつけられ、動向を逐一監視される。そればかりか、リハビリを受けたあとも何年にもわたって無作為検査の対象となる。こうした状況で医師に助けを求める麻薬使用者がどこにいるだろう？

　ゲイリーは苛立ちがおさまらぬまま、いとま乞いをして部屋を出る。ほかの三人もあとに続く。ところが、私がひとり会議室に残ってメモを片づけていると、シャンが戻ってくる。心配そうにあたりを見回してから、声をひそめる。

「B群、知ってますよね。あそこは古い棟よりひどい。空気もない、光もない。五年も一〇年も一歩も外に出ないので、出所するときはみんな顔色が悪くなっているんです」

　鞭で打たれたことがあるかと尋ねてみる。

「何度も」

「服役と鞭打ち、精神的につらいのはどっち？」さらに問う。シャンは間髪をいれずに答える。

「服役です。鞭打ちよりひどい。刑務所に入れられていることの苦痛。延々と続く恐ろしい懲罰。そして、犯罪者の汚名。烙印。けっして消えることがない。私は近々結婚することになっています。ずっと薬は断っているし、新しい人生を始めます。それでも、押された烙印はそのまま」。シャンは首を振り、つきまとって離れない言葉を呪文のように何度も繰り返す。烙印。

　シャンが繰り返すたび、私の教え子の声や、元受刑者の友人たちの声が一緒に聞こえてくる。アメリカでは服役を終えて何年経っても、オンラインの被収容者検索サイトで調べれば誰でも元受刑者の名前を見つけられる。性犯罪の場合、状況ははるかにひどい。性犯罪者の烙印は、人生を生きるに堪えないものに変えてしまう。シャンの声がマイクの声と重なる。マイクは性犯罪で服役していた私の教え子だ。仮釈放が決まったのに、結局はその予定日を一年過ぎるまで刑務所に残らざるを得なかった。性犯罪者の居住を規制する法律があるせいで、住める場所がほとんどなかったからである。誰も入りたがらないようなハーフウェイハウスでさえ、マイクと同じ犯罪を犯した者を締め出す。マイクの苦しみからは、この烙印がどれだけ邪悪なものかがとりわけよくわかる。つまり私たちは、「大は小を兼ねる」的に一律に厳しい量刑を科す司法制度を自分たちで築いておきながら、それをあからさまに信じていないのだ。なぜって、矯正施設とやらで人間が矯正されると本気で考えているのなら、出所した人をこれほど残忍なまでに過酷な鎖でつなぐ必要はないはずだからである。

リチャードのあとについてヘルピングハンドの外に出ると、家具の匂いをかき消すようにピーナッツソースの甘い香りが漂っている。屋外のカフェテリアはちょうどランチタイムだ。

「この場所はいい仕事をしています」。別れ際にリチャードは力強くいう。「頑張りますよ」

優良なハーフウェイハウスは確かに頑張っているし、実際にいい仕事もできる。強力で包括的なサービスを実施し、カウンセリング、家族計画、職業訓練など、様々な領域で個人に合わせた集中的な支援を行なっている。また、公正な労働条件や安全な住居、協力的なスタッフに加え、入居者の事情に応じた教育プログラムも提供している。あいにくアメリカ全体では、こうした状況がほとんど見られない。ある二〇一三年の研究によれば、元受刑者のうちハーフウェイハウスに入居している者のほうが、ほかの場所で暮らす者より再犯率が高かった。翌年の『ニューヨーカー』誌は辛辣な調子の記事を掲載し、全国の出所者向け施設で劣悪な労働条件や性的虐待が横行し、薬物使用が蔓延している実態を暴いている[8]。この種の施設は営利目的で運営されていて、再犯率を下げることが奨励されているわけではない。しかも、薬物治療プログラムを強制的に受けさせるせいで、かえって入居者の教育や雇用を妨げるケースも多い。それもこれも、施設の経営者がそうしたプログラムから不正なリベートを得ているからだといわれている。私の教え子のひとりもかつて、出所後にハーフウェイハウスに滞在していたために複数の就職機会を失った。強制退去を食らわないためには、薬物治療プログラムに参加しなければならなかったからである。本人には薬物の問題などいっさいなかったにもかかわらず。

　ホテルに戻り、この『ニューヨーカー』誌の記事を引っ張りだす。あらためて読んでみると、民間の保護観察会社が増加していることや、こうした状況が「産獄複合体」ならぬ「産業ー社会復帰支援《リエントリー》複合体」と呼ばれはじめていることが記されている。この複合体は儲かるようにできている。なにしろ、現状では何十万もの人が、駐車違反の罰金を払わなかった程度の微罪で保護観察の判決を下されているのだから。その保護観察期間を民間の会社が管理すれば、数百万ドルの利益を上げられるという仕組みだ。今や、ＪＰモルガン・チェースのような大手銀行も一枚噛んで潤っている。というのも、囚人が売店で買い物するために使っていた貯金の残金をデビットカードに移し、それを釈放時に出所者に渡すケースが増えてきているからだ（これを「釈放カード」という）。この種のカードには法の規制が及んでおらず、法外な額の手数料や維持費がかかる。ここシンガポールでは、リエントリーに関わる事業の数が間違いなく多い。ヘルピングハンドもそうだし、パワーポイントでプレゼンしてくれたいくつかの団体もそうだ。リチャードの言葉ではないが、確かにどこも頑張ってはいる。

　けれど、私の頭に鳴り響いているのはあのゲイリーの荒々しい声だ。ゲイリーが突きつけた問いは、やはり薬物違反に厳しいタイで私が抱いた疑問とじつは同じだからである。本当は監禁されるいわれなどひとつもなく、懲罰ではなく治療が必要な人たちに向かって、何が「よいプログラム」だ。そもそもリエントリーなどしなくてすんだはずの人たちに対して、何が「素晴らしいリエントリー計画を立てる」だ。シンガポールの刑事司法政策の中心には、分裂した精神が平気で共存している。不意にそこに思い至って胸が痛くなる。「不適格者」とやらを処罰せよと命じておいて、それから救う。まるで、この国の法律自体が犯罪者を製造しているようなものではないか。しかもそれは、罪人に石を投げつけて快感を得たいからではなく（これは復讐に飢えた古くさいやり方）、彼らを更生させるという独善的な喜びに浸りたいからなのである。ようするにこれもまた、シンガポール流の効率のよさを実践に移すひとつの手段なのだ。ご覧ください、われわれのリエントリープログラムはこんなにも生産的で、こんなにも人道的です。

問題は、このパフォーマンスをするには悪人が必要だということだ。今日、私はその四人に会った。悪人というより、生贄の気分を噛みしめている男たちに。

＊

私は白い襟に黄色いリボンをとめる。ここは、刑務所の清潔このうえない中央ロビー。五〇人ほどが同じことをしながら動きまわり、ブランチに向かう準備をしている。

そう、ブランチ。今日は「刑務所内食事会」の日だ。イエローリボン・プロジェクトが年に数回開催している資金集めのイベントであり、私にとってはシンガポールにおける最後の仕事になる。
「バスが来ました！」案内の声に促されてみなは一列になって乗り込み、A群へと運ばれる。とはいえ、実際に向かうのは輝かしき「チャンギ・ティールーム」だ。専用の入り口が設けられているので、有刺鉄線の国にはほとんど入り込まなくていい。囚人七人からなるバンドの演奏が出迎える。七人とも、糊のきいたスレートグレーのオックスフォードシャツに身を包み、髪は短く刈り込んでいる。部屋は優美なしつらえだ。赤いテーブルクロスがかかり、壁には囚人の描いた絵画が並ぶ。これらはオークションに供されるものだ。その中に、『あの頃人生はゆっくりと過ぎていた』と題した一枚がある。簡素な漁船がシンガポール川に沿って何艘《なんそう》も停まっている。開発が始まる前の時代ののどかな景色を写し取った作品だ。その開発を強力に推進した立役者のひとりが、私と同じテーブルについている。マリーナベイ・サンズ社の上級副社長だ。

　合図を受けて音楽が一段と大きくなる。ゴージャスな紫色のベストを着た三人の歌手が、マイクを手に、気どった足取りでステージへ向かう。

「あの古い樫の木に　黄色いリボンを一本結んでおくれ」。満面の笑顔で、指を鳴らしながら三人は歌う。同じテーブルの客たちが、首でリズムをとりながら一緒にハミングする。

　私もこれだけ刑務所を旅しているのだから、こんな不気味で異様な光景に出くわしても今さら動じないと読者は思うかもしれない。だが、何度目にしようがけっして慣れるものではないのだ。だから、A群を見学するために一列に並ぶよう指示されたとき、ようやく本物の世界に入れると思ってほっとする。

もっとも、蓋をあけてみれば本物の刑務所ツアーも、パフォーマンス色がほんの少し薄いだけだとわかる。

「私たちを矯正官とは呼ばないでください」。制服姿のにこやかな案内役が、名札の脇の黄色いリボンの位置を直しながら新しい刑法用語の説明をする。「私たちは『人生の指導者《キャプテンズ・オブ・ライブズ》』なのです」

矯正官に案内されて、人のいないモデル監房の中に入る。すべての物に名札がつけられている。歯ブラシ、囚人服。寝る場所とシャワーを隔てる「目隠し壁」。そしてもちろん、シンガポール刑務所の名物であるゴザだ。

「でもなぜベッドじゃないの？　ひどいんじゃない？」誰かが尋ねる。

「そうはいっても懲罰ですから」。案内役が答える。「確かに更生を目指すものですが、あくまで懲罰です。罰している相手にベッドを与えるわけにはいきません。ゴザで寝てもらわなくては」

屋内運動場は、コンクリートの穴ぐらにバレーボールのネットを張っただけといった代物で、自然光がまったく入らない。私は囚人のスケジュールについて矯正官にしつこく質問する。すると、刑期の一〇分の一に達するまでの期間は抑止期と呼ばれ、囚人は監房内で一日に二三時間「自らの行ないを反省する」のだと明かす。それを過ぎたら、様々なプログラムを受けてもいいことになっているという。

どういうプログラム？　それを何時間？　一日二三時間も牢獄の中で過ごすなんて、たとえ同房の仲間がいても独房監禁と変わらないように思えてくる。仕事とかカウンセリングとか。矯正官はそう答えると、うるさそうに手を振って私を追い払おうとする。私は食い下がって詳しい話を求めるが、囚人の三割に仕事がある、というような言葉を残して私たち一行を先に進ませる。

たったの三割？　残りはじめじめした監房に放っておかれるの？

私たちはマスクとヘアネットをつけて、ＳＣＯＲＥの運営する製パン所に足を踏み入れる。

「おはようございます！　よろしくお願いします！」

また例の挨拶が襲ってくる。ヘッドマイクを装着したひとりの囚人が説明してくれる。私たちはハラール認証を受けています、つくるのはヨーロッパ風のパンとペストリーです、これが製造ライン、こちらの紫外線照射装置は、パンにどんな異物がまぎれ込んでいても発見できますし、どんな欠陥も見逃しません。

中は凄まじく暑い。オーブンから漂うおいしそうな匂いがたまらなく鼻をくすぐる。ここで働いているみんなはこれをどうやって我慢しているんだろう。私たちとは違って、ひと仕事終えても自分たちの労働の成果を味わえるわけではないのだ。チョコレートマフィン、エクレア、フランスパン。このフランスパンは、シンガポール航空の機内食に採用されている。

「私たちの製パン所は、顧客企業を多数抱えています。また、刑務所内には東南アジア最大のクリーニング工場もあります」。案内役の矯正官がことさらに声を張る。「国内にある病院全体の九割にサービスを提供していて、売上は年間四〇〇〇万シンガポールドルにのぼります」。囚人は固定給を支払われ、素晴らしい技能訓練も受けている、と続ける。

ティールームに戻る時間になり、みな席について豪華な食事を待つ。まるで舞台の一シーンのようにドアがいっせいに開く。音楽が高まり、先ほどの三人の歌手が並んで部屋に入ってくる。今度はストライプのエプロンに、コック帽といういでたちだ。そのあとを矯正官たちが列をつくって入場し、さらに大勢の囚人がブレザーに蝶ネクタイ姿で続く。コースの一品目は、ラディッシュとサマートリュフの「憂鬱なバター」添え。二品目はリーキのスープ。それから舌触りのいい魚のスフレ。料理はすべて地元の有名シェフ、ライアン・ホンが監修したものだ。ホン自身も食後に登場してお辞儀をしてから、自らの指示で働いた囚人の訓練生たちに盛大な賛辞を贈る。

私のテーブルの面々は感動し、口を極めて褒めそやす。料理は最高だし、イエローリボン・プロジェクトは素晴らしい仕事をしている。囚人たちも技能をちゃんと身につけている。

「これで企業は外国人を雇わなくてすむね」。右隣からのつぶやきに、私は耳をそばだてる。どうやらシンガポールでは二〇一三年に、四四年ぶりの労働者暴動が起きたらしい。主な原因は、国内に一〇〇万人あまりいる外国人低技能労働者の存在だ。その人たちのおかげでシンガポール人が汚れ仕事をやらずにすんでいるわけだが、そんなことは委細かまわず、みなは口を揃える。外国人がこの国に押し寄せている、あいつらに乗っ取られる、と。

ああ馬鹿馬鹿しい。ここの偉大な政府が元囚人の雇用を促進しようとするのは、ごく単純に経済と政治の観点からなのだ。道義的な理由よりも、圧倒的に実際的な理由につき動かされている。経済が急速に発展している国で低レベルの仕事への需要があり、しかも外国人嫌いの風土が長らく根づいている場合は、その仕事を自国民にやらせたほうがましだという姿勢になる。たとえそれが「前科者」でも。

その結果として生まれるのが都合のいい運動であり、都合よく存在する労働力だ。囚人は植民地時代からシンガポールの労働力を支えてきた。オーストラリアと同様、ここも流刑地として利用されていたのである。一八二六年から、制度が廃止される六七年まで、およそ一万五〇〇〇人の「有罪犯」がイギリス領のインドやビルマやセイロンから船でこの地に送られた。そしてあたかもひとつの公共事業部門であるかのように、ジャングルを切り開き、沼地を埋め立て、道路を建設し、防潮堤を築き、国の歴史的建造物のほとんどを建築した。野良犬を捕獲し、庭園や墓地の手入れをする。残忍に鞭打たれることがありながらも、彼らの労働条件はインドよりはるかによいと喧伝され（囚人への賃金は自由労働者の約三分の二）、刑期を終えたら当たり前のように労働力に取り込まれて、植民地を動かし続けるために力を尽くす。

確かにここはシンガポールにおける最新の刑務所かもしれない。だが、昔も今も状況がいかに変わっていないか、気味が悪いくらいである。

「『平和』は二番テーブルの紳士が落札されました」。入札方式のサイレント・オークションが終わり、刑務所長が結果を発表していく。囚人の描いた絵はすべてに買い手がついた。

「『純真無垢』は一番テーブルのご婦人へ」。囚人バンドは「幸せの黄色いリボン」の最後の演奏へと移る。

世界中で刑務所は長きにわたって、物の製造と労働力の確保を目的としてきた。歴史家の指摘によれば、アメリカで一九七〇年代後半に囚人数が急増しはじめたのは、未熟練労働者が大量に首を切られた時期と重なる。突如として失業者があふれた状況に対処するため、彼らを単純に労働市場から排除するひとつの方法が刑務所だったわけだ。それはよく知られた事実である。

しかし、シンガポールがリエントリーと社会への再統合を現に実施しているのであれば、その理由を問う必要があるのだろうか。大量投獄をめぐる問題を取り上げ、イエローリボン・プロジェクトのようなインパクトで訴えかける広告キャンペーンがアメリカにもあれば、どんなにいいかと思う。私のテーブルにいる副社長は、刑務所関連の大義ある活動を支持するのみならず、自らも刑務所に足を踏み入れ、元受刑者を雇うことを約束している。この人のように自慢できる経営トップがアメリカにもっといれば、どんなに素晴らしいか。アメリカにも全国にSCOREのような組織があって、教え子たちが釈放後に仕事を見つけるのを支援してくれたら、どんなにありがたいだろう。

それでもやはり、私の頭の中ではゲイリーの声が鳴り響く。出所しても誰も雇ってくれない。肉体労働だけ。厨房とか、肉体労働。

ジェイデンの声も聞こえてくる。ジェイデンは、今週の前半にタナ・メラで会った若者だ。タナ・メラはもともと重警備刑務所だったが、二〇一一年に刑務所学校に変わった。そこを見学したとき、相も変わらぬシンガポール流がさらに浮き彫りになった。つまり、人工的に生み出した革新性と、親切だが人を見下したような監督法である。ヒトデと灯台を描いた壁画――「この絵は、刑務所学校が未来を約束するものであることを象徴しています。自分の現実は自分でつくり上げるのです」。矯正官は準備しておいたような台詞を吐いた。学校での日課は、朝礼、合唱の練習、ハーモニカのレッスン、それから夕方の個別指導である。教師は、正規の学校から二年契約で来てもらっている。学校内にはマルチメディアセンターまであった。巨大なテレビ画面をロボットが這うように横切り、ワイヤレスマイクをつけた囚人がＴＥＤ式のプレゼンで、このセンターで行なわれている様々な活動について説明してくれた。たとえば映像制作や、「塀の中のニュース」の放送などである。いずれも囚人による、囚人のためのものだ。プレゼンはじつにうまく構成され、入念に練習したことがうかがえた。

　どれも明るい希望を抱かせた。タナ・メラには一八二人の生徒しかいないものの、学び、抱負を抱き、未来の計画を立て、夢を追える場所であることは確かである。だが、そのときジェイデンが現われた。私のインタビューを受けるために、部屋に連れてこられたのだ。赤いＴシャツにコンバースのスニーカー。二五歳くらいだろうか。二年前に出所してきたらしく、ハーフウェイハウスの男たちのように神経質そうな様子だ。促されて、両手を握り合わせながらお決まりの口上を述べた。中等学校のときからギャングに入っていた。接着剤を嗅いだり、タバコを吸ったり、メタンフェタミンを試したりして法律に触れた。犯罪を犯した。

「アメリカだったら、それはただの『思春期』でおしまいになるけど」。私は言葉を挟んだ。

でもこの国では、それくらいのことでも一〇代の若者が刑務所送りになりかねない。そしてそのあと、リエントリーという心の傷をさらに負うのだ。

ジェイデンは建築を学んでいて、スポーツジムで働いていると刑務所長は話した。こんなに立派になって、自分たちの誇りだ、と。私は頷いた。

だが、全員が部屋を出て階段を下りてから、ジェイデンと私はもっと肩の力を抜いておしゃべりをした。ジェイデンは私の教え子のことや、英語の授業のクラスのことを知りたがった。

「本当は作家になりたいんだ」。私にそう打ち明けた。

「そうなの？　だったらどうして普通の学校に戻らないの？　頑張れば本を出せるかもしれないじゃない？」

ジェイデンはほとんど吹き出しそうになった。「もう半ズボンが入らないよ」。これは文字通りの意味だ。シンガポールでは学校を退学したら二度と戻れず、再び制服を着ることはできない。私費で教育を受けるしかないが、ほとんどの人にはそれだけの金銭的余裕がない。だからタナ・メラは例外的な存在として貴重なのだ。学びたい内容を選ぶ自由と、働き口ではなくキャリアを追求する機会が、囚人にも元囚人にも与えられているからである。ハーフウェイハウスの男たちに「夢の仕事」の意味が呑み込めなかったのも、こうした現状では無理もない。

ジェイデンとしゃべっているとき、それがどれだけ不公平なことかに思い至って愕然とした。そして今日、A群をあとにしながら同じ思いに打たれている。元囚人に一定期間の仕事を与え、製パン所や、クリーニング工場や、小売店に送り込みはしても、あらゆる方向に開かれた機会を提供してやるわけではない。私自身の国の不当な慣行を思い出す。アメリカでも、私がやっているように刑務所で大学の授業が受けられるプログラムは教えるほどしかなく、ありきたりな職業訓練ばかりが盛んだ。しかも公立大学でさえ、はるか昔の微罪や少年犯罪を理由にして入学を拒否する権利をもっている。

　メッセージは明らかだ。手を使って働く分にはいいが、頭を使ってはならない、ということである。以前、刑務所にいる教え子のホセに、博士号の取得を考えてみてはどうかと話したことがあった。そのときホセの顔に浮かんだ表情を忘れることができない。あれは、今週ジェイデンが私に向けた表情と同じ。囚人と元囚人の人生に、そのメッセージが何度も届けられてきたことをありありと物語る顔だった。夢の仕事、高等教育、目標を追いかける——どれもお前たちのような人間のためにあるのではないのだ、と。

「囚人のリエントリーは、がんに対処するために救命救急室をこしらえるようなものだ」。そう語ったのは、元受刑者を支援する団体「ジャストリーダーシップＵＳＡ」を率いるグレン・マーティンである。活動家としてつねに私に刺激を与えてくれるひとりだ。この地でも私は大掛かりな絆創膏を目にした。じつにうまくつくられていて、学ぶことがたくさんありはしても、絆創膏は絆創膏である。前に進もう。

第8章　正義？——ノルウェー

悲しみを避けることはできない。しかし、人のつくり出した地獄はそのかぎりではない。[1*]

——ニルス・クリスティ（ノルウェーの社会学者・犯罪学者）

愛とは未完の関係である。未完であるという状態において、愛は無限である。それが私たちをどこに導いていくのか、どこで止まるのか、私たちにはわからない。そういう意味で愛には境界線がない。愛が試され、その境界線が明らかにされ、定められ、ついにその線が引かれたとき、愛はやみ、そして終わる。[2]

——トマス・マティーセン（ノルウェーの社会学者）

まもなく価値観の真の革命が起きるだろう。そして私たちは、過去と現在の政策の多くが公正で正義にかなうものだったかどうかを問わざるを得なくなる。私たちは人生における道端で「善きサマリア人《びと》」となることを求められている。だがそれはほんの手始めにすぎない。私たちはいつの日か、エリコへ向かう道全体を生まれ変わらせ、人生の街道を歩む男女が暴行や略奪に苦しみ続けることのないようにしなくてはならない。真の憐《あわ》れみとは、物乞いにコインを放ることだけではない。物乞いを生み出す構造自体をつくり直すことである。[3]

——マーティン・ルーサー・キング・ジュニア

午前七時、モーニングコールに飛び起きる。ベッドから這い出し、カーテンをあける。暗い。朝になったのか、まだ昨夜の続きなのか。一一月のノルウェーはその区別を知らない。わずかばかりの光しか差さないせいで、永遠《とわ》の黄昏《たそがれ》が続く世界に舞い降りたかのようだ。雲の重く垂れ込めた空は巨大なダウン・ブランケットにも似て、あらゆる色彩をくすませる。それでいて、ときおりその端がめくれ上がってかすかな輝きを覗かせ、人を焦《じ》らすのだ。すでに目に映るすべてが三色に変わっている。氷のような薄い水色と、粘土板のような灰色、そして乾いた血のような赤だ。

　何枚も重ね着して路面電車の駅に向かう。いつものように誰も切符を改めない。ここの公共交通機関は性善説に基づいているのだ。淡い街灯が外の世界を照らしている。オスロはヨーロッパの国の首都のなかで最も急速な発展を遂げていながら、都市としてのたたずまいはあくまで控えめだ。ここには安らげる静けさと、驕《おご》らぬ美しさがある。路面電車を待つあいだ、駅の本屋をひやかす。棚には犯罪小説がぎっしりだ。この国ではその手の本の人気が非常に高い。なんとも皮肉ではないか。フィルム・ノワールのような陰鬱な風景はいかにも犯罪の舞台に似つかわしいようでいて、現実にはそれがわずかしか見られないのだから。ノルウェーは世界有数の安全な国なのだ。

　だから私はここにいる。どこかに理想郷《ユートピア》があるとしたら、この国こそがそうだと音に聞く地に。ノルウェーはオイルマネーで潤い、福祉社会として知られ、最高レベルの教育・医療・児童保育のほぼすべてが国によって提供されている。古くから平等と安全を重んじる文化が息づき、ある種の共同体主義が根を下ろしている。農奴制や封建制をとっていた国とは違い、小さな村単位での民主的な自治が昔から経済生活の基盤となってきた。貴族階級は二〇〇年あまり前に廃止され、以後は明確な上流階級が存在しない。気候と地理的な制約から移民が比較的少なく、それが国民の結束をさらに高めている。政治的なドキュメンタリー映画で知られるマイケル・ムーア監督は『シッコ』（二〇〇七年）を制作するにあたって、自分たちの国とは正反対の世界を描きたいと考えた。つまり、資本主義に染まり、自分本位の気風に満ち、夢のような社会サービスと完全なる平等の実現したおとぎの国アメリカの、アンチテーゼとなる世界を、である。そして白羽の矢を立てたのがノルウェーだった。

　ムーアが撮影にとくに力を入れたのがバストイ刑務所であり、そこが私の今日の目的地である。「ノルウェー流」を鮮やかに示しているという点で、刑務所制度の右に出るものはない。その運営指針として採用されているのが「正常性の原則」だ。この原則に従えば、刑罰とはあくまで行動の自由を制限するのがその趣旨である。だから、地域の安全に必要な程度を超えてまで、厳しい環境下で囚人を服役させてはならない。ニュージーランドの犯罪学者ジョン・プラットは、こうした北欧諸国の姿勢を「刑罰における例外主義」と表現する。何が例外的かといえば、それぞれの国の投獄率の低さと、人道的な刑務所環境だ。ノルウェーの刑務所は小規模で、定員が五〇人未満の施設が大半を占め、わずか数人しか収容していないところもある。それが全土に散らばっているため、囚人は家族や地域社会から遠く離れる必要がない。また、刑務所自体も、外の暮らしとできるだけ違わないような設計がなされている。投獄される人が暮らしていたコミュニティは、服役中もその囚人に医療や教育など様々な社会サービスを提供する。この方式は「インポート・モデル」と呼ばれる。一般市民が利用するのと同じ福利厚生機関と囚人を結びつけ、同じサービスを刑務所内にもち込む《インポート》という意味だ。したがって、その人物は投獄の前もあとも同じ市町村に属することになり、これをノルウェーでは「継ぎ目のない判決」と呼んでいる。アメリカでは平均三年ほどであるのに対して、この国では約八か月だ。満期まで務める者も無きに等しい。しかも、刑期の三分の一を過ぎれば一時帰宅を申請したり、刑期の最大半分までなら刑務所外で生活したりすることもできる。

　ノルウェーの人道的な刑務所制度で何より称賛されているのは、それが実際に効果を上げているらしきところだ。犯罪発生率はきわめて低く、再犯率は約二〇パーセントしかない。だから、旅の締めくくりはここ以外に考えられなかった。どんなことが待ち受けているか、十分にわかっている。私も、ここの制度に熱視線を送る大勢の信者のひとりなのだ。問題は、それが本当に誇大な宣伝のとおりなのかという点である。私の探し求めてきたものが満開の花を咲かせているところを、ノルウェーがついに見せてくれるのだろうか。これまで私の手をすり抜けつづけてきた、正義を？

*

「刑務所、行きます？」ふたりの甲板員《こうはんいん》に尋ねる。路面電車で船着き場までやって来て、今ちょうど小型のフェリーに乗り込んだところだ。これがバストイ島行きだといいのだが。

「ええ」。寒そうに手をこすり合わせながら男のひとりが答え、生意気そうな青い瞳で私を上から下まで眺めまわす。「でも、すみません、上陸できるのは男性だけなんです」。それから吹き出して笑う。「大丈夫、大丈夫、この船で間違いありませんよ」

マストのてっぺんを見上げると、剝製の白鳥が載っている。

「氷の塊の中で凍っているのを見つけたんです、何年も前に」。もうひとりの甲板員が説明する。黒のスキー帽をかぶり、しわの多い優しげな顔をしている。

「気味が悪い」

「そうですか？　私たちのマスコットなんです。犯罪者、怖いですか？」出し抜けにそう訊く。そして私に口を開く隙《すき》を与えず、「私たちは犯罪者なんです」。まじまじと男の目を覗き込む。ふたりとも笑っている。冗談だろうか？

「嘘じゃありません、犯罪者なんです。怖いですか？」

「まさか」。私は肩をすくめる。冗談なのかどうなのか、まだ判断がつかない。

「ウィゴといいます」。そういって手を差し出す。この男は本当に囚人で、二一年の刑で服役中なのだそうだ。二一年はノルウェーの最高刑だが、来年には出られる見込みだという。

もうひとりの甲板員はカトーといい、犯罪を企図した罪で一年半の刑に服している。もっとも、本人は無実だと主張している。ウィゴとカトーに案内されて小部屋に入ると、ふたりの日々のスケジュール表が壁に貼ってある。

「私たちは朝の六時から正午までのシフトなんです」。カトーが説明する。「それが終わったら刑務所に戻ってゆっくりします。少し運動をして、それから自分の部屋でくつろぎます。こっちへ。船長に会いたくないですか？　船長は囚人じゃありません。そうじゃないのは船長だけです、この船では」

階段を上がり、がっしりした体つきの船長と握手をする。

「あの犯罪者たちと話をしたんですか？」船長は笑う。「犯罪者は怖い」という心理をからかうこのおふざけを、楽しんでいる自分がいる。どう見てもここには怖いものなど何もなく、誰もがそれを知っているみたいだ。

船が港を離れ、私はバストイ島を眺める。灰色の海に囲まれて、ひょろひょろとした松の木立が鉛色の空に向かって伸びている。船内の狭い座席エリアにいると、カトーが隣に座ってテレビをつけ、歴史チャンネルに変える。

「フェイスブック、やってますか？」カトーが尋ねる。

「フェイスブックをやってもいいんですか？　インターネットも？」

「あっちではだめです」。松の木立を指差す。「でも、一時帰宅のときはできますよ」。私は紙きれに自分の名前を書く。この国に着いてから初めて、青空の細い線が頭上に現われる。

船室を出て船を降りようとしていると、ウィゴが声をかけてくる。「サマーキャンプみたいだってよくいわれます。バストイは。あなたもそう思うかもしれない」。咎め立てするような口調だ。「でも違う、やっぱり刑務所なんだ。嘘じゃない。私たちの人生はあそこで止まっている。凍っている」

私はマストの白鳥を指差す。「あなたがたのマスコットみたいに。凍っている。たとえ美しい島にあっても」

ウィゴが力強く頷く。

それから「本土に戻るぞ！」とカトーに声をかけ、次の運航の準備に向かう。まるで冥界の川の渡し守だ。川を渡って、新しい魂を死者の国へと運ぶ。

もっとも、およそ冥界には見えない。ウィゴのいうとおりだ。確かにサマーキャンプである。あるいは一〇月のカレンダーにありそうな写真というべきか。自転車で行きかう人たち（そう、これも囚人たち）にまだら模様の葉が降りかかり、荷馬車がゆっくりと駆けていく。あたりにはお菓子の家が点々と散っている。壁はくすんだ黄色で、窓枠は緑色、屋根は赤だ。羊や牛の姿は見えるものの、塀や有刺鉄線はどこにもない。それもそのはず、バストイは「開放型刑務所」なのだ。これは一九三〇年代にフィンランドで生まれた概念で、今では北欧全体で少しも珍しいものではなくなった。開放型刑務所では、服役してからも囚人が外で仕事を続け、刑務所から毎日通勤しているケースもある。ノルウェーでは刑務所全体の約三割が開放型だ。そしてバストイは、かつて少年院として悪名をはせたが一九八四年に刑務所に改造され、今では開放型刑務所を代表する存在となっている。

小型の黄色いワゴン車が現われ、運転席の職員が笑顔を向ける。私は乗り込み、小さな建物に連れていかれ、そこで携帯電話を預ける。ここが「刑務所」であることをわずかにでも匂わせるものは、これが初めてだ。刑務所長のトムはケヴィン・コスナーに似ている。自分のオフィスに私を案内して椅子に座り、コーヒーを勧めてくれる。オフィスには花柄のカーテンとアロエの鉢植え、微香付きの炭を燃やした匂い。アメリカ北東部のどこかにありそうな古風な民宿を思わせる。

「効果などありません。面倒くさいからああやっているだけです」。従来型の刑務所について、トムはそう切り捨てる。トム自身、この開放型刑務所の責任者になる前は、通常の刑務所に二二年勤めていた。窓辺で蠅《はえ》が一匹騒ぐなか、トムは続ける。

「初めは半信半疑でした。でも、それはすぐに変わりました。開放型の刑務所がもっと増えるべきです。いや、ほとんど全部がそうなってもいい。ここでは可能なかぎりの人数を受け入れていますが、希望者全員というわけにはいきません」。ノルウェーではどの囚人も、釈放まで三年を切ったらバストイのような開放型刑務所に移る希望を出すことができる。この島では一一五人の囚人が暮らし、七三人の職員が監督しているが、三〇人ほどの希望者が空きを待っている。

「『ああ、あそこは軽犯罪者用だからね、いい奴だけをサマーキャンプみたいな刑務所に連れていくんだ』って、そういう誤解があります。でも実際には違います。こういっちゃなんですが、みんなクソとんでもないことをやらかした連中です。麻薬とか暴力とか。じつをいうと、ほかの刑務所で問題児のレッテルを貼られていた人間もいます。ところが、ここに来てみると全然手がかからない。『同じ人物だろうか？　本当に問題児だったんだろうか？』って、そう思うんです。答えはじつに単純なこと。人を泥みたいに扱えば、そいつは泥になる。人間として扱えば、人間らしくふるまってくれるんです」

トムは窓をあけて蠅を逃がしてやる。

「さて、少し散歩でもしましょうか」

私たちは森を縫って歩く。草を食《は》む馬や、鳥の繁殖エリア、温室の横を通り、囚人が自分で昼食を料理できるバーベキュー炉のかたわらを過ぎていく。囚人たちは、小さなログハウスのような共同住宅で暮らしている。薪《まき》を燃やす心地よい匂いがどこからともなく漂ってくる。ふと、南アフリカのロベン島のことが頭をよぎる。同じ監獄島でありながら、バストイはまるで正反対だ。暗く邪悪な地獄ではなく、人間的な場所なのである。

「刑務所を運営しているというより、島を運営しているんです」。トムはそう説明する。ここは自然保護区であり、刑務所が消費する食料の二五パーセントは島で生産されている。島内を走る車はほとんどが電気自動車であり、何もかもが再利用されている。

「農業は私たちの運営理念のなかで大きな位置を占めています。人間に対しても自然に対しても、思いやりを向けるのが私たちのモットーです。動物にも、社会性を高めるという役割があります。共感の心を教えてくれるんです。ここでは全員が畑仕事をするんですよ」

「あなたもこの島に住んでいるんですか？」

「私は毎日フェリーで通勤しています。こういう暮らしは大好きですね。混み合った道路をオスロまで運転するのはもうこりごり」。トムは首を振る。「前はこういったことは何ひとつ知りませんでした。ほら、都会育ちでしたから。今はこの場所のおかげで、ここの暮らし方のおかげで、私の人生はずいぶん健全になりましたよ。囚人にとってもそれは同じです」

　トムは私を木造の教会に案内する。真鍮《しんちゅう》製のシャンデリアが飾られている。「ノルウェーは宗教色の薄い国なので、ここはどちらかというと文化的な場所です。牧師にしても昔風の聖職者というよりは、セラピストのような存在ですかね」。次に連れていかれるのは、光り輝くスーパーマーケットだ。最高級カカオを使ったチョコレートや、アロエジュースも売っている。島には赤い電話ボックスが点在していて、無制限に使えるそうだ。だが、トムは携帯電話とインターネットを全囚人に許すべきだと考えている。

「だって、何を恐れる必要があるんです？　インターネットや電話で人は殺せませんよ」

　犯罪者の烙印や社会復帰支援についてトムに訊いてみる。

「ノルウェーでは、釈放されたら自由の身になったということです。刑務所にいたことがとくに大きな汚点になることはありません。知り合いの男は一八年間服役していて、今はうちの近所に住んでいますが、普通の老人です。誰も気にしません。そういうことはよくありますよ。刑務所に入っていた友人が私にも大勢います。ノルウェー人はすごく寛容な国民なんです」。そこで少し言葉を切る。「不思議ですね、昔もずっとこうだったわけじゃないのに」

　そんな生易しい言葉では足りない。ここは、略奪に明け暮れるバイキングと、北欧神話の国なのだ。先日、この神話をかたどった木工彫刻がオスロ市庁舎の外壁に埋め込まれているのを見学した。北欧神話は暴力と殺人と、嫉妬と復讐が連綿と続く物語である。ノルウェーの遠い過去のどこかで社会の潮目が変わり、ルワンダのように平和と許しの文化が勝利を収めたのだとしたら、じつに興味深い。

昼食をとりながらトムは次々と革新的な考えを披瀝《ひれき》し、私は感心するばかりだ。トムの説明によれば、ノルウェーの「保守」政党はほかのどんな国の基準からしても確実にリベラルであり、矯正政策のあり方については左派も右派も大筋で意見が一致している。それでも最近では、移民が増加して外国人嫌いの機運が台頭しているうえ、保守政権の影響もあって、この国の進歩的な刑務所制度や「犯罪に甘い」姿勢が脅かされはじめている。保守連立与党の一角を占め、反移民を掲げる進歩党〔政府が「イスラム国（ＩＳ）」の戦闘員の元妻の入国を認めたことに反発し、二〇二〇年一月に連立与党を離脱〕は、福祉で暮らすこと、通称「ナヴィング（NAVing）」に対する市民の反感を煽るような宣伝活動を行なっている。ＮＡＶとは「ノルウェー労働福祉局」の略称だ。近年では国内のある新聞が、ノルウェー人の八割がもっと厳しい刑罰を望んでいると主張している。また、二〇一〇年の世論調査では、刑罰が全般的に寛大すぎると市民の過半数が感じているとの結果が出た。

「あなたの国のメディアにも責任はあります」。トムはそういって、ブラウンチーズを載せた全粒粉パンのトーストに噛みつく。「アメリカのテレビ番組は、過酷な刑務所とか、『犯罪に厳しく』といった話ばかり。それがこの国の人たちにも影響しています。でも、幸いそれも変わりつつありますね。ここ数年、あなたの国から聞こえてくるニュースのあまりのひどさに、もうあの国のことをまともに取り合わなくていいんだって思い始めていますよ。とくに選挙戦については。世俗的な国なのに、演説になると政治家が聖書からの引用をちりばめたり？ サラ・ペイリンとか？ みんな笑っているし、泣いてもいますよ――こんな国を真似ようとしているのか、って」

溜息が出る。確かにメディアは厄介だ。問題をこしらえるし、問題をなかったことにもする。私はそう返してから、何かを恐れる文化に原因がある、と言葉を継ぐ。オーストラリアでの体験と、マードックのメディア帝国について少し話す。

「そうなんです」。トムは頷く。「人の集まる席でそういう話題になれば、こういっちゃなんですが大馬鹿野郎に限って、実際以上に犯罪が起きているかのような口ぶりでまくし立てる。統計を見れば、恐れることなど何もないというのに」

ドイツの刑務所の一時帰宅制度に関する調査によれば、戻らなかった囚人の割合は一パーセントにすぎない、と私は指摘する。

「おっしゃるとおり。ここでも、一時帰宅中に囚人が罪を犯した事例はありました。でも、数はほんのわずかです。ひとりかふたりの例外のために、司法制度全体を構築するわけにはいきませんよ。

みんなにはよくこういう話をするんです。『私たちはあなたのご近所になる人を毎年釈放しているんですよ。今にも爆発しそうな時限爆弾みたいな状態で返してもいいんですか？ そういう人の隣に住みたいんですか？』って。あ、そうだ」。トーストを置く。「アッティカの刑務所長についての映画、観ました？」

　たぶん最近公開されたフィンランドのドキュメンタリー映画のことだ。[4] アメリカのアッティカ刑務所の刑務所長だった男が、ノルウェーのハルデン刑務所を見学するという内容である。ハルデンは数年前にできた新しい刑務所で、私も今週の後半に訪ねる予定にしている。映画のなかで、この元刑務所長は嘲笑の的になっている。ノルウェー人が更生や矯正と考えるものを、アメリカ人はことごとくリスクや危険ととらえるからだ。

「元刑務所長は、職員が囚人とトランプをしたり、互いの人生についておしゃべりしたり、ファーストネームで呼び合ったりしているのを見て嫌悪を覚える。『それは安全じゃない』といい続ける。でも、それが危険だっていう統計はどこにある？　自分自身のことを何も打ち明けず、自分の人生や子どものことを隠したままで、どうして囚人たちを助けてやれるんです？ここの男たちは私の子どものことも、私の住所も、何だって知ってますよ。恐れることなんて何もないでしょう？」

　トムは私の心が読めるかのようだ。

　訪問を終え、船着き場まで乗せてもらうために黄色のワゴン車を待っていると、前歯の一本欠けた男性が隣に立つ。

「アメリカから来たんですか？　この場所はさぞイカれてると思ったでしょうね」。私に答える暇を与えずに続ける。

「でも、人をクソみたいに扱えば、そいつはクソになる。アメリカはなんでそれがわからないのかなあ。変なの、トニー・ロビンズなんてあんなに賢くて、アメリカ人なのに」。ロビンズというのは自己啓発のカリスマコーチで、『内なる力を解き放て』[5]といったオーディオブックやインフォマーシャルで有名だ。男性は神経質な笑い声を上げる。

「ここで何をしているんですか？」男性に尋ねる。青いパーカーに「エンジニアリング」と書いてあるから、何かの装置を修理する人に違いない。

「僕？　ここで待ってるんです。これから医者に行くんで。別の開放型刑務所に移らないといけないかもしれないんですよ。馬アレルギーになっちゃったもんだから」

そうか！　ここの囚人なんだ。思いもつかなかった。

でも、この見当違いのなんて素晴らしいことか。なぜって、物事があるべき姿になっている証拠だからだ。この男性と私はふたりの人間だ。甲板員のウィゴやカトーと出会ったときと同じように、何もかまえずごく普通にやりとりができる。これは、ここ数年で何人もの囚人の話を聞いてきたときとは好対照だ。つまり、「私たち」と「彼ら」の境界線が完全に消えているのである。本土に戻るための車の中でまるで昔からの友だちのようにおしゃべりをしながら、男性はかつて石油業界で仕事をしていたことや、世界を旅した話をしてくれる。何度か一時帰宅をしてきたので、家族や地域との距離は離れていないものの、来年釈放されて家に帰ったら、元通りになるのは簡単ではないだろう、ともつぶやく。

「でも、心配はしていません。刑務所では、空を見るのも地面のコケを見るのも自分しだいです。僕は空を見る」

私もだ。つかのま美しい瞬間が訪れ、見計らったかのように太陽が雲間から顔を出す。そして、フルカラーになった世界はまったく新しく見える。

*

一四世紀に築かれた物々しい砦が、ハルデンの石畳の通りを見下ろす。この町はノルウェーの南東部にあり、スウェーデンとの国境に近い。空気がひどく冷たい。だから、砦の写真を素早く一枚撮って、駅からタクシー乗り場へ急ぐ。そこから暖かい車に揺られて山の中へと入っていく。着いたところは、もっと近代的なタイプの要塞。閉鎖型の刑務所だ。高さ六メートルほどの塀で周囲と区切られている。もっとも、有刺鉄線のないただの塀だ。けっして貧相な外観ではないものの、ところどころ松の木に隠れているおかげでそれほどの威圧感はない。塀のてっぺんは手前に向かって傾斜しているが、丸みを帯びていて、親切とすらいいたくなる。この塀のことは耳にしていた。もちろん、この場所自体についても。お洒落で洗練されたその外観や内装から、スウェーデンの家具量販店にちなんで「イケア刑務所」の異名をとる。開設されたのは二〇一〇年。二五九人の囚人がここに収容され、ほぼ同数の職員が働く。約二億五二〇〇万ドルをかけて建造され、以来「世界一快適な刑務所」と呼ばれて――いや、揶揄されてきた。ほらご覧、ノルウェーでは犯罪者がこんなふうに五つ星ホテルで暮らしているよと、指を差される対象なのだ。

だが、国にそれだけの余裕があるのなら、回復を最も必要とする人たちに回復を促す環境を与えて何が悪いのだろう。刑務所は矯正のための場所のはずではなかったか？　すでにハルデン刑務所の写真や映像を見ていたが、実際に目にするとやはり胸がときめく。案内役を務めてくれるのはラッセ・アンドレセンという小柄で陽気な男性で、刑務所の業務と広報を担当する監察官だ。せっかく得意げに色々紹介しているのに、私が驚きもしなければ呆気にとられもしないので、拍子抜けしている様子である。囚人服や鉄格子がないことにも、豪華な共同の居住区画にも、その部屋にあるステンレスの調理台にも、L字型に配置されたソファにも、シックなコーヒーテーブルにも、できるだけ日光が採り入れられるように設計された縦長の窓にも、私は感嘆の声を上げない。お洒落な運動場にも、ノルウェーのアーティストであるドルク・ルンドグレンによる落書き風の型破りな壁画がそこに飾られていることにも、ボルダリング用の壁まで完備した清潔感あふれるジムにも、にこやかな刑務所合唱隊がウディ・ガスリーの「ピース・コール」を練習しているさまにも、パブロ・ネルーダやW・H・オーデンの詩を毛糸で表現した壁のアートにも、だ。そして、高給取りの医療スタッフと数々の薬物療法オプションを揃えた素晴らしい医療施設にも、蔵書の充実した図書館にも、とあるノルウェーの小説について話し込んでいる読書クラブにも、心を動かされることはない。

　ただ、プライバシーの確保された豪華な面会室（コンドームと潤滑剤も備えつけられている）には驚き、感動を覚えた。

「あなたの国のようなだだっ広い面会室、あれはだめです」。ラッセは忌々しげに吐き捨てる。

「そういうのをベルギーで見たことがあります。プライバシーも何もない場所で、どうやって家族が心を通わせられるんです？　あんなにうるさくて、人でごった返していて？」いいたいことはよくわかる。私自身、居心地の悪く騒々しい面会室で何時間も過ごしてきた。ラッセが指差す先を見ると、部屋の隅におもちゃがきれいに整理されている。「子どもたちのためにできるだけのことをしてあげたいんです」。それから別の面会室に向かい、「あなたの故郷《ふるさと》にご案内しましょう！」といいながらラッセが勢いよくドアをあける。姿を現わしたのは、ニューヨークのスカイラインを描いた大きな壁画だ。

　ふと、とあるニューヨーク州の刑務所の面会室が脳裏をよぎる。さよならのハグを一度だけ許されたあとで、友人と並んで写った写真のことも。刑務所の面会室にはかならず撮影エリアがある。古めかしいポラロイドカメラを手にした囚人がひとり立っていて、服役中の愛する者と面会者の写真を一枚二ドルで撮ってくれるのだ。背景の絵は、刑務所というより学年末の舞踏会《プロム》にふさわしく、週ごとに入れ替わる。ある一枚に私は『プランテーション』というタイトルをつけた。奴隷の主人の屋敷にある玄関ポーチのように見えたからである。別の一枚は『街の夜』だ。くっきりと描かれた街並みは、今ハルデンで目にしているものとそっくりだった。だが、こちらの絵には場違い感がかけらもなく、人間への愛に満ちているところが違う。誰かを「矯正」する力が最も強いのは、その誰かを愛している人たちだ。その人たちから遠ざけて収監しなければならないのなら、せめて多少なりとも本物の親密さが育める環境を与えるべきだろう。それが誰にとっても利益をもたらすことは、ミネソタ州の調査からも明らかになっている。[6]二〇〇三〜〇七年に釈放された元受刑者を追跡したところ、服役時に面会を受けていた場合は再犯リスクが大幅に低減することが確認されたのだ。

熱意みなぎる教育担当監察官の女性によれば、親密さを高めようとするハルデン刑務所の姿勢はスタッフと囚人の関係にも及んでいる。

「人間関係。それが私たちのシステムの根幹です」。女性は強調する。「職員に対しては、物事に動じないよう、そして現実的な見方をするよう訓練しています。囚人をひとり残らず助けてやることはできないし、それを望む者ばかりでもありませんから。ただ職員には、囚人に心を開き、自分自身のことも臆さず話すよう求めています。新任の職員が不安がって自分の名札を隠していたら、この仕事には向かない人間だとわかります」

職員の仕事を希望する者は、専門の養成学校で二年間学んで学位を取得しなければならない。勉強する内容は、犯罪学、法律、社会福祉、応用倫理学、ソーシャルワークを組み合わせたものである。昨日、私はこの養成学校を訪ねて、そのカリキュラムの深さと人間愛に衝撃を受けていた。いかにして囚人との人間関係を構築するか、囚人とどのようにコミュニケーションを図り、罪状の向こうにある人間性に目を向けるか――それが訓練の目指すところなのだと教えられた。職員になってからは研修中でも給与が支払われ、その安定した収入と手厚い福利厚生から、看護師や教師とも肩を並べる非常によい仕事とみなされている。人気が高いために、一五〇〇～一七五人の募集枠に対して一三〇〇人が応募しているという。ノルウェーでは、ポーランド、ロシア、ソマリアといった外国で刑務所職員の研修を実施していると聞いて（ハルデンの刑務所長はナミビアから帰ったばかりらしい）、私はひどく嬉しくなった。あなたがたのシステムのほうが私たちのよりいい。私は心のなかでそうつぶやき、アメリカの欠陥モデルを急ぎ輸入しようとしている数々の国を思った。

教育担当監察官は続ける。「アメリカの刑務所で働いているという看護師に会ったことがあります。そこの刑務所には、一四〇〇人が収容されていると教えてくれました。私は訊いたんです。『それだけの人数の面倒をみるなんて、どう考えても無理じゃないの？』って。そしたら肩をすくめてこう答えたんです。『私の仕事は囚人が死なないようにすることだから』って」。監察官は強い眼差しで私の目を見る。

「何なんですか？　アメリカ人はリスクリスクって。今じゃノルウェーもだんだん似てきましたよ。リスク評価のための研究ばかりしています。この国では過去に一度だけ刑務所で暴動が起きました。そのリスク評価をどうしてしなくちゃいけないんです？　暴動鎮圧のための装備に金をかける必要がどこにあるんですか？

以前、ここにアイスホッケーのリンクをつくろうという話がもち上がったことがありました。冬のあいだの囚人のアクティビティとしてです。私は役人に、危険だと思う、と伝えました。そしたら『そのとおりだ。スティックで殺し合いをするかもしれない』なんていうんです。『殺し合う？　そんなことがいまだかつてありましたか？　危険だといったのは、プレー中に怪我をするかもしれないからですよ！』」

私は時計に目をやる。おふたりの革新的で素晴らしい話を一日中でも聞いていたいけど、そろそろ電車の時間だ、と告げる。

「だめ、だめ」。ラッセは耳を貸さない。「まだ見るところはたくさんあります。あとで駅まで車で送りますから、もっと遅い電車にしてください」。刑務所から出してほしいと要求したのはこれが初めてだ。いつもなら、もっと入れてくれと交渉するところなのに。

松の木のあいだに夕日が沈んでいく。ラッセはハルデン刑務所の敷地の縁《へり》に沿って歩きながら、今年囚人たちが演じたミュージカル『フリーダム』のDVDを渡してくる。ラッセはこの場所を隅々まで見せたいのに違いない。料理教室も。「クリミナル・レコーズ」という音楽レーベルの入ったきらびやかなスタジオも。洗練された景観を生み出す造園のクラスも、その生徒が自分たちの作品の写真を使って素敵なカレンダーをつくっている様子も。刑務所のギフトショップも、ショップで売られているハルデンの食事のレシピ本も。印刷所も、そこに置かれていたフラットパネルのマック・コンピュータも。

「さて、どうです？」ラッセが無邪気に尋ねる。「どう思います？」

どう思うかといえば、率直にいって、疲れた。体も、心も。刑務所見学に疲れた。結局、人間をじろじろ見るという醜悪な状況に身を置く羽目になるから。刑務所自体にも疲れた。そこはつねに悲しみの場所だから。でも、親切な案内役に向かって、そんな言葉を口にしたりはしない。代わりにひとつだけ問う。なぜ？　なぜノルウェーはこれだけの金をかけて、こんなに御大層で異常なまでに豪華な刑務所をつくるのか。国内のほかの刑務所と差をつけてまで？

「さあ」。肩をすくめる。「試してみたかったんでしょう」

それなら試みは成功したのだ。あたかもハルデン自体がひとつの主張であって、世界を挑発しているかのようである。ラッセが私に対して暗にそうしているように。私たちが犯罪者をどう扱っているか見てみるがいい。同じようにしていないお前たちは恥を知れ。これとは正反対なのが「抑止」のアプローチだ。おぞましい地獄を見せつけて人を脅そうとする。だが、それがどのみちうまくいかないのは明らかだ。この国は違う。懲罰より矯正に全力を傾けるという、ノルウェー流の思いきった意思表明がハルデン刑務所なのだ。司法制度の質で文明の程度が推し量れるのなら、ノルウェーは胸を張っていいのだと宣言している。

「でも、いい状態を維持するのは難しいかもしれませんね。ほらこれ――」ラッセはマック・コンピュータを指差す。「もう錆びてきています。五年経ったらどうなっているやら」

「それはたいした問題じゃないでしょう」。私はそう返す。それはあくまで物質面の変化であって、実質的な意味は無きに等しい。ハルデンにしろノルウェーの刑務所全体にしろ、本当の意味で画期的なのは施設の素晴らしさではない。その背後に人道的な理念が存在することだ。もうひとりの監察官が強調していた「人間関係」である。

車で駅に向かう途中、ラッセがとある村の刑務所を指差す。「ハルデンに来る前に二六年間働いていた場所です」。二五人が収容されているという。

「私が今暮らしているところも、ちょうどこんな感じです。小さな町で、静かで。家はみんな同じように見えます」。すると、ロータリーでいきなり一台の車がすぐ前を突っ切る。

「まったく、最近はみんな飛ばしている」。ラッセは口を歪め、駅前に車を止める。「わがままもいいところだ。自分のことしか考えていない」

オスロに向かう電車に揺られながら、その言葉が耳の中に繰り返しこだまする。二時間半のあいだ、吸い寄せられるように窓から景色を見つめ、物思いにふける。いつも愛してきた熱帯の風景とはまったく種類の違う美しさ。孔雀の艶《あで》やかさではなく、穏やかな冬のおとぎの国だ。静謐で、出しゃばらない。世界は黒と白に変わっているけれど、色を恋しいと思っていない自分に気づく。そもそも世界にそれほどの色は必要ないんじゃないだろうか。変化に乏しいことが退屈とは限らない。それが心を静め、人を謙虚にし、優しく包み込んでくれる場合もある。

もしかしたらノルウェーの真髄は、この風景がもつ美しい均質感にあるのかもしれない。ノルウェー語に「リケット」という言葉があるのだそうだ。「平等」と「同一性」というふたつの意味をあわせもっている。後者から生まれる素晴らしいご褒美が前者だ。この地における司法の理念を支えるのも、やはりリケットである。あなたも彼らも同じで平等。たとえ彼らは罪を犯し、あなたはそうでないとしても。

この地にはもうひとつ、深い意味合いをもつ言葉がある。「ヤンテの掟」だ。最初にその言葉を耳にしたのは、ひとりの女性とオスロでおしゃべりをしているときだった。場所は、流行の最先端をいく新しいホテルのラウンジである。女性はそのホテルのことを褒めちぎっていた。大胆で、一風変わっていて、ショッキングなほどによく目立って素敵だ、と。どの特徴も、この平等主義の社会では敬遠されそうなものだ。それから女性は、「ヤンテの掟[7]」という考え方があることを教えてくれ、それは個人の成功や個性を下に見る姿勢を表わすものだと説明した。「自分が特別だと思ってはならない。自分が人より優れていると思ってはならない」

「素晴らしい考え方！」私は声を上げた。女性がにらみつける。

「どこが素晴らしいわけ？　人を抑えつけようとしているだけじゃないの」

その次の日、職員養成学校を見学しているとき、研究部門トップのベリット・ヨンセンと話すなかでこの話題をもち出してみた。私はその午前中ずっと、ベリットの語る様々な考えや話にひそかに舌を巻いていた。ベリットは自分の著書も一冊くれた。『刑務所におけるスポーツ、男性性、および力関係』[8]というタイトルである。ページをめくって驚く。フーコーの文章を引用し、ジェンダーに関する複雑な分析や倫理面に関する考察がなされ、政治が果たすべき役割についても記されている。矯正に携わる人間が本当にこんな本を書けるものだろうか？　ノルウェーで出会ったこの分野の人は誰もがそうだったが、ベリットもまたまぎれもなく本物の知識人である。当然ながら、私たちの会話は事実や数字を超えて、哲学的な分析の領域へと入っていった。

「その女性の気持ちはわかります。『ヤンテの掟』は、『分をわきまえていればいい』といっているようにも聞こえますから」

納得がいかず、つい声が大きくなる。「でもそれって、アメリカの個人主義に対する究極のアンチテーゼでもありますよね。資本主義が生んだ自己中心主義への。いつも自分、自分、自分ばかり」

「確かに、好意的な見方をすればそうですね。この国では、貧しい女性も裕福な女性と同じ病院に行きます。国営の銀行が教育費を貸してくれるから、誰でも教育が受けられます。ノルウェーには『ドゥーグナード』というものがあります。古くから根づいているボランティア精神や共同体主義のことです。この国には労働の文化があります。福祉社会に迎え入れられるためには、労働が条件となるからです。仕事をしていないと孤立して、社会の中には入れません。金持ちの旦那と結婚して主婦になりたいなんていうのは、私たちには理解できない発想なんです。働いて地域社会の一員でありたいと、誰もが考えています」

　でも最近は、と続ける。文化が嫌な方向にシフトしはじめているのだという。

「セレブになりたがる世代が現われたんですよ。特別な存在になりたがる世代が。だからって、誰もがそうなれるわけはありません。誰が清掃をする？　誰が学校で教える？　昨今のノルウェー人はどこにいるかといえば、オフィスの椅子に座って、自分は特別だと考えているんです。子どもたちに教えなければいけないのは、ごく普通の市民であるのは素晴らしいということ――自分より大きなものの一部になれるんですから」

　適度な「ヤンテの掟」を必要としているのはノルウェーだけではないかもしれない。世界もだ。「ヤンテの掟」には大量投獄の入り込む余地がない。ほかの地域の刑務所を支えているのは、手のつけられないほどにはびこる個人主義だ。資本主義はそれでできている。いつでも自分が大事。隣人よりも、個と個の結びついた存在である社会よりも。けれど、そうではなく自分の属するコミュニティを、社会を、自分の自己より上に据えて大切にすれば、他者に残忍な罰を与えることなどできなくなる。彼は私であり、私は彼女であり、私たちはすべてこの世界に一緒にいるのだということが、誰に教わるでもなくわかるからだ。私の勝利は私だけのものではなく、彼の勝利でもある。彼女の失敗や犯罪は私の失敗や犯罪でもある。それが私たちの同一性。私たちは私より大きいのだ。

*

オスロ最後の日、雪が降り出す。寒くても、空気が湿っている分には苦にならない。雪片《せっぺん》は古いビルに舞い下り、薄暗い街路を輝かせながら、得もいわれぬ美しい絵を描いていく。私はオスロ大学のセミナールームに座り、学者たちに囲まれている。ノルウェーには批判的犯罪学の豊かな伝統がある。アメリカの大学ではデータに基づく科学的な研究が尊ばれるのに対し、批判的犯罪学はもっとはるかに哲学的だ。この分野で最も有名なのが、オスロ大学のニルス・クリスティ教授である。自己紹介を兼ねた私のメールに対し、教授陣の前で話をしてほしいという返信をくれていた。私はこのチャンスに飛びついた。クリスティ教授は私にとって、刑事司法という分野における憧れの師である。修復的司法に関するクリスティの著作に導かれて、私はルワンダと南アフリカを訪ねた。公正な社会のあり方に関するその哲学的で詩的な考察は、私の心を大きく揺さぶるのだ。

「教えてくれ、バズ」。クリスティが口火を切り、サーモンマリネとエッグサンドイッチの載った皿をまわしてくれる。「この国で、そして世界で目にしたものについて、どう考えている?」
私は説明する。刑務所をめぐる私の旅は、全般から個別へという道筋をたどった、と。復讐、許し、そして「矯正」が何を意味しうるのか、といった大きなテーマを問い直すことから出発して、もっと個別の懸念、たとえば刑務所内の女性たち、独房監禁の恐怖、オーストラリアとシンガポールにおける刑務所と経済の結びつきといった問題にシフトしていった。私を旅へと駆り立てたネルソン・マンデラの有名な言葉に倣うなら、刑務所は、それを生み出す社会を忠実に写す鏡であることがどの国でも確認できた。

用意しておいたメモに目を落とす。私は二年に及ぶ世界の旅で学んだと思うことについて、思索の詰まった話を長々とするつもりでいた。その話は三つの前提から始まる。

ひとつ、私たちが目指すべきは、クリスティ教授が著書『刑罰の限界』で端的に述べていることに尽きる――「与える苦痛を可能なかぎり少なくする」だ。教授がじつに雄弁に語っているように、人生はただでさえ悲しみに事欠かない。わざわざ地獄をつくり出して悲しみを増やしてやる必要はないのだ。

ふたつ、個人の行動より社会の制度を変えることに注力するのが私たちの責務である。刑務所はそもそもの発端からして、権力に飢えた欲深い少数の者が大衆を操るための政治的・経済的な道具だった。私自身、行く先々でその現実を目の当たりにしてきた。南アフリカ、ブラジル、オーストラリア、そしてアメリカでとりわけ顕著なように、私たちが何をどう選択するかは、社会からの圧力と、構造化された人種差別と、過去から連綿と続く不平等と、生理的な反応によってすら条件づけられている。だとすればそれに対処するには、「双眼的視座」を養わなくてはならない。これは、イギリスの哲学者ジョナサン・グラヴァーが提唱した視点のことだ。つまり、自分自身であれ誰であれ、他者に働きかける「主体」であると同時に、他者から働きかけられる「客体」でもあると考えよ、ということである。私たちが成功するにせよ失敗するにせよ、それは私たち個人とは何の関係もない重層的な力によって生み出されたものだ。自分の成功も失敗も自分だけに起因しているわけではないことを悟れば、私たちは謙虚になり、人に優しくなれるだろう。「人を」ではなく「社会の構造を」矯正しようという議論も高まるはずである。

　三つ、立証責任は私たちではなく彼らにある。犯罪への対処法として投獄を選ぶことに反対する側ではなく、それを支持する側がその責任を果たすべきなのだ。これがほかの制度であれば、失敗率が六〇パーセントにも達していたら（この数字はアメリカの再犯率であり、世界の様々な地域でもこれと大差ないように見える）、私たちはすぐにその制度を廃止し、振り出しに戻って計画を練り直すだろう。だから、投獄に代わる選択肢は何かという議論の始め方をしてはいけない。そもそも投獄は、もっと成果をあげているほかの施策がすべてうまくいかなかったときに初めて頼る最後の手段であるべきだ。アメリカの犯罪学教授マイケル・トンリーが、「ひとつの病気を治すが別の病気を引き起こす薬」に刑務所をなぞらえたのは注目に値する。また、伝説の活動家で学者でもあるアンジェラ・デイヴィスが、「廃止民主主義」と呼ぶものについても考える必要がある。奴隷解放は奴隷制度を終わらせただけでなく、それに取って代わる新しい仕組みを築くことを余儀なくした。それと同じように、刑務所という制度に終止符を打つことは、解体のみならず構築のプロセスでもある。デイヴィスはこう書いている。「刑務所を撤廃するには、現行の社会秩序（そこには数々の複雑な社会問題が埋め込まれている）の抜本的改革がどの程度必要かを私たちが認識することが求められる」。それには、「制度、概念、戦略を新たに想像しなおし、刑務所を過去のものにするような新しい制度、概念、戦略を生み出す」作業が伴う。[9]

私が訪ねた国々を振り返ってみると、そうした「再想像」の必要な領域は三つに分けられるように思う。収監前、収監中、そして収監後だ。最も重要なのが収監前である。社会福祉の代わりに刑罰制度が用いられるようなことがあってはならない。どの国も、犯罪につながる状況を改善することに取り組み、はなから刑務所など必要ないようにすべきである。そのためには、ひとつには失業と不平等を減らすことだ。収入格差の大きい社会は、より平等な社会と比べて殺人発生率が四倍近くに達することが示されている。この点において、福祉国家であるノルウェーは間違いなく模範となる国だ。しかし、アメリカにも見るべきところはある。近年に広がりを見せ、半数あまりの州で実際に導入されている概念があるのだ。「正義の再投資」である。これは、アメリカが刑務所のために支出している約五四〇億ドルを、大量投獄によって荒廃した地区の人材育成とインフラ再建に振り向けるというものだ。

結局は医療と同じで、治療より予防のほうがはるかに価値があると認めることに尽きる。ジャマイカやブラジルで、あるいは南アフリカやアメリカで行なわれているような抑圧色の濃いやり方は、もう終わりにしないといけない。それに取って代わるのが、警察と地域が一体となって犯罪防止や治安維持に取り組む「コミュニティ・ポリシング」と、データや科学を活用して警察活動を行なう「スマート・ポリシング」だ。また、現状では世界中の刑務所に、薬物常習者と精神疾患患者がひしめく流れができている。それを止めるには、これまでとはまったく違う角度から斬り込むことが必要だ。アメリカからシンガポールまで、さらにはタイに至るまで、強制的に所定の刑罰を実施したり、「大は小を兼ねる」的に一律に厳しい量刑を科したりしている。この点に関してはノルウェーでさえも例外ではない。私はこの地で、ヘロイン使用の罪で一六年の刑期を務めている若い男性に実際に会った。だが、こんな制度は廃止しなくてはいけない。それに向けたプロセスはすでにアメリカのいくつもの州で始まっている。たとえば、量刑の下限を引き下げる、あるいは裁判所の裁量を拡大して、薬物犯罪者を刑務所以外の場所に送れるようにする、といったことだ。二〇一一年、薬物政策国際委員会（元国連事務総長のコフィー・アナンをはじめとする世界的指導者からなる組織）は、「薬物との世界規模の闘いは失敗に終わった」と宣言している。なぜ失敗したかをひと言でいうなら、防止や治療でなく刑罰に主眼を置いているからだ。ある程度の合法化と、禁止ではなく規制。それが委員会の提言である。私たちには倣うべき優れた先例がある。ヨーロッパ、なかでもドイツとオランダだ。私はどちらも訪問しなかったが、それは、両国の成功をすでに様々な文献で読むことができるからである。どちらの国も、薬物使用がもたらす危険を最小限に食い止めることに力をそそぎ、医療、防止、治療、規制を重視している。また、精神疾患患者については、刑務所ではなく精神科病院を中心にした対策をとるべきだ。オランダのように、精神科医、心理学者、ソーシャルワーカー、行動療法士、そして弁護士または裁判官といった多分野の専門家からなるチームによって、被告の処遇を決めるのが望ましい。

薬物以外の犯罪が起きたとき、私たちが目指すべきは修復的な観点で考えることである（その際、「暴力」犯罪と「非暴力」犯罪を区別すべきではない。どんな種類の悪事に対してであれ、刑罰を与えることが道義的に許されるかどうかには大きな疑問符がつくからだ）。この方面に関しては、ルワンダと南アフリカから学ぶことが多い。ヨーロッパ流の矯正のあり方に関する研究も、同じように参考になる。ヨーロッパでは有罪判決を受けても、実際に刑務所に入る者の割合は低い（ドイツで約六パーセント、オランダで約一〇パーセント）。服役させる代わりに、罰金、調停、地域社会への奉仕、あるいは保護観察に似た執行猶予という選択肢がある。オランダでは、罰金刑ではなく拘禁刑が科される場合、そうするだけの特別な理由があることを裁判所が示さなくてはならない。オランダでよく用いられるのは「和解」と「作業刑」である。和解の場合、犯罪者は罰金を支払うか、所定の金銭的条件を満たすよう求められるか、もしくは教育訓練への参加が義務づけられる。作業刑はルワンダの「公益労働（ＴＩＧ）」を思わせるものだ。これが適用されると、地域社会の役に立つ作業をするよう命じられる。ここノルウェーでは、四か月未満の刑はすべて、服役に替えて電子モニタリングによる監視に移行させようという動きが起きている。

こうした抜本的な改革を行なったとしても、社会の脅威となるために野放しにするわけにはいかない人間はやはり出てくる。また、その行動のせいで、一定期間は地域社会から引き離し、矯正させたのちに償いをさせる必要のある人々もいる。後者のためには、刑務所とは似ても似つかぬ施設をつくって、名称もまったく違ったものに改めるのがいいかもしれない。たとえば「介入施設」などだ。この施設は、古《いにしえ》の時代の刑務所のような性質をもつ。つまり、癒しを促すために一時的に滞在する空間だ。被害者が自らの苦痛について心の整理をつけ、何を求めるかを考えるあいだ、加害者は囚われた状態で自分のしたことと向き合う。

　自己と対峙し、その自己がいかにまずい選択をしたかを噛みしめる機会。私たちは介入施設でついにそれを得る。そういう性質の場所なので、南アフリカ、ウガンダ、ジャマイカ、タイ、ブラジル、オーストラリア、ノルウェー、アメリカで私が目の当たりにしたような、傷を癒すことにつながるプログラムはすべて実施される。音楽も演劇も、読書も文章作成も、修復的司法のワークショップもだ。いい換えれば、本物の更生と「修復」を提供するのである。ちなみにこの「修復（restoration）」は、クリスティ教授が著書『人が人を裁くとき――裁判員のための修復的司法入門』[10*]で触れているように、もともとは家の土台をつくり直すことを意味する古ノルド語に由来している。ノルウェーに来て何度か耳にした格言ではないが、人を人間として扱えばその人は人間になるのだ。家族の面会や一時帰宅はいうまでもなく奨励され、それを実現しやすい環境も整えられている。施設の入居者には、可能なかぎりの自己責任と、自らの意志で行動する自由が与えられる。介入施設は、統一された基準を満たすものにし、系統的な評価の対象となる。また、忘れられた人々のすむ隠された国としてではなく、透明性をもって存在する。というのも、実際に目に触れる制度でないと、私たちは他人事に思ってしまうからだ。教育機関と同じで、最も重要なのは施設の規模と人材である。介入施設は小規模なものにとどめ、オーストラリアやノルウェーで見たように健全な環境を整備して優秀な職員を引きつける。二〇一三年のネルソン・マンデラの追悼式におけるオバマ大統領の弔辞のなかに、次のような言葉があった。「監禁される側のみならず監禁する側をも解き放つには、マンデラのような人間が必要だった」。奴隷制度が、奴隷はもとより主人の人間性も奪ったように、現行の残忍な刑務所制度は職員と囚人をともに地獄に閉じ込めている。

　介入施設では、長期滞在する者の数をできるだけ少なくする。また、ノルウェーのように刑期を短くしなくてはいけない。大量投獄に関する米国学術研究会議の二〇一四年の報告書は、刑罰を重くしても犯罪を抑止する効果はないと結論づけている。[11] 二〇一二年のオーストラリアの報告書も同じ見解だ。比較的短い期間でも、大幅な矯正は可能なものである。以後は、償いに向けたプロセスを始めればいい。

　過ちを犯した者が出所したあとは、「かつての自分」という獄につながれて生涯苦しむことのないようにする。それは人間性を徹底的に否定することにほかならないからだ。ノルウェーの例に倣い、そしてアメリカを反面教師として、犯罪歴には司法に携わる者だけがアクセスできるようにする。一般市民が簡単にオンラインで見て、出所者の過去の過ちが永遠に消えない烙印となって残るようなことがあってはならない。シンガポールと同様、介入施設を卒業した者については雇用を促進する。たとえばニューヨーク州のように、それを実施する企業に税の減免措置を与え、同州の現行の上限であるひとり当たり二四〇〇ドルより多い額を減じるのだ。また、応募書類や初期段階の面接を通じて雇用者が犯罪歴を質問することも禁じる。これは、アメリカのいくつかの州ですでに行なわれている。そして何より重要なのは、広告キャンペーンでも、マーケティングでも、公開討論でも、どんな手段でもいいからそれを駆使して、リスクを毛嫌いしない文化を奨励し、許しと融和の風土を醸成することだ。それはつまり、ロシアの小説家で、自らも収容所生活を送ったアレクサンドル・ソルジェニーツィンの次の言葉を、本当の意味で理解する文化である。「そんなふうに簡単だったらどんなにいいか！　どこかに悪い奴らがいてひそかに悪事を働き、ただそいつらをわれわれから隔離して抹殺してしまえばすむのなら、どれほど楽か。だが善と悪を隔てる線は、あらゆる人間の心をふたつに分ける。自らの心の一部を進んで破壊しようとする者がいったいどこにいるだろう？[12]」

以上が私のもくろんでいた意欲的なスピーチだ。

だがそんな話はしない。憧れの師の前で恐れをなし、ただ当たりさわりのない言葉を並べて、ノルウェーで目にしたことや、それがいかにユニークで、また自分の期待の多くにかなうものだったかということを語る。

クリスティ教授は優しい目で微笑む。まるで、私の頭をなでてくれるように。

「一度、バストイ刑務所に招かれて講演をしたことがある。職員と囚人の両方に対して」。教授はそう切り出し、ゆっくりした口調で続ける。「じつに美しい夏の日だった。島はこれ以上ないというほど素晴らしく見えた。海も、景色も、動物も。誰もがここに別荘をもちたいと願うような場所だ。講演を終えたあと、囚人たちのほうに向かってひとつの問いを投げかけた。

『刑期を全うしたあとに、この島の家で一生家賃なしで暮らせるといわれたら、そうしたいと思う者はどれくらいいるだろうか』と。長い間《ま》があった。囚人たちは互いに顔を見合わせ、部屋を見回し、落ち着かなげに職員の顔をうかがった。するとうしろの列からひとりが大きな声を上げた。『絶対に嫌だ！』

ノルウェーの刑務所が人道的だなどとおこがましくも考えるときには、決まってあの声が頭の中に響く——『絶対に嫌だ！』恥辱と苦痛はこの地にも生きている。私たちの制度はほかより見栄えがいいので、その分、覆いを剝がしにくい。よい評判を得ているために、その分、人権問題を強く打ち出しにくい。だが、この国もまた、けっして完璧な社会ではないのだ」

私は頷く。確かにそうだ。ノルウェーの成功には、じつは但し書きがつくのだ。その点について私は滔々《とうとう》と述べる。刑務所に暮らす人々にこの国が共感を向けやすいのは、ほかのほとんどの地域と違って人種が大きな問題にはなっていないからだ（北欧諸国の囚人の大多数は、塀の外にいる有権者の大多数と同じように見える）。それに、私が訪ねたどの国もそうだったように、ノルウェーの刑務所にも貧しい人たちと薬物使用者がひしめいている。再犯率が抑えられているといわれているが、それは微罪でも拘禁刑がいい渡されているせいもある。たとえば、飲酒運転や犯罪の企図などがそうで、そういった罪は一般に再犯率が低いものだ。現在、ノルウェーの全囚人の約三割が外国人で、主に東欧出身者であり、彼らに絞れば再犯率は高い。国外に追放されても、ノルウェーに舞い戻るケースが多いからである。

ハルデン刑務所にしても陰鬱な独房監禁区域があって、それをラッセが申し訳なさそうに見せてくれた。独房の壁は爪で引っかいた傷だらけで、ブラジルで目にした不気味な光景を思い出した。独房監禁で一日過ごすと、刑期のうえでは一・五日とカウントされるのは知っている。しかし、ノルウェーは独房監禁の使用日数に法的上限を定めていない。それに、ノルウェーという国自体を考えても、これまでに後ろ暗いところがなかったわけではないのだ。ほかのヨーロッパ諸国のように他国を征服して植民地化することこそなかったにせよ、第二次世界大戦中には自国のユダヤ人の三分の一あまりを進んで死の収容所に強制輸送し、それに対して補償と公式な謝罪を行なった過去がある。

　私はさらに意を強くして、ハルデンで見学した陶芸教室のことをクリスティ教授に話す。教室では何人かの囚人に会ったが、そのうちひとりは一〇代にしか見えず、右目の下に小さな三つの点の入れ墨をしていた。

「この場所は最高さ」。若者はふてぶてしい表情で含み笑いをする。「初めてここに着いた日、大笑いしちゃったね。これが刑務所かよ、って」

　すると、有名なムンクの『叫び』の顔を粘土でかたどっていた隣の男が（私はその前日、四枚現存する『叫び』の原画の一枚をオスロ国立美術館で見ていた）、唐突に顔を上げた。

「まじで？」男は眉間にしわを寄せる。「俺は笑わなかった。今も笑っていない」。それから『叫び』づくりに戻った。

　私はクリスティ教授にこの一件を伝える。それから、ニューヨークの教え子たちが初めてオーティスヴィル刑務所に連れてこられるとき、どんな反応を示すかも教える。緩やかな起伏の緑の丘や、あふれんばかりの秋色を目にして、みんな「すごくきれいなところだ」としきりに感嘆の声を上げるのだ。

甲板員のウィゴの言葉ではないが、刑務所は刑務所である。どんなに美しくても、フラットスクリーンのテレビがあっても、そこにいるあいだの深い孤独と断絶感と、時が凍りついた影響を埋め合わせることはできない。目の下に入れ墨をした若者は「笑った」といいながら、本当は心のどこかで泣いていたのではないだろうか。強がっているような、あるいは誇大な宣伝に無理やり乗っているような気配が感じ取れた。「ハルデンは五つ星ホテルだ」という決まり文句を繰り返し聞かされるうちに、自分でもそれを信じるようになったのだ。仮に「笑った」というのが本当だったとしても、それはそれで悲しい事実を告げている。なぜって、塀の外にある自分の暮らしより刑務所のほうが本当にましだというなら、その暮らしは、そしてそれを生んだ社会は、いったい何なんだという話になるからだ。

「君のいうとおりだ」。クリスティ教授が頷く。

私は教授に、アンネシュ・ベーリング・ブレイビクのことをどう思っているかと尋ねる。ブレイビクはノルウェー人のキリスト教原理主義者だ。二〇一一年にオスロの政府庁舎を爆破して八人を死亡させ、それからオスロ近郊のウトヤ島で開かれていた労働党員の夏期集会に乗り込んで六九人を射殺した。この事件は、ノルウェーの司法制度にとって史上最大の試練となった。

「あの男は苦痛配達《ペイン・デリバリー》に値した」。「苦痛配達」とはクリスティ独特の皮肉な表現で、刑務所を指している。なぜそう呼ぶのかといえば、著書『刑罰の限界』のなかで記しているように、「牛乳配達《ミルク・デリバリー》に似ている」からだ。無害で、自然で、正常であるかのような響きがある。「現代において、冷静で効率的で衛生的な業務へと発展したものを表わす概念が、苦痛配達なのである」。クリスティはそう書いている。「すべては商品を配達するのと同じになったのだ」

　ブレイビクの残虐な事件を自分の国がどう処理したかを見て、誇らしい気持ちになったとクリスティは語る。裁判は修復を促すやり方で進められた。被害者のひとりひとり（事件の生き残りや遺族を含む）が裁判中に直接発言する機会を与えられ、それぞれが弁護士を立ててその数は合計一七四人にのぼった。五人の陪審員は全員一致で二一年（最低禁固一〇年）の刑をいい渡した。二一年は、戦争犯罪や集団虐殺《ジェノサイド》を除けばノルウェーにおける最高刑である。ひとりの殺害に対して一〇〇日弱ずつ服役する計算だ。現在、ブレイビクはハルデンのような環境の刑務所に収容され、通信教育で大学の講座を受けている。この男を投獄する目的は、ほかのどの囚人とも変わらない。矯正である。もっとも、矯正できるかどうかはまた別の話だ。誰にでもそれができるとは限らないのを私たちは知っている。ともあれ、世論調査によれば国民の圧倒的大多数がこの判決に満足しているという。

　クリスティは続ける。「何より注目すべきは、ヒステリーもなければ、憎しみと恐怖を煽るような動きもなかったことだ」。代わりに、ブレイビクが破壊しようとしたまさにその価値観――愛、受容、多様性――が、市民による数々の胸を打つイベントを通して広められたのである。薔薇は「寛容」のシンボルとなり、全国の追悼式で供えられた。誰にでも手の届きやすい価格にするために、薔薇の輸入にかかる関税が引き下げられた。

だとすればこの地でも、ジェノサイドのあとのルワンダのように、悲劇が共同体意識を高めるきっかけとなったのだ。復讐心や憎しみでコミュニティをずたずたに裂いてしまうのではなく。九・一一後のアメリカとは正反対に思える。あのときの世論には、自己中心的で好戦的な愛国主義と報復が渦巻いていた。恐怖が支配し、政府はこれを受けて「戦争」を宣言した。そうして、暴力がさらなる暴力を生んだのである。こういった反応は、共同体としての私たちの心を虐待しているのと同じだと、アンジェラ・デイヴィスは指摘している。デイヴィスはこれを「道義的な想像力に対する罪」と呼ぶ。なぜならそれは、私たちを他者の苦しみから切り離すことにほかならず、「共同体の一員としての私たちがもつ道徳的・感情的側面を殺す」からだ。なぜ、とデイヴィスは問う。なぜ「私たちは、人間の連帯感の及ぶ限界が国家の単位までだなどと、あれほど早急に決めつけてしまったのだろう？　世界中の人々が私たちの痛みや苦しみに心を寄せてくれている、まさにそのときに？」[13]

私は犯罪全般に対してこれと同じことを考えている。犯罪というものが、「私たち対彼ら」の思考様式ではなく、「私たちと彼ら」という精神を養うきっかけになれるとしたらどうだろう。他者を切り離すのではなく、自分と他者がどれだけ深く結びついているかを、そしてひとりの行動が大勢の人に影響を与えうることを、しみじみと思い出させてくれる機会になるとしたら？　それは間違いなく理想的な姿だ。

午後の時間が過ぎてゆき、街灯の下を雪が舞う。ほかの教授たちがひとりまたひとりといとま乞いをして去っていくなか、クリスティ教授はあとに残って自分の考えを私に伝えてくれる。

「私たちの仕事は、人々が最も賢明な自分でいられるような社会をつくること。ごく普通の市民がうまく暮らしていけるようなメカニズムを構築することだ」。クリスティは幼稚園を批判する。幼い子どもの教育は本来なら市民による共同作業であるべきなのに、それを正式な仕事にすることで共同体精神を破壊しているというのだ。その一方で、スラムや小規模な自治体を擁護する。そこでは住民同士がいたわり合い、教え合い、互いの行動に目を光らせる。そして、形式ばった会議や選挙によってではなく、村人の話し合いを通じて物事が進展する。教授職にある者は、新聞などの主流の媒体に文章を寄せるべきだとクリスティは考えている。しかも、理解しやすい平易な言い回しで。それを、「大好きな叔母さんのために書くような言葉で」とクリスティは表現する。薬物の本当の危険性がどこにあるかも分析し、「危険すぎて人に教育できないとみなされているところに問題がある」と指摘する。それからノルウェーで毎年一回開かれている「山中の会合」についても教えてくれる。これは、囚人と刑務所職員と、大学の教授が静かな場所に集まって、スキーをしたり、対話をしたり、服役中や出所後の生活について革新的な変化を起こす機運を醸成したりするものだ。

話を聞きながら、この八六歳の男性の衰えを知らぬ好奇心に目を見張る［クリスティはこの翌年の二〇一五年五月に交通事故により八七歳で他界］。今もなお子どもの目で世界を眺め、たいていの人が当然のものと受け止めている制度や構造や思想に絶えず疑問を投げかけているのだ。こうした点において、クリスティは本物の正義のヒーローである。そのとき不意に悟る。「正義」の対義語は「犯罪」でも「不正義」でもない。「現状満足」だ。そもそも私をこの旅へと駆り立てたのも、現状に満足する気持ちを打ち破りたいからだった。自分が刑務所でわずかなりとも居心地のよさを感じていると気づいたときに、私が本当に恐れていたものは何だったのか。それが、単なる知的怠惰ではなかったことが今ならわかる。正義そのものへの情熱を失いつつある気がして怖かったのだ。

塀の外にいるジョン・ジェイ・カレッジの学生たちのことを思い出す。私が教えるクラスでは、人種や司法制度に関連するテーマが中心となる。そのふたつについて社会で容認されている考え方を何週間もかけて問い直していると、学期が終わる頃にはほとんどの学生が音を上げる。「じゃあ、いったい答えは何なんだ?」と。答えは疑問なのだ、と私は返す。生徒を煙に巻こうというのではない。人種と犯罪をめぐる重大な疑問の数々に、簡単に割りきれる答えなどないのだ。それが現実である。人間という存在は複雑で矛盾に満ちている。だとすれば、その人間を相手にする制度は何であれ、同じくらい複雑で矛盾だらけに決まっている。私たちの仕事は疑問を抱き続けること。定説を覆《くつがえ》し、広く信じられている物事に疑問符を突きつけつづけることなのだ。この二年間、ウガンダやブラジル、あるいはオーストラリアと、まったく異なる環境でまったく同じ醜悪な構造を繰り返し目にしてきた。この恥ずべき足踏み状態は何なのだろう? 人類はよくもこれほど怠惰になれたものだ。これは「今こそ動け」という合図以外の何物でもない。人間には革新し、想像し、そして創造する力があるはずだ。刑務所とは、最も悲しい意味での想像力の欠如にほかならない。

「私たちの制度がいいのかどうか、確信はもてません。つねによりよいやり方はあるものです」。職員養成学校のベリット・ヨンセンはそう語っていた。その言葉は心の琴線に触れた。ほとんど理想郷《ユートピア》といっていいような社会にも、まだなすべきことはある。そして、そのなすべきことのなかに、「よりよいやり方」を探すことのなかに、私の追い求めてきたものがある。正義だ。「愛」が行動の言葉であるように、「正義」は動詞である。正義はひとつの旅だ。けっして止まらず、けっして満足せず、けっして安逸《あんいつ》をむさぼらない。正義はひとつの運動である。正義イコール動くことなのだ。

＊

最後の旅を終えて帰ってきて、刑務所訪問のあとにつきものの相反する感情を噛みしめる。自分だけがひとり切り離されたかのような孤独に苛まれる一方で、塀の中で垣間見た人生を通して他者とこのうえなくつながっている感覚もするのだ。ナチの強制収容所を生き延びた医師ヴィクトール・フランクルが、著書『夜と霧』のなかでその矛盾を巧みに説明している。「大義に身を捧げたり他者を愛したりすることによって、己《おのれ》のことを忘れれば忘れるほど、その人物はより人間らしくなり、もてる力を発揮できるようになる。いわゆる自己実現というのは、目指して達成できるたぐいのものではない。理由は単純だ。そのために懸命に努力すればするほど、手が届かなくなるからである。言葉を換えれば、自己実現とは自己超越の副産物としてのみ達成可能なのだ[*14]」

私は再び自分の国での刑務所の仕事に没頭する。「刑務所から大学へのパイプライン」を通った教え子のうちふたりは、いまだ行方不明だ。釈放されたときにはキャンパスを訪ねに来たし、カレッジに入学するつもりでいるはずなのに、その後は連絡がとれずにいる。被収容者検索サイトに名前を入れてみたが、見当たらない。ということは――ふう、よかった！――中には戻っていないということだ。

それから、今も努めて連絡をとり合っている世界の刑務所からの便りに目を通す。南アフリカからはジョナサン・クレイトン牧師が近況を知らせてくれ、修復的司法ワークショップの新しい回が始まったことを教えてくれる。あのガースウィンは元気でやっていて、私との会話も覚えているものの、まだ外には出られず、多くの手助けを必要としているらしい。

ルワンダのサントスもメールをよこし、刑務所訪問プロジェクトがルワンダ中で盛んに行なわれていることを知らせてくれる。訪問を重ねるごとに、ほかの若者と一緒に様々なことを学んでいるのだそうだ。学んだというその内容に、私は胸を打たれる。

> けっして諦めない。長く続く平和を祖国にともに築くためのひとつの方法が和解なのだと、これからも親の世代にわかってもらう努力をする。
>
> 互いを信頼しあう。

ジェノサイドで壊された関係を修復するのがたとえ難しくても、自分たちにはできるという自信をもつ。

許しを与え、許しを求める文化をもつことに、人々の目を開かせる。

若者は過激な行動に走ってはならず、悪いところを正せる人間になるべきである。

私たちは自分たちの悪しき歴史に囚われてはいけない。

つねに真実を語ることを習慣づける。

心に愛をもつ。


ブラジルのマラとアンドレ、オーストラリアのブレント、そしてタイのナパポーンもそれぞれメールをくれ、今も革新的な取り組みを続けていることを教えてくれる。手紙と詩の束が届いたのは、ノルウェーの囚人読書クラブからだ。オーティスヴィル刑務所にいる私の教え子に渡してほしいという。しかし、ほかのどこよりも劇的な進展をみせたのがウガンダである。私が一年あまり前にカンパラから戻ってきたとき、アフリカ刑務所プロジェクトのスタッフが、私の生徒だったあのウィルソンからの手紙をスキャンしてメールで送ってくれていた。

文章創作講座のあなたの生徒たちは、あなたのことをとても恋しがっています。私たちのために時間を割いて文章創作の授業をしてくれて、ありがとうございました。私たちは今も書いています。いつかウィルソン作の本をお目にかけられたら嬉しいです。……私の刑期は遠からず終わります。あなたが仕事をしている刑務所の囚人たちと、あなたが教えている大学の学生たちに、よろしくいってください。誰かが彼らを愛し、彼らのために祈りを捧げていることを伝えてください。そちらの刑務所にいる囚人たちがよりよい市民に変われるように、私は祈っています。

手紙には、「カンパラ未決囚刑務所、文章創作クラブ代表、ボマ区画牧師、バファキ・ウィルソン」と署名がしてあった。数日後、午前四時二三分に私の電話が鳴った。発信者は「不明」となっている。

「こんにちは、バズ！」ウィルソンだった。どうして刑務所から電話ができたのかは訊かなかったが、励ましの言葉を送った。あと半年で自由よ。

数か月が過ぎ、ブラジルから戻った頃、また腹立たしいほど朝早くに電話が鳴った。「バズ！」ウィルソンだ。泣いている。「バズ、もう、胸がいっぱいで。三年と二か月が経って、自由になりました」

ウィルソンには住む家もあった。路頭に迷う寸前だったが、私の友人のアル（私が囚人に一生懸命になっていることが不思議で仕方なかったあの人物）から、家賃一か月分の金を与えてもらったのだ。そして今度はそのアルが、ノルウェーから戻った私に電話をかけてきて、リエントリーのプログラムを始めたいのだと告げる。投獄されていた人たちに外の仕事を紹介するプログラムだという。あまりに驚いて、思わず涙がこぼれる。なぜってそれは、人間がひとりまたひとりと、意識がひとつまたひとつと、変われることのあかしにほかならないからだ。しかも、よそ者のムズングの私が働きかけたからではなく、内側から湧き上がった変化である。

私が今も頑ななまでに楽天的でいられるのも、ひと言でいえばこういう嬉しい出来事があるからなのだ。今回の旅は私を世界の地獄へといざない、それを目にしたことでもう元には戻れないほどに私は変わった。点と点をつなぐことができたし、世界の一地域でまかり通っている不正義を、別の地域での不正義と対応づけて理解することもできた。結果的に、教師として前より格段に成長した。反面、この旅を通して私の怒りは高まり、たびたび襲ってくる憂鬱の度合いが深まりもした。人類の最悪の姿を目の当たりにしたからである。

しかし同時に、どの国でも、どの刑務所でも、人類の最善の姿を垣間見ることができた。現行の刑務所制度がいかに破綻しているかを突きつけられた一方で、それに耐え、それを超越している美しい人々を知った。さらには、その制度を正そうと奮闘し、今後の変化への鍵を握る人たちとも出会った。あれほどの暗澹たる悪が背景にあると、英雄はよりいっそう光り輝く。もっとも、政治哲学者のハンナ・アーレントが著書で「悪の陳腐さ」を語ったのに対し、[15*] 心理学者のフィリップ・ジンバルドーは、英雄的資質も陳腐でありふれたものとして考えるべきだと説いた。つまり、「英雄的資質は、選ばれし少数にのみ与えられた稀有な性質ではなく、人間の本性として誰にも等しく備わっているもの」なのである。[16]

大量投獄も大量不正義も、一見すると乗り越えがたいように思える。そんな巨大な問題に対して、団体に寄付をしたり集会に参加したりする以外に自分に何ができるのかと、私は人から尋ねられることがある。そんなとき、英雄的資質が誰にでもあると知っているからこそ、私はこういう単純な助言をする――意識をもて、と。問題と解決策について学べ。それから、耳を傾けてくれる人なら誰にでもあなたの言葉を伝えよ。友人でもいいし、今乗っているバスの運転手でもいい。たまたま会って街角でおしゃべりをした相手でもいい。その気になりさえすれば、あなたは人の目を開かせることができる。あなたが蒔《ま》く革新の種はどんなに小さくても、いつか人の心のなかで芽を出し、育っていって変化の実をつけるかもしれないのだ。私の友人のアルがそうだったように。こちらにはそうするつもりなどなかったのに、観光の最中かレゲエを聴いているあいだに、いつのまにか私に感化された。確かに、最終的に現実が変わるのは政府が方針を改めるときである。しかし、方針の転換は市民の意識の転換によってもたらされるものだ。私たちの誰もがその大きな使命にひと役買っている。

ノルウェーに滞在した期間はけっして長くなかったが、帰国したとき、私のいないあいだに世界が少しだけよい方向に変わっていたのを知った。まず、ニューヨーク州にある三つの大学が、入学時に前科に関する質問をするのを取りやめることに同意した。アメリカ自由人権協会は史上最高額の助成金を受け取り、それを投獄率の大幅削減に向けたキャンペーンに振り向けると発表した。任期が残り数か月となった司法長官のエリック・ホルダーは、以前にもオバマ大統領が連邦刑務所の薬物犯数千人に恩赦を与える方針だと発表していたが、今回は大量投獄に反対するさらに踏み込んだ発言をし、それに代わる施策をもっと拡充するよう求めた。ビル・クリントン元大統領は司法関係者を集めた会合の場で、「この国で重大犯罪に手を染めているのはごく少数」の犯罪者であるにもかかわらず、「私たちは［小口径の銃しか必要のない］問題にショットガンを向け、ただ誰かれかまわず刑務所に送って、必要以上に長い期間服役させてきた」と認めた。[17] 二〇一四年一一月の「選挙の日」、重罪で有罪となっているアメリカ人約五八五万人が投票できなかったわけだが、まさにその日にカリフォルニア州で「発議第四七号」が可決された。この発議の趣旨は、万引きや麻薬所持といった非暴力的な重罪を「軽罪」へと引き下げ、最大一万人を早期釈放できるようにするというものである。

これからも進展が続くのではないかと、期待を抱かせるには十分だ。近年では右派の政治家も、コストを主な理由に反・刑務所の流れに加わっている。共和党のウィリアム・ベネット、ジェブ・ブッシュ、ニュート・ギングリッチは、保守派有志からなる活動団体「ライト・オン・クライム」のメンバーだ。この団体は刑事司法制度の改革を通して、コスト効率よく再犯率を下げることや、財政規律を実現すること、さらには被害者の権利を高めることなどを目指している。団体設立のきっかけは二〇〇七年に遡る。その年、共和党優位のテキサス州で、二〇一二年までに刑務所内のベッド数を一万七〇〇〇床あまり増やす必要があると予測され、それには二〇億ドルかかることが示された。議員たちはそれを実行する代わりにもっと少ない額を割き、投獄ではなく地域社会に密着した解決策を拡充することに振り向けた。たとえば、保護観察、問題解決裁判所、あるいは科学的根拠《エビデンス》に基づく薬物治療などである。犯罪件数は二五パーセントほど減少し、増床はもはや必要なくなった。

もしかしたら刑務所時代は消滅の瀬戸際にあるのではないか。いずれはさらし台やギロチンと並んで、過去の残虐な刑罰の実験として歴史の一ページを飾るだけになるのではないか。アメリカでは、そんな未来を思い描きはじめてもいいような気さえしてくる。

　とはいえ実際問題としては、こちらを少し変えてあちらを少し直して、といった具合に制度をいじくりまわすだけでは、マーティン・ルーサー・キング・ジュニアの求めた「価値観の真の革命」がもたらされる見込みは薄い。「価値観の真の革命」とは、キングが暗殺のちょうど一年前に、人々を鼓舞するために行なった演説のなかの言葉である。歴史をひもとけば明らかなように、人種差別や階級差別のしみついた社会制度は、姿かたちを変えて執拗に生き残ろうとするものだ。大量投獄によって「重罪人」が新時代の「有色人種」となり、新たな人種隔離《ジム・クロウ》が産声を上げたのと同じである。本当は道徳に関わる問題であるにもかかわらず、それを経済の議論にすり替えていいはずがない。正しいことを行なうにしても動機が間違っていれば、より正義にかなう永続的な変化にはつながらないのだ。

　最終的な理想の未来図は、アメリカを超えたもっと大きなものになる。この国では自らの悪魔を滅ぼす動きが始まろうとしているにせよ、すでに私たちは一個の化け物をつくり出してしまった。その化け物が伸ばす何本もの触手は、世界中の地域社会に食い込んでいる。そして、入り込んだ先々でその土地の言葉を話しながら、奇怪な制度として存在している。私たちは欠陥のあるシステムを世界に送り出したのだ。刑務所の歴史を振り返ると、まるで躁と鬱という両極のあいだを揺れ動いてきたかのようである。前進し、後退し、また前進する。私の仕事についてもそれは当てはまる。秋に大学生活を始める者もいれば、今にも再逮捕されようとしている者もいる。前に進み、うしろへ下がる。

肝心なのは歩みを止めないこと。正義に関わる仕事というのは、つまるところ大いなる重複なのだ。同じことを休みなく繰り返すしかない。さらなる労力を、さらなる運動を、さらなる苦闘を、さらなる勝利と敗北を。その仕事には強力な原動力があり、私は毎日それを救命胴衣のように肌身離さず身につける。おかげで沈むことなく、使命感と意義を胸にみなぎらせて前を向くことができる。その原動力とは、希望だ。

謝辞

世界一美しい言葉は何かといえば、これしかない――「ありがとう」

この言葉をほうぼうに配れるのはじつに嬉しいことである。

まずは、本書に関しても、「刑務所から大学へのパイプライン」プログラムに関しても、あらゆる段階でサポートしてくれたジョン・ジェイ・カレッジ・オブ・クリミナル・ジャスティスにその言葉を。ジョン・ジェイ・カレッジの研究助成局と英語学部は、旅と研究のための大切な助成金を支給してくれた。それがなければ、この本を書くことはできなかっただろう。英語学部の素晴らしき学科長であるアリソン・ピーズとヴァレリー・アレンにも感謝する。学長のジェレミー・トラヴィスと、学務担当副学長のジェーン・バウアーズからのこれまでの支援と励ましは、途方もなく大きくありがたいものである。

「刑務所から大学へのパイプライン」を所管するジョン・ジェイ・カレッジの囚人リエントリー研究所と、同僚にして共同研究者と呼べることが嬉しくてならないきら星のごとき研究者たちにも、同じ言葉を贈る――ビアンカ・ヴァン・ヘイドーン、アン・ジェイコブズ、デオニーズ・ジョンソン＝コロン、クリスタリン・カラバロ、マヤ・オルセン。また、オーティスヴィル矯正施設の所長キャスリーン・ガービング、所長代理のアリーシャ・スミス＝ロバーツ、そして職員たちにも謝意を表したい。「刑務所から大学へのパイプライン」が実現しているのは彼らのおかげである。

世界を変えようと奮闘している世界中の刑務所問題活動家たちにも、ありがとうを届けたい——ドゥクズムレミ・アルバート（サントス）、エリック・マホロ、ブレント・ベル、ジョセマラ・ロドリゲス・ダ・シルヴァ、アンドレ・ケーディ、ナパポーン・ハバノン博士、ジョナサン・クレイトン牧師、イヴォンヌ・ロイド、カルラ・グロッタ、ブライアン・スティールズ、ニルス・クリスティ、ラッセ・アンドレセン、トム・エーベルハルト。私は光栄にも彼らとともに仕事をする機会に恵まれ、その活動から日々刺激を受けている。また、同じ言葉を、アメリカ国内における才気あふれる私の同志たちへ——カーク・ジェームズ、マーロン・ピーターソン、ジェフ・オーブリー、アリ・ナイト、デビー・ムカマル、カーリル・カンバーバッチ、グレン・マーティン、ヴィヴィアン・ニクソン、ソフィア・イライジャ、トッド・クリア。

私が九か国で出会った、鉄格子の向こうにいる人たちすべてにも感謝を伝えたい。みな、自分の人生の物語と、文章と、その精神を寛大にも分け与え、私が彼らから学ぶことを（その逆ではなく）許してくれた。

各国で親切にも私を迎え入れ、私の刑務所訪問を助けてくれた組織にも感謝の言葉を——ネバー・アゲイン・ルワンダ、ホープ・プリズン・ミニストリーズ、アフリカ刑務所プロジェクト、カムランジャイ・プロジェクト、タイ法務省法務局、ブラジルの「読書を通じた更生」プログラムおよび国家刑務所管理局、カーティン大学、イエローリボン・プロジェクト、シンガポール刑務局、シンガポール社会復帰事業公社（SCORE）、ノルウェー矯正局。また、この方面に関してきわめて重要な手ほどきをしてくれたゲイリー・ヒルにもお礼をいいたい。

　優秀な編集者にして人間としての圧倒的な力強さを備え、本書の構想を聞いた瞬間から支持してくれたジュディス・ガーウィッチ、また、このプロジェクトの重要性と、それを完遂する力が私にあることを信じ抜いた、疲れを知らぬ我がエージェントのサラ・レヴィット、そして、その鋭い目と忍耐強い手で、本書を当初より格段に優れたものに仕上げた担当編集者のアンジャリ・シンに、それぞれ謝意を表したい。

　私の魂のきょうだいであるマリク・ヨバとベス・スキップは、その愛で日々私を支え、身体ではなしえない深いところで私とつながっている。また、つねに強烈な刺激を与えてくれる素晴らしきリンダ・オブストは、私の師であるとともに、心の母であり姉でもある。三人にありがとうを贈る。

　そして、実質的には私の家族である愛しき友人たちにも、同じ言葉を届けたい。彼らはあるときは兄弟姉妹であり、あるときは一緒にぶらぶら歩き、あるときは私の考えに知的な助言を与え、いつでも喜んでその肩や耳を貸してくれる――リン・ジョゼフ、ペニー・ヴラゴポーロス、カーク・ジェームズ、ジェフリー・O・G・オグバー、ジーニル・ボンテール、ジャッキー・シモンズ、デビー・ソヌ、モニカ・レヴィ、ヘレン・ソラ、ヴィトリア・セッタ、トリッシュ・パーキンズ、トミー・スミス、サンジェイ・ラマナンド、リチャード・ペレス、オスカー・ミシュラン、オルネラ・シュナイダー、アーニャ・アヨン＝チー、ナターシャ・アリ、リサマリー・スチュアート、カリビ・フバラ、ジョアン・ケール、アンディ・カスリルズ、ジェシー・ベン＝アミ、ショーン・フィールド、ジャマ・アダムズ、ハンク・ウィリス・トマス、アンドレ・オノレ、アナンド・ヴァイジャ、オードリー・ムーア、ドナ・オーガスティン、カーリーン・サミュエルズ、ダニエル・クレイマー、エドリック・ブラウン、ナサニエル・クイン、ヤディ・ペレス＝ヘーゼル、クリントン・ヘーゼル、ジョナサン・グレイ、ペリー・ザルツハウアー、ルイジ・モクサム。また、初期の草稿を読んで絶えず励ましてくれたキース・シャーマンにもお礼をいいたい。

　ドライシンガー家の実の姉妹——タム、ナオミ、リヴ、サー——と、一番大事な疑問詞である「なぜ？」を問うことをけっしてやめない人間に育ててくれた両親にも、感謝している。

　最後に、私の魂と精神と知性を養ってくれるカリブ海の島々——とりわけジャマイカ島とトリニダード島——に感謝の言葉を捧げたい。おかげで私はそうあるべきように、心を大きく開いたままでいられる。

訳者あとがき

著者のバズ・ドライシンガーは、刑事司法教育で有名なジョン・ジェイ・カレッジ・オブ・クリミナル・ジャスティス（ニューヨーク市立大学［CUNY］傘下）の女性教授である。所属は英語学部であり、司法自体が専門ではない。だが、とある縁で囚人に講演を行なったのを機に、「刑務所から大学へのパイプライン」というプログラムを二〇一一年に立ち上げる。これは、刑務所内で大学レベルの教育を提供し、修了者をCUNYに受け入れようというものだ。著者は刑務所で教えるうち、刑務所のあり方、司法のあるべき姿を大きな視点から問い直したいという思いに駆られる。そして、たったひとりで世界九か国の刑務所をめぐる旅に出る。本書はこの旅の模様を綴ったドキュメンタリーだ。

その背景には、アメリカの刑務所制度の現状に対する疑問がある。囚人数の多さ、黒人の投獄率の高さ、量刑の重さ、刑期の長さ、再犯率の高さ。施設が「刑務所」から「矯正施設」と公式な呼称を変えたにもかかわらず、矯正や更生を促すためのプログラムが少ない現実。疑問はもっと根本的なところにも及ぶ。そもそも、犯罪に対して刑務所という方法で対処するのは正しいことなのか。刑務所を中心に据えた司法制度は本当に正義なのか（英語では「司法」も「正義」もともに「justice」である）。専門家ではないからこそ抱けた問いかもしれない。

現状の司法制度は「大掛かりな復讐」の様相を呈していると著者はいう。「私たちの恨みが何百万個もの牢獄に姿を変え、投獄の文化として結実している」のだ、と。刑罰による「抑止効果」についても否定する。「……研究からは、刑務所がもつ抑止効果など幻想にすぎないことが浮き彫りにされている。……犯罪行為がなされようとしているまさにそのときに、刑務所が存在するという現実が犯罪者の思考回路をよぎることなどまずないのだ」。さらには書籍を引用してこうも指摘する。「被害者に与えた損害を償えと犯罪者に求めるのならいい。しかし、本人とは直接関係のない未来の損害を防ぐために、犯罪者を傷つけるのは間違っている」

では正義は、司法は、どうあるべきなのか。刑務所はどんな場所でなければならないのか。その答えへの手掛かりを求めて、著者は九か国を訪ねる。そこに待ち受けているものは、著者の、そして読者の想像を超えた世界だ。刑務所にはその国なりの悲惨な状況や問題があり、一方で様々な取り組みが進められている。著者はルワンダで集団虐殺《ジェノサイド》の被害者と一緒に刑務所を訪問し、南アフリカでは、許しと償いに主眼を置く修復的司法のワークショップに参加する。ウガンダで受刑者に文章創作講座を教え、ジャマイカで刑務所内の音楽プログラムを視察し、タイで女性受刑者向けのセラピーに携わる。ブラジルで超重警備《スーパーマックス》刑務所における独房監禁の恐怖に触れ、オーストラリアで民間刑務所の先進的な取り組みを知り、シンガポールで釈放前後の社会復帰支援事業について学ぶ。最後のノルウェーでは、刑務所の概念を覆す開放的な施設を目の当たりにする。少なくとも私には、知らなかったことばかりだった。

しかも特筆すべきは、この本が事実と考察を並べただけの無味乾燥なノンフィクションではないという点だ。本書には生身の人間の物語とドラマが詰まっている。著者はありきたりな文章を書かない（なんとも訳者泣かせだ）。あえて行間を埋めずに、独特の感性に彩られた表現や比喩を用いながら、囚人とその周辺の人たちを胸に迫る筆致で描き出す。さながら小説を読んでいるかのような、あるいは映画の中に迷い込んだかのような描写の合間に、直球の問いかけや知的な思索が交錯する。ときおり著者自身の過去への追想がちりばめられ、ニューヨーカーらしい皮肉なユーモアも顔を覗かせる。一種の旅行記のような趣も漂う（ただし、刑務所を通して見るそれぞれの国は私たちの知っているものとはずいぶん様子を異にしている）。こうしたすべてが渾然一体となり、ひとつの読み物としても稀有な魅力を放っているのだ。

そんな本書を生むきっかけとなった「刑務所から大学へのパイプライン」について、ここで少し補足したい。開始当初は本書にもあるようにニューヨーク州オーティスヴィル刑務所の受刑者のみを対象にしていたが、その後プログラムは拡大し、現在ではニューヨーク州にある五つの刑務所から受講者を募るまでになっている。受講資格は、刑期が残り五年を切った男性受刑者で、なおかつ高校を卒業していること（もしくは同等の能力を認定する資格を有していること）。受講希望者は、ＣＵＮＹの入試問題と同じリーディングとライティングのテストを受け、エッセイを提出し、面接試験に臨む。合格したら各刑務所からオーティスヴィルに移送され、プログラムに参加する。

プログラムが始まると、受講者は週一回のペースでＣＵＮＹの講師から授業を受けるほか、月に一度はジョン・ジェイ・カレッジの学生が刑務所を訪れて学習交流会が開かれる。また、様々なテーマに沿ったワークショップなども実施される。その間、必要な単位を所定の成績で取得すれば、釈放と同時にＣＵＮＹに籍が確保されるという仕組みだ。

現在、著者はこのプログラムの学術面での責任者からは外れているそうだ。その代わり、本書が二〇一六年にアメリカで刊行されたのちに、「インカーサレーション・ネーションズ・ネットワーク（Incarceration Nations Network＝ＩＮＮ）」を立ち上げた（「インカーサレーション・ネーションズ」とは本書の原題で、「投獄国家」というような意味）。これは、世界の一〇〇を超えるパートナーと手を携えて、刑務所制度の改革を目指すネットワークだ。著者はＩＮＮを通じて、南アフリカとカリブ海地域に「刑務所から大学へのパイプライン」を導入する計画をすでに始動させている。また、世界の大量投獄の現状を伝えるドキュメンタリー映画シリーズを制作するなど（二〇二一年前半に発表予定）、様々な活動を精力的に行なっている。

そう、「精力的に活動」という表現はまさしくこの著者にふさわしい。今年の四月下旬、ニューヨークでコロナ禍が猛威を振るって外出禁止令が出されていた頃、著者に初めてメールを送ると次のような言葉が返ってきた。「やるべきことが世界中に山ほどある。前にも増して」。著者はこれからも進み続けるだろう。本書の終わり近くで、印象に残る文章があった。「『愛』が行動の言葉であるように、『正義』は動詞である。正義はひとつの旅だ。けっして止まらず、けっして満足せず、けっして安逸をむさぼらない」

そして本書に関しては、「読書」もまた行動の言葉であることを著者は期待している。日本では厳罰化への流れが進んでいるようだ。ニュースサイトのコメント欄を読めば、実際の被害者ではない大勢の人が、犯人を憎み、その厳罰を願って、呪詛にも似た言葉を吐き連ねている。まるで、司法がまさしく復讐の場であるかのように。だが、それでいいのか。それ以外に本当に道はないのか。本書はそうした根本的な問いをあらためて考えるきっかけになるに違いない。考えるだけでなく一歩を踏み出し、色々な統計や取り組みを調べて日本の現状を探ってみるのもいい。著者が最終章で記しているように、本書はきっと読者の心に小さな種を蒔いたはずだ。

　最後に、度重なる質問にもつねに温かく迅速な返信をくれた著者のバズ、翻訳の一部をお手伝いいただいた工藤奈月さんと山田由香里さん、そして素晴らしい一冊と出会わせてくださった紀伊國屋書店出版部の大井由紀子さんに、心からの感謝を贈る。

二〇二〇年一一月

梶山あゆみ

2 Alexander, Michelle. *The New Jim Crow.* ☛

3 *Straits Times*, October 8, 2011.

4 Lee Kuan Yew. *From Third World to First* [『リー・クアンユー回顧録』]. ☛

5 [『リー・クアンユー回顧録』] ☛

6 Tony Orlando and Dawn. “Tie a Yellow Ribbon Round the Ole Oak Tree.”

7 Prisoner Reentry Institute. “Three-Quarter Houses.” ☛

8 Stillman, Sarah. “Get Out of Jail, Inc.” *New Yorker.* ☛

・第8章　正義？――ノルウェー

1 Christie, Nils. *Limits to Pain* [『刑罰の限界』]. ☛

2 Mathiesen, Thomas. *The Politics of Abolition.* ☛

3 King, Martin Luther, Jr. April 4, 1967.

4 *The Norden*, 2014.

5 Robbins, Tony. *Unleash the Power Within: Personal Coaching to Transform Your Life!* (CD).

6 Minnesota Department of Corrections. “The Effects of Prison Visitation on Offender Recidivism.” ☛

7 Sandemose, Aksel. *En Flyktning Krysser Sitt Spor.*

8 Johnsen, Berit. *Sport, Masculinities and Power Relations in Prison.*

9 Davis, Angela Y. *Abolition Democracy.* ☛

10 Christie, Nils. *A Suitable Amount of Crime* [『人が人を裁くとき』]. ☛

11 Travis, Jeremy, et al., eds. *The Growth of Incarceration in the United States.* ☛

12 [ソルジェニーツィン『収容所群島』全6巻、木村浩訳、新潮社]

13 Davis, Angela Y. *Abolition Democracy.* ☛

14 Frankl, Victor E., et al. *Man's Search for Meaning* [『夜と霧』]. ☛

15 [アーレント『エルサレムのアイヒマン――悪の陳腐さについての報告 新版』大久保和郎訳、みすず書房]

16 Zimbardo, Philip. *The Lucifer Effect: Understanding How Good People Turn Evil.*

17 Clinton, Bill. October 8, 2014.

＊ ☛印のあるもののより詳細な書誌情報は「参考文献」を参照のこと

・第4章　女性と演劇――タイ

1 King, Martin Luther, Jr. *Letter from Birmingham Jail.*

2 Humphreys, Christmas. *Buddhism*.

3 ［イプセン『ペール・ギュント』毛利三彌訳、論創社ほか］

・第5章　独房監禁と超重警備刑務所――ブラジル

1 Tocqueville, Alexis de, et al. *Du système pénitentaire aux États-Unis et de son application en France*.

2 ［ディケンズ『アメリカ紀行』］

3 ［ドストエフスキー『罪と罰』上下巻、工藤精一郎訳、新潮文庫ほか］

4 ［スパークス『きみを想う夜空に』雨沢泰訳、エクスナレッジ］

5 Kiernan, Paul. "U.N. Human-Rights Body Expresses Concern over Brazil's Prisons." *Latin America Wall Street Journal.* ☛

6 ［トルストイ『アンナ・カレーニナ』全4巻、望月哲男訳、光文社古典新訳文庫ほか］

7 Gawande, Atul. "Hellhole." *New Yorker.* ☛

8 *New York Times*, January 13, 1995.

9 Briggs, Chad. "Effect of Supermaximum Security Prisons on Aggregate Levels of Institutional Violence." *Criminology.* ☛

10 Skarbek, David. *The Social Order of the Underworld.* ☛

11 *Atlantic*, October 2014.

12 ［ドストエフスキー『死の家の記録』］

・第6章　民間刑務所――オーストラリア

1 Bernstein, Nina. "Companies Use Immigration Crackdown to Turn a Profit." *New York Times*. ☛

2 ［『アメリカの奴隷制を生きる――フレデリック・ダグラス自伝』］

3 ［『完訳 マルコム X 自伝』上下巻、濱本武雄訳、中公文庫］

4 ［アディーチェ「セル・ワン」『明日は遠すぎて』くぼたのぞみ訳、河出書房新社］

5 ［『孫子』金谷治訳注、岩波文庫ほか］

6 *New Yorker*, August 4, 2014.

・第7章　社会復帰支援――シンガポール

1 ［ドストエフスキー『死の家の記録』］

2 Desperation Band. “I Am Free.”
3 Challeen, Denis. *Making It Right: A Common Sense Approach to Criminal Justice*.
4 Loury, Glenn. “A Nation of Jailers.” *CATO Unbound: A Journal of Debate*. ☛
5 ［モア『ユートピア』平井正穂訳、岩波文庫ほか］
6 *Cape Times*, November 22, 2012.
7 Drabinski, John E. “Race, Apology, and Ani DiFranco” (blog). ☛
8 Arendt, Hannah. *The Human Condition*［『人間の条件』］. ☛
9 Wilson, Kevin M., et al. “The Paradoxical Consequences of Revenge.” *Journal of Personality and Social Psychology*. ☛
10 Kelln, Brad R. C., et al. “An Equity Theory Analysis of the Impact of Forgiveness and Retribution on Transgressor Compliance.” *Sage Journal of Personality and Social Psychology*. ☛
11 Griswold, Charles. *Forgiveness*. ☛
12 Toews, Barb, and Howard Zehr. “Ways of Knowing for a Restorative Worldview.” Edited by Elmar G. M. Weitekamp and Hans-Jürgen Kerner. *Restorative Justice in Context: International Practice and Directions*.

・第３章　鉄格子の中の芸術——ウガンダ、ジャマイカ

1 ［ミラー『るつぼ』倉橋健訳、ハヤカワ演劇文庫ほか］
2 ［『アメリカの奴隷制を生きる——フレデリック・ダグラス自伝』樋口映美監修、専修大学文学部歴史学科南北アメリカ史研究会訳、彩流社ほか］
3 ［『自由への長い道——ネルソン・マンデラ自伝』］
4 ［ディケンズ『大いなる遺産』上下巻、石塚裕子訳、岩波文庫ほか］
5 Angelou, Maya. “Caged Bird.”
6 Angelou, Maya. “Phenomenal Woman.”
7 ［『ブラッドベリがやってくる——小説の愉快』小川高義訳、晶文社］
8 Kidd, David C., et al. “Reading Literary Fiction Improves Theory of Mind.” *Science*. ☛
9 Freire, Paulo. *Pedagogy of the Oppressed*［『被抑圧者の教育学』］. ☛
10 Jamaica Constabulary Force. “Jamaica Constabulary Force.” ☛
11 *Songs of Redemption*, 2013. ☛
12 ［バーン『ザ・シークレット』山川紘矢ほか訳、角川書店］
13 Bob Marley and The Wailers. “So Much Trouble In The World.”
14 Silber, Laya. “Bars Behind Bars.” *Journal of Education Research*. ☛

出典

・はじめに

1 ［ドストエフスキー『死の家の記録』望月哲男訳、光文社古典新訳文庫ほか］
2 ［シェイクスピア『ハムレット』野島秀勝訳、岩波文庫ほか］
3 Angelou, Maya. “Still I Rise.”
4 Dreisinger, Baz. *Near Black: White-to-Black Passing in American Culture.*
5 *Black and Blue: Legends of the Hip-Hop Cop*, 2006. *Rhyme & Punishment*, 2011.
6 *New York Times*, April 20, 2015.
7 ［ホーソーン『緋文字』小川高義訳、光文社古典新訳文庫ほか］
8 Fielding, Henry. *Proposals for Making an Effectual Provision for the Poor.*
9 ［フーコー『監獄の誕生——監視と処罰』田村俶訳、新潮社］
10 ［ディケンズ『アメリカ紀行』上下巻、伊藤弘之ほか訳、岩波文庫］
11 National Public Radio, September 23, 2014.
12 Clear, Todd R. *Imprisoning Communities.* ☛
13 ［『自由への長い道——ネルソン・マンデラ自伝』上下巻、東江一紀訳、日本放送出版協会］

・第１章　復讐と和解——ルワンダ

1 ［シェイクスピア『ロミオとジュリエット』中野好夫訳、新潮文庫ほか］
2 Whitworth, Wendy A. *We Survived.* ☛
3 *Beyond Conviction*, 2006. ☛
4 Bob Marley and The Wailers. “Who The Cap Fit.”
5 Golash, Deirdre. *The Case Against Punishment.* ☛
6 Boonin, David. *The Problem of Punishment.* ☛
7 Seneca. *Moral and Political Essays.* ☛
8 Gilligan, James. *Violence.* ☛
9 Tocqueville, Alexis de, and Gustave de Beaumont. *Du système pénitentaire aux États-Unis et de son application en France.*
10 ［レヴィナス『困難な自由』合田正人監修、三浦直希訳、法政大学出版局］
11 Tutu, Desmond. *No Future Without Forgiveness.* ☛

・第２章　謝罪——南アフリカ

1 ［『聖書　新共同訳』日本聖書協会］

Frankl, Viktor E., Ilse Lasch, and Harold S. Kushner. *Man's Search for Meaning*. Translated by Ilse Lasch. New York: Beacon, 2006 [『夜と霧 新版』池田香代子訳、みすず書房ほか].

James, Erwin. "The Norwegian Prison Where Inmates are Treated Like People." *Guardian*, February 25, 2013.

Larson, Doran. "Why Scandinavian Prisons Are Superior." *Atlantic*, September 2013.

Lewis, Jim. "Behind Bars…Sort Of." *New York Times*, June 6, 2009.

Mathiesen, Thomas. *The Politics of Abolition*. New York: Routledge, 2015.

Minnesota Department of Corrections. "The Effects of Prison Visitation on Offender Recidivism." St. Paul: Minnesota Department of Corrections, 2011.

New York Times. "Shrinking the Prison Population." Editorial. May 10, 2009.

Parens, Erik. "The Benefits of Binocularity." *New York Times*, September 28, 2014.

Pratt, John, and Anna Eriksson. "Contrasts in Punishment: An Explanation of Anglophone Excess and Nordic Exceptionalism." New York: Routledge, 2013.

——. "Scandinavian Exceptionalism in an Era of Penal Excess." *British Journal of Criminology* 48, no. 3 (2008): 119–137.

Schenwar, Maya. Locked Down, *Locked Out: Why Prison Doesn't Work and How We Can Do Better*. Oakland, CA: Berrett-Koehler, 2014.

Stevenson, Bryan. *Just Mercy: A Story of Justice and Redemption*. New York: Random House, 2014 [『黒い司法——黒人死刑大国アメリカの冤罪と闘う』宮崎真紀訳、亜紀書房].

Subramanian, Ram, and Ruth Delaney. *Playbook for Change? States Reconsider Mandatory Sentences*. New York: Vera Institute of Justice, 2014.

Subramanian, Ram, and Alison James. *Sentencing and Prison Practices in Germany and the Netherlands: Implications for the United States*. New York: Vera Institute of Justice, 2013.

Ward, Katie, et al. "Incarceration within American and Nordic Prisons: Comparison of National and International Policies." *International Journal of Research and Practice on Student Engagement*, 2013, 10–50.

Seiter, Richard P., and Karen R. Kadela. "Prisoner Reentry: What Works, What Does Not, and What Is Promising." *Crime and Delinquency* 49, no. 3 (2003): 360–388.

Singapore. "Ministry of Law: Singapore." 2015. Accessed April 1, 2015. mlaw.gov.sg/content/minlaw/en.html

Stillman, Sarah. "Get Out of Jail, Inc." *New Yorker*, June 23, 2014.

Travis, Jeremy. *But They All Come Back: Facing the Challenges of Reentry*. Washington, DC: Urban Institute Press, 2005.

Travis, Jeremy, and Christy Visher, eds. *Prisoner Reentry and Crime in America*. New York: Cambridge University Press, 2005.

Travis, Jeremy, Bruce Western, and Steve Redburn, eds. *The Growth of Incarceration in the United States: Exploring Causes and Consequences*. Washington, DC: National Academies Press, 2014.

Visser, Jaco, Timothy Williams, and Tanzina Vega. "A Plan to Cut Costs and Crime: End Hurdle to Job After Prison." *New York Times*, October 23, 2014.

Walsh, Meghan. "How not to Relapse." *OZY*, February 1, 2015. Accessed February 11, 2015. ozy.com/acumen/how-not-to-relapse/38931

Winerman, Lea. "Breaking Free from Addiction." *Monitor on Psychology* 44, no. 6 (2013): 30.

・第8章　正義？——ノルウェー

Adams, William L. "Norway Builds the World's Most Humane Prison." *Time*, May 10, 2010.

Christie, Nils. *Limits to Pain: The Role of Punishment in the Penal Policy*. Eugene, OR: Wipf and Stock, 2007［『刑罰の限界』立山龍彦訳、新有堂］.

——. *A Suitable Amount of Crime*. New York: Routledge, 2004［『人が人を裁くとき——裁判員のための修復的司法入門』平松毅・寺澤比奈子訳、有信堂高文社］.

Davis, Angela Y. *Abolition Democracy: Beyond Empire, Prisons, and Torture*. New York: Seven Stories Press, 2011.

Erlanger, Steven. "Amid Debate on Migrants, Norway Party Comes to Fore." *New York Times*, January 23, 2014.

Fisher, Max. "A Different Justice: Why Anders Breivik Only Got 21 Years for Killing 77 People." *Atlantic*, August 2012. Accessed January 15, 2015. theatlantic.com/international/archive/2012/08/a-different-justice-why-anders-breivik-only-got-21-years-for-killing-77-people/261532/

Sentencing Project, August 2013. Accessed March 3, 2014. sentencingproject.org/doc/publications/inc_International%20Growth%20Trends%20in%20Prison%20Privatization.pdf

New South Wales Law Reform Commission. "Sentencing: Patterns and Statistics." In *Companion Report*. Sydney: New South Wales Law Reform Commission, 2013.

Schiraldi, Vincent. "Juvenile Crime is Decreasing: It's Media Coverage That's Soaring." *Los Angeles Times*, November 22, 1999.

Simon, Jonathan. *Governing through Crime: How the War on Crime Transformed American Democracy and Created a Culture of Fear*. Oxford: Oxford University Press, 2009.

Takei, Carl. "Prisons are Adopting the Walmart Business Model." *Huffington Post*, September 29, 2014.

・第 7 章　社会復帰支援――シンガポール

Gonnerman, Jennifer. *Life on the Outside: The Prison Odyssey of Elaine Bartlett*. New York: Macmillan, 2005.

Lee Kuan Yew. *From Third World to First: The Singapore Story: 1965–2000*. New York: HarperCollins, 2000 [『リー・クアンユー回顧録――ザ・シンガポール・ストーリー』上下巻、小牧利寿訳、日本経済新聞社].

National Institute for Crime Prevention and the Reintegration of Offenders (NICRO) web site. Accessed March 28, 2014. nicro.org.za

Pager, Devah, Bruce Western, and Bart Bonikowski. "Discrimination in a Low-Wage Labor Market: A Field Experiment." *Journal of American Sociological Review* 74 (2009): 777–799.

Petersilia, Joan. "Prisoner Reentry: Public Safety and Reintegration Challenges." *Prisoner Journal* 81, no. 3 (2001): 479–529.

――. *When Prisoners Come Home: Parole and Prisoner Reentry*. New York: Oxford University Press, 2003.

Pieris, Anoma. *Hidden Hands and Divided Landscapes: A Penal History of Singapore's Plural Society*. Honolulu: University of Hawaii Press, 2009.

Prisoner Reentry Institute. "Three-Quarter Houses: The View from the Inside." New York: John Jay College, 2013.

Schmitt, John, and Kris Warner. *Ex-Offenders and the Labor Market*. Washington, DC: Center for Economic and Policy Research, November 2010.

Ross, Jeffrey Ian. *The Globalization of Supermax Prisons*. New Brunswick, NJ: Rutgers University Press, 2013.

Salvatore, Ricardo D., and Carlos Aguirre. *The Birth of the Penitentiary in Latin America*. Austin: University of Texas Press, 1996.

Salvatore, Ricardo D., Carlos Aguirre, and Gilbert M. Joseph, eds. *Crime and Punishment in Latin America: Law and Society Since Late Colonial Times*. Durham, NC: Duke University Press, 2001.

Skarbek, David. *The Social Order of the Underworld: How Prison Gangs Govern the American Penal System*. New York: Oxford University Press, 2014.

Wacquant, Loïc. *Punishing the Poor: The Neoliberal Government of Social Insecurity*. Durham, NC: Duke University Press, 2009.

——. "Toward a Dictatorship over the Poor? Notes on the Penalization of Poverty in Brazil." *Journal of Punishment and Society* 5, no. 2(2003): 197–205.

Waxler, Robert P., and Jean R. Trounstine, eds. *Finding a Voice: The Practice of Changing Lives through Literature*. Notre Dame, IN: University of Notre Dame Press, 1999.

・第6章　民間刑務所——オーストラリア

American Civil Liberties Union. "Private Prisons." Accessed June 1, 2015. aclu.org/issues/mass-incarceration/privatization-criminal-justice/private-prisons

Bernstein, Nina. "Companies Use Immigration Crackdown to Turn a Profit." *New York Times*, September 28, 2011.

Bogle, Michael. *Convicts: Transportation and Australia*. Historic Houses Trust of New South Wales, 2009.

Bureau of Justice Assistance, U.S. Department of Justice. "Justice Reinvestment Initiative." January 2015. Accessed March 2015. bja.gov/programs/justicereinvestment/index.html

Cantu, Aaron. "4 Disturbing Reasons Private Prisons are so Powerful." *Salon*, May 3, 2014. salon.com/2014/05/03/4_disturbing_reasons_private_prisons_are_so_powerful_partner/

Goulding, Dot, Guy Hall, and Brian Steels. "Restorative Prisons: Towards Radical Prison Reform." *Current Issues of Criminal Justice* 20, no. 2 (2008): 231–242.

Kirkham, Chris. "How Corporations are Cashing in on the Worldwide Immigration Crackdown." *Huffington Post*, May 3, 2014.

Mason, Cody. "International Growth Trends in Prison Privatization." *The* penalreform.org/wp-content/uploads/2013/07/PRI-Short-Guide-Bangkok-Rules-2013-Web-Final.pdf

Women's Prison Association. April 10, 2015. Accessed April 10, 2015. wpaonline.org

・第5章　独房監禁と超重警備刑務所──ブラジル

American Civil Liberties Union. "Alone and Afraid: Children Held in Solitary Confinement and Isolation in Juvenile Detention and Correctional Facilities." New York: American Civil Liberties Union, 2014. aclu.org/files/assets/Alone%20and%20Afraid%20COMPLETE%20FINAL.pdf

Bazelon, Emily. "The Shame of Solitary Confinement." *New York Times Magazine*, February 19, 2015.

Binelli, Mark. "Inside America's Toughest Federal Prison." *New York Times Magazine*, March 29, 2015.

Briggs, Chad. "Effect of Supermaximum Security Prisons on Aggregate Levels of Institutional Violence." *Criminology* 41, no. 4 (2003): 1341–1376.

Brown, Ian, and Frank Dikotter. *Cultures of Confinement: A History of the Prison in Africa, Asia, and Latin America*. Ithaca, NY: Cornell University Press, 2007.

Davidai, Shai, and Thomas Gilovich. "Building a More Mobile America: One Income Quintile at a Time." *Perspectives on Psychological Science* 10, no. 1 (2015): 60–71.

Dwyer, Jim. "Mentally Ill, and Jailed in Isolation at Riker's Island." *New York Times*, November 19, 2013.

Economist / The Americas. "Race in Brazil: Affirming a Divide." January 28, 2012.

Gawande, Atul. "Hellhole." *New Yorker*, March 30, 2009.

Guenther, Lisa. *Solitary Confinement: Social Death and its Afterlives*. Minneapolis: University of Minnesota Press, 2013.

Kiernan, Paul. "U.N. Human-Rights Body Expresses Concern over Brazil's Prisons." *Latin America Wall Street Journal*, January 8, 2014.

Kluger, Jeffrey. "Are Prisons Driving Prisoners Mad?" *Time*, January 26, 2014.

Kraus, Michael W., and Jacinth J. X. Tan. "Americans Overestimate Social Class Mobility." *Journal of Experimental Social Psychology* 58 (2015): 101–111.

Murray, Joseph, et al. "Crime and Violencc in Brazil: Systematic Review of Time Trends, Prevalence Rates and Risk Factors." *Aggression and Violent Behavior* 18, no. 5 (2013): 471–483.

Songs of Redemption. Film produced by Fernando Garcia-Guereta, directed by Amanda Sans Miquel Galofré, 2013.

Soundcheck. “Blending Music with Rehabilitation.” February 5, 2010. WNYC. Accessed March 10, 2015. soundcheck.wnyc.org/story/43147-blending-music-with-rehabilitation/Feb52010

・第４章　女性と演劇——タイ

D’Arcy, Anne Jeanne. “Power Points: Battered Women as Authors.” In *Anne D’Arcy: Domestic Violence Research Publications*. Oakland: University of California Press, 2008.

Enos, Sandra. *Mothering from the Inside: Parenting in a Women’s Prison*. Albany, NY: SUNY Press, 2000.

Kalyanasuta, Kanokpun, and Atchara Suriyawong. “Testimonies of Women Convicted of Drug-Related Offenses: The Criminal Justice System and Community-Based Treatment of Offenders in Thailand.” *Resource Material Series* 61 (2002): 265–293.

Kristof, Nicholas. “Serving Life for This?” *New York Times*, November 13, 2013. Accessed January 2014. nytimes.com/2013/11/14/opinion/kristof-serving-life-for-this.html?_r=0

Moller, Lorraine. “Project Slam: Rehabilitation through Theatre at Sing Sing Correctional Facility.” *International Journal of the Arts in Society* 5, no. 5 (2011): 1–60.

Napaporn, Havanon, et al. *Lives of Forgotten People: Narratives of Women in Prison*. Office of the Affairs, under the Royal Initiative of HRH Princess Bajrakitiyabha, 2012.

Osler, Mark. “We Need Al Capone Drug Laws.” *New York Times*, May 4, 2014.

Richie, Beth. *Arrested Justice: Black Women, Violence, and America’s Prison Nation*. New York: NYU Press, 2012.

Sudbury, Julia, ed. *Global Lockdown: Race, Gender, and the Prison-Industrial Complex*. New York: Routledge, 2005.

Talvi, Silja J. A. *Women Behind Bars: The Crisis of Women in the U.S. Prison System*. Emeryville, CA: Seal Press, 2007.

United Nations Economic and Social Council. “United Nations Rules for the Treatment of Women Prisoners and Non-custodial Measures for Women Offenders” (the Bangkok Rules). July 22, 2010. Accessed January 12, 2015.

・第３章　鉄格子の中の芸術――ウガンダ、ジャマイカ

Andrinopoulos, Katherine, et al. "Homophobia, Stigma and HIV in Jamaican Prisons." *Culture, Health, and Sexuality: An International Journal for Research, Intervention and Care* 13, no. 2 (2015): 187–200.

Brown, Ian, and Frank Dikotter. *Cultures of Confinement: A History of the Prison in Africa, Asia, and Latin America*. Ithaca, NY: Cornell University Press, 2007.

Freire, Paulo. *Pedagogy of the Oppressed*. 30th Anniversary Edition. New York: Bloomsbury, 2014 [『被抑圧者の教育学』三砂ちづる訳、亜紀書房ほか].

Halperin, Ronnie, Suzanne Kessler, and Dana Braunschweiger. "Rehabilitation through the Arts: Impact on Participants' Engagement in Educational Programs." *Journal of Correctional Education* 63, no. 1 (2012): 6–23.

Jamaica Constabulary Force. "Jamaica Constabulary Force." March 2012. jcf.gov.jm

Jarjoura, Roger G., and Susan T. Krumholz. "Combining Bibliotherapy and Positive Role Modeling as Alternative to Incarceration." *Journal of Offender Rehabilitation* 28, nos. 1–2 (1998): 127–139.

Kidd, David C., and Emanuele Castano. "Reading Literary Fiction Improves Theory of Mind." *Science*, n.s., 342.6156 (2013): 377–380.

Matshili, Edna. "Jailhouses: Life in Ugandan Prisons." *Consultancy Africa Intelligence*. September 2, 2011. Accessed March 5, 2015. http://consultancyafrica.com/index.php?option=com_content&view=article&id=842:jailhouses-life-in-ugandan-prisons&catid=91:rights-in-focus&Itemid=296

Mendonca, Maria. "Prisons, Music, and Rehabilitation Revolution: The Case of Good Vibrations." *Journal of Applied Arts & Health* 1, no. 3(2010): 295–307.

Prison Arts Coalition. *Prison for Arts Coalition Music*. 2008. Accessed April 5, 2015. theprisonartscoalition.com

Salzman, Mark. *True Notebooks: A Writer's Year at Juvenile Hall*. New York: Vintage Books, 2007.

Sarkin, Jeremy, ed. *Human Rights in African Prisons*. Vol. 10. New York: HSRC Press, 2008.

Schonteich, Martin. "Hidden Cruelties: Prison Conditions in Sub-Saharan Africa." *World Politics Review*, 2015. Accessed April 30, 2015. worldpoliticsreview.com/articles/15366/hidden-cruelties-prison-conditions-in-sub-saharan-africa

Silber, Laya. "Bars Behind Bars: The Impact of a Woman's Choir on Social Harmony." *Journal of Education Research* 7, no. 2 (2005): 251–271.

Schwartz, Sunny, and David Boodell. *Dreams from the Monster Factory: A Tale of Prison, Redemption, and One Woman's Fight to Restore Justice to All*. New York: Scribner, 2009.

South Africa. "Restorative Justice." 2014. Accessed January 10, 2015. RestorativeJustice.org

Steinberg, Jonny. *The Number: One Man's Search for Identity in the Cape Underworld and Prison Gangs*. Cape Town: Jonathan Ball, 2004.

Turney, Kristin. *Stress Proliferation across Generations? Examining the Relationship between Parental Incarceration and Childhood Health*. Irvine: University of California Press, 2015.

Twersky, Isadore, ed. *A Maimonides Reader*. Library of Jewish Studies. Springfield, MA: Behrman House, 1972.

Walton, Elaine. "Therapeutic Forgiveness: Developing a Model for Empowering Victims of Sexual Abuse." *Clinical Social Work* 33, no. 2 (2005): 193–207.

Wiesenthal, Simon. *The Sunflower: On the Possibilities and Limits of Forgiveness*. New York: Knopf, 2008 [『ひまわり――ユダヤ人にホロコーストが赦せるか』松宮克昌訳、原書房].

Wilson, Kevin M., Timothy D. Wilson, and Daniel T. Gilbert. "The Paradoxical Consequences of Revenge." *Journal of Personality and Social Psychology* 95, no. 6 (2008): 1316–1324.

Worthington, Everett L., Jr. *The Pyramid Model of Forgiveness: Some Interdisciplinary Speculations about Unforgiveness and the Promotion of Forgiveness*. Philadelphia, PA: Templeton Foundation, 1998.

Worthington, Everett L., Jr., Jack W. Berry, and Les Parrott III. "Unforgiveness, Forgiveness, Religion, and Health." *Research Gate*, 2001: 107–138.

Worthington, Everett L., Jr., et al. "Forgiveness and Justice: A Research Agenda for Social and Personality Psychology." *Journal of Consulting and Clinical Psychology*, 2006: 337–348.

Zehr, Howard. *Changing Lenses: A New Focus for Crime and Justice*. New York: Herald Press, 1990 [『修復的司法とは何か――応報から関係修復へ』西村春夫・細井洋子・高橋則夫監訳、新泉社].

――. *The Little Book of Restorative Justice*. Intercourse, PA: Good Books, 2002 [『責任と癒し――修復的正義の実践ガイド』森田ゆり訳、築地書館].

Press, 1998 [『人間の条件』志水速雄訳、ちくま学芸文庫].

Drabinski, John E. "Race, Apology, and Ani DiFranco" (blog). December 30, 2013. hutchinscenter.fas.harvard.edu/news/hutchins/john-drabinski-race-apology-and-ani-difranco

Enright, Robert D., and Bruce A. Kittle. "The Meeting of Moral Development and Restorative Justice." *Fordham Urban Law Journal* 7, no. 4(1999): 337–348.

Gobodo-Madikizela, Pumla. *A Human Being Died that Night: A South African Woman Confronts the Legacy of Apartheid*. New York: Houghton Mifflin Harcourt, 2004.

Griswold, Charles. *Forgiveness: A Philosophical Exploration*. New York: Cambridge University Press, 2007.

Harvard University Department of Sociology. "Boston Reentry Study." January 27, 2014. Accessed April 2015. asca.net/system/assets/attachments/6214/D%20-%20Boston%20Reentry%20Study%20Summary%20Overview.pdf?1375990136

Kelln, Brad R. C., and John H. Ellard. "An Equity Theory Analysis of the Impact of Forgiveness and Retribution on Transgressor Compliance." *Sage Journal of Personality and Social Psychology* 25 (1999): 864–872.

Lawrence, Ed, and C. R. Snyder. "Forgiving: Coping with Stress: Effective People and Process." *Journal of Family Therapy*, 2001, 50–62.

Loury, Glenn. "A Nation of Jailers." *CATO Unbound: A Journal of Debate*, March 11, 2009. Accessed April 2015. cato-unbound .org/2009/03/11/glenn-loury/nation-jailers

Orcutt, Holly K., Scott M. Pickett, and E. Brooke Pope. "Experiential Avoidance and Forgiveness as Mediators in the Relation between Traumatic Interpersonal Events and Posttraumatic Stress Disorder Symptoms." *Journal of Social and Clinical Psychology* 24, no. 7(2005): 1003–1029.

Orth, Ulrich, Leo Montada, and Andreas Maercker. "Feelings of Revenge, Retaliation Motive, and Posttraumatic Stress Reactions in Crime Victims." *Journal of Interpersonal Psychology* 21, no. 2 (2006): 229–243.

Plante, Thomas G., and Allen C. Sherman, eds. "Faith and Health: Psychological Perspectives." *Journal of Guilford*, 2015: 107–138.

Reed, Gayle L., and Robert Enright. "The Effects of Forgiveness Therapy on Depression, Anxiety, and Posttraumatic Stress for Women After Spousal Emotional Abuse." *Journal of Consulting and Clinical Psychology* 74, no. 5 (2006): 920–929.

・第1章　復讐と和解――ルワンダ

Beyond Conviction. DVD produced by Jedd Wider, Todd Wider, and Megan Park, directed by Rachel Libert. Via Buksbazen, 2006.

Boonin, David. *The Problem of Punishment*. New York: Cambridge University Press, 2008.

Gilligan, James. *Violence: Reflections on a National Epidemic*. New York: Vintage Books, 1997.

Golash, Deirdre. *The Case against Punishment: Retribution, Crime Prevention, and the Law*. New York: New York University Press, 2006.

Gourevitch, Philip. *We Wish to Inform You That Tomorrow We will be Killed with Our Families: Stories from Rwanda*. New York: Macmillan, 1999［『ジェノサイドの丘――ルワンダ虐殺の隠された真実』柳下毅一郎訳、WAVE 出版］.

Hatzfeld, Jean. *Machete Season: The Killers in Rwanda Speak*. New York: Farrar, Straus and Giroux, 2005［『隣人が殺人者に変わる時　加害者編――ルワンダ・ジェノサイドの証言』京都市立西京高校インターアクトクラブ訳、かもがわ出版］.

Minow, Martha. *Between Vengeance and Forgiveness: Facing History After Genocide and Mass Violence*. Boston, MA: Beacon, 1998［『復讐と赦しのあいだ――ジェノサイドと大規模暴力の後で歴史と向き合う』荒木教夫・駒村圭吾訳、信山社出版］.

Rwanda. "Kampala Declaration on Prison Conditions in Africa." May 1, 2015. Accessed May 1, 2015. penalreform.org/wp-content/uploads/2013/06/rep-1996-kampala-declaration-en.pdf

Seneca. *Moral and Political Essays*. Edited by J. F. Procope, translated by John M. Cooper. New York: Cambridge University Press, 1995.

Staub, Ervin. *The Roots of Evil: The Origins of Genocide and Other Group Violence*. New York: Cambridge University Press, 1992.

Tertsakian, Carina. *Le Château: The Lives of Prisoners in Rwanda*. New York: Arves Books, 2008.

Tutu, Desmond. *No Future Without Forgiveness*. New York: Doubleday, 1999.

Whitworth, Wendy A. *We Survived: Genocide in Rwanda: 28 Personal Testimonies*. New York: Quill Press, 2006.

・第2章　謝罪――南アフリカ

Arendt, Hannah. *The Human Condition*. 2nd ed. Chicago, IL: University of Chicago

2015. penalreform.org

Perkinson, Robert. *Texas Tough: The Rise of America's Prison Empire*. New York: Henry Holt, 2010.

Place, Vanessa. *The Guilt Project: Rape, Morality, and Law*. New York: Other Press, 2009.

Porter, Eduardo. "In the U.S., Punishment Comes Before the Crimes." *New York Times*, April 29, 2014.

Rideau, Wilbert. "When Prisoners Protest." *New York Times*, July 16, 2013.

Rodriguez, Dylan. *Forced Passages: Imprisoned Radical Intellectuals and the U.S. Prison Regime*. Minneapolis: University of Minnesota Press, 2006.

Roth, Michael P. *Prisons and Prison Systems: A Global Encyclopedia*. Westport, CT: Greenwood, 2006.

Schlosser, Eric. "The Prison-Industrial Complex." *Atlantic*, December 1998.

Sentencing Project. "The Sentencing Project." Accessed April 4, 2015. sentencingproject.org

Shannon, Sarah, and Chris Uggen. "Visualizing Punishment." *Society Pages*, February 1, 2013. Accessed February 1, 2013. theesocietypages.org/papers/visualizing-punishment

Smith, Caleb. *The Prison and the American Imagination*. New Haven, CT: Yale University Press, 2009.

Stageman, David L., Robert Riggs, Jonathan Gordon, and Ethiraj G. Dattatreyan. "Moving the Needle on Justice Reform: A Report on the American Justice Summit 2014" (PDF). John Jay College of Criminal Justice / CUNY Graduate Center. New York: Tina Brown Live Media, 2014.

Sudbury, Julia. *Global Lockdown: Race, Gender, and the Prison-Industrial Complex*. New York: Routledge, 2004.

Thompson, Heather Ann. "Why Mass Incarceration Matters: Rethinking Crisis, Decline, and Transformation in Postwar American History." *Journal of American History* 97, no. 3 (2010): 703–734.

Wehr, Kevin, and Elyshia Aseltine. *Beyond the Prison Industrial Complex: Crime and Incarceration in the 21st Century*. New York: Routledge, 2013.

Wolfers, Justin, David Leonhardt, and Kevin Quealy. "1.5 Million Missing Black Men." *New York Times*, April 5, 2015.

University of Chicago Press, 1993 [『処罰と近代社会——社会理論の研究』藤野京子監訳、向井智哉訳、現代人文社].

Gilmore, Ruth. *Golden Gulag: Prisons, Surplus, Crisis, and Opposition in Globalizing California*. Los Angeles: University of California Press, 2007.

Glazek, Christopher. "Raise the Crime Rate." *n+1*, Winter 2012.

Gonnerman, Jennifer. "Before the Law." *New Yorker*, October 6, 2014.

Gopnik, Adam. "The Caging of America." *New Yorker*, January 30, 2012.

Herivel, Tara, and Paul Wright, eds. *Prison Nation: The Warehousing of America's Poor*. New York: Routledge, 2003.

Human Rights Watch. "Human Rights Watch Daily Brief." April 2, 2015. hrw.org/the-day-in-human-rights

International Centre for Prison Studies. "International Centre for Prison Studies." 1997. Accessed February 11, 2015. prisonstudies.org

International Penal and Penitentiary Foundation. "International Penal and Penitentiary Foundation." Accessed April 5, 2015. International penalandpenitentiaryfoundation.org

Jacobsen, Dennis A. *Doing Justice: Congregations and Community Organizing*. Minneapolis, MN: Fortress Press, 2001.

James, Joy, ed. *States of Confinement: Policing, Detention, and Prisons*. New York: Palgrave Macmillan, 2002.

Kerby, Sophia. "The Top 10 Most Startling Facts about People of Color and Criminal Justice in the United States: A Look at the Racial Disparities Inherent in Our Nation's Criminal-Justice System." *Center for American Progress*. March 13, 2012. Accessed March 20, 2015. americanprogress.org/issues/race/news/2012/03/13/11351/the-top-10-most-startling-facts-about-people-of-color-and-criminal-justice-in-the-united-states/

Marshall Project. "The Marshall Project." May 3, 2015. Accessed May 3, 2015. themarshallproject.org

Morris, Norval, and David J. Rothman. *The Oxford History of the Prison: The Practice of Punishment in Western Society*. New York: Oxford University Press, 1998.

Moskos, Peter. *In Defense of Flogging*. New York: Basic Books, 2013.

Nagel, Mechthild, and Seth N. Asumah, eds. *Prisons and Punishment: Reconsidering Global Penality*. Trenton, NJ: Africa World Press, 2007.

Penal Reform International. "Penal Reform International." Accessed February 1,

参考文献

・はじめに

Adler School Institute on Public Safety and Social Justice. *White Paper on Broken Logic: The Over-Reliance on Incarceration in the United States*. Chicago, IL, 2011.

Alexander, Michelle. *The New Jim Crow: Mass Incarceration in the Age of Colorblindness*. New York: New Press, 2012.

American Civil Liberties Union. "Prisoners' Rights." Accessed January 15, 2015. aclu.org/issues/prisoners-rights

Blackmon, Douglas A. *Slavery by Another Name: The Re-Enslavement of Black Americans from the Civil War to World War II*. New York: Doubleday, 2009.

Butler, Paul. *Let's Get Free: A Hip-Hop Theory of Justice*. New York: New Press, 2009.

Clear, Todd R. *Imprisoning Communities: How Mass Incarceration Makes Disadvantaged Neighborhoods Worse*. New York: Oxford University Press, 2007.

Clear, Todd R., and Natasha A. Frost. *The Punishment Imperative: The Rise and Failure of Mass Incarceration in America*. New York: New York University Press, 2014.

Conover, Ted. *Newjack: Guarding Sing Sing*. New York: Doubleday, 2010.

Cusac, Marie-Ann. *Cruel and Unusual: The Culture of Punishment in America*. New Haven, CT: Yale University Press, 2009.

Davis, Angela Y. *Are Prisons Obsolete?* New York: Seven Stories Press, 2003［『監獄ビジネス――グローバリズムと産獄複合体』上杉忍訳、岩波書店］.

――. *The Prison Industrial Complex*. Audio CD. Oakland, CA: Ak Press, July 1, 2001.

Dilts, Andrew. *Punishment and Inclusion: Race, Membership, and the Limits of American Liberalism*. New York: Fordham University Press, 2014.

Drucker, Ernest. *A Plague of Prisons: The Epidemiology of Mass Incarceration in America*. New York: New Press, 2013.

Garland, David. *The Culture of Control: Crime and Social Order in Contemporary Society*. Chicago, IL: University of Chicago Press, 2002.

――. *Peculiar Institution: America's Death Penalty in an Age of Abolition*. New York: Harvard University Press, 2010.

――. *Punishment and Modern Society: A Study in Social Theory*. Chicago, IL:

著者

バズ・ドライシンガー

Baz Dreisinger

ニューヨーク市立大学ジョン・ジェイ・カレッジ・オブ・クリミナル・ジャスティス英語学部教授。アフリカ系アメリカ人の文化を専門に研究。受刑者に大学教育の機会を提供する社会復帰支援プログラム（Prison-to-College Pipeline program）の創設者であり、レゲエやヒップホップを中心としたポップカルチャーや文化の多様性について「ニューヨーク・タイムズ」「ロサンゼルス・タイムズ」「ウォール・ストリート・ジャーナル」やナショナル・パブリック・ラジオに記事を執筆するなど多方面に活躍。著書に米国でのアフリカ系アメリカ人の生き方を探った *Near Black: White-to-Black Passing in American Culture*（2008年）、共同プロデュース・共同脚本を手掛けたドキュメンタリーに *Black and Blue: Legends of the Hip-Hop Cop*（2006年）と *Rhyme & Punishment*（2011年）がある。

訳者

梶山あゆみ

かじやま・あゆみ

翻訳家。訳書にガザニガ『脳のなかの倫理』、デンディ＆ボーリング『自分の体で実験したい』、シャンキン『原爆を盗め!』、ハマー『アルカイダから古文書を守った図書館員』、ジョンソン＆ギャラガー『10億分の１を乗りこえた少年と科学者たち』（以上、紀伊國屋書店）、ヒッグス『人類の意識を変えた20世紀』（インターシフト）、シンクレア＆ラプラント『LIFESPAN（ライフスパン）――老いなき世界』（東洋経済新報社）ほか多数。

囚われし者たちの国

世界の刑務所に正義を訪ねて

2021年 1月 18日　第1刷発行

著者
バズ・ドライシンガー

訳者
梶山あゆみ

発行所
株式会社 紀伊國屋書店
東京都新宿区新宿3-17-7
出版部(編集) 電話 03(6910)0508
ホールセール部(営業) 電話 03(6910)0519
東京都目黒区下目黒 3-7-10　郵便番号 153-8504

装画
ササキエイコ

ブックデザイン
鈴木成一デザイン室

印刷・製本
シナノ パブリッシング プレス

ISBN978-4-314-01179-2 C0098　Printed in Japan
定価は外装に表示してあります